明日への日本歴史—4

近代社会と近現代国家

五味文彦
Gomi Fumihiko

山川出版社

はじめに

日本の歴史については、津田左右吉の『文学に現はれたる我が国民思想の研究』があり、続いて井上清『日本の歴史』、網野善彦『日本社会の歴史』が著されてきたが、本シリーズはこれら先学の著書とは違い、時代の思潮あるいは時代精神に注目して、縄文時代から現代に至るまでを、百年ないしは五十年を単位に捉えて著した。

第一巻は、「古代国家と中世社会」と題し、縄文・弥生時代に続き、「文明化」「制度化」「習合」「開発」「文化」「家」「身体」「職能」「型」をキーワードに、都市史や武士論、さらに学校・疫病・演劇史に力点を置いた。

第二巻は、「戦国の社会と天下人の国家」と題して、「自立」「所帯」をキーワードに、都市と学校・疫病史に力点を置き描いた。

第三巻では、「近世の政治と文化の世界」と題し、「制度」「世界」をキーワードに、学芸・疫病史に力点を置いた。

最終の第四巻では、「近代社会と近現代国家」と題し、「改革」「文明」「経済」「環境」をキーワードに、政治・社会・文化の流れを、総合的に記したが、これらを書くなか、ロシアによるウクライナ侵略が始まり、それに憂いつつ筆を進めてきた。いずれの巻も現代への関わりに注目しつつ書いており、本書によって、縄文期から現代にかけて時代の動きがよくわかるばかりか、未来に向かっての動きをも知るに違いない。

なお本書は、『文学で読む日本の歴史』全五巻に多くを負っていることを付記しておく。その際、十世紀から十一世紀にかけてのキーワードの「風景」を「文化」と改めた。

二〇二三年一月

明日への日本歴史4　近代社会と近現代国家——目次

第Ⅲ部　経済の時代

装　幀　水戸部 功
本文組版　角谷 剛
図版作成　曽根田栄夫

第Ⅰ部　近代社会

一　天保の飢饉と改革

お蔭参りとお蔭踊り

文政《ぶんせい》十三年（一八三〇）三月、阿波徳島の手習屋《てならいや》（寺子屋）に学ぶ子ども二、三十人が、伊勢参宮をめざし、再びお蔭参りが始まった。三月二十六日、三百人余りに膨れ上がって播磨の明石に着船、閏《うるう》三月初めからは紀伊・和泉・播磨で「抜け参り」が始まると、幕府は、主人や親・夫など家主に断わらず「抜け参り」に出ているが、信心ならばよしとするので、断って出かけるよう触れた。

津田宜直《のぶなお》『伊勢御蔭参実録鏡』は、大坂の若い女五十人余が銘々柄杓《ひしゃく》一本をもって一様な仕度をし、笠に「御蔭」、旗に「抜け参り」と書き、道中で「御蔭でさ、するりとな、抜けた（抜け参りができた）とさ」と歌を囃《はや》したといい、姫路の男女数百人は大旗に「天照《あまてら》す神のめぐみをかさにきて御蔭でまいる足の軽さよ」と書いて、伊勢神宮に向かったという。大坂では阿波蜂須賀家が三千石、郡山柳沢家が三百石などと諸藩の蔵屋敷が、豪商の鴻池一門も三千両などを施行した。

平戸藩主の松浦静山《まつらせいざん》『甲子夜話《かっしやわ》続編』は、京都で「大神宮お蔭参り」と書いた白い菅笠《すげがさ》をつけた旅人が、五十人、三十人ずつ一組で往来したので、町々では茶・菓子などの施行をしたと記す。神宮に到着した人数は、三月晦日に二百人、閏三月一日に千人、閏三月中に二百二十八万人、四月中に百四十四万人にもなったが、五月から少なくなり三十四万人だったという（『御蔭参宮文政神異記《おかげまいりぶんせいしんいき》』）。明和《めいわ》の御蔭参りと比べ、女性や子どもが多く、「抜け参り」「お蔭参り」と唱えていたことや、施行が行なわれたことなどが違っていた。

この動きとともに、五、六月頃から河内の村々で「お蔭踊り」の乱舞が始まった。「おかげ踊りはあくまをはらふ　ところ宝ねん神いさめ」「いせの大神様がおどれおざる　おどら世の中よふなをる」と、「世の中よふなをる」（改革）の願望をこめ、太鼓や三味線を演奏し、河内・大和の村々に広がって十二月中旬まで続いた。河内石川郡坂持村には大神宮の御祓札《おはらいふだ》が降ったという。河内は数年前に国訴が起きていて、これは上層農民の運動だったが、今度は下層民が主体であった。お蔭参りでも女性や子どもが多く、施行が行なわれており、下層の人々の信仰に基づいていた。

七月二日、京都で死者が二百八十人に及ぶ大地震があり、十二月に天保《てんぽう》に改元され、翌年に河内枚方中尾村でお蔭踊りの最中に年貢が減免となり、三月、お蔭踊りが摂津の箕面《みのお》から伊丹・池田へ、六月に尼崎・西宮へと広がり、山城・近江・丹波まで、農繁期にもかかわらず広がった。この一連の動きには下からの改革への期待があり、神を動かす形で表現されたのであろう。

山城の久世郡《くせぐん》寺田村の水度《みと》神社の祭神は天照大神だが、そこには文政十三年十一月一日奉納の「おかげ踊り図絵馬」が掲げられている。お蔭参りやお蔭踊りが下火になった頃から、天候は不順となり、天保四年（一八三三）には低温で長雨が続き、奥羽地方で六月に大洪水、八月に冷害に見舞われて大凶作となった。

天保の飢饉と郡内騒動

津軽・南部・秋田の諸藩では収穫皆無の村が出て、仙台藩は米作に偏っていたため被害が甚大だった。関東でも大風雨で、全国各地で平年の三分ないし七分作となった。この飢饉の被害からいまだ立ち直っていない天保七年にも、春先から冷気が襲い、盛夏にもかかわらず、暑さを感じない気候が続き、再び全国的規模での凶作となった。

幕領地の総年貢高は天保元年（一八三〇）から三年までは年平均百四十万石であったのが、同四年は百二十五万石、同七年は百三万石にとどまった。人口も天保四年の三千二百万人から天保九年（一八三八）には三千万人強へと減少した。飢饉は前後数年に及んで「七年飢渇《けかち》」と呼ばれた。幕府は過去の経験から、天保四年の凶作による米価高騰に応じ、江戸の米問屋・仲買が他国に米を送り出すことを禁じ、八月には困窮者に浅草《あさくさ》御蔵《おくら》の米穀を安値で放出した。九月、文化《ぶんか》三年（一八〇六）に発令した米の江戸流入禁止令を廃し、江戸市中への米流入を奨励、天保六年に廻米《かいまい》制限令を廃し、江戸や大坂に諸藩の蔵米を無制限に廻送できるよう改め、天保七年に雑穀をも江戸に送らせた。凶作で最も被害を蒙ったのが、米価高騰による「その日稼」の下層民で、江戸向柳原《むこうやなぎわら》・深川新大橋向・筋違橋《すじかいばし》内の町会所貯蔵の囲米《かこいまい》を御救米《おすくいまい》として放出した。

米価高騰が始まった天保二年の二月〜五月に第一回、続いて天保四年の九月〜十月、十月〜十二月、天保五年の六月〜八月、天保七年の七月〜九月、十一月〜天保八年四月までの計六回、各回の人数は三十万人台で、最終回は四十万人台に及び、江戸町人の人口の八十パーセント近くになった。

天保の飢饉の最中の天保五年（一八三四）二月、老中水野忠成《ただあきら》が亡くなると、これにともない、幕閣は老中の大久保忠真《ただざね》・松平乗寛《のりひろ》・松平宗発《むねあきら》・水野忠邦《ただくに》で構成されるが、政権の課題は飢饉を乗り切って江戸を守ることが第一であった。最極貧の飢人《きにん》や行倒れを収容するため、江戸の各地に救小屋《すくいごや》を設立した。当初は弾左衛門支配の小屋に収容、天保七年に神田佐久間町など三か所に多人数居住可能の長屋を建てて、最盛時に三千五百人を収容した。

翌八年には品川など四つの宿場に救小屋を設け、農村部から江戸に流入する飢人を収容した。江戸城堀・浜御殿堀などの浚渫《しゅんせつ》工事を行なって、救民に労働の場を提供しているが、これは天保二年二月に畿内の淀川・神崎川・勢多川の浚渫工事を指揮した大坂町奉行の新見正路《しんみまさみち》にならった事業であろう。

天保の飢饉で幕府が最も警戒したのが百姓一揆であった。寛政《かんせい》元年（一七八九）から文政十二年（一八二九）にかけては、一揆は多くとも年三十件だったのが、天保四年（一八三三）には七十二件、同九年には九十八件と激増した。その間の天保七年八月に起きたのが、幕領の甲斐国一国に広がる郡内騒動である。

山間部の都留《つる》郡の郡内地方は、穀倉地帯である甲府盆地の国中《くになか》地方とは違って耕作地が少なく、山稼ぎや郡内織の生産など農間余業に依存していて、必要な米穀は国中地方や相模・駿河からの移入に頼っていた。そうしたなかでの凶作で米価が高騰、谷村《やむら》の米穀商が米穀の買付を行なったという報が入って、下谷村近郷の百姓が打ちこわしを行なった。これが騒動の発端である。

甲州道中の都留郡下和田村の武七と犬目村の兵助が鳥沢村で逢い、米価引き下げを求める強訴を計画、一揆勢の頭取となり、一揆の綱領を黒野田村の名主で医師の泰順《たいじゅん》が起草した。貧民救済のため「身分不相応之者」から米・金を「五カ年賦」で「押し借り」、郡内に米穀を商う国中の穀物商、熊野堂村の小河奥右衛門家から郡内に米穀を放出させる計画を目論んだのである。

一万六千の郡内勢を率い、笹子峠《ささごとうげ》を越えて国中に入って奥右衛門宅の打ちこわしをして帰村したのだが、騒動はこれだけで終わらず、国中に入ったところで、「悪党」と呼ばれる無宿人らが参加し騒動が激化した。国中勢は暴徒と化し、鉄砲や竹槍などで武装、盗みや火付けなどを行ない、村々に一揆への参加を強制、甲州道中の石和宿を襲撃、一手は、甲府の町方へと向かって甲府城下に乱入、米穀仲買や有徳人《うとくにん》の屋敷を打ちこわし、荒川を経て盆地西の釜無川に至った。

もう一手は、笛吹川沿いに南下、中郡筋乙黒村を経て笛吹川を渡河、市川陣屋のある市川大門村に到達、鰍沢《かじかざわ》宿で打ちこわしを行ない、駿信往還《すんしんおうかん》を北上、西郡筋で打ちこわしを続け、荊沢《ばらざわ》宿では村人からの反撃を受けるが、さらに韮崎宿、西大武川村に至って甲信国境付近まで達した。

甲府勤番永見伊勢守、甲府代官井上十左衛門が、信濃国諏訪藩に出兵を要請、鎮圧に出たことで、騒動は終わるが、参加人数は六百か村で数万人に及び、三百軒以上が打ちこわされた。この騒動を山梨郡下井尻村の井尻家の天保八年の手帳は、「改革」や「天下革命千年に壱度アリ由」などと記している。郡内騒動は江戸で瓦版が出され、周辺の国々に騒動の記録が種々出回っていて（『山梨県史』

資料編十三)、いかに衝撃を与えたのかがわかる。

加茂騒動と大塩平八郎の乱

甲州の郡内騒動が終わった天保七年（一八三六）九月、三河の加茂郡でも騒動が起きた。加茂郡は山間部にあって飯米《はんまい》を買って生活をしていた村人たちが、米価高騰とともに飢餓に襲われ、下河内村の辰蔵を指導者に、米酒の安売りと頼母子《たのもし》の休みなどを要求して一揆を起こした。辰蔵が役人と内々に取引をしたため、一揆は辰蔵を見捨て、打ちこわしを行なうようになり、足助川《あすけがわ》に沿って足助村に入り、尾張藩領寺部《てらべ》を経て、挙母《ころも》藩の挙母城下へと迫った。

岡崎・尾張・挙母の諸藩が、一揆の主力を挙母城下におびき寄せ鎮圧したが、これに参加した村数は三百四十、町数は七、人数は最盛期で一万三千人いたという。幡豆《はず》郡寺津《てらづ》八幡宮の神職渡辺政香《まさか》の記す『鴨《かも》の騒立《さわだち》』によれば、一揆の参加者は、「こざかしい其竹槍は何にするのじゃ。世直しの神に向かっては、よも働くことはなるまい」と叫び、自ら「世直し神」と称していたという。頭目八人は私領に住んでいたのに、江戸に送られ処刑されており、それだけ幕府は問題視していた。

飢饉とともに政権は江戸への廻米を大坂に要請したが、大坂も凶作の影響で餓死者が出ていた。天保七年四月、大坂東町奉行になった跡部良弼《あとべよしすけ》は水野忠邦の弟ということもあって、江戸への廻米に力を注いだ。元与力の大塩平八郎が、蔵米の放出、豪商による買い占め停止など、米価安定のための献策を行なったが、受け入れなかった。

そこで平八郎は飢饉に伴う打ちこわしに備えると称し、門人に砲術を中心とする軍事訓練を始め、蔵書を売却して得た代金六百二十両を窮民一万人に金一朱ずつ配り、近郷の百姓に檄文を発した。「大坂の奉行並びに諸役人ども、万物一体の仁を忘れ、得手勝手の政道をいたし、江戸へ廻米をいたし」と、役人や豪商らの非道を記した後、「有志のものと申合せ、下民を悩し苦め候諸役人を先づ誅伐いたし、引続き奢りに長じおり候大坂市中金持の町人共を誅戮《ちゅうりく》におよび申すべく候」と、下民を苦しめる役人たちを誅伐、金持の町人を誅戮し、その貯えの米金を放出するので、大坂市中で騒動が起きた、と聞き伝えたならば駆けつけるよう、決起を促して、近在の村に配布した。

その檄文の入った袋の上書きには「天より被下候　村々小前のものに至る迄」とあり、裏面には伊勢神宮の札が張り付けられていた。平八郎は決起の日を、新任の西町奉行堀利堅《としかた》と東町奉行跡部が市中巡見をする天保八年二月十九日と定め、二月十七日付けで老中全員に「建議書」を送りつけ、老中らが大坂町奉行所与力の弓削新左衛門と組んだ不正無尽について糾弾した。

ところが、決起直前に密告があったことが伝わったので、予定日の前日、自宅に火をかけて二十人余りの門弟と決起した。「窮民」の大旗を掲げ、大筒を引いて天満一帯を焼き払い、難波橋を渡って北船場で三井・鴻池などの豪商を焼き打ちし、その金穀を窮民に配った。この頃には総勢も三百人ほどとなり、主力が天神橋を渡り淡路町にさしかかると、駆けつけた玉造《たまつくり》与力との交戦で大塩勢は壊滅し、わずか半日で鎮圧された。これにともなっておきた火災は三日間燃え続け、二十日に鎮火するが（「大塩焼け」）、大坂市中の五分の一が焼失した（『浮世の有様』）。

平八郎は乱後一か月余り後に靫油掛町《うつぼあぶらかけちょう》の隠れていた家が見つかり、大坂城代土井利位《としつら》の家老鷹《たか》見泉石《みせんせき》の指揮する幕吏に包囲され自害した。平八郎の檄文は、この度の決起を「一揆蜂起の企とは違ひ、追々年貢諸役に至る迄軽くいたし」「年来の驕奢《きょうしゃ》・淫逸《いんいつ》の風俗を一洗《いっせん》相改め、質素に立ち戻り、四海万民いつ迄も天恩を有り難く存じ」、「中興の気象に恢復」するためであると記し、改革をうたっていたのだが、「兵乱」となり、市中を焼く結果をもたらした。町中を歩けば餓死者ばかり、道頓堀や日本橋、難波新地辺は死骸が山と積まれ、疫病が蔓延という惨状を招いた（『浮世の有様』）。

平八郎の出た大塩家は代々大坂東町奉行組与力で、平八郎も与力となったもので、与力は奉行所と豪商・豪農との間をつないで多額の金や米を融通していた。文政十年（一八二七）、昌平黌《しょうへいこう》の学頭林述斎《じゅっさい》は財政難から、資金繰りのために用人を大坂に派遣すると、これに平八郎が相談に乗り、一策があると言って、千両の融通を約束し、塾の門人で豪農の橋本忠兵衛と相談し調達している。

幕府が禁じた武家の家来による頼母子無尽により融通したのであろう。平八郎の「建議書」にも見えるように、老中も不正無尽に関わっていた。

大塩決起の情勢と波及

文政十二年（一八二九）四月、幕府は武家無尽の整理を指示し、京・大坂に赴任していた水野忠邦が、京・大坂・堺・大津・江戸での無尽停止を伝え、証文の書換えや無尽講の仕法書《しほうがき》の焼却を命じた。自らも関わった証拠の湮滅《いんめつ》をはかったものとみられる。

平八郎は翌年にかけ無尽の調査を行なって、「不正之無尽取調書」を記し、大坂定番以下幕府の上方役職者の実態をあばいており、この無尽摘発のほか、切支丹の摘発、破戒僧の摘発をも行なって自ら三大功績と記した。このような平八郎の活動を支援していた東町奉行の高井実徳《さねのり》が、文政十三年に転勤になって、平八郎は与力を辞して隠居したのである。

その年、江戸城西丸御用取次見習という要職にある新見正路は、かつて大坂の西町奉行だった関係から、千両の調達依頼を平八郎にしたところ、与力をやめて融通できないとしつつも、同僚であった瀬田藤四郎に鴻池一族に昵懇《じっこん》の者がいるといって紹介している。平八郎もどうやら米や金を融通する存在として知られていたらしい。それだけに幕閣の動きにも精通していた。

隠居後は、与力在任時に開いた天満川崎四軒屋敷の私塾「洗心洞《せんしんどう》」で子弟を指導、ほぼ独学で陽明学を学び、天保四年(一八三三)に『洗心洞箚記《さっき》』を著した。陽明学の知行合一《ちぎょうごういつ》説、すなわち知は行のはじめにして、かつ行は知の完成である、という実践的行動主義に基づいて決起に至ったのであろう。独学とはいえ、江戸の佐藤信淵《のぶひろ》(一斎)と頻繁に書簡を交わし、自著を佐藤に献呈していた。信淵は昌平黌の教授で朱子学者であったが、陽明学にも関心があった。

平八郎は、その信淵を通じ水戸藩に米を融通していた。凶作とともに水戸藩は米を確保するために動き、大坂の米を融通するよう平八郎に頼んだものと見られる。昌平黌に学んでいた伊勢の津藩の山田三川《さんせん》『三川雑記』は、天保八年(一八三七)に「水戸侯は一斎へたのみて、大塩にたのみ、六万両の米をかはせ」と記し、水戸藩の藤田東湖《とうこ》の『丁酉日録《ていゆうにちろく》』天保八年三月二十二日条に、水戸藩買い付けの米を積んだ船が、幕府の法に違反し浦賀番所を経ずに常陸沖に乗り入れたことを記している。

こうみてくると、平八郎も不正に手を貸し、禁を犯していたのであり、何もしなければ捕まってしまうので、決起に踏み切り世に訴えたわけで、この作戦はあたった。檄文はひそかに書写されて出回り、大坂町人は窮民に施行をし、「大塩様のおかげ」と平八郎を憎むものはいなかったという。しかも平八郎に続く人々が現れた。

『浮世の有様』は、天保八年三月の生田万《いくたよろず》の「越後柏崎一揆」、翌年五月の佐渡の一国《いっこく》騒動などを記す。「越後柏崎一揆」は、「和学者」生田万が「国賊を討」「大塩平八郎弟」などの幟《のぼり》を立てて、柏崎の陣屋を襲った事件である。乱を起こした万は上州館林に生まれ、祖父から陽明学の教育を受け、江戸に出て平田篤胤《あつたね》の気吹舎《いぶきのや》に学び、館林藩に戻って文政十一年（一八二八）に藩政改革の意見書『岩にむす苔』を藩主に上程した。

本居宣長の『秘本玉くしげ』を引用しつつ、藩主に「百姓の辛苦」を休めるための政治を考えるよう求め、「そもそも百姓は、もとより我が朝廷の百姓に候を、暫く征夷大将軍にあづけありしを」と、宣長の大政委任論にそって、百姓への年貢の苛酷な誅求を改めるよう求め、武士の土着をも提案した。しかしそれらはいれられずに追放された。

万は篤胤の養子になったこともあるが、天保二年（一八三一）に上州太田に私塾の「厚載館《こうさいかん》」を開き、易学に専念して『古学二千文』を著して武家政治を批判、同七年に、越後柏崎の諏訪神社の神職の樋口英哲《てるもと》に招かれ、桜園塾を開いて国学を説いたが、越後でも飢饉で多数の餓死者が出ており、豪商や代官役人の不正で米価が高騰して庶民生活を圧迫していた。そこで万は、大塩の乱を契機に五月三十日に同志五人とともに荒浜村の庄屋の屋敷を襲撃して金品を奪って村人に与え、翌六月一日に米の津出しをはかる桑名藩の柏崎陣屋を襲撃するが、急ぎ駆けつけた長岡藩兵に討ちとられ、万は負傷して自刃した。

天保九年の佐渡一国一揆は、五月に佐渡二百五十八か村の代表上山田村の善兵衛が、来島した幕府巡見使に佐渡奉行の悪政を訴えて捕まったため、百姓一万人が奉行所や島内の名主・問屋・富農を襲撃した事件で、八月に越後高田藩によって鎮圧された。

長州藩の改革

天保期には諸藩でも改革を行なった。長州藩は文政十二年（一八二九）に産物会所を設け、萩など主要な町の役人と各宰判《さいばん》の村役人を「産物御内用掛」に任じ、彼らに領内外の特産物の売買を独占的に認め、翌年には薬種と綿以外の産物を他国から仕入れるのを禁じ、藩が産物を買い上げて大坂に転売し、御内用掛に払い下げ、利潤を藩の財源にあてた。宰判とは、長州藩独自の地方行政区画で、郡とは関係なく代官が置かれていた。

天保二年（一八三一）七月、この産物政策にからんで防長大一揆が起きた。山口宰判小鯖村《おさばそん》の皮番所で、御用達商人の積荷から皮が発見されると、稲が穂をはらむ時期に皮が通ると、大風雨になると信じていた農民が、米不足はこれによるものであり、米の高騰を狙ったものとして、三田尻宰判の商人の家を打ちこわすと、それは瀬戸内海沿岸の山口・小郡へと広がった。

八月二日、一旦要求が受け入れられ鎮静化したが、米を密かに売りさばこうとした者が現れ、打ちこわしが再開され、九月には支藩の徳島藩にも波及、藩兵が鎮圧に出動し、十一月にようやく終息した。十万人に及ぶ一揆により八百軒近くが打ちこわされ、産物会所は廃された。

毛利敬親《たかちか》は藩政改革の一環として文教政策を重視し、天保六年（一八三五）に藩校明倫館《めいりんかん》の学頭に山県太華《やまがたたいか》を据えた。太華は徂徠学を捨て、宋儒の学説を信奉、従来の学風を一変させ朱子学説に改め、新たに学館の学則を定め、昌平黌の学風に模した。同年に江戸邸内に有備館《ゆうびかん》が設けられた。

天保八年（一八三七）三月、前年の長雨で発生した凶作や大塩の乱の影響を受け、下関・三田尻・大島・徳地・美祢・小郡等の宰判で一揆が起きると、この一揆を契機に長州藩はいっそう改革に取り組むようになった。翌年八月、村田清風《せいふう》を江戸仕組掛に任じたが、清風は天保二年の一揆時に、「御家と御国を百姓蹴立て候、口惜しきの事」と語り、翌年に藩政改革を上申していただけに、熱心に改革に取り組んだ。

長州藩の負債総額は銀九万二千貫目もあり、藩の通常経費の二十二倍以上にも達していたので、先ずは徹底した支出削減を行なった。倹約令を出し、農業を勧めて困窮百姓の再建をはかり、荒地の租税を廃止して新田や塩田の開発を行なった。

天保十一年に、綱紀粛正、人材登用、教育・兵制の改革、文武刷新、産業の振興を柱とした「流弊改正意見」を提出、徴租法・司法制度・辻番頭法の改正を献策、翌年に藩内の村ごとに地理や産業の明細調査を行なって、『防長風土注進案』三百九十五冊を作成、再生産構造を詳細に把握、産業基盤に関わるインフラ整備を行なった。

下関の越荷方《こしにかた》を改革、藩外から商業利潤を積極的に得るために、九州・日本海辺からの荷を大坂に運ぶ廻船業者に着目し、彼らが大坂の相場を見て販売していたので、下関で倉庫や資金を提供、その間の倉庫料や利子をとる「富国の術」を採用した。これにより他国廻船が下関に入って大きな収益をもたらし、発足四年で負債の三分の一近くを返却できた。

天保十三年(一八四二)の幕府法は、国々から大坂に回した諸荷物を、荷主船頭が国元で囲い置き、高値の差をもって積回し、値待ちして品が払底したところを見計らって、高値で売ることを禁じていて、長州藩はこの法と対立することになった。同十四年に藩債を元金の三パーセントを三十七年間にわたって返済すれば皆済とみなし、窮乏する藩士の借金を藩が肩代わり、代わりに債権者の商人に元金を三十七年据え置き救済する仕法の実施をはかるが、これは商人の反対にあった。

薩摩藩の改革

薩摩藩でも文政十年(一八二七)に三都からの債務が銀で三百二十貫目(金に換算して五百万両)に達していた。長年、藩政を握ってきた島津重豪《しげひで》の文化政策によるものであったが、利益のあがっていたのが唐物貿易であることから、重豪はそれを担当していた側用人《そばようにん》の調所広郷《ずしょひろさと》を文政十一年に大番頭、大目付格に任じ、財政改革の主任に抜擢した。広郷は下級武士の子で、江戸に出府《しゅっぷ》した際、重豪に才能を見出されて登用され、改革をまかされると、すぐに大坂の平野屋五兵衛とかけあい出資を引き出すことに成功した。

重豪から、天保二年（一八三一）に、十年間に五十万両の備蓄、非常時の手当、古い借金証文の取りかえしを命じられた。広郷は、「御改革第一之根本」を奄美地方の黒糖と位置づけ、黒糖の惣買入制を復活し、奄美・喜界・徳之島三島に三島方を設け、砂糖黍の生産を強制的に割り付けて生産工程の改善を指示、指導に従わない者や密売者を厳重に処罰し、十年間で二百三十五万両を売り上げたが、奄美地方の農民には「家人《やんちゅ》」という債務奴隷が多く生まれ「黒糖地獄」といわれた。

天保三年（一八三二）に家老格になって同四年の重豪死後も、藩主斉興《なりおき》の下で改革を進め、国産品の販売促進のため品質向上と出荷方法の改善につとめた。薩摩米の出荷の実態を調査、悪い点を改めたので大坂の市場で評判になって価格が向上した。専売品の砂糖や欝金《うこん》・薬用植物の品質管理も徹底した。唐物貿易では交易品や交易量の増加を幕府に働きかけ、他方で密貿易も積極的に行なった。

天保六年（一八三五）四月、幕府勘定奉行の土方勝政《かつまさ》は、新潟や海老江《えびえ》辺りで松前産の煎海鼠《いりこ》が直接に薩州船に密売され、薩州船が外国の商船に仕立てられ、松前へ差し廻して俵物類を密売しているると報告している（『通航一覧続報』）。翌七年、新潟と江戸の密売組織が見つかると、新潟に派遣された御庭番の川村修就《ながたか》は、「春は薩摩芋、夏よりは白砂糖、氷砂糖の類」を積んで、禁制品の「薬種・

光明朱《こうみょうしゅ》」を下積みし、おびただしく積んでいた、と報告している（『北越秘説』）。

広郷は増収をはかるとともに、支出削減策として「書き替え」と称して借用証文を取り上げ、債権者には借入高を記した通帳を渡し、負債五百万両を二百五十年賦で返却、元金だけで利息なしにする償還法を、天保七年（一八三六）に大坂で、同八年には江戸で実施した。これには商人が裁判沙汰をおこしたが、事前に幕府に十万両を上納して封じ込めた。

国産品輸送のために船を建造して経費を削減し、輸送力を確保した。天保九年には家老となって改革を強引に推進し、天保十一年（一八四〇）に薩摩藩の金蔵に二百万両が蓄えられ、弘化《こうか》元年（一八四四）には目標の五百万両の備蓄を達成している。

モリソン号事件と渡辺崋山

改革には長崎貿易が絡んでいたが、出銅の多くを占めていた伊予の別子銅山が大涌水によって供給が不安定になり、その代替物である俵物が薩摩に渡ったので、長崎に唐船の来るメリットがなくなって、唐船の来航が減少していた。そこで長崎奉行は、国産薬用人参の輸出に力を入れ、会津藩人参を天保三年（一八三二）に一括して受け入れ、四年に松江藩が人参を長崎に出荷するようになる。

俵物の大産地の長州藩は、下関の三問屋を押さえ、天保四年から防長一円に長崎直納制をとり、俵物生産に力を入れた。土佐藩の樟脳《しょうのう》も、長崎会所の輸出商品となった。これらにより長崎会所は、幕府の独占的な全国流通体制の要から、個別藩の利害の上に成り立つ存在へと変質してゆく。

幕府の全国的な経済統制が緩むなか、マカオを出航したアメリカの商船モリソン号が、天保八年（一八三七）六月、浦賀沖に現れ、四年前の尾張の廻船宝順丸の漂流民三人の送還と通商を迫った。浦賀奉行の太田資統《すけのり》は、無二念打払令《むにねんうちはらいれい》に基づいて砲撃を行なったため、モリソン号は野比沖に退いたが、漁民を招き、商品見本やビスケットを与えた。

その後、鹿児島沖にも現れ、山川湊に停泊して藩士と接触するが、ここでも砲撃を受けマカオに引き上げている。モリソン号の渡来については、翌年六月にオランダ商館からの報告があり、幕府は初めてモリソン号が漂流民の送還と通商を求めてきたことを知る。

老中水野忠邦がこの件を評議にかけると、評定所一座は、漂流民の受け取りは必要なく、モリソン号再来の場合は、再び打ち払うべし、という意見も出たが、他はすべて穏便策で、忠邦は十二月にオランダ船で漂流民を帰還させる方針を通達した。

モリソン号事件の評議が行なわれていた十月十五日、和歌山藩の儒者の遠藤勝助が主催する、新知識や情報交換を目的として尚歯会《しょうしかい》が開かれ、その席上、勘定所勤めの芳賀市三郎が、モリソン号再来に関して評定所では打ち払う方針を審議されていると洩らした。

これを聞いた渡辺崋山《わたなべかざん》・高野長英《たかのちょうえい》・松本斗機蔵《まつもとときぞう》らは、幕府の意向は打ち払いにあり、モリソン号がこれから来航する、と誤解して受け取った。

長英は、打ち払いに婉曲に反対し、匿名で『戊戌夢物語《ぼじゅつゆめものがたり》』を書きあげた。夢の中の集会で聞いた話として、問答体でモリソン号迎撃は不可であると論じ、交易要求を拒絶した場合の報復の危険性を暗示した。モリソン号はイギリス船ではなかったが、この書はイギリスについて具体的なデータに新鮮味があり、写本で流布したことから、『夢物語』の内容に意見を唱える形の本が出された。

崋山は、オランダ商館長ニーマンとの問答を『鴃舌或問《げきぜつわくもん》』にまとめ、日本の危機を痛感していて、その西洋事情の研究蓄積から『慎機論《しんきろん》』を書いて迎撃の不可を論じた。ただ幕府の対外政策への批判であり、田原《たはら》藩の家老という立場もあって、発表せずに草稿のまま放置していた。だが、幕府儒官の林述斎の次男で目付の鳥居耀蔵《ようぞう》が、崋山を盟主とする長英や小関三英《こせきさんえい》ら西洋事情の研究者の集まり「蛮学社中」に、幕臣が通うのに目を光らせており、伊豆韮山《にらやま》代官の江川太郎左衛門英龍《ひでたつ》が、崋山に西洋事情書の執筆を依頼したのを探知、配下に探索を命じ、崋山・長英を逮捕した。

鳥居は江戸湾岸の防備を江川とともに行なっていたので、その動向に目を光らせていた。捜索の結果、崋山の『慎機論』『西洋事情答書』を押収、崋山は入牢の後、国元に蟄居し、人生の虚しさを「黄粱一炊図《こうりょういっすいず》」に描いた後、天保十二年（一八四一）に自害した。長英は永牢となり、小関三英は逮捕前に自殺した（蛮社《ばんしゃ》の獄《ごく》）。尚歯会のうちの蘭学者の集まりを「蛮社」といった。

尚歯会

蛮社の母体となった尚歯会には、崋山や長英・三英・江川、寄合衆の松平外記《げき》、勘定吟味の川路聖謨《としあきら》、水戸藩の立原杏所《きょうしょ》・藤田東湖、下総古河《こが》藩の鷹見泉石、松江藩の望月兎毛《とも》・庄司郡平、高松藩の赤井東海《とうかい》、町医者の鈴木春山《しゅんさん》らも参加していた。崋山は、三河田原藩の藩士の家に生まれ、花

渡辺崋山「一掃百態」（田原市博物館蔵）

鳥画を金子金陵《きんりょう》や谷文晁《たにぶんちょう》に師事、儒学を佐藤信淵や松崎慊堂《こうどう》に学び、家計窮乏のため内職で得意の画筆を振るい、文政元年（一八一八）に「一《いっ》掃百態《そうひゃくたい》」を描いて風俗写生に才を発揮し、洋風画法も摂取し、その優れた洞察力で「佐藤一斎像」「松崎慊堂像」「市河米庵《べいあん》像」などの肖像画を描いた。

各地を旅して天保二年（一八三一）には相模厚木への旅日記『游相《ゆうそう》日記』、上州桐生への『毛武《もうぶ》游記《ゆうき》』を記したが、それには庶民の生活に共感こめた観察眼がうかがえる。持ち歩いていた手帳には弟の五郎を描いた図が載り、身近な人々を描いた多くの画稿が残っている（『辛巳《しんし》画稿』）。

天保四年（一八三三）には海防掛になって旅日記『参海雑志』を記し、洋学研究へと進み、長英・三英らと尚歯会に入って、天保の飢饉対策を論じて『荒歳流民救恤《きゅうじゅつ》図』を描き、「蛮社」

の中心人物となった。古河藩の家老鷹見泉石を描く「鷹見泉石像」は、西洋の肖像画に認められる人物の精神性を描き、その品格ある人となりが伝わってくる。新たな肖像画の出現である。

高野長英は、仙台藩領水沢伊達家の家臣後藤実慶《さねのぶ》の三男で、伯父玄斎の養子となり、文政三年（一八二〇）に江戸に出て杉田伯元《はくげん》や吉田長淑《ちょうしゅく》に師事し、長淑に才能を認められて「長英」と名乗り、シーボルトの鳴滝塾《なるたきじゅく》で医学・蘭学を学んで塾頭にもなったが、シーボルト事件により、天保元年（一八三〇）に江戸に戻って町医者として蘭学塾を開業、未開拓だった生理学の体系的な紹介『西説医原《せいせついげん》枢要《すうよう》』を著し、解剖学について漢方と蘭方を比較した『漢洋内景説』、化学書『遠西水質論《えんせいすいしつろん》』を著すなど、遅れていた基礎科学の研究を進めた。

吉田長淑塾の先輩の小関三英の紹介で崋山と知り合い、崋山を助け三英や鈴木春山《しゅんざん》とともに蘭学書の翻訳にあたり、天保三年に尚歯会に入って飢饉対策の『救荒二物考』『避疫要法』を著し、蛮社の獄では獄に入ったが、弘化元年（一八四四）に脱獄、その後も多方面で活動した。

小関三英は、出羽庄内藩の鶴岡に生まれ、江戸で蘭医吉田長淑・馬場貞由《さだよし》に蘭学を学び、崋山とは天保二年に出会った。よく洋書を読むも、医を業とするも、治療を好まず、と日記に書いている。コンスブルフの内科書の翻訳『泰西内科集成』を上梓し、天保三年に和泉岸和田藩医となり、幕府の天文方阿蘭陀書籍和解御用《わけごよう》となった。この頃から尚歯会に参加して歴史や地理を講じ、蛮社の獄に際して崋山・長英の入牢を聞いて自害した。崋山に「耶蘇伝」を口訳しており、連坐を恐れていたかと見られる。著書に『西医原病略』『輿地誌』などがある。

尚歯会に出ていた水戸藩の藤田東湖は、幽谷《ゆうこく》の子で、文化三年（一八〇六）に生まれ、文政十年（一八二七）に家督を相続し、進物番《しんもつばん》となった後、水戸学彰考館編集や彰考館総裁代役を歴任、藤田派と対立していた立原派との和解に尽力し、文政十二年（一八二九）の水戸藩主継嗣において斉昭《なりあき》の擁立にあたった。斉昭襲封後は郡奉行、江戸通事御用役となって尚歯会に顔を出し、天保六年（一八三五）に御用調役、同十一年に側用人となって藩政改革にあたった。

水戸藩の改革

水戸藩の藩主斉昭は、大豆・稗・荏胡麻を秋の収穫時に安値で買い上げ、百姓に預け置いて春の端境期に強制的に買い取らせる「三雑穀切り返しの法」を悪法として廃し、「愛民の政」を行なうことを表明、藤田東湖・青山延于《のぶゆき》の意見書を得て、戸田忠太夫、藤田東湖、安島帯刀《あじまたてわき》、会沢正志斎《せいしさい》、武田耕雲斎《こううんさい》らを登用、天保元年（一八三〇）に郡奉行を任じ、天保四年から翌年にかけ「弊風を一洗」、「文武の本旨」「忠孝の大本」を説く『告志編』を著し、改革の基本方針を提示した。

天保七年に、家老の山野辺義観《やまのべよしみ》を海防掛に任じて多賀郡助川村に館を築いて定住させ、江戸在府の二百人余りを水戸に移し、財政削減にあたり、天保八年（一八三七）に四大目標を提示した。その第一の「経界の義」は全領検地の実施、第二の「土着の義」は家臣の領内土着、第三の「学校の義」は藩校と郷校の建設、第四の「総交代の義」は、江戸の家臣の水戸移住である。第二と第四を進めるなか、天保九年に第三の学校に関しその方針を『弘道館記』に定めた。

「弘道とは何ぞ。人、よく道を弘むるなり。道とは何ぞ。天地の大経《たいけい》にして、生民《せいみん》の須臾《しゅゆ》も離るべからざるものなり」と始まり、太平の基を開いた家康の「尊皇攘夷」、藩祖頼房《よりふさ》の「神道」を尊崇し、「儒教を崇び、倫を明らかにし、名を正した」光圀の偉業を受けて学校を開くとした。斉昭が概略を書き、藤田東湖が漢文で撰述したもので、弘道館については「国中の士民」が出入りし、「神州の道を奉じ」、神儒一致、忠孝一致、文武一致、学問事業の一致、治教一致を目指すとした。

天保十一年（一八四〇）七月に第一の「経界の義」の総検地を開始し、検地帳に記された面積と石高を現状に一致させる「均田」、商人や地主の土地集積に歯止めをかける「限田《げんでん》」によって、百姓の年貢負担を公平にして農村の復興と財政安定を目指した。この結果、幕府に届けた天保五年の総石高四十二万石弱は三十二万石弱に減ったが、生産力の向上した畑方《はたかた》年貢を引き上げたので、年貢総額は千両程度の減少で済み、均田の実施を契機に村役人中心の農村改革が進んだ。

弘道館の開館は藩内の抵抗もあって遅れたが、天保十二年（一八四一）八月一日に仮開館し、初代教授頭取には会沢正志斎と青山弘于《ひろゆき》が就き、学校奉行には安島帯刀が任じられた。斉昭の意向で多くの梅樹が植えられ、その由来を『種梅記《しゅばいき》』の碑に記した。斉昭の漢詩「弘道館に梅花を賞す」には千本の梅があるとあり、翌年に斉昭設計の「偕楽園《かいらくえん》」が修養の場として「一張一弛《いっちょういっし》」の考え、すなわち修業の間の休息もまた教育の一つとして捉えて開園し、庶民にも開放された。多くの梅が植えられ、心身保養の場となり、園内の一角には好文亭が建てられた。藤田東湖は弘化二年（一八四五）頃から『弘道館記』の解説書『弘道館記述義』を著し、「神州の道」への実践にむけ、主体性と能動性を喚起した。

安政《あんせい》四年（一八五七）五月に本開館となる。財政が窮乏するにもかかわらず藩校は規模が大きく、文武両道を教育方針として広く諸科学、諸学問を教育・研究、医学や天文学など自然科学教育研究を行ない、総合大学的性格が認められる。『学制略説』や『学問所建設意見書』を著し、学校創設の意見を出していた会沢正志斎と青山延光《のぶみつ》（青山延于の長子）が教授頭取となり、藩士とその子弟のうち十五歳から四十歳までの者が規定の日割に基づいて修業が義務づけられた。

斉昭の改革志向は藩内だけにとどまらず、天保九年（一八三八）に大坂・浦賀・銚子・江戸・那珂湊・松前・越後の七か所に会所を設け、関東・東北と大坂・松前との間の遠隔地流通に積極的に乗り出した。天保の大飢饉の折、大坂や長崎から買米をし、松前から備荒用に昆布などを買い付けた経験に基づくもので、三家の一つで国家の藩屏を強く意識し、その改革は幕府にも向けられた。

天保九年九月、斉昭は「戊戌封事《ぼじゅつふうじ》」を記し、翌年六月に将軍に上程、「内憂外患」論を披歴した。内憂とは「参州・甲州の百姓一揆、徒党を結び、または大坂の奸賊容易ならざる企て仕つり、なお当年も佐渡の一揆御座候」という、天保年間の騒動に基づいた内政への認識や、「下々にて上を怨み候と、上を恐れざるにより起り申候」という危機意識から、具体的に幕政の弊害を説いて改革の必要性を指摘した。

外患では、会沢正志斎が『新論』で説いた主張に沿って、外夷の武力的侵略とキリスト教の布教をあげ、貿易の弊害を説いて攘夷を厳制とし、蘭学禁止を求め、オランダ流の大砲を造り、大船の禁を解き、蝦夷地を開拓するよう提案した。蝦夷地の開発と警備を幕府に願う『北方未来考』を著して、水戸の百姓や浪士・遊民・罪人らを蝦夷地に移住させ、カラフトやカムチャツカの攻略についても記している。

この斉昭の鎖国論に基づく提案に対し、水野忠邦は興味を示しつつも、家門大名による政策建議ということもあり、幕閣は受け入れなかった。それでも斉昭は、天保十一年（一八四〇）に「追鳥《おいと》狩《がり》」と称する大規模な軍事訓練を実施し、国民皆兵路線を唱えて西洋の近代兵器の国産化を推進、大砲鋳造の材料を確保するため、天保十三年に領内の寺院の梵鐘や仏具の供出を強制した。

翌年に斉昭は将軍家慶から表彰された。これは斉昭の藩政改革を賞したものであったのだが、これに勢いを得て、光圀の神仏分離・寺院整理の方針を受け継ぎ、梵鐘などの供出を拒む有力寺院を廃絶し、民間の葬祭の仏式を改めさせて神葬祭を奨励、神仏の分離をはかって神社の統合と強化をすすめた。寺請制にかわる氏子制、宗門人別帳にかわる氏子帳作成を強行した。

斉昭は幕府の政策や人事にも介入したので、弘化元年（一八四四）五月、廃仏政策や蝦夷地開拓などの申請が嫌われ、幕府から家督を嫡男の慶篤《よしあつ》に譲った上での隠居謹慎処分を受けたため、小石川藩邸に幽閉され、斉昭に協力した執政以下藤田東湖らも幕府から免職蟄居を命じられた。

二　天保の改革

水野忠邦政権

天保五年（一八三四）に水野忠成《ただあきら》が病没すると、代わって本丸老中になった水野忠邦《ただくに》は、家斉側近が力を振っていたので、改革の必要性は認識していても、すぐに手を打てずにいたのだが、天保七年の農村対策では、囲米の奨励や酒造制限、河川普請の監察、鉄砲改めなどの「旧弊の御改革」を実施した。

忠邦は、唐津藩主の水野忠光《ただあきら》の子として寛政六年（一七九四）に生まれ、文化九年（一八一二）に家督を継ぎ、猟官《りょうかん》運動の結果、十三年に奏者番、翌年に浜松藩に転封、十四年に寺社奉行となり、将軍家斉のもとで頭角を現し、将軍世子の家慶《いえよし》の補佐役を務めて文政十一年に西丸老中に昇進し、天保八年三月に勝手御用掛老中となり、四月に家慶が将軍に就任するに及んで出番となった。

同九年閏四月、大名・旗本に衣食住にわたる奢侈抑制の倹約令を出し、江戸市中での高価な料理の販売、櫛や煙草入れなどへの金銀の飾り付けを禁じ、食物を売る床見世《とこみせ》を取締まった。幕領の郡代・代官三十五人に意見を聞き、人返令《ひとがえしれい》も出そうとしたが、単なる再令では有効でないことがわかって断念。天保十年（一八三九）、老中首座となった。

時に、川越藩の松平斉典《なりつね》が、生産力の低い城付村と相模警備負担を逃れるため、家斉の実子斉省《なりさだ》を養子としていたことから、庄内藩領への移封を狙って、斉省の生母糸の方のいる大奥や幕閣に働きかけ、翌十一年十一月、武蔵川越藩主松平斉典が出羽庄内に、庄内藩主酒井忠器《ただかた》が越後長岡へ、長岡藩主牧野忠雅《ただまさ》が川越へ転封する三方領知替え案を提出した。

庄内藩は予期しない転封命令に戸惑い、家斉寵臣の中野石翁《せきおう》や年寄林忠英《ただふさ》らに嘆願書を送り、理屈のわからない国替えは、先祖代々子孫後代までの恥辱である、と訴えた。藩領の領民も西郷組が行動をおこして江戸に出て駕籠《かご》訴《そ》を企て、領内各地で地域集会を開き、翌年二月の上藤島六所《ろくしょ》宮の集会には一万五千人が集まった。幕閣のみならず近隣の諸大名家にも訴えたので、外様大名が幕府に伺《うかがい》書《しょ》を提出し、領知替えの子細を問う事態となって、幕府内に動揺が生じた。

天保十二年(一八四一)、家斉が亡くなりその葬儀を終えると、忠邦は将軍家慶の信任を背景に、四月に家斉寵臣の御側御用取次の水野忠篤、若年寄の林忠英、新番頭格の美濃部茂育《もちなる》など「天保の三《さん》佞人《ねいじん》」の役職を解いて減封を申し渡し、勘定奉行の田口喜行《よしゆき》、新御番組頭の中野清茂《きよしげ》を処分した。その処分は旗本六十八人、御家人八百九十四人に及び、大奥も粛正、美代の方の勤めを免じて中野石翁の出入りを禁じた。

五月十五日、将軍は老中以下の役人を集め、「御改革の儀」「御代々の思召は勿論の儀、取分享保・寛政の御趣意に違はざる様、思召候につき、何れ厚く心得相勤むべく候」という上意を伝え、天保の「改革」を宣言、改革の目標が享保・寛政度の政治にあるとの上意を伝えた。これにともない、六月に忠邦は大小目付などの諸役人の綱紀粛正を指令し、各役所の冗費《じょうひ》節約を命じ、出入りの業者と密着して関係が深い作事方や普請方などに対して業者との結びつきを禁じ、勘定方には二十一か条にわたる勤務規定を定めた。

七月、将軍家慶は忠邦を呼び、三方領知替えの中止を伝え、代わりに海防のために酒田・新潟両港を収公し、川越藩に加増をのみ認める案を示した。忠邦は幕府の大権に影響があるとして反対したが、他の老中の土井利位《としつら》・堀田正篤《ほったまさひろ》・真田幸貫《さなだゆきつら》らが賛成し、三方領知替えは中止となった。これにより将軍は大権である改易・転封を容易に発動できなくなり、幕初以来の幕府と藩との関係は大きく変化することになった。

改革の展開

天保十二年（一八四一）九月、忠邦は改革の方針を「人情軽薄の習俗をはじめ、万事文華を去り、質朴に帰り、金銀の融通も互に信義を以て相便《あいべん》じ候間、凶年・火災等の困厄《こんやく》相重ね候とも、可なり活計も相立ち候」と示した。この厳しい倹約令には、江戸市中を管轄する北町奉行遠山金四郎景元《かげもと》、南町奉行矢部定謙《さだのり》から「市中衰微」を理由に見直しが求められた。奉行所の同心が市中を調査したところ、大店の越後屋・大丸屋・白木屋なども急激に売り上げが減り、中小の呉服商や古着商も販売不振、盛り場や料理屋も不景気である、と報告してきた。

忠邦の窮地を救ったのが水戸の徳川斉昭の意見書「戊戌封事」で、これに勢いを得た忠邦は、将軍に上書し、諸役所が「下方の気受けをのみ」心掛けて改革をなおざりにし、町奉行が「御城下の繁華」を唱えていては、改革は有名無実になると指摘、改革の断行と人事刷新を訴えた。これが将軍に認められて改革は本格化した。天保十三年（一八四二）四月に江戸表から庄内藩の酒田湊に知らせる書状は、公儀の趣意が、寛政年中のことは「御改正」であり、今度は「御改革」と申すべきであって、寛政度よりはるかに徹底している、と伝えている。

天保十二年（一八四一）十月五日、寺社奉行阿部正弘は大奥の風儀を取締り、下総中山法華経寺知泉院の日啓《にっけい》を遠島に処した。日啓は美代の方の実父で、老女の手引きで大奥の女中に取り入って信者を増やしていたという。十月十六日、江戸市中の高値の菓子類や料理、鉢物、美麗な能装束、華美な飾り物など無益な品々の販売や使用に関し、組の者が見つけしだい町役人とともに奉行所に連れてくるよう命じ、十一月三日、北町奉行は壱番組安針町名主以下三十一人の名主を市中取締掛に任じ、町触の実行を督励した。十一月二十七日、寄席での浄瑠璃語りを一斉に検挙し、女浄瑠璃を逮捕し、十一月二十九日には富籤《とみくじ》や凧《たこ》を規制した。

十二月、改革に抵抗してきた南町奉行の矢部定謙を失脚させるのに功のあった目付鳥居耀蔵をその後任に起用すると、耀蔵は早速、市中諸色取締掛を設けて本町三丁目の名主文左衛門以下二十六人を任じた。天保十三年二月、袋物屋五軒、煙管屋三軒、呉服屋・雪路下駄屋・小切屋など合計二十六軒が高価な品々を販売したとして、耀蔵配下の同心が摘発し、寿司屋や菓子屋も処罰した。忠邦は三月には、江戸市中の寄席の数を、古くからの十五軒にのみ存続を認め、他を停止した。

すべての営業停止を主張したが、遠山景元《かげもと》が歌舞伎芝居とは違った庶民の楽しみである、と存続を主張して、寄席の数が限定され、上演は神道講釈、心学、軍書講談、昔咄の四つということで認可になった。風俗の流行の震源地である歌舞伎芝居小屋は、前年十一月に江戸三座の破却、ないしは所替を忠邦が主張、景元がこれに反対して芝居の害よりも芝居に関わる住民の生活が大事であると主張して将軍が認めていたが、十二月に中村座の楽屋から火が出て市村座・操《あやつり》座を焼き、さらに堀江六軒町を焼いた。

町年寄から再建願いが出ると、翌年正月に忠邦は浅草宿町一万坪への移転を命じ、猿若町と名を改めさせ、移転を強行した。移転の理由は、役者が芝居小屋近辺に住んで、町家のものと立ち交わって芝居が猥らになり、その風俗が市中に移ってゆくので、役者と一般市民の住居をわけて交際を禁じた。さらに役者の湯治・参詣を名目での旅を禁止し、外出時の編笠着用を強制した。

これにともない江戸各所にあった宮地芝居も全面的に禁止され、三月には私娼を禁じ、公認の遊里吉原以外の岡場所を全部取り払い、料理茶屋や芝居茶屋には商売替えを命じ、深川・本所・根津・谷中・市ヶ谷・四谷・麻布辺など二十四か所の料理茶屋が抱える「酌取女《しゃくとりおんな》」を、希望する者には吉原に住みかえさせた。

市中の取締りは生活の隅々にまで及んでゆき、四月には野菜の初物を高値で売るのを禁じ、川筋往来の日覆《ひおおい》船が河岸などで簾《すだれ》を下げることをも禁じ、六月には「大江戸の飾海老」とよばれた千両役者の市川海老蔵（七代目市川団十郎）の江戸十里四方追放を命じた。団十郎は、表向きを飾らなければ贔屓《ひいき》も薄くなる、と居宅を美麗に飾りつけて咎められたもので、馬琴《ばきん》は日記に「年来おごりの咎にて、四月中より御吟味手鎖」と記している。

江戸の遊芸世界の繁昌

滝沢《たきざわ》（曲亭《きょくてい》）馬琴は文化十一年（一八一四）から天保十三年（一八四二）にかけて『南総里見八犬伝』を出版したが、これは『水滸伝』の構想をもとに舞台を南房総に移し、里見家の復興に活躍する八人の英傑の物語を描いている。『里見九代記』などの正史に対する歴史物語を「稗史《はいし》」として描き、敵討物《かたきうちもの》、巷談物、伝説物などの要素を取り入れ、超現実的な怪奇・凄惨・悲壮美の世界が多くの人気を博した。馬琴はその第九編において稗史の法則を「一に主客、二に伏線、三に襯染《しんぜん》、四に照応、五に反対、六に省筆、七に隠微、即ちこれなり」と公表し、失明した後も創作を続けた。

これと並んで広く読まれたのが柳亭種彦《りゅうていたねひこ》の『偐紫田舎源氏《にせむらさきいなかげんじ》』で、文政十二年（一八二九）から天保十三年（一八四二）にかけ、何冊もの本を一冊で売る合巻として刊行された。旗本の高屋知久《たかやともひさ》が柳亭種彦の名で著した作品で、種彦は素人芝居の舞台を踏むほどの芝居好きから、『源氏物語』に取材して、室町時代の将軍家の御家騒動を歌舞伎調に仕立て、主人公の次郎光氏の恋の遍歴を、歌川《うたがわ》国貞《くにさだ》の挿絵で描いて女性たちに熱狂的に歓迎された。

天保三年（一八三二）に書肆の青林堂を営む為永春水《ためながしゅんすい》が『春色梅児誉美《しゅんしょくうめごよみ》』を著した。向島に程近い中の郷の「裏借屋」に住む主人公丹次郎と、病気見舞いに来た吉原の遊女屋の内芸者米八との情事を描き、廓などでの約束事の性の世界ではなく、日常的な私生活における男女の逢瀬とその会話を再現したことから、青年男女に人情本として受け入れられ、春水は門人と為永連を組織し、合作方式で注文をこなした。

図会では斎藤幸成《ゆきなり》（月岑《げっしん》）が祖父幸雄《ゆきお》や父幸孝《ゆきたか》の遺業を継ぎ、『江戸名所図会』三巻を天保五年（一八三四）に刊行、同六年に四巻を刊行した。千余に及ぶ神社仏閣や古跡名所の現況と沿革を記し、記事は江戸の範囲を越え、江戸の世界の広がりとその拠り所を語る。詳しい考証と、長谷川雪旦《せったん》の精緻に描いた風景描写の挿絵が好まれた。

浮世絵は、葛飾北斎《かつしかほくさい》が天保五年の『富嶽百景』の初篇に「画狂老人卍」の号で「己六歳より物の形状を写の癖ありて、半百の頃よりしばしば画図を顕すといへども、七十年画く所は、実に取るに足るものなし。七十三歳にして稍《やや》禽獣虫魚の骨格、草木の出生を悟り得たり。故に八十歳にしてはますます進み、九十歳にして猶其奥意を極め、一百歳にして正に神妙ならんか」と、常に今の自分の絵に満足せず、突き進んだ。八十九歳の嘉永《かえい》元年（一八四八）に描いた絵手本『画本彩色通《えほんさいしきつう》』の巻末には、「九十歳よりは又々画風を改め、百歳の後に至りて八、此道を改革せんことをのみねがふ」とこの年になっても「改革」を思っていた。まさに改革の時代を象徴していた。

歌川広重《ひろしげ》は天保二年（一八三一）に「東都名所」の江戸風景画シリーズで「高輪之明月」「両国之宵《よい》月《づき》」など江戸名所を透視法で描き、天保四年には東海道の宿々の風景を『東海道五十三次之内』として描き、好評を得て風景画家の地位を確立すると、「東都名所」シリーズの「吉原仲之町夜桜」や

「神奈川沖波裏の図」（『富嶽三十六景』より　メトロポリタン美術館蔵）

「江戸近郊八景之内」の「吾嬬社夜雨《あづまもりやう》」「玉川秋月」「飛鳥山暮雪《ぼせつ》」など、江戸とその近郊をも描いた。広重は各地の名所を叙情性豊かに描き、多くの人々を身近な名所見物にいざない、広重の『東海道五十三次之内』『木曾街道六十九次』シリーズや、葛飾北斎の『富嶽三十六景』『諸国名橋奇覧』『諸国瀧廻り』も地方への旅にいざなった。上に掲げたのは『富嶽三十六景』のうち、「神奈川沖波裏の図」である。

　歌舞伎では鶴屋南北《つるやなんぼく》が出て以来、愛好家の歌舞伎趣味を誘って隆盛が続いたが、次第に保守的傾向に陥るなかにあって、七代目市川団十郎が天保三年（一八三二）三月に長男の海老蔵に八代目を襲名させた際、「歌舞伎十八番」（暫《しばらく》・七《なな》ツ面《めん》・象引《ぞうひき》・蛇柳《じゃやなぎ》・鳴神《なるかみ》・矢根《やのね》・助六《すけろく》・関羽《かんう》・押戻《おしもどし》・嫐《うわなり》・鎌髭《かまひげ》・外《うい》郎《ろう》・不動《ふどう》・鑷《けぬき》（毛抜）・不破《ふわ》・解脱《げだつ》・勧進帳《かんじんちょう》・景清《かげきよ》）を制定した。多くは初代から四代目にかけ初演された荒事中心の作品で、七代目団十郎は八代目襲名にあたり「助六」を上演、自身が助六を、揚巻《あげまき》を五代目岩井半四郎が、意休《いきゅう》を六代目岩井半四郎が演じた。

以後、新たな試みはないものの、歌舞伎人気は衰えず、三座のほかに、江戸の寺社境内での宮地芝居も急増した。地方へも広がって、天保十一年十一月出版の芝居小屋の番付『諸国芝居繁栄数望《くにぐにしばいはんえいずもう》』は、名古屋・金沢・宮島・古市・松坂・竹田・下関など、あわせて百三十一か所もの定芝居の芝居小屋を載せている。

江戸繁昌の実相と改革

天保初期は文政期の延長にあり、華やかな遊興の世界が広がっていたが、繁栄とともに次第に大都市固有の問題が生じるようになっていた。その点を江戸各所の賑わいとともに記したのが、水戸藩の浪人寺門静軒《てらかどせいけん》の漢文の戯作『江戸繁昌記』である。天保二年（一八三一）五月、むさくるしい路地裏に住む「浪人」が、餓えもせずに生きてゆけるのも天下太平の「お蔭」と感じ、江戸繫昌の種々相を書き記そうと思い立ち記したという。年二度の相撲、三座の芝居、五町の吉原遊里などの江戸の繁昌の様子を記し、その風俗の表裏を描いてゆく。

たとえば最初の両国の相撲では、その盛況を記すなかで、関連して儒者の番付の話へと転じて、今の儒者には金剛力の相撲取のごとき者がおらず、堕落し「名を売り利を射る」者ばかりと批判する。続く吉原では「五街の楼館、互ひに佳麗を競ひ、三千の娼妓、各々嬋娟《せんけん》（あでやかな美しさ）を闘はす。一郭の繁華、日に月に盛昌なり」と、繁華の様を詳しく語るとともに、次第に衰えていることをも記し、「此の楽国を舎《す》て何くにか適《ゆ》かん」と嘆く。

以下、歌舞伎の戯場《しばい》、社寺の富籤、浅草寺の参詣、両国の煙火等々、江戸市内の場について、「有用」と「無用」、衣と食、裏店や湯屋など町内と千住や品川など場末、といった対比によって、その繁栄の裏面を記し、有用な場における武士や僧・儒者など支配層を辛辣に諷刺した。

表裏なく評価したのが、町内の集まりの場、娯楽の場である「寄」（寄席）で、落語や手品、講談、声帯模写（「八人芸」）、物真似、女浄瑠璃、人形浄瑠璃、小唄などが、三味線や太鼓・鐘などの鳴物で演じられ、「太平を鳴らし、繁昌を鼓する」という。その客層は公事の訴訟のため滞在中の田舎者や、参勤で江戸詰めの武士、路地住まいの囲い者、隠居の町人、商店の番頭・手代など、男女が雑居し、老人・若者も席を同じくして楽しんでいるという。寄席は文化十二年（一八一五）に七十五軒、文政十一年（一八二八）には百二十五軒、そして天保十二年には二百三十三軒に急増していた。

寄席に続く「裏店」では、その住まいと生活の惨めな様を、悲哀を込めて描き、このほか、筆の及ぶところは、日本橋魚市、上野、葬礼、神命、髪結床、墨水の桜花、街輿、開帳、祇園会、外宅、永代橋、書舗、愛宕、仮宅（吉原から焼け出された遊女の宅）、画島（江の島）、学校、新梅園、馬喰街客舎、麹町、市谷八幡、千住、品川、深川、本所、演武場、茶店など、社寺と祭、郊外と行楽の場など、江戸の多様な場を対比的に描いている。

寺門静軒は江戸の繁昌を讃嘆しつつも批判的に描いたが、水野忠邦はその江戸の繁昌を徹底的に取り締まった。天保十四年（一八四三）に、華美な飾り付けをした違反建築の取り壊しを命じ、取締りを徹底するため、町名主を通じ、末端にまで改革を及ぼすため『修身孝義鑑《しゅうしんこうぎかがみ》』を刊行、仮名をふって改革令の内容を示した。

統制は出版物にも及び、天保十三年（一八四二）六月に「新板《しんぱん》書物」について、儒書・仏書・神書・医書・歌書は除き、異教や邪説を交え、時の風俗・人の批判をする書物、好色絵本などを固く無用として発禁にした。これに関連して柳亭種彦の『偐紫田舎源氏』の板木が没収されて、種彦は直後に亡くなる。話が乱脈をきわめた家斉と大奥を対象としていたとみなされたのである。

為永春水は『春色梅児誉美』で手鎖五十日の刑に処された。悪場所でなく、江戸下町の裏店での情事を描いた部分が問題視されたのであろう。天保六年に発売差し止めの『江戸繁昌記』は、町奉行の鳥居耀蔵の取り調べにより「敗俗の書」とされ、板木が取り上げられ、寺門は武家奉公禁止の処分をうけた。繁華を謳歌した箇所や公儀への批判的内容が問題とされたのである。

出版統制、株仲間解散令

書物の出版は書物問屋仲間の年行事によって自主的に規制されていたが、作者は書物屋を通じて、町年寄・町奉行を経て学問所・天文方（洋書の翻訳を担当）に上申し、その許可を請ける仕組みになった。浮世絵も学問所の統制下に入り、錦絵では、歌舞伎役者・遊女・芸者の一枚摺りや、役者の似顔や狂言の趣向を取り入れた八遍摺り以上の極彩色の絵草紙類の板行や販売が禁止され、合巻の絵草紙も販売停止となった。馬琴は、「錦絵・団扇類、役者似顔・遊女芸者の絵は相成らず、表紙・袋・色摺相成らず、続物二編の外、相成らず、読本手のこみ候物、相成らず」と記している。

これにともない風俗を描く浮世絵師はどうなったのか。天保七年（一八三六）八月、馬琴の柳橋万八楼《まんぱちろう》で催された古希の賀会に、「画工　本画」の谷文晁・渡辺崋山、「浮世画工」の歌川国貞・国芳《くによし》、広重らの名が見える。国貞は役者絵や美人画を得意とし、柳亭種彦の『修紫田舎源氏』に挿絵を提供したこともあったが、特に目立った譴責はなかった。北斎は肉筆画に軸足を変えたので、出版統制の対象にならなかった。

歌川国芳は、国貞と同じく歌川豊国の弟子で不遇の時期が長く、文政十年（一八二七）から『水滸伝』ブームにのり『通俗水滸伝豪傑百八人之一個』シリーズの武者絵で「武者絵の国芳」として人気作家になり、天保二年に『東都名所』『東都某々之図』シリーズで風景版画に新風を吹き込んだ。その国芳が天保十四年（一八四三）八月に描いた『源頼光公館土蜘作妖怪図《みなもとのよりみつこうやかたつちぐもようかいをなすず》』は、時が改革の最中であっただけに評判になった。

源頼光は摂津源氏の祖で、渡辺綱《わたなべのつな》以下の四天王が酒呑童子《しゅてんどうじ》を退治する伝説に基づいて描かれており、そこに描かれた仮眠中の頼光を将軍家慶に、四天王を老中らに、多くの妖怪を改革で被害を蒙った人々にあてて楽しんだという（『浮世の有様』）。卜部季武《うらべのすえたけ》が忠邦に、渡辺綱が真田幸貫に、坂田金時《さかたのきんとき》が堀田正篤に、碓井貞光《うすいさだみつ》が土井利位（あるいは榊原忠之《さかきばらただゆき》）にあてられたので、板元は処罰を恐れて、自発的に錦絵を回収し板木も削除した。

絶版になっても錦絵は流通し、このことを記す『天保雑記』には、奥儒者の成島邦之丞《くにのじょう》の語った、改革政治があまり細かに介入すると、差支えが多く万事渋滞し、政務が滞る、という意見を載せている。天保の改革の最大の課題は高騰した物価の引き下げにあったのだが、倹約だけでは引き下げは難しく、天保十二年（一八四一）十二月、株仲間の独占が物価騰貴の原因として株仲間解散令を出し、江戸十組問屋《とくみどいや》仲間を解散させた。

幕府は流通機構そのものに問題があるとみて、株仲間商人が特権を利用し物価をつり上げる「不正」を行なっているもの、と考え、自由な商品移動を促すために、株仲間を解散し、価格を人為的に操作する可能性がある問屋や仲間・組合を停止したのである。江戸十組問屋は文化十年（一八一三）に幕府に冥加金一万両を上納するかわりに、六十五組千人近くに株札《かぶふだ》が交付され、営業を独占していたのだが、その冥加金が免除になった。十組問屋の解散だけではうまくゆかず、翌年三月には上納金を納めている全国すべての問屋・組合・株仲間に適用した。

しかし株仲間自体の流通支配力が低下していたので、解散させても物価は下がらず、かえって流通機構を混乱させ、景気の低下を招いた。そこで江戸での諸物価の引き下げを申し渡し、職人の手間賃や人足賃などを公定し、借家や店借層のために地代や店賃の引き下げを命じた。だが、それでも効果なく、教諭する方式から、告発により取り締まったが、町人はこの取締りに値段を下げて質を落として応じた。以前から銭相場を引き上げて金一両に対して銭六貫五百文の公定相場としていたが、これもうまくゆかなかった。

各地ではその地域の事情があり、幕府の命令通りに株仲間の解散になかなか応じられず、諸藩の産業政策と対立する面も少なからずあった。それでも遂行しようとした背景には、佐藤信淵が文政十二年（一八二九）に著した『農政本論』で、「商人に貨物売買の柄を握らしむは、甚害最も大」と指摘し、天保九年の『物価余論』で、高物価で天下の人々が困窮している道を救う道は、商人の掌中に収められている物価を上下させる権能を、幕府が取り上げる必要がある、と統一国家の必要を説いたこととも関係している。信淵の考えは株仲間解散を積極的に支持するものであった。

これら改革を実行するためには幕府権威の向上の必要から、将軍家慶の日光社参が大名と旗本を従え、十四、五万人と言われる大行列で、天保十四年（一八四三）四月に挙行された。安永《あんえい》五年（一七七六）の家治《いえはる》以来、六十七年ぶりであったが、その出費は膨大で、農村を疲弊させた。

アヘン戦争と薪水給与令

モリソン号事件が起きて二年後の天保六年（一八三五）、伊豆韮山の代官となった江川英龍《ひでたつ》は、武蔵・相模・伊豆・駿河などの幕領を管轄して江戸湾海防に関わり、天保九年に鳥居耀蔵とともに相州備場見分《そなえばけんぶん》を命じられた。翌年三月、英龍が、相州、房総三か国の十万石以上の大名を移封して江戸湾防備を担当させる案を示し、鳥居は、打ち払い令を骨格として、幕府の代官陣屋を中核とし、非常時に諸藩を援軍させる案を提示した。

財政難の幕府は、勘定方の意見もあって鳥居案で臨んだが、そこにオランダ風説書が、天保十一年六月のイギリスによる清国攻撃の開始を伝え、十一月には、唐船の風説書も、イギリス軍が広州を封鎖して北上、戦線を拡大していることを伝えてきた。このアヘン戦争は、清国がアヘンの禁輸を断行、イギリス商人保有のアヘンを清朝湖広《ここう》総督が没収・焼却したことから起きた。

イギリスは清国から茶を輸入するが、それに見合う輸出品がなく、インドで製造したアヘンを持ち込んだので、アヘンの蔓延で大量の銀が流出、清朝はアヘンの全面禁輸を行なうが、アヘン吸飲者は二百万人、銀流出は四十年間で一億ドルに達した。危機感をつのらせアヘンを没収し海中に投棄したため、イギリスが反発して戦端が開かれ、圧倒的な軍事力の差でイギリスが勝利、不平等な南京条約が締結され、多額の賠償金の支払いや香港割譲、広州・上海開港となった。

この情報を早くに得た長崎町年寄の高島秋帆《たかしましゅうはん》は、以前から長崎の唐人屋敷前にある台場の警備を父から引き継ぐと、フェートン号事件で長崎地役人に設けられた鉄砲方も引き継いで、鉄砲の入手整備や練習を繰り返し、出島のオランダ人から洋式砲術を学び、私費で銃器等をそろえ、天保五年(一八三四)には高島流の砲術を教えていて、幕府に意見書『天保上書』を提出して洋式砲術の採用を訴えた。

「大国」中国が侵攻された事態を重視した幕閣は、これを認め、武州徳丸ケ原で日本初の大筒四門と小筒五十挺の公開砲術演習が行なわれた。水野忠邦はここで西洋砲術の火力の威力を知り、軍事改革へと進んだ。天保十三年(一八四二)七月、直参の者や「諸家執心之者」への砲術の伝授を秋帆に許可、江川英龍も秋帆の門に入って砲術の技術を学んだ。秋帆は翌年に鳥居耀蔵に謀叛の嫌疑をかけられて投獄されるが、多くの幕臣や藩士が秋帆・英龍門下に入った。その英龍門下には松代藩の佐久間象山《さくましょうざん》、勘定奉行の川路聖謨、参政の本多越中守、仙台藩の大槻磐渓《おおつきばんけい》らがいた。

佐久間象山は、信州松代藩の文武学校の教授であり、文武学校は真田幸貫が嘉永四年（一八五一）に象山を学校普請奉行に任命、安政二年（一八五五）に開校、文学所で文学・兵学・躾方・月並講釈を教授、ほかに西序と東序があり、剣術所・柔術所・弓術所、槍術所で武術を教え、教官は象山と弟子があたり、受講者は十五歳から四十歳までの藩士であった。

象山は江戸に出てから佐藤一斎に入門して塾を開き、藩主真田幸貫が老中で海防掛になるとその顧問になって海防問題に専心し、江川英龍に入門、藩主に「海防八策」を提出し、塾で砲術を教授し、各藩の依頼で大砲の鋳造や演習を行なった。

長崎ではオランダ船が天保十三年六月に到着すると、オランダ商館長ビックが通詞を出島に招いて、イギリスはアヘン戦争が片付けば、日本の湊に行き、丁重に貿易を願い、不都合な待遇を受けると一戦を交えることになる、というイギリス人武官の話をした。

この話が直に江戸に伝わると、驚いて七月二十三日に異国船打払令を撤回し、薪水給与令《しんすいきゅうよれい》が「御仁政」として復活した。「異国船と見請け候はば、篤《とく》と様子相糺し、食料・薪水等乏しく帰帆成り難き趣に候はば、望みの品相応に与へ帰帆致すべき旨、申し諭す」という内容である。ただ発令を担当した海防掛老中の土井利位は、家老の鷹見泉石に意見を求めるなどしており、その発令に確信はなかったらしい。泉石も海防方針が定まらないなかでの方針転換に不安を示していた。異国船取扱の転換は、幕府の動揺を物語るものであり、外国からは開国に踏み切ったと見られた。

幕府と諸藩の軍事改革

幕府は続いて江戸湾警備を強化するため、天保十三年（一八四二）八月三日に安房・上総の備場を忍藩《おしはん》、相模の備場を川越藩に命じ、警備体制を旧来に復して警備を手厚くするよう命じた。羽田奉行や下田奉行には台場の整備と築造を命じ、各藩には、防備強化の人数や銃器数の数値目標、異国船来航実数などの報告を求めた。

江川英龍の大砲鋳造の申請を十月に許可、十一月に水野・土井、真田幸貫、堀田正睦《ほったまさよし》ら四老中はモルナールやホーイッスル、カノン砲の鋳造を依頼し、オランダには剣付銃を発注、蒸気機関車と蒸気船の導入を打診するなど積極的に動いた。軍事組織として大筒組を創設、同十四年八月に江戸四谷角筈《つのはず》に大筒打場を建て、幕臣・陪臣に大砲の射撃演習を許可した。

これと前後して諸藩でも軍事改革に取り組んだ。水戸藩はすでに天保十一年（一八四〇）に大規模軍事訓練を実施していて、国民皆兵路線を唱え、西洋近代兵器の国産化を推進、大砲鋳造の材料確保のため、領内の寺院の梵鐘や仏具の供出を強制し、従来の砲術との折衷的な神発流を導入した。長州藩では、村田清風《むらたせいふう》が海外防備のため中央に大砲を据えた新陣法「神器陣」を取り入れ、高島秋帆の徳丸ケ原での砲術訓練に家臣を派遣して洋式軍備の導入をはかり、天保十四年（一八四三）四月に萩近くの羽賀台で一万四千人、八隊編制の大操練を実施した。

肥前佐賀藩では、天保五年に医学館を八幡小路に設けて(好生館)、オランダ医学を積極的に伝習させ、藩校の弘道館を同十年に藩主鍋島直正が大手前の北堀端に拡張、十三年に文武奨励を令達し、侍・手明鑓・歩行の者・足軽・小道具・仲間などの身分別に武芸の修習目標を示した。藩財政改革を推進、役人を五分の一に削減、借金の八割放棄と二割の五十年割賦を認めさせ、磁器・茶・石炭など産業育成・交易に力を注ぎ、小作料の支払免除などで農村を復興させ、有能な家臣を積極的に政務の中枢へ登用した。

長崎警備の強化の関係から西洋の軍事技術の導入をはかって精錬方を設置し、反射炉などの科学技術の導入に努めた。高島秋帆の西洋砲術に関心を寄せた義兄の武雄の領主鍋島茂義は、秋帆に入門して免許皆伝を与えられ、第一号の大砲を献上された。

薩摩藩では、モリソン号事件直後に島津斉興が家臣鳥居平七らを高島秋帆に入門させた。鳥居は秋帆に学んで洋式砲術を藩内に弘めた。弘化三年(一八四六)に上町向築地に鋳製方を設立、青銅砲・ゲベール銃が製造された。指宿や山川・佐多・根占・鹿児島などの沿岸の要所に台場を築いて、海岸防備を固めた。翌年には甲州流軍学を廃し、洋式に統一する軍制改革を行ない、軍役負担の基本となる給地高の改正に着手した。

アヘン戦争は日本の海防政策に大きな影響をあたえたが、この情報は短期間のうちに広まり、佐藤信淵に儒学、箕作阮甫《みつくりげんぽ》に蘭学を学んだ丹後田辺藩士の嶺田楓江《みねたふうこう》が、嘉永二年(一八四九)にアヘン戦争の惨禍を知り、その情勢を広く憂国の士に訴えようとして、中国で出版された『夷匪犯彊《いひはんきょう》録《ろく》』を基に戦争の経過を実録小説風に『海外新話』を著した。世界及び中国の略図を付し、当時における英国のアジア侵略の動きを示して多くの挿絵をのせた。

海外情報が広まるのを恐れた幕府の学問所は、「異教佞説《ねいせつ》」であると判断して発禁処分にし、嶺田を投獄、翌年に三都所払いとした。だが、発売とともに瞬く間に流布し、蝦夷地探検家の松浦武四郎《たけしろう》は、師の儒者平松楽斎《らくさい》に新刊を送っており、武蔵国橘樹《たちばな》郡生麦村の名主の関口東作《とうさく》は、嘉永四年正月に写している(『関口日記』)。生麦村の名主の手にも渡っていたのである。関口家は医業にも携わり、寺子屋を開いて近在の子に手習の指導を行なっていて、子どもの守る実践すべき徳行を説諭する『孝行萌草《こうこうめばえぐさ》』を記すなど、真摯な教育者であった。

上知令とその影響

幕府は、天保七年に浜田藩勘定方と廻船問屋とが結託し、山陰沖の竹島で密貿易を行なっていたのを摘発しており、日本海沿岸・佐渡の海防に目を光らせ、新潟奉行に台場築造にあたらせていたが、水野忠邦は、天保十四年六月一日に江戸周辺、続いて十一日に新潟湊、さらに十五日に大坂周辺の上知《あげち》を発表した。庄内藩・長岡藩・川越藩の「三方領知替」の失敗を踏まえての発令で、新潟湊ではすぐに実施した。長岡藩からの上知で、新潟奉行に川村修就《ながたか》を任じ、北回り航路の管轄や密貿易の取締りにあたらせた。

上知令の最初の対象の江戸最寄りの地とは、水野忠邦の下総印旛郡、下総佐倉藩主で老中堀田正篤領、若年寄武州岩槻藩主の大岡忠固《ただかた》領など大名領や高家衆《こうけしゅう》領であって、領知を幕府に返上させ、本領付近に替え地を支給した。幕領・藩領・旗本領が錯綜し、文政の組合村編成の経験を踏まえ、幕領に再編成しようとしたのである。

上知令の発案者とされる羽倉外記《はぐらげき》は大坂に生まれ、父の任地の豊後日田で広瀬淡窓《ひろせたんそう》と交流し、関東・東海の代官になって各地に赴き、海防のために伊豆諸島も巡視した経験があり、幕府が日本全体をどう経営すべきかを構想していて、水野に納戸頭に登用され「海防私策」を幕府に建言した。

上知令の目的は、高免《たかめん》の私領を上知し、代替として年貢収納率が三割五分以下の薄免の地を与え、窮迫する幕府財政の補強をはかり、江戸城周辺の取締りを強化する意味合いがあった。忠邦が自らの所領を率先して上知するとした印旛郡には、田沼政権期に干拓の中断していた印旛沼があり、これの開鑿や干拓を進めることで、外国船が江戸湾に侵入しても、江戸への物資を銚子から利根川経由で確保できるものと考えた。

大坂最寄りの地の上知は、六月十五日に大岡忠固の山城相楽郡領をはじめ、摂河泉《せっかせん》と山城・大和に所領をもつ十六の大名、六月十九日には老中土井利位の摂津四郡、旗本七十六人へと及び、合計二十七万石に達する規模であった。しかし大坂周辺には豊熟な地が多く、反発が起きた。大名・旗本は領民から年貢の先納を命じ、調達銀の名目で村々から借金をしていたので、支配替えともなれば、借金が踏み倒される危険が高く、支配替えにともなう危惧もあった。

反対運動は九月に旗本石丸領の中小坂・木本両村で始まり、平野郷でもその動きがあった。平野郷は老中土井利位の飛び地で、利位は大坂城代・京都所司代の時に、この地から調達銀を借り、年貢を先納させていたので、百姓は借金が踏み倒されることを恐れ、繰り返し上知反対を土井利位に訴えた。大坂の町人も、百姓に貸し付けた調達銀や貸付金の返済を期待できなくなるので反対にまわった。

上知の対象になったのは譜代の大名・旗本であり、財政難で領地替えともなれば莫大な経費が必要となるので、内々で反対のところ、伊勢松坂に飛び地のある三家の紀州藩が反対にまわると、土井利位を中心に反水野勢力の結集となった。大目付遠山景元、御側御用取次新見《しんみ》正路《まさみち》、勘定奉行跡部《あとべ》良弼《よしすけ》、小普請《こぶしん》奉行川路聖謨などの有司《ゆうし》をはじめ、忠邦側近の町奉行鳥居耀蔵、勘定奉行榊原忠職《さかきばらただもと》も反対にまわり、閏九月七日に将軍の名で上知令が撤回された。

これは単なる撤回にとどまらず、幕府の大権発動が「三方領知替」に続いて空振りに終わったもので、その後の幕府の政権運営への影響は大きかった。十三日、「御勝手取扱のことにつき不行届き」について「御役御免」と、忠邦の老中罷免が将軍から言い渡された。『徳川実紀』は罷免の理由を「国政の事、不正の趣あるによる」と記している。忠邦の天保の改革は挫折した。

改革を断行した忠邦の罷免を知った町人・百姓は、忠邦の門前に集まって雨あられと石を打ちつけたが、それには武士も交じっていた。「享寛（享保・寛政）の例はしばらく御沙汰止み　万歳らくを唄う国民」という狂歌が、彼らの心情を伝えている。

その後、老中首座は土井利位が、しかし、その土井が辞任すると忠邦の再任となるが、さらに忠邦辞任と続き、新たに老中首座となったのは阿部正弘である。

海防策の手詰まり

水戸藩の徳川斉昭は正弘に海防の意見書を提出し、幕政への関与の動きを再び始めるなか、八月には、正月の仁孝《にんこう》天皇の死去で三月に践祚した孝明《こうめい》天皇が、武家伝奏を通じて、「武門の面々は、洋蛮のことを、小寇として侮らず、大賊として恐れず」「神州の瑕瑾《かきん》のないよう」、精々指揮するようにという勅旨を京都所司代に与えると、これに阿部は、琉球・浦賀・長崎への異国船の来航を報告したが、このことは朝廷の幕府外交への関与であり、外交を媒介に幕府と朝廷の関係性が深まってゆく。

幕府では打ち払い令復活の議論もあったが、江戸湾防備を川越・忍の両藩を加え、弘化四年（一八四七）二月に彦根藩に相州、会津藩に房総警備を命じ、台場の修築や増強、陣屋の新設を行なわせた。ところが、彦根藩では藩主井伊直亮《いいなおあき》の弟直弼《なおすけ》が、彦根藩は西国三十余国の藩屏であり、京都守備にあたるのが使命であるから、江戸湾防備に専念するのは国内統治のあり方に合わない、と不満をもらし、浦賀奉行を中心とする四者協議に非協力的であった。

有力な譜代大名さえこのような状態であれば、諸大名から合意をとりつけるのは容易ではなかった。阿部は、薩摩藩の島津斉彬や水戸藩の徳川斉昭などの諸大名、筒井政憲《まさのり》、戸田氏栄《うじひで》、松平近直《ちかなお》、川路聖謨、水野忠徳《ただのり》、江川英龍、岩瀬忠震《ただなり》などの能吏から、幅広く意見を求めていて、それに依存していたこともあって、島津斉彬や徳川斉昭らの幕政への介入を招いた。

嘉永元年（一八四八）になると、近海に姿を現す異国船がいっそう多くなり、オランダ商館長は四十隻を超える、と報告している。なかでもアメリカの捕鯨船が、オホーツク海から日本海北回り航路上に増加してきていた。五月、阿部は打ち払い令復古を軸に、繰り返し諮問を行なうも、反対意見が多く、復活には至らなかった。嘉永二年七月、津軽海峡・対馬海峡を通過する捕鯨船の急増に応じ、松前藩・五島藩に築城を命じ、九月には全国の沿海村落に、沖合に向けての海の深さを測り海岸絵図を作成するよう通達した。

浦賀奉行の申請に応じては、スループ型帆船の導入を許可、「蒼隼丸《そうしゅんまる》」を建造し、十二月、海防強化令を出している。異国船が上陸して横行し、そのまま差し置かれては、「御国威にもかかわり、容易ならざる故、予め防御の手段を講じるよう、諸侯は藩屏の任務を忘れず、旗本・御家人は将軍膝元での奉公を心がけ、百姓・町人も銘々持ち前の力を尽くして国恩に報いるよう」命じた。海防強化令は、諸藩や民衆の海防負担感を、国威を強調することで和らげようとしたものであるが、国内の多くの人々に異国船来航の事実を気づかせることになり、幕府がその後も具体的施策をしなかったこともあって、異国船の脅威を煽る結果になった。

江川英龍は嘉永二年に幕府の許可を得て反射炉（燃料を燃やした熱が、炉内のアーチ状の天井で反射、高温で炉床の鉱石を溶解する炉）の建造に着手し、鉄砲火器の研究をして起爆剤を実用化、着発信管の工夫も行なった。農民を非常時に兵力として編制、外圧に対抗しようと農兵制も提唱したが、海防掛から「頑愚痴鈍の土民」には無理であるとの理由で採用されなかった。

嘉永三年四月、幕府は勘定奉行石河政平《いしこまさひら》や西の丸留守居の筒井政憲を派遣し、海岸部の状況や海の深さなどを調査し、江戸湾・相模湾、下田など海岸部に置かれた台場や陣屋の様子などを報告するように命じ、四冊、百七枚におよぶ「近海見分之図」が描かれた（横浜開港資料館蔵）。

手詰まり感のある幕閣に積極的に意見を主張したのが水戸の徳川斉昭であって、水戸藩は斉昭蟄居後に門閥派の結城寅寿《ゆうきとらじゅ》が実権を握っていたが、斉昭を支持する下士層の復権運動などもあり、弘化三年（一八四六）に隠居謹慎が解除されると、幕閣に対し外圧の危機とその対策を説いた。

嘉永《かえい》二年（一八四九）に藩政関与が認められ、会沢正志斎や藤田東湖、戸田忠太夫らの改革派が復帰し、嘉永五年十一月には将軍家慶から不時登城《ふじとじょう》を命じられた。安政元年（一八五四）には東湖が推薦した南部藩鉄砲方の大島高任《たかとう》らを招いて反射炉の建設を命じた。

三　農村改革の広がり

文政・天保の豊かさ

天保《てんぽう》の改革について幕府の改革を中心に見てきたが、上からの改革であって、改革の対象となったのは、民間の豊かさにともなう風俗の乱れである。そのため民間には倹約を強い、華美な飾りや贅沢な料理を禁じたのである。それだけ民間は豊かになってきていた。

文政《ぶんせい》二年（一八一九）から天保三年（一八三二）にかけ、数次にわたって行なわれた貨幣の改鋳と新鋳により、文政金銀の総鋳造量は四千八百十九万両と銀二十二万貫にのぼり、貨幣流通量は四十六パーセントも増加し、これにともなって金銀貨の流通量が増え、消費が刺激された。

人口の増減について見ると、享保《きょうほう》十七年（一七三二）に二千六百九十二万人に達した後は停滞していたが、その初期の数値に戻ったのは文政元年（一八一八）の二千六百六十万人で、その六年後に二千七百万人台になり、人口は増加傾向にあった。その後は天保の飢饉によって再び低下、天保十一年の二千五百九十万人から弘化《こうか》三年（一八四六）に二千六百九十万人に回復し、以後、江戸期に人口調査は行なわれていないが、その後の明治三年（一八七〇）に三千二百八十万人を数えており、これからすれば基本的に人口は著しい増加傾向にあり、明治期に向けて人口は上昇していた。

次に耕地の増減をみると、土木学会編『明治以前日本土木史』に基づく耕地開発関係の土木件数の調べによれば、十九世紀に入って一八六八年までの新田開発件数は四五〇件を数え、その前の五十年間の八十八件と比較して極めて多く、なかでも文政期から激増し、天保期が最も多い件数をカウントしている。文政・天保期が経済発展の離陸期であったことを指摘できよう。

　地方に豪商や豪農の存在が目立つようになったことも挙げられる。すでにみたように越後の鈴木牧之《ぼくし》は『北越雪譜《ほくえつせっぷ》』を天保八年（一八三七）に出版していたが、甲府の豪商の大木喜右衛門《おおききえもん》は、道祖神祭りの幕絵のために歌川広重《うたがわひろしげ》を招いたのが天保十二年、信州小布施の豪商高井鴻山《たかいこうざん》に招かれて葛《かつ》飾北斎《しかほくさい》が祭屋台の天井画を描いたのが天保十五年である。豪商や豪農の支援があって、各地の祭が一段と賑やかになっていたのであり、商品流通と人の往来が一段と活発になっていた。

　人の往来といえば道中記が文化《ぶんか》年間までは散発的であったのが、天保四年からは武蔵下野毛《しものげ》村の原源次郎の「参宮日記帳」、同六年の武蔵等々力《とどろき》村の伊勢参宮の日記、天保三年の奥州会津郡の山入村の『伊勢参宮道中諸用日記』など数えきれないほどに増える。天保元年のお蔭参りもその一つであった。

　以上の豊かさを教育の面からみると、寺子屋の開業数を中世の文明期から明治八年までの年次変化からは、享保頃までが、年平均一の寺子屋の黎明期、それから安永までが年平均二から三の普及期、天明から享和までが年平均十台に増加し、文化年間になって約二十八と増え、天保からは百台・二百台・三百台と激増、明治になっても開業が続いている。諸改革が続く天保頃から近代社会になった、と指摘できよう。

天保の農村改革と人別改め

関東では文政十一年(一八二八)に改革組合村が設けられた。天保四年(一八三三)の凶作で、各地が不穏な状況になったため、関東取締出役《しゅつやく》は新たに一揆の取締と米価の抑制、窮民の救済にあたり、同七年には、農村の大凶作から「旧弊改革」を行なった。その最初が河川監察と鉄砲改めである。

十月、幕府は河川普請の見直しを行ない、不正の温床となっていた村外の惣代請負人への工事の委託をとりやめ、十二月にこの触《ふれ》を徹底するため関東取締出役に回村を命じ、村を回って「旧弊改革」を諭した。江戸での銭相場の引き上げと連動して「在方銭両替相場《ぜにりょうがえ》」の触を廻らし、物価引き下げを申し渡し、農民相互による貧窮民救済を奨励した。「囲米《かこいまい》」も奨励し、十石以上の高持《たかもち》百姓に米・雑穀を供出させた。各地の一揆で鉄砲が使用されたことから鉄砲改めも行なった。

天保九年八月には農間渡世《のうかんとせい》の調査を行なって、在方の「奢侈」を禁じ、「無益之食物」を扱う商人の削減をはかり、調査対象を「城下・陣膝元・宿・町・市場」の都市域にも及ぼした。この結果、これまでは大工や木挽、桶屋などの商人的余業が目立っていたのが、今回は機織女《はたおりめ》や農業日雇・日割奉公人など賃労働が目立つようになっていた。

以上の関東農村での改革をうけ、天保十三年には全国向けの株仲間解散の方針に沿い、在方での価格協定を禁じ、在方の加工品を安値で誰にでも販売するように命じたので、各地で物価引き下げの取り組みが始まった。天保十四年三月に人別改めが行なわれ、江戸に流入した人々を農村に戻し、農村から江戸に流入するのを未然に防ぐこととした。これに応じて再び農間渡世調査を行なうと、湯屋や髪結床、酒食、小間物、商刀研拵屋などが増加しており、百姓が「質素之古風」を見失って贅沢になっていることから、風俗関連の商人を調査し、その営業停止を命じた。

触れが繰り返して出されたことからわかるようにその成果は乏しく、陸奥の代官を務めた寺西元《てらにしもと》栄《なが》は、下野・下総・常陸・陸奥四か国での農村の困難な実情を記す。一反で米七、八斗ほどしか収穫できない痩せ地では、凶作ともなれば村から出る者が増え、農村は荒廃してゆく、と指摘し、農村復興のためには年貢減免という思いきった政策をとるべきであると主張した。

この上からの改革に対して、実効をあげたのが農村の現実に立ち向かった社会運動である。なかでも人口流出の著しい下野・常陸の農村の改革にあたった二宮尊徳《にのみやそんとく》の活動は目覚ましかった。

二宮尊徳は天明七年（一七八七）に小田原藩領の相模足柄上郡栢山《かやま》村の比較的裕福な家に生まれた。名は金治郎。村は酒匂《さかわ》川に面し、酒匂川堤防工事に携わって身を粉に働くうち、廃田を開墾して捨てられていた苗を植えたところ、米一俵の収穫を得た。この体験から「小を積んで大を為す」という真理を悟り、「家を興さんと思はば、小より積初《つみはじ》むべし」という家復興の方途を見出した。

文化六年（一八〇九）に二宮本家の再興にあたり、同七年には生家の再建を遂げると、この体験から「天・地・人三才の徳」に感謝し、その心掛けによって生きる「報徳《ほうとく》」思想を説き、多くの書物を読んでも、「誠の道」は「学ばずしておのづから知り、習はずしておのづから覚へ」るものとし、日常の生活体験に照らしあわせて実行に移し、正しさを証明できた教えのみを摂取し、「自得」と称した。同十一年（一八一四）に小田原藩の家老服部十郎兵衛の依頼で服部家の財務を整理して千両の負債を償却、余剰金三百両を出した。

二宮尊徳の報徳仕法と不二道

文政元年（一八一八）に藩主小笠原忠真《ただざね》から耕作出精を表彰され、同三年に忠真が民間からの建議を求めると、貢米領収枡の改正を建言し、窮乏する小田原藩士に低利での金融組織「五常講《ごじょうこう》」の結成も献策し実施された。同五年（一八二二）、小田原藩主の分家の宇津《うつ》家の知行する下野芳賀郡桜町領の復興を要請されると、潰れを取り立てるのは「天理にも相叶ひ申すべき哉」と憤発し、「身代限り残らず差し出す」覚悟で、家財をすべて売却、高五石二人扶持の身分で再建に着手した。

再建は多くの抵抗や壁にあたり難航したが、天保二年（一八三一）に正米四百二十六俵を納める成果を上げ、同七年には五千石弱の知行所の実収が三千石に増えた。その仕法は、十年の年貢収納の平均から、百姓が無理なく上納できる年貢水準を割り出し（「分度《ぶんど》」）、これを基準に予算を立て、領主にその枠内での倹約を厳格に求め、百姓には、分度の枠内で定免法《じょうめんほう》による上納を義務付け、荒地起返《おきかえ》しの必要を説き、意欲のある者には無利息で資金を貸し付けて年賦で返済させた。返済後、余裕があれば「報徳冥加金」の名目で上納を奨励、「報徳金」として次の仕法のための資金とした。

分度を二千石に定めて再建を成し遂げると、『三才報徳金毛録《きんもうろく》』『為政鏡《いせいかがみ》』を著して、「興国安民」

の報徳仕法を体系化、「分度」を定め予算を立て、余剰が生じたら自己の将来、子孫のために譲る「自譲《じじょう》」、親戚・朋友や、郷里、さらには国家のために譲る「推譲《すいじょう》」を行なうものとした。この成功で近隣の諸藩や幕領から仕法を懇願され、仕法を学ぶ門人も増え、「二宮門四大人」富田高慶《とみたこうけい》・斎藤《さいとう》高行《たかゆき》・福住正兄《ふくずみまさえ》・岡田良一郎《おかだりょういちろう》が出た。

　尊徳の主要な仕法地は常陸の谷田部・下館、下野の茂木・烏山、奥州相馬、駿河掛川などの藩領、下野真岡代官所管轄下の幕領や日光神領、さらに宇津・川副・斎藤・中根・佐々木などの旗本領、武家のみならず、商家・農家の家政をも再建し、西の地は近江にまで及び、安政三年（一八五六）に下野今市村の報徳役所で没した。

　報徳運動とリンクして広がったのが、小谷三志《こたにさんし》の不二道《ふじどう》で、小谷は武蔵鳩ヶ谷宿に生まれ、糀商いをするかたわら富士講の行者となり、文化六年（一八〇九）、富士登山や現世利益の加持・祈禱に特化していた富士講を批判する伊藤参行《いとうさんぎょう》の教えを受け、参行の後継者となった。天子・将軍・士農工商の四民がそれぞれに役割を果たし、相互補完的に社会を維持することが大事とする参行の考えを継承、家業を通じて社会に寄与することが最も重要な使命と考えた。災害の被災地救援や道路・河川改修など相互扶助や社会奉仕も、「みろくの世」実現の一条件として奨励した。

　主だった弟子たちと巡回布教して信者を獲得し、天保十二年（一八四一）の死の翌年には関東・東海・甲信・畿内など十八か国に信者が分布、弘化四年（一八四七）には一万人の信者がいた。信者は「師匠」三志を頂点とした組織に組み込まれ、日常的な活動の単位は小地域の世話人と広域を受け持つ「重立世話人」のネットワークで一つの組織にまとめあげていた。だが、『諸宗寺院法度』の「新義を立て奇怪の法を説くべからざる事」の条項への抵触という嫌疑を受け、小谷三志の跡を継いだ大徳寺行雅らが召喚され、嘉永二年（一八四九）に禁止された。

下総の農村の動き

二宮尊徳は北関東で報徳仕法を実践したが、同じ関東の下総では、違う展開があった。文化十三年（一八一六）にこの地に国学者の平田篤胤《ひらたあつたね》が入ると、文政二年（一八一九）の二度目の東総遊歴では、村落に滞留する貧農小前《こまえ》層の救済を模索する豪農や神職に大きな影響を与え、須賀山村の名主多田伝兵衛、笹川村の高橋正雄、鏑木村の平山忠兵衛、松沢村の名主宮負定賢《みやおいさだまさ》らの豪農が入門し、死後の安心や救済を説く教説に、家の存続を願っていた地域の民衆が共鳴した。

なかでも宮負定賢の長男定雄《さだお》は、寛政九年（一七九七）に生まれ、酒色に身を持ち崩して放蕩、勘当されたこともあったが、文政九年（一八二六）に気吹舎《いぶきのや》に入門、平田国学を精神的支えにして、農耕体験をもとに五十種以上の作物の栽培法や製造法を記す技術書『農業要集』を気吹舎から刊行、農業を中心に百姓の教導に尽力し、下総の平田国学の中心となった。文政十一年出版の『草木《そうもく》撰種録《たねえらみ》』は、三十三種の植物の雌雄を図で識別し、雌種を植えれば収量の増加がみられると説き、優良な種子を選択して栽培する知恵を広めた。

天保二年（一八三一）に著した『民家要術《みんかようじゅつ》』では、生活上の守るべき心得を記し、真の村長とは

「愚昧の百姓を教え導き、公事訴訟の起こらざる様に村内を和睦し、其職を利欲の為にせず、専ら其村を治る事に力を尽す」をいう、と説いた。『国益本論』では、国益増進の方法は庶民教化にあることを説いて、「国益は、天下の人民に道を教へて、人種子《ひとだね》を殖す事、第一なり」と述べ、堕胎の悪い習慣をやめ、人口増加をすすめ、人々が生産労働に従事するのが肝要である、と説明した。

さらに小前・小作らのなかには、「下としては上を偽り、公の御掟に差《たが》ひ、他の脚本をねらひて、財を奪はむ事を旨」とするものが多いと指摘、彼らの風儀の悪さを非難し、所々に親分という博徒の棟梁がいて無頼の若者を誘導しているので、厳禁しなければ政治の筋を通すことができない、と語って、村落の指導者に「農師」を置き、種芸を教えるだけでなく道を教えて幸福を招くようすべきであると主張するなど、村落内の和合、互助的な村落の実現・再建を目指した。

平田国学は全国に広がるが、それを促進したのが気吹舎の出版活動で、篤胤は社中彫刻掛銀や進学会の読書組織などを通じて、門人や江戸・京・大坂の「身元慥《たしか》なる人」の支援を受け、気吹舎蔵版を刊行した。庶民教化のために『霊能真柱《たまのみはしら》』『玉襷《たまたすき》』を出版、日頃の神信仰について『毎朝神拝《まいちょうじんぱい》詞記《しき》』を著し、天神地祇八百万の神々が機能分担しての恩顧を説き、地方への浸透をはかった。

摂州島下《しましも》郡佐保村の百姓小西篤好《あつよし》は、儒学・国学を学ぶなか、農業と村政に励んで農書に親しみ、『農業余話』を著すと、その草稿を篤胤に持参し、篤胤・鉄胤《かねたね》父子が校訂して出版に至った。上巻で米・麦を取り扱い、下巻で綿や麻の栽培、牛馬の家畜管理を記し、稲の病気に初めて言及した。三河吉田の羽田野敬雄《はだのたかお》は、文政十年（一八二八）に平田門に入り、天保二年（一八三一）に篤胤を迎え、三河門人の増加に寄与し、町人の協力を得て羽田野文庫の創設を発起、多くの農書を集め、文久《ぶんきゅう》元年（一八六一）にはその数は七千九百巻弱に達していた。

天保九年（一八三八）、篤胤は念願の故郷秋田藩への帰参が認められたが、この頃から篤胤の実践的な学問は地方の好学者に強く歓迎され、門人も大幅に増加したことから、天保十二年（一八四一）元日、西洋のグレゴリウス暦に基づいて江戸幕府の暦制を批判する『天朝無窮暦《てんちょうむきゅうれき》』を出版したため、その著述の差し止めと国許帰還（江戸追放）を命じられ、同年四月に秋田に帰着し、気吹舎の運営を養子の平田鋕胤に委ね、同十四年に亡くなる。これまでに気吹舎門の学徒は五百五十人に達し、死後の広がりは凄まじく、幕末・明治維新期にかけ門人の数は四千人に及んだ。

平田門人と大原幽学

平田門下の石見津和野藩士の大国隆正《おおくにたかまさ》は、江戸で生まれ文化三年（一八〇六）に平田門に入り、村《むら》田春門《たはるかど》からも宣長学を学び、文政元年（一八一八）に長崎に遊学して洋書に学んだ後、江戸に帰って皇朝学に勤しみ、脱藩後は諸藩で教授し、嘉永四年（一八五一）に津和野の藩校養老館の教授として国学を講じ、江戸・京都・津和野間を奔走した。安政二年（一八五五）に『本学挙要《ほんがくきょよう》』を著して水戸の徳川斉昭に会って献上、列強のアジア進出に、「皇国」は世界の主宰国であり、天皇は世界の「総王」となるべきである、とする天皇万国総帝説を軸に尊皇攘夷論を展開した。

六人部是香《むとべよしか》は山城乙訓《おとくに》郡向日《むこう》神社の神職で、文政六年（一八二三）に江戸に出て平田門に入り、平田派の関西の重鎮となった。人間の存在を顕と幽との両世界に分け、神の性質に関する『顕幽順考《けんゆうじゅんこう》論《ろん》』を著して孝明《こうめい》天皇に進講し、職を子に譲った後、京都三本木に神習舎を開いて門人を教授した。

鈴木重胤《すずきしげたね》は淡路津名《つな》郡仁井《にい》村の庄屋の子で、大坂で商業見習をするなか、向学心が募って篤胤に入門名簿を送り、天保五年（一八三四）に大国隆正に入門、篤胤の没後に平田門人となって江戸で平田学の継承に努め、『延喜式祝詞講義』『日本書紀伝』を著した。

三河舞木《まいぎ》の八幡社神職の竹尾正胤《たけおまさたね》は、吉田の羽田野文庫の恩恵を受け、篤胤死後に平田門に入り、文久三年（一八六三）に『大帝国論』を著して洋学者の西洋崇拝を批判、篤胤の「天神御子とは、天地の間に、わが天皇命一柱に限りて」という考えを受け継ぎ、「皇国は誠の帝国なる」「我が天皇命は、国土一体の惣天子に大ましますす」と、万世一系に基づく帝国論、天皇論を展開した。

武蔵大里郡青山村の豪農根岸友山《ねぎしゆうざん》は、一村窮乏のなかで村政改革に努めるも、隣村農村の名主連合と対立の末、十二里追放となるが、これを機に諸国を遊歴、学問研究を行なって帰村後は、村民救済と村人の撫育教導にあたり、自力更生のために「三余堂《さんよどう》」を開いて精神鍛錬を行なわせた。篤胤死後に平田門に入って上洛、文久二年（一八六二）に清河八郎の浪士組の隊士となるが、帰郷してからは関東の草莽として活動した。

下総には大原幽学《おおはらゆうがく》も天保六年（一八三五）に椿海《つばきのうみ》干拓地の長部《ながべ》村に入ってきた。寛政九年（一七九七）に尾張藩士の家に生まれ、勘当されて出奔、京・大坂を起点に西は伊予、東は美濃の十七か国を放浪、天保元年（一八三〇）に東に転じ、信州上田・小諸で活動して関東に入り、江戸を経て翌年に房総を訪れ、長部村の名主の遠藤伊兵衛家に招かれた。
長部村は明和《めいわ》年中に四十軒あった家数が、天保元年の頃に二十四軒になり、名主を除く二十三軒が「木挽渡世《こびきとせい》」をし、村は「耕作追々粗略に相成、猶々放蕩之者多く」という悲惨な状態にあった。幽学は放浪中に天地の和を唱え、天命を実現した「性」を根源に、家族・村落・領主の分相応の調和を説く「性学《せいがく》」（性理学）を提唱、共鳴者の「道友」（門人）を増やしていった。

長部村で幽学は耕地整理を行ない、百姓に分相応の田畑の経営をすすめ、集団作業による労働の合理化をはかり、日頃から会合を開いては夜に家族が翌日の仕事の「宵相談」を行なわせ、長部村など四か村で初めての産業組合「先祖株組合」を結成、金五両分の土地を先祖株として供出、その田畑を耕作して上がる作徳米《さくとくまい》を積み立て、借金の返済にまわし、潰百姓《つぶれびゃくしょう》の再興にあてた。

十日市場村の豪農林伊兵衛の協力を得て、組合は順調に成長し、天保十二年（一八四一）には、道友に対し、博奕や不義密通、遊興など十の放埒行為をせぬことを誓約させ、検地帳を一筆ごとに丈《じょう》量《りょう》のやり直しをさせ、生産高を把握して安定した小作料を定め、土地整理改良も行なった。

十五か村の男子を集め、子ども大会を催して子どもを組に編成、各組に大頭《おおがしら》・小頭《こがしら》・小方の役を置き、共同の合宿生活をさせた。名主の伊兵衛以下二十五人が十五か条の郷例を定め、風俗慣行の刷新をはかった。

嘉永三年（一八五〇）に、道友は長部村をはじめとして東総二十四か村、六百人に膨れ上がったが、それとともに幽学を教祖とする性学教団のごとき性格を帯び、その教導所である「改心楼」を金百両以上の費用をかけて建てた。その豪華さから、関東取締出役の調査対象になり、常陸土浦町の問屋の隠居、内田佐左衛門が内偵に入って「見聞始末」を作成、関東取締出役に提出した。幽学の容疑を固められなかったので、取締出役は博徒を乱入させて摘発、改心楼を取り壊した。争いは幕府評定所にもちこまれ、安政四年（一八五七）に幽学は有罪に処され、翌年に自害した。

博徒の世界

下総の疲弊した農村の改革について見てきたが、安政元年（一八五四）刊行の『利根川図志』には利根川沿いの賑わいが描かれている。それは銚子の醤油醸造や干鰯《ほしか》肥料の原料の鰯漁によるところが大きかったのだが、このため風俗が奢侈・遊興に流れて紊乱、博徒が横行した。

その博徒の一人の飯岡助五郎《いいおかのすけごろう》は、文政五年（一八二二）に海上《かいじょう》郡飯岡村に三浦半島の公郷《くごう》村から移ってきた。相撲取を目指し江戸に出たものの夢破れ、漁業で繁栄していた村に移り住むようになって縄張りを広げた。

天保元年（一八三〇）、大風によって飯岡浜から出漁した二十六艘中の十艘に乗る五十三人が命を失う海難事故が起き、助五郎はこの村存亡の危機に、三浦半島から水主《かこ》を呼び寄せ、力士崩れの若者を勧誘し、浜方の地引網主となって力をつけた。同九年、酒席での口論から相手に手疵《てきず》を負わせた若者と、被害者及び村役人との間に入って、扱人《あつかいにん》になるなど、博奕・喧嘩・争いが絶えない当地域の秩序の担い手となり、関東取締出役の道案内をつとめるなど、地域の顔役となって揉め事の仲裁や相撲興行などを取りしきった。

この飯岡助五郎と縄張り争いをしたのが、同じ下総香取郡羽計《はばかり》村の醸造家出身の笹川繁蔵《ささがわのしげぞう》であって、江戸に出て相撲取になったものの身を持ち崩し、利根川水運で潤う笹川河岸で賭場を開き、博徒の親分として勢力を広げ、天保十三年七月の諏方明神の祭礼に、名のある博徒を誘って、草相撲を行ない、その力を示したことから争いに火がついた。同じく相撲自慢の飯岡助五郎が関東取締出役と結んで、笹川繁蔵を捕えて斬殺することを計画、それが繁蔵に察知されて大利根河原での決戦となった。

このような博徒は「俠客」と称され、明治二十三年（一八九〇）発行の『近世俠客有名鏡』によると、俠客は下総の四十人に次いで、上州に三十一人いて、上州の大前田英五郎《おおまえだえいごろう》が東の大関、国定忠治《くにさだちゅうじ》が西の関脇であり、この忠治については幕府代官の羽倉外記《はぐらげき》が、関東取締出役の中山誠一郎から聞いて著した『劇盗忠治小伝』（『赤城録』）がある。

上州は養蚕と絹物織業で繁栄する町場から大量の金銭と物資が流れ込んで農村も潤ったが、博奕と喧嘩に明け暮れる若者が多数生まれ、その繁栄に与れない潰百姓は江戸に出ていた。忠治は佐位郡国定村の養蚕を行なう中農の長岡家に生まれ、父が文政二年（一八一九）に亡くなるなか、博奕と喧嘩に明け暮れ、弟友蔵が家を継いで養蚕や糸繭商《いとまゆしょう》で財をなした。

十七歳で人を殺した忠治は勢多郡大前田村の博徒大前田英五郎に身を寄せ、武闘を繰り返すなか、百々《どど》村の博徒の親分になり、日光例幣使街道《にっこうれいへいしかいどう》が通る境町の宿を拠点とする博徒の島村伊三郎を天保五年（一八三四）に殺して関東取締出役に追われる身となった。

同七年には信州中野村の子分が殺されたので、吾妻郡を通って信州に向かう途中の大戸の関所を破り、関所破りでも追われる身になり、「関東通り者」として、長脇指、鉄砲などで武装、赤城山を根城に「盗区」（縄張り）を形成した。悪行を繰り返しただけでなく、飢饉の際には飢えに苦しむ農民の救済に奔走し、これを見聞した羽倉外記は、代官として何もしなかった身として穴に入りたい気持になったという。

天保八年には田部井村の名主とともに農業用水の磯沼の浚渫工事をした。翌九年に世良田の賭場を関東取締出役に襲われ、子分の三ツ木の文蔵が捕縛され、その奪還を試みて失敗したことから、関東取締出役の追及が厳しくなり、会津に逃亡したが、天保十三年に会津から帰還して玉村主馬を殺害、八月に関東取締出役の道案内（目明し）をしていた三室勘助を殺害した。

これにより、中山誠一郎ら関東取締出役が忠治一家の一斉手配を行ない、天保十四年の将軍の日光参詣にともない、博徒・無宿の取り締まりが強化されると、忠治は信州街道の大戸の関所を破って会津へ逃れた。弘化三年（一八四六）に帰還して中風を患い、嘉永《かえい》二年（一八四八）に跡目を子分の境川安五郎に譲り、翌嘉永三年、田部井村の名主家に匿われていたところ、関東取締出役に捕縛され、江戸の勘定奉行池田頼方《いけだよりかた》の役宅《やくたく》に移送されて取調べを受け、勘定奉行・道中奉行池田頼方の申し渡しで、関所破りを理由に大戸処刑場で磔《はりつけ》の刑となった。

忠治が博徒にもかかわらず、その行動を羽倉外記が記したのは、関東取締出役に徹底的に反抗する忠治の心意気、農民の救済を行なう義俠心に感銘を抱きつつも、農村改革の難しさを痛感していたからであろう。忠治を「劇盗」と称していた。

剣士の増加

博徒の横行は、文化二年（一八〇五）、幕府が百姓の武芸の習得を禁じた頃から始まった。文化十三年に勘定奉行は、百姓らが代官や火付盗賊改方《ひつけとうぞくあらためかた》の手先と称し、長脇差だけでなく大小両刀の二本を差して博奕をしているのを禁じており、文化年間から繰り返し禁令が出された。関東取締出役が置かれるとその手先となったので、これに反抗する形で、忠治らの博徒は刃渡り一尺八寸以上の長脇差を帯び、時に大小刀を帯し、喧嘩や人殺しをするようになった。

それと併行して現れたのが郷士や浪人、百姓らの剣士である。万延《まんえん》元年（一八六〇）に出版された『武術英名録』には、関八州の剣士六百三十二人の名と流派、及び居住地が記されており、そのうち川越藩・忍藩など藩所属の剣士が三十九人で、残りは在方居住の百姓身分である。後に新選組に所属する土方歳三《ひじかたとしぞう》は「天然理心流　武州日野宿　土方歳蔵」と記されている。彼ら剣士は、『武術英名録』に「太刀」は「国家を治むるの要器なり」とする道を歩んだというが、その道を踏み外して博徒になり、あるいはその用心棒ともなった。

いくつかの流派について見てゆくと、最も多い百五十一人が所属する柳剛流《りゅうごうりゅう》は、明和二年（一七六五）に武蔵葛飾惣新田に生まれた百姓・岡田惣右衛門が始めたもので、岡田は一橋家の師範となった。二代目岡田十内《じゅうない》は、足立郡下戸田村《しもとだ》の医者の子で、伊勢の津藩の師範となり、江戸本郷に道場を開いて数百人の門弟を教えた。

続いて多いのが北辰一刀流《ほくしんいっとうりゅう》の千葉周作《ちばしゅうさく》で、門弟は百五十一人、父とともに仙台藩領から水戸街道の松戸宿に移り、文政五年（一八二二）に日本橋品川町に玄武館《げんぶかん》を開き、その二年後に神田お玉が池に移転、天保六年（一八三五）に水戸藩弘道館の師範となった。嘉永四年（一八五一）の浅草寺奉納の額には門人三千六百人を連ねている。周作は、一刀流の形稽古の大切さを、能や茶の「守《しゅ》・破《は》・離《り》」という考えで説き、竹刀剣術の技術を整理し、剣術を剣道へと改革した。

三番目が天然理心流《てんねんりしんりゅう》の六十四名で、遠州から出てきた近藤内蔵之助《こんどうくらのすけ》がはじめたもので、二代目の三助は百姓の出であった。門弟は武蔵多摩郡や相模に多く、初代門弟の相模高座郡下九沢村の小泉茂兵衛のもとには嘉永三年までに百八十四人が入門し、大住郡万田村の真壁孝氏父子二代の門弟は三百人になったという。四代目の近藤勇《こんどういさみ》も百姓の出であった。

直新陰流《じきしんかげりゅう》は二十六人で、始祖は下野の山田光徳《やまだみつのり》で、竹刀や防具を改良し、実践的な試合を重視するよう稽古を改め、「撃剣」を始めた。この流派の団野源之進《だんのげんのしん》に学んだ男谷精一郎《おだにせいいちろう》は、本所亀沢町に道場を構えて三十四歳で書院番となり、老中水野忠邦にその剣技を賞され、幕府でしばしば武芸奨励を建議し、講武場の頭取になった。

念流《ねんりゅう》は十六人と少ないが、入門者の推移とその居住地が門人帳からわかる。同流宗家の樋口家は上州多胡郡馬庭村《まにわ》で名主をつとめ、多くの門人は上州一円に居住する百姓身分で、数は享保年間から増え始め、明和年間に激増、寛政年間にピークを迎えるが、文政期以降に落ち込んだ。

商品作物の生産

関東農村をめぐる多様な動きに目を向けてきたが、江戸の近郊に目を移すと、経済的繁栄が著しかった。大都市江戸の需要に沿って多種多様な産物が生産されていた。江戸八丁堀地蔵橋の三河屋忠平が板行した番付『くにぐに名物づくし』には、産物の数が百八十六品載る。

東は大関の上州織物を筆頭に、関脇が松前昆布、小結が越後縮《ちぢみ》布《ふ》で以下、前頭の上総の干魚、山城の宇治茶、出羽の最上紅花などが並び、西は大関の京織物を筆頭に、関脇の土佐の鰹干、小結の薩摩上《じょう》布《ふ》、前頭の阿波の藍玉《あいだま》、備後の畳表などが並ぶ。江戸近郊の産物は前頭の下位に、江戸の浅草海苔、たくあん漬け、佃島白魚、錦絵、かば焼き、芝海老、武蔵の練馬大根、青梅縞《おうめじま》、川越平《ひら》、秩父絹、小まへ川菜、相模の山椒魚《さんしょううお》、下総の行徳塩、中山蒟蒻《こんにゃく》、八日市場木綿、佐倉炭などが並んでいる。

この江戸近郊の農産物と産地を詳しく記すのが文政七年（一八二四）の『武江産物志』で、千住のえんどう、せり、春菊、谷中の生姜、小松川の冬菜（小松菜）、早稲田の茗荷、練馬の大根、うど、人参など、多くの産物・産地を記し、その数は五十以上に及ぶ。多くは、江戸の武家や町家の下肥や糠、房総からの干鰯などの肥料で生産されていた。

これらの産物をつくるため近郊の農家は弛《たゆ》まぬ努力を積み重ねてきた。武蔵足立郡大間村の名主の福島貞雄は、天保飢饉に際して村々で申し合わせ、雑炊による米・麦による食い延ばしを行なったが、そのことを天保八年(一八三七)に『贍民録《せんみんろく》』に著し、さらに農書『耕作仕様書』において、各種の作物の試作結果を書き、商品作物栽培の実態や耕作技術を記した。米・小麦・菜種・大根・ごぼう・長芋・さつま芋につき、品種や品質、見栄えなどから、売値の良し悪しを論じ、経営の実例を紹介している。

下野国河内郡下蒲生村の田村吉茂《たむらよししげ》は、多くの農書を読むなか、経験と観察に基づいて土地柄に適した農法を説き、天保十二年(一八四二)の『農業自得』で自得農法を紹介し、田畑の圃場ごとに作物や品種などを耕作帳に記し、年々の作柄や変化を把握、畑作物の合理的な作物を選択し、地域独自の気象・天候を予測、田畑や野山からの自給肥料を重用することなどを説いた。

父と二代にわたる耕作帳に基づく農業実践があり、播種量や苗数の薄播き・疎植を行なうように指摘しているが、これにより鬼怒川流域における反当り播種量が七升〜一斗だったのが、一升三合〜二升八合ほどの超薄播きにして多くの収量が得られ、天保の凶作を乗り越えられたという経験があった。

四　意識改革の始まり

秋田藩の殖産興業と佐藤信淵

東北地方に目をやると、出羽国雄勝《おがち》郡川連《かわつら》村の肝煎《きもいり》の関喜内《せききない》は、秋田藩の絹方御用掛に抜擢され、文政三年（一八二〇）に養蚕・製糸業の積極的な振興をはかる案を勘定奉行金易右衛門《こんやすえもん》に提案した。秋田藩では良質な蚕種をつくる技術がなかったので、先進技術を導入して領内で上質の蚕種をつくる技術を育成、絹糸販売の主導権をも領内商人が掌握できるような体制を整備しようとした。

この殖産興業策における桑畑開発の候補とされたのは、河辺郡牛島新田村や同郡藤森村で、両村は村の生業を維持・継続することを考えて拒否したが、上申から六年後の文政九年（一八二六）に採用した。そこで秋田藩は、領内各地に養蚕座を設け、養蚕・製糸過程の組織化に乗り出し、喜内を養蚕方支配人に登用、これに前後して絹織座を設置した。

奥州伊達郡から養蚕技術者を招いて上等の蚕種をつくったことが功を奏し、開始後わずか五年で三千石の桑畑を開き、茶畑や楮《こうぞ》畑も桑畑に転換させた。関喜内の川連村も山野を切り開いて桑畑にした結果、生糸・真綿の大金が入って百姓たちは喜んだ。かつて年貢を納入できないほど困窮にあえいだ雄勝郡十二か村では、年貢不納がなくなり、先祖伝来の田地を守ることができたという。

秋田郡横淵《よこぶち》村の常右衛門は、郡奉行の指導で伊達郡や上野国の養蚕師・機師を招聘してその技術によって資産を築き、周辺の阿仁や比内へも自己資金で蚕種の普及をはかった。勘定奉行の金易右衛門は、従来は米価高になるとすぐに助成願いを出していた村々が、養蚕仕法を開始した現今では簡単に苦しいなどと言わなくなったと述べており、関喜内の上申した養蚕仕法の開始によって家計に弾力性が生まれ、米価高騰にも耐えられるようになっていた。

同じ秋田藩から出た佐藤信淵《のぶひろ》は、農学、農政に大きな業績を残した。信淵は雄勝郡に明和六年（一七六九）に生まれ、天明元年（一七八一）、蝦夷地で一年を過ごした後、東北地方を転々として実学を学び、各地を回るなか、心を痛めたのが奥羽地方などの旅で見聞した悲惨な間引きであった。

江戸に出て美作国津山藩の藩医宇田川玄随《げんずい》に入門、蘭学を学び、木村泰蔵《たいぞう》から天文学・地理学・暦算・測量術を学んで、文化四年（一八〇七）に徳島藩蜂須賀家に海防について献策、この頃に書いた『鉄砲窮理論』で火薬を用いて走る「自走火船」（軍艦）を発案、一気に名声が上がった。

文政十二年（一八二九）に著した『草木六部耕種法《そうもくりくぶこうしゅほう》』は、有用植物の利用対象を、根・幹・皮・葉・花・実の六部に分け、植物の栽培法を解説、この書によって信淵は、宮崎安貞《やすさだ》・大蔵永常《ながつね》と並ぶ「江戸時代の三大農学者」と称されるようになり、天保三年（一八三二）に『農政本論』を著し、富農・富商による土地兼併《けんぺい》が百姓困窮の一因であるとみて、その禁止を説き、天災への救助法なども記した。

万民の困窮を救って国家の富盛をもたらすべき諸策を論じ、「百姓は国家の根本、農業は政事の基源」という考えから、勧農・農政の歴史、田租、小物成《こものなり》賦役《ふえき》、検見法《けみほう》、救荒、農民の心得、商人による田産収奪の禁止を記した。その著作は農学に始まって、『宇内《うだい》混同秘策』『天柱記』『経済要録』『内洋経緯記』など、兵学、兵器製造、経済、社会政策、教育行政、さらに国家経営にまで及んだ。

これが水野忠邦の知るところとなって、その諮問に応じて『復古法概言《がいげん》』を著し、幕府専売制ともいうべき「復古法」を実施し、流通を幕府の手で直接統制し、流通過程への徴税による富国策を提示した。

信淵の経世論で特に注目されるのは、日本を「統一国家」として考え、打ち出したことにある。経済とは「国土を経営し物産を開発して領地内を豊かにし、万民を救済する」ことであると指摘して、最重要政策として創業、開物《かいぶつ》、富国、垂統《すいとう》の四条を掲げた。『垂統秘録』では「子々孫々万世衰微することと無く、其の国家をして永久全盛ならしむる」を「垂統」といい、政府が中心となって国土を開発し、諸産業をおこして政府の統制下におき、秩序ある交易を振興し、国を富まし、もって国民生活の安定をはかるべし、と説いた。

大蔵永常の農業技術論

佐藤信淵の論は基本的に政策論だが、大蔵永常は農家経営に関わる実際的・本格的農書を著した。永常は明和五年（一七六八）、豊後日田《ひた》の製蠟問屋職人の子として生まれた。日田という環境から学問を志すが、父から学問を厳禁され同じ問屋で働くなか、二十歳頃に九州各地を遍歴、製糖・製糸・

琉球藺《い》栽培などの技術を学び、その栽培や加工方法などを身につけた。

寛政八年（一七九六）に長崎から大坂に渡って苗の取次商を営むかたわら、畿内各地を回り、先進的農業技術を見聞して『農家益《のうかえき》』を著し、ハゼノキの栽培法と製蠟技術を解説した。続く『老農茶話』では稲の収穫後の稲束の乾燥や、シナノキの樹皮から繊維を取って縄や布を織るための方法を記し、『農具便利論』では、鍬を始めあらゆる農具の各部分の寸法・重量も含めて詳細に図解した。農具に関する記述が乏しい農書のなかで農具を主題とした点や、読者からの情報提供を呼びかけ増補を期した点で画期的であった。

稲の害虫ウンカの防除法を『豊稼録《ほうかろく》』に著し、その『豊稼録』の内容を訂正・増補して、長谷川雪旦《せったん》が挿絵を担当する『除蝗録《じょこうろく》』を著した。『製葛録《せいかつろく》』では葛の採取やクズ粉の製法を、『油菜録《ゆさいろく》』では菜種の栽培法を解説した。天保五年（一八三四）、田原《たはら》藩の江戸詰家老渡辺崋山の推挙で、田原藩の興産方産物掛になって田原に移住して日田喜太夫と称し、砂糖・紙・畳表の製造、櫨《はぜ》・楮・藺の栽培指導をした。

ついで岡崎藩の興産方や、津藩・水戸藩・盛岡藩・駿河田中藩など国産奨励をして専売制を実施しようとする藩から招かれ、農業技術を指導した。天保五年には畿内・山陽地方における綿作を解説する『綿圃要務《めんぽようむ》』を刊行したほか、『製油録』を著して菜種油の絞り方について解説し、同十三年に『国産考』を著し、これを増補したのが『広益《こうえき》国産考』で、永常死後の安政六年（一八五九）に刊行された。

その冒頭で「それ国を富《とま》しむるの経済は、まづ下民《かみん》を賑《にぎは》し、而《しかうし》て後に領主の益となるべき事をはかる成《な》るべし」と、国富の基礎が民百姓の富にあることを述べ、農業経営の向上とともに「所の賑ひ」（国益）を意図し、その題名にあるごとく「其国所にて産物となり、益となる」加工原料作物の栽培を奨励し、殖産興業をはかった。日用食料の芋や大豆・果実、果実類の蜜柑や柿・梨、嗜好品類の砂糖や茶・煙草、薬種の肉桂、繊維類の綿・麻など六十種類の産物をとりあげ、栽培から加工、産物の地味の適否、栽培用の農具、商品化するにあたっての流通過程にまで記述は及んでいる。

永常は大坂で商売をしていたこともあり、農民の生産の過程、生き方に目を向けて、積極的に価値を増加させる方法を考え、労働に技術を取り入れ生産の向上をはかった。地域の風土と作物の特性を熟知する指導者を招いて、数反の田畑を与えてその者に自由に栽培させることにより、「農人おのづから見及びて其作り方を感伏せば、利にはしる世の中なれば、我も我もと夫にならひて仕付るやう成べし」と、農民がそれに見習って仕付けることが大事であると説いた。

百姓の自主性・自発性にまかせること、領主は特段の施策をせずに会所を建て、百姓が必要とする諸物資を安価に提供し、農産物を集め、「都会」に移送し、「入札」によって高値で販売し、代金を百姓に割渡すことが必要である、と力説した。そのために農間余業の活用にも目をむけ、生産物の栽培労働の合間にうまく作業に組み込める作物を選び、労働の集約化を徹底させることにより、特定の商品作物だけに労働を集中、特化することを避けた。

百姓家族の余剰労働力を「余作」の形で積極的に特用作物生産に振り向けさせるものであり、「何れ農家にては、余作をして、定作の外に利を得る事をせざれば、立行がたきもの也」「はやく利になる物を心がけて作るべし」と指摘した。百姓の金儲けを支持し促進を図り、所持田畑の少ない小前に余作に励むよう求めた。明らかに幕府が関東農村で農間余業を抑制した政策とは異なっていた。

新宗教の叢生

西日本の豊かさは、経済的格差をともない、新たな病に悩む人々を生んだ。西日本は、伊勢参宮を目指したお蔭参りやお蔭踊りなどの民衆運動が起きる土壌があり、この時期に生まれたのが黒住《くろずみ》教《きょう》・天理教《てんりきょう》・金光教《こんこうきょう》などの新たな宗教運動である。

黒住教は、備前御野郡上中野村の今村宮《いまむらぐう》禰宜《ねぎ》の黒住宗忠《むねただ》により創始された。宗忠は文化十一年（一八一四）に父母を亡くし自身も肺結核を患うなど、心身ともに衝撃を受けていたが、心の持ち方によって、より健全な心身が回復することを悟った。二年後の冬至の朝、太陽を拝んでいると、不治といわれた病が治り、再度、拝むと、陽光が胸中に入って太陽（天照大神）と一体化することを自覚した。黒住教はこの時の体験を「天命直受《てんめいじきじゅ》」として立教としている。

宗忠は身体・心・家の不調、災難は同じ原因によると考え、その解決こそ「道」の目指すところであるとし、この「道」の布教にあたった。「日々家内心得の事」七か条を示し、日拝・説教・まじないを行なう集会を開いた。

当初は藩士が中心だったが、文政六年（一八二三）頃から町人や上層農民に広まり、信仰の深まった信者は「神文《しんもん》」を捧げて「神文衆」と呼ばれ、これが教団組織の基盤となった。教団としての発展は弘化年間（一八四〇年代後半）からで、美作中籾村の赤木忠春ら上層農民による「神文衆」が布教にあたるようになり、備前・美作両国へと広まった。門人の心得や組織運営の規則が作られ、説経所が建築され、門人名簿も作られた。

大和山辺《やまべ》郡《ごおり》三昧田村《さんまいでんむら》の庄屋の家に生まれた中山みきは天理教を創始した。縮の仲買を行なう庄屋《しょや》敷《しき》村の庄屋・中山善兵衛に嫁いで一男五女を儲け、天保八年（一八三七）に長男の足の激痛で、行者に加持祈禱を依頼し、その後も何度も「寄加持」が行なわれるなか、翌九年十月二十六日、山伏の中野市兵衛に祈禱を依頼したところ、憑祈禱《つきぎとう》の依坐《よりまし》が不在なため、みきが依坐、加持代をつとめたところ、神がかりになった。

降りた神は、「我は天の将軍なり」「大神宮」、「元の神・実の神」などと称し、世界一列をたすけるために天降った。みきを神のやしろに貰い受けたい、我はみきの体を神の社とし、親子諸共貰い受けたい、と語ると、これに善兵衛は再三辞退するが、「神の言う事承知せよ。聞き入れくれた事ならば、世界一列救けさそ」（受け入れれば世の人々を救済するが、拒めば人の世を滅ぼす）と言われ、みきが「月日（神）のやしろ」となることを承諾し、天理教はこれをもって立教としている。

嘉永六年（一八五三）に夫が死去、中山家は没落して貧窮生活が始まるなか、翌年、強い信仰心を抱いて、みきの布教活動が始まった。三女の懐妊の際、安産祈願の「おびや許し」を授けて無事出産したことから評判を呼び、産の忌みや危険に悩む女性に「おびやの神様」として迎えられ、元治元年（一八六四）頃から五女の「こかん」と安産や病気治しによる「たすけ」を活発に行なった。こうして「てんりおうのみこと」を親神《おやがみ》とし、個々人のみならず世界を救済するという教説を固めた。「天理王命《てんりおうのみこと》」を信じ、「陽気ぐらし」につとめれば、やがて民衆は救われ、「世なおり」により「このよのごくらく」の世界が到来する、と説いた。

金光教の川手文治郎は、備中浅口郡占見村《うらみむら》の農家に生まれ、安政二年（一八五五）の四十二歳の時、喉の病気にかかって平癒の祈禱をしたところ、伊予の石鎚山の神が降臨し、家の新築、移転による金神《こんじん》への無礼などが原因であるという託宣が下ったので、無礼を詫びたところ、治癒したことから、神と人の仲立ちの「取次」をするようになり、同四年、妊娠中の妻の体調不良が金神のおかげで治る経験から信心を深めた。

安政五年（一八五八）の盂蘭盆会《うらぼんえ》に、祖先の霊神の降臨と金神からの知らせを得て、「金神の一乃御子」として「文治大明神」と名乗り、同六年十一月十五日に立教神伝が下って、神の言葉の「取次」への専念を命じられ、この日が金光教立教の日とされた。

家を広前（神殿）として神前に座り続け、神の教えを伝えるようになって、金乃神《かねのかみ》こそ最高神であり、「天が下の者はみな金乃神さまの氏子じゃろうが、天が下に他人はない」と人間の平等・連帯をよびさまし、病や悩み事、農作業の相談にあたるなどして信仰をひろめた。金神は陰陽道の方位神の一つで、呪術的な祟り神として民間で信仰されていたが、それを「天地金乃神」として捉え直し、天地の親神、祖神、人間の救済神へと発展させ、真心からの上への信心で神の助けをうけることができると説いて、備中から西へと広がった。

これら三つの新宗教は、民衆の家と心を救済する形をとり、幕末にかけ信仰が広がっていったことで共通している。同じような新宗教の芽生えはどこでも見られたであろうが、創始者の強い信仰心、地域の風土・土壌に見合った活動と組織がうまく絡み合って成長したものと考えられる。

大坂の諸芸の広がり

西日本経済圏の中心にあった大坂は、文化・文政期の国訴や天保八年（一八三七）の大塩の乱による町中の焼失の痛手、天保の改革などでの地盤沈下が著しかったが、文化は、近くの京都や西日本各地との交流を通じて健在だった。大坂市中の「諸芸」に秀でた者を紹介する一枚摺の名鑑『浪花諸芸玉づくし』が天保十一年に板行され、それには七十二の芸と、芸人の名が記されている。

それらを分類すると、①儒者や医者・易者などの専業の技芸、②歌人や俳人、画師などの文人の芸、③茶の湯や生花、歌舞音曲などの遊芸からなる。特徴的なのは、③に音曲や話芸が多いことで、素人浄瑠璃の滑稽な「ちゃり場」の場面を得意とする「ちゃり」、流行歌「よしこ節」を得意とする「はなしよしこ」のほか、「はなしとっちりちん」「はなし素」「はなし所作事」「はなし即席」「はなし素人」などがある。

天保の改革で宮地芝居、人形芝居が禁じられ、新たな興行場所（小屋や寄席）や上演形態（見取り芝居や影絵芝居）が盛んになったことから、そこに新たな大衆的な芸能世界が開かれたのである。

②の文人の、芸に生きる画家や書家には、浦上玉堂《ぎょくどう》の子春琴《しゅんきん》、岡田米山人《べいさんじん》の子半江《はんこう》、中林竹洞《ちくとう》の子竹渓《ちくけい》、「幕末の三筆」として知られる貫名海屋《ぬきなかいおく》、長州出身の小田海僊《かいせん》、尊攘派の志士となる藤本鉄石《てっせき》などが出た。浦上春琴は父玉堂に絵を習い、備前鴨方《かもがた》藩を脱藩した父にともなわれ各地を遊歴して京都を本拠とした。父が山水を対象に『東雲飾雪図《しせつず》』のような内面と詩情あふれる美しい世界を表出したのに対し、妍麗巧緻《けんれいこうち》な画風で『花鳥図屏風』などを描いた。

岡田半江の父米山人は大坂で舂米屋《しょうまい》を営み、津藩の大坂藩邸に住み、独学でたくましさと乾いた感覚で『歳寒三友《さいかんのさんゆう》』を描き、半江は父と同じく津藩に仕えるも、京都に移って頼山陽《らいさんよう》らの文人墨客と交流、大坂住吉に移って隠棲、『春霞起鴉図《しゅんあいきあいず》』など艶麗精細な画風で、大坂の文人画を代表した。

中林竹渓の父竹洞は、名古屋の医師の家に生まれ、絵を山田宮常《きゅうじょう》に学び、豪商神谷天遊に励まされて京に出て清雅な山水画を得意とし、『竹洞画論』を著す理論家でもあったが、竹渓は父と較べてより写生的で筆法も鋭く、座右に武器を置いていて、晩年には虚無僧になったという。関西文人画の人々は流派には属さない独自の画境を開いたが、こうした文化的世界を背景に大坂の文化・経済は立ち直った。

文久元年（一八六一）から六年間、大坂西町奉行だった久須美佐渡守は、『浪花の風』に「日本国中の賄所とも云ひ、又は台所なりとも云へり。実に其地、巨商・富裕軒を並べ、諸国の商船常に碇泊し、両川口よりして市中縦横に通船の川路ありて、米穀をはじめ、日用の品はいふに及ばず、異国の品に至る迄、直ちに寄場と通商なるが故、何一つ欠くるものなし」と記している。

③の儒者や医者など専業の技芸では、大槻玄沢《おおつきげんたく》や稲村三伯《いなむらさんぱく》に蘭方医学を学んで、文化十四年（一八一七）に大坂で医業を開いた中天游《なかてんゆう》が、眼の光学書『視学一歩』、ニュートン粒子論の紹介・解説書『引律』などの物理学の本を著すかたわら、教育に力を尽して「思々斎塾《ししさいじゅく》」を設けた。その弟子の緒方洪庵《おがたこうあん》は、天保九年（一八三八）に大坂に適塾《てきじゅく》を開き、多くの弟子を育てたが、医師で教育者でもある洪庵の存在が大坂の文化の在り方をよく示している。

洪庵は文化七年（一八一〇）に備中足守《あしもり》藩士の家に生まれ、文政八年（一八二五）に足守藩大坂蔵屋敷の留守居役となった父に連れられて大坂に出て、同九年（一八二六）に中天游に入門して四年間、蘭学、医学を学んだ。天保二年（一八三一）に江戸に出て坪井信道《つぼいしんどう》の塾に入り、信道の師の宇田川玄真《うだがわげんしん》にも学んで蘭書の翻訳の力をつけた。

洪庵の適塾、大村益次郎、咸宜園

洪庵は天保七年（一八三六）、長崎に遊学し青木周弼《あおきしゅうすけ》・伊東南洋《いとうなんよう》とともに薬剤・処方の本『袖珍内外方叢《しゅうちんないげほうそう》』を訳し、同九年に大坂に帰って津村東之町で医業を開業し、蘭学塾「適々斎塾《てきてきさいじゅく》（適塾）」を開いた。弘化二年（一八四五）、過書町《かしょまち》の商家を購入して適塾を移転、宇田川玄真に託されていた日本最初の病理学書『病学通論』を嘉永二年（一八四九）に著し、同年に出島医師オットー・モーニッケが輸入していた痘苗《とうびょう》を得たので、「除痘館《じょとうかん》」を開いて牛痘種痘法《ぎゅうとうしゅとうほう》による種痘を始めた。

翌年、備中足守藩の要請で「足守除痘館」を開き、治療費を取らずに牛痘種痘法を患者に施し、ワクチンを関東から九州までの百八十六か所の分苗所で保持して治療を続けた。安政三年（一八五六）にドイツのフーフェランドの内科書『扶《ふ》氏《し》経《けい》験《けん》遺《い》訓《くん》』を十五年かけて刊行した。

同五年のコレラの流行は、『諸宗寺院死人書上』によれば、安政五年七月二十七日より九月二十三日までの五十五日間、江戸の寺院が取り扱った死亡者が、浅草分が一万五千百四十八人、下谷分が一万二千八百四十九人、西本願寺一万三千五百人、東本願寺一万千八百二十八人などあわせて二十六万八千五十七人にのぼったといい、洪庵は『虎《こ》狼《ろ》痢《り》治《ち》準《じゅん》』と題する治療手引書を配布した。

文久二年（一八六二）、江戸在住の蘭方医の中心的存在である伊《い》東《とう》玄《げん》朴《ぼく》らの推挙で、幕府の西洋医学所二代目頭取への出仕要請がある。伊東玄朴は佐賀藩出身の蘭方医で、天保四年に蘭学塾を開いて多くの子弟を育て、牛種痘法を早くから手がけ、安政五年に神田お玉が池に種痘所を設けていた。洪庵は固辞したが、度重なる要請で奥医師兼西洋医学所頭取となるも、翌年に急死した。五十四歳、教育者として多くの人材を育てた。

適塾は塾頭、塾監、塾生からなり、学級が八級に分かれ、文法からはじめて原書の勉強へと進む。各級は毎月六回の「会読」を行ない、成績は「会頭」が採点し、会読が終わると、市中に繰り出して勝手きままに振る舞うものだったという。福沢諭吉は適塾について、「先生の平生、温厚篤実、客に接するにも門生を率いるにも、諄々として応対倦まず、誠に類い稀れなる高徳の君子なり」と評し、厳格な姿勢で塾生の学習態度に臨み、しばしば塾生を叱責したが、決して声を荒らげずに笑顔で教え諭すやり方でこれがかえって塾生を緊張させ、先生は微笑んだ時が怖い、と塾生が言ったと

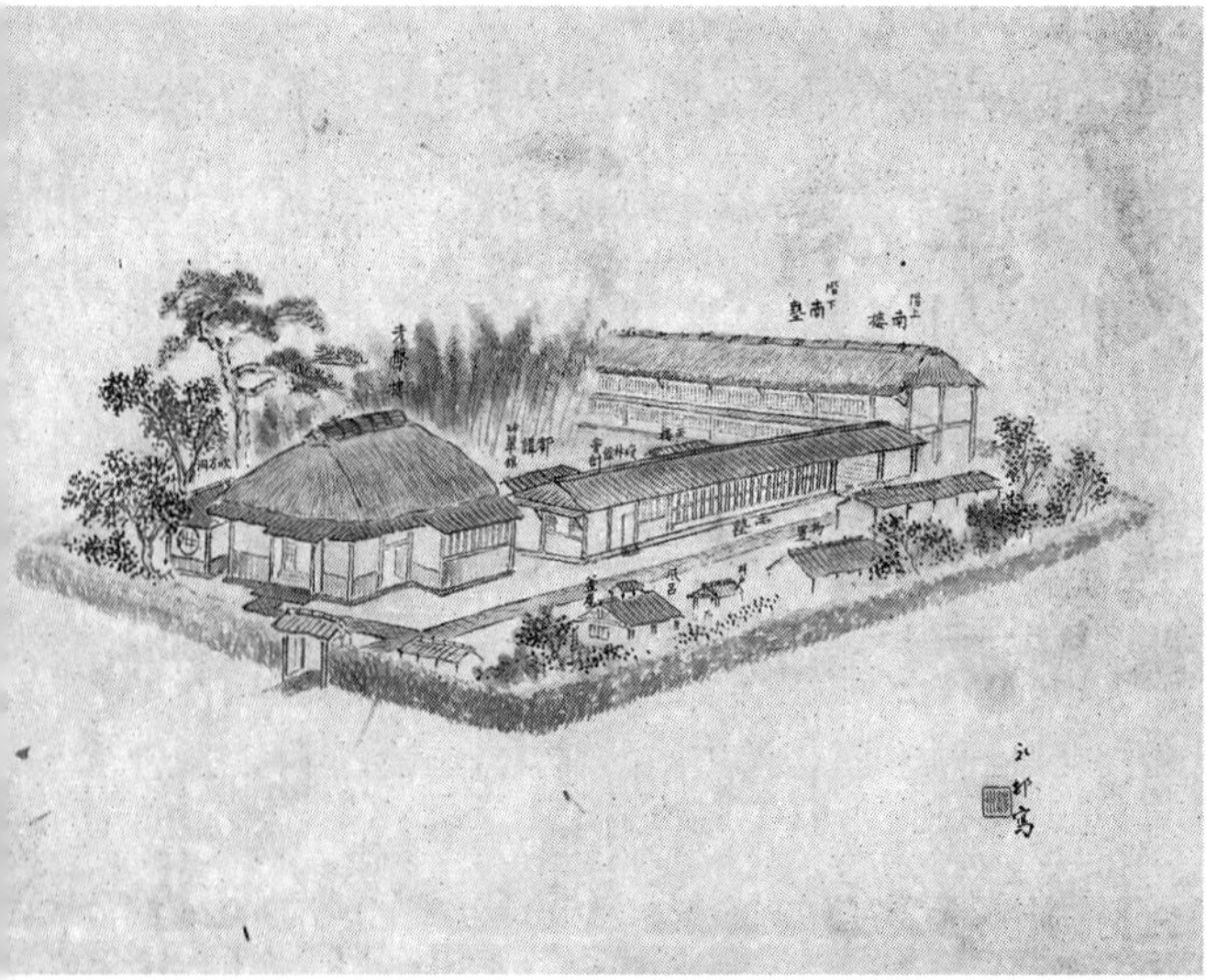

いう。
　こうした雰囲気のなかで、多くの人材が育った。『入門帳』から入門順にあげると、東条英庵《えいあん》、大村益次郎、佐野常民《つねたみ》、橋本左内、大鳥圭介《けいすけ》、長与専斎《ながよせんさい》、福澤諭吉、高松凌雲《りょううん》等々で、東条英庵は、右田《みぎた》毛利家の家臣東条永玄の子として長門に生まれ、天保十一年（一八三九）に蘭医の青木周弼の門に入って蘭学を修め、弘化元年（一八四四）に適塾に入り、翌年に江戸に出て伊東玄朴に学び、同四年に長州藩の西洋書翻訳御用掛になって、嘉永六年には藩医に抜擢され、安政四年（一八五七）に蕃書調所《ばんしょしらべしょ》で教授職手伝に赴任、軍艦操練所教授方になった。
　周防吉敷《よしき》郡鋳銭司《すせんじ》村の村医の子に生まれた大村益次郎は、天保十三年（一八四二）にシーボルトの弟子梅田幽斎に学び、長崎に遊学する途中で日田の咸宜園《かんぎえん》を訪れた。当時の咸宜園は来学

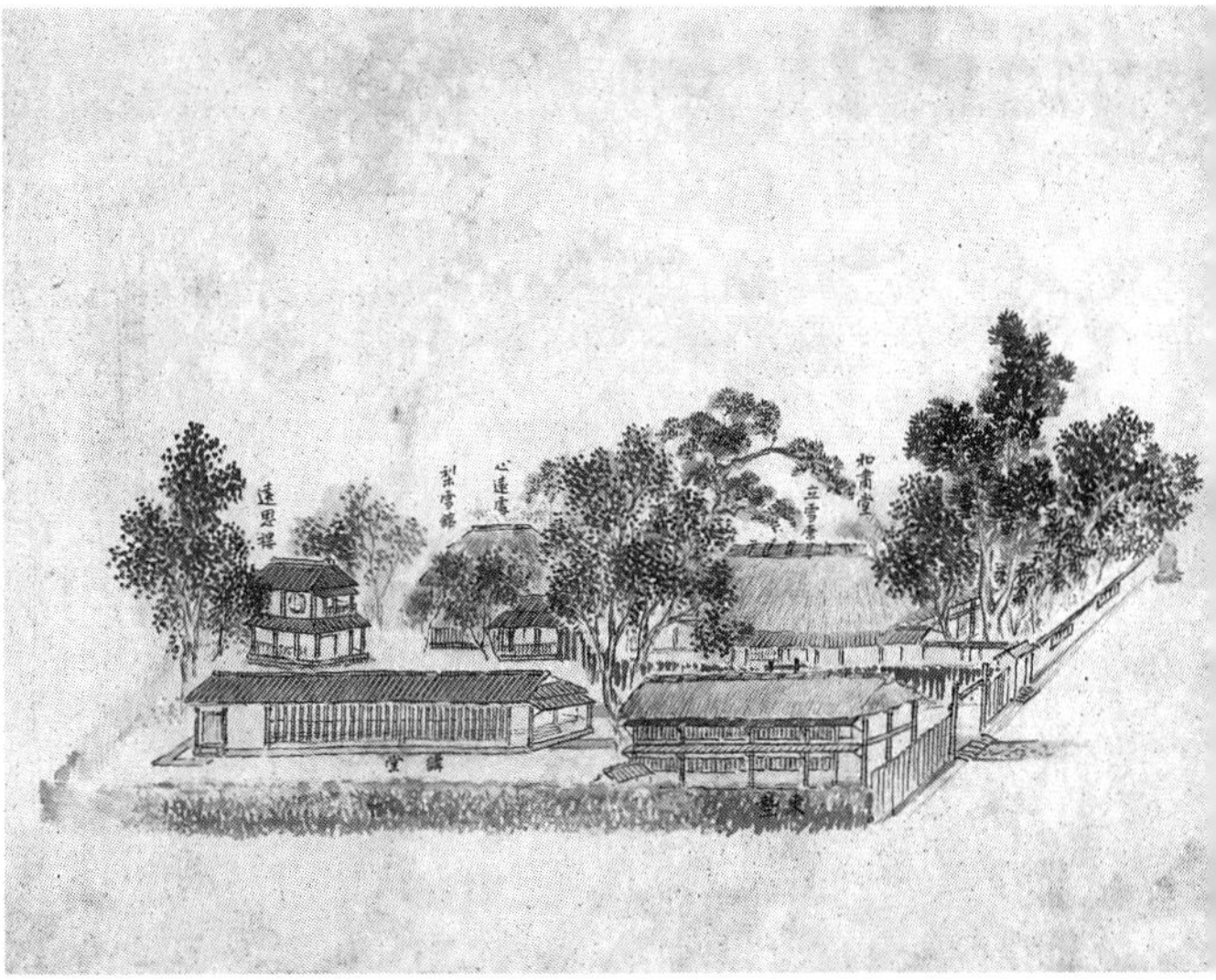

『大正咸宜園絵図』　東家（左）と西家（右）（〔公財〕廣瀬資料館蔵）

者が増大し、塾舎外に寄宿人も出たので北隣に甲舎を、他にも乙舎、丙舎に「居家生」を住まわせた。上にその図を載せる。

天保十年（一八三九）四月には、月旦評は百五十五人、在塾生三十九人、外塾生十一人、居家生十五人、浪華生が三十五人、帰省生が五十五人が見え、月旦評の等級も九級に上下の別を加え、無級もあわせ十九級となった。咸宜園の門下生の進路は、教育者・学舎になった者が七十三名、医師になった者が八十一名、僧や神職が七十九名、政治家・官吏が十五名、その他十九名が判明し、多いのは郷里に帰って地域教育に専心した教育者である。

弘化三年（一八四六）、大坂に出て適塾の塾頭になるが、嘉永三年（一八五〇）、帰郷して開業して村医となるも医業が振るわず、同七年に伊予宇和島藩に迎えられ、蘭学者の二宮敬作や高野長英門下で蘭学に造詣の深い藩士大野《おおの》昌三郎《しょうさぶろう》らと知り合い、西洋兵学・蘭学の講義と翻訳を手がけ、城北部に樺崎《かばさき》砲台を築いた。安政元年（一八五四）から翌年にかけ長崎で軍艦製造の研究を行なうなか、シーボルトの娘で産科修行の楠本イネを紹介され、蘭学を教えている。

安政三年（一八五六）に江戸に出て、私塾「鳩居堂《きゅうきょどう》」を麴町に開塾して蘭学・兵学・医学を教え、幕府の蕃書調所教授方手伝となり、外交文書、洋書翻訳のほか兵学講義、オランダ語講義などを行ない、同四年には築地の幕府の講武所教授となり、最新の兵学書の翻訳と講義を行ない、長州藩上屋敷での蘭書会読会で兵学書を講義し、同六年十月に千住で女囚を解剖し、万延《まんえん》元年（一八六〇）、長州藩の要請で江戸在住のまま同藩士となり、文久元年（一八六一）正月、一時帰藩して西洋兵学研究所の博習堂《はくしゅうどう》の学習カリキュラムを改訂、下関周辺の海防調査を行なった。

長州藩・佐賀藩・宇和島藩の軍事改革

益次郎が兵学への道に歩んだのは、村田清風による海防政策の影響があった。清風は弘化元年（一八四四）に家臣の窮乏対策として、「三十七カ年賦皆済仕法《さんじゅうななかねんぷかいさいしほう》」を打ち出して財政改革をすすめるが、これに躓いたため六月に政治の一線から退くも、その海防政策が捨てられたわけではなく、海防の重要性は藩士に浸透していった。それもあってこの時期、長州藩から多くの人材が育った。

益次郎と同年の天保元年（一八三〇）に萩城下の松本村に生まれた吉田松陰は、養子に入った吉田家が山鹿流兵学師範の家だけに兵学師範になるべく藩校の明倫館で学んで、藩主毛利敬親への御前講義でその出来栄えが認められ、嘉永二年（一八四九）に、海防策を立てるため須佐から赤間関までの長門の北浦海岸を視察し、兵学者としての実践的活動を開始した。

アヘン戦争で清が西洋列強に大敗したことを知るや、山鹿流兵学の時代遅れを痛感、西洋兵学を学ぶため嘉永三年（一八五〇）に九州に遊学、江戸に出て佐久間象山や安積艮斎《あさかごんさい》に師事し、交流を深めていた肥後藩の兵法師範の宮部鼎蔵《みやべていぞう》らと、嘉永五年（一八五二）に東北旅行を計画、水戸で会沢正志斎と面会、会津では日新館を見学、佐渡や東北の鉱山を見学した。津軽で津軽海峡を通行する外国船を見学、蝦夷地に渡ろうとして阻止され、江戸に帰着後、脱藩の罪に問われ、士籍剝奪・世禄《せいろく》没収の処分を受ける。

適塾で学んだ佐賀藩の佐野常民は、文政五年（一八二二）に肥前佐賀郡早津江《はやつえ》村の藩士の子として生まれ、天保二年（一八三一）に藩医佐野常徴《つねみ》の養子となって藩校弘道館に学び、天保八年（一八三七）に江戸に遊学、儒学を古賀侗庵《どうあん》に学び、同十年に帰藩、弘道館で考証学を、松尾塾で外科術を学んだ。弘化三年（一八四六）に藩命で京都に出て広瀬元恭《げんきょう》の時習堂に入門し、蘭学と化学を学び、嘉永元年（一八四八）に大坂の適塾でも学び、同二年に江戸で伊東玄朴の象先堂《しょうせんどう》塾に入門して塾頭となり、蘭方医の戸塚静海《とつかせいかい》にも教えをうけ、理化学の新知識を吸収した。

佐賀藩の藩主鍋島直正《なおまさ》は藩政改革で西欧の新技術を積極的に導入、精錬方を創設して鉄鋼、加工技術、大砲、蒸気機関、電信、ガラスの研究や開発・生産を行ない、牛痘ワクチンを輸入し、不治の病であった天然痘の根絶を成し遂げる先駆けとなった。嘉永二年（一八四九）に日本最初の製鉄所を完成させ、同三年に杉谷雍助《すぎたにようすけ》らは反射炉の建造に取り組み、同五年に築地反射炉が本格的に稼動した。精錬方の石黒寛次《いしぐろかんじ》、中村奇輔《なかむらきすけ》、田中久重《たなかひさしげ》らは蒸気機関車と蒸気船の製造を試みて成功した。

佐野常民は、江戸から帰郷して嘉永四年（一八五一）に長崎で家塾を開いたが、同六年に佐賀に帰って精錬方頭人となり、同年に幕府の大船建造禁止令が解禁になると、オランダに軍艦を発注し、蒸気船や西洋式帆船の基地として三重津海軍所が設置されるとその監督に就任した。

安政二年（一八五五）六月に長崎の海軍予備伝習に加わり、同年八月、幕府の長崎海軍伝習所の開設には、佐賀藩からの四十八名の一人として参加した。この頃から常民は、直正に海軍創設の必要性を説き、自ら海軍所の責任者となり、文久三年（一八六三）、海軍取調付役として三重津海軍所において幕府注文の蒸気鑵を製作、日本最初の実用蒸気船「凌風丸《りょうふうまる》」の建造となった。

海防や西洋の新技術の導入という点では、大村益次郎が仕えた伊予の宇和島藩の伊達宗城《むねなり》も熱心だった。前藩主宗紀《むねただ》が文政七年（一八二四）から取り組んだ藩政改革で六万両の蓄えが生じたのを受けて藩主になった。実父の山口直勝《なおかつ》が幕臣であったことから、高野長英と親しく西洋の事情に通じ、天保十三年（一八四二）に藩士を江戸の砲術家下曾根金三郎《しもそねきんざぶろう》に入門させ、弘化元年（一八四四）に砲術指南として火薬製造を行なわせ、同四年に大砲製造場を設けた。嘉永元年（一八四八）に江戸伝馬町の牢を脱獄した高野長英を招いて藩士教育と兵書の翻訳を依頼した。長英は蘭学塾五岳堂を開いてこれにあたり、設計した久良《ひさよし》砲台が築かれたので翌年に宇和島を去った。

幕府の大船禁止令が解かれたので、宗城はオランダに軍船を注文し、藩独自の蒸気船の建造にあたり、招いたのが大村益次郎であって、益次郎は寄留して海防の研究を行ない、細工職人嘉蔵《かぞう》（前《まえ》原巧山《ばらこうざん》）と軍艦雛形の製造に関わった。嘉蔵らの手によって安政二年（一八五五）に蒸気船の建造に入り、同六年に成功した。この蒸気船は日本が独力で建造した二番目の蒸気船である。

薩摩藩と土佐藩の改革

最初に蒸気船を建造した薩摩藩は、島津斉興《なりおき》の子斉彬《なりあきら》が高野長英や箕作阮甫《みつくりげんぽ》などの蘭学者から知識を吸収していたこともあって、西欧の科学技術や制度を積極的に導入し、軍事力を強化する軍制改革をめざした。このため、斉興・調所広郷《ずしょひろさと》と対立、やがて義弟の久光《ひさみつ》擁立派とも抗争になった。

嘉永元年（一八四八）に密貿易の責を負って広郷が自害し、斉興の側室お遊羅《ゆら》に関わる嘉永朋党《かえいほうとう》事件もおきたが、斉彬はこの抗争を老中の阿部正弘《あべまさひろ》、宇和島藩主伊達宗城らの支援を得て乗り越えると、斉興を隠居に追い込み、嘉永四年（一八五一）二月に薩摩藩主になった。そこで手がけたのが反射炉の建設に始まる富国強兵事業である。

翌年に別邸仙巌園《せんがんえん》に反射炉の建設に取り掛かり、安政元年（一八五四）に日本発の溶鉱炉に火がともる。ガラス工場や蒸気機関製造所などの工場を次々に建て、同四年に斉彬は集成館《しゅうせいかん》と命名した。これとあわせて嘉永四年七月、土佐藩の漂流民でアメリカから帰国した中浜万次郎《なかはままんじろう》（ジョン万次郎）を保護して、藩士に造船法などを学ばせ、安政元年に洋式帆船「いろは丸」「越通《おっと》丸」を完成させ、琉球航路に利用した。その帆船用帆布を製造するために木綿紡績事業も興した。

万次郎は、天保十二年（一八四一）に土佐中ノ浜から出漁中に遭難し、アメリカの捕鯨船に救助され、アメリカで教育を受けて捕鯨船乗組員となって嘉永四年に琉球を経て薩摩に上陸し、斉彬に保護されたもので、以後、長崎で取り調べをうけ、土佐藩に送られて河田小龍《かわだしょうりゅう》の聞き取りに応えて『漂巽紀畧《ひょうそんきりゃく》』が編まれ、ペリー来航後には幕府の普請役となるなどその知識は大いに生かされた。

斉彬は宇和島藩や佐賀藩とともに大船建造禁止令の撤廃をもとめるなか、解禁になったことから、すぐ洋式船十二艘、蒸気船三艘の建造を発表し、琉球大砲船を洋式船に作りかえさせた洋式軍艦「昇平丸」を建造して幕府に献上した。昇平丸は後に蝦夷地開拓の際に咸臨丸とともに役立った。安政二年（一八五五）には「太元丸」などの洋式帆船が完成し、蒸気機関の試作品もできあがり、「越通丸」に搭載して、日本最初の国産蒸気船「雲行丸《うんこうまる》」として結実した。

遅れて改革に向かったのが土佐藩の山内豊信《やまうちとよしげ》（容堂《ようどう》）で、嘉永元年（一八四八）に藩主山内豊熈《とよてる》と弟の山内豊惇《とよあつ》が相次いで亡くなり、分家から藩主になると、門閥・旧臣による藩政主導を嫌い、革新派グループ「新おこぜ組」の中心の吉田東洋《よしだとうよう》を嘉永六年に参政「仕置役」に任じ、西洋軍備採用・海防強化・財政改革・藩士の長崎遊学・身分制度改革・文武官設立などの藩政改革を断行した。

東洋は、安政元年（一八五四）に参勤で藩主に従って江戸に出て、水戸藩の藤田東湖と知り合うなどしたが、藩主主催の酒宴で失体をおかし、一度は失脚して、高知城下の長浜村に学塾「少林塾」を営み、後藤象二郎《ごとうしょうじろう》や福岡孝弟《ふくおかたかちか》、岩崎弥太郎《いわさきやたろう》ら青年藩士を訓育した。同五年、ペリー来航以来、幕政に関与することになった豊信から求められ、参政に復帰し豊信を支えた。

ペリーの来航

天保十四年（一八四三）、水野忠邦《みずのただくに》の跡をうけ土井利位《どいとしつら》が老中首座となり、幕閣は老中真田幸貫《さなだゆきつら》、水野罷免直前に寺社奉行から堀田正篤《ほったまさひろ》（正睦《まさよし》）に代わった阿部正弘、若年寄から老中格になった堀親寚《ほりちかしげ》で構成された。

首座の土井は、水野の上知令に強く反対するも、独自の政策があったわけではなく、倹約令を継続し、軍事改革や海防政策、上知策を中断し縮小するなど、幕府財政の再建に熱心であった。

窮乏著しい旗本・御家人の救済策を講じ、公金貸付の半高を棄捐する法令を出したところが、天保十五年五月、江戸城本丸が全焼し、その再建資金のため諸大名・旗本から普請上納金を賦課しようとして、強い反発を受け、幕府資金による再建になるなど幕府財政は好転しなかった。その方針の定まらない幕府を本格的に驚かせたのが、ペリーの来航である。

始まりはアメリカ大統領フィルモアが、一八五一年五月二十九日（嘉永四年四月三十日）、日本と通商関係を結ぶことなどを目指し、東インド艦隊司令官代将ジョン・オーリックを遣日特使に任じたことにある。六月八日、蒸気フリゲート艦サスケハナが東インド艦隊の旗艦となるべく出発するが、艦長との確執をおこしてオーリックは解任され、一八五二年二月、マシュー・カルブレース・ペリーに任が与えられた。

このペリー来航の情報を早くから幕府は摑んでいた。オランダ商館長クルティウスが長崎奉行に

「別段風説書」として伝えていたもので、アメリカが日本との条約締結を求めて艦隊を派遣、それは中国周辺のアメリカ軍艦五隻とアメリカ派遣予定の四隻であり、司令官はペリー、艦隊は陸戦用の兵士と兵器を搭載しているという。老中の阿部正弘は、溜間詰《たまりのまづめ》の譜代大名にこれを回覧し、海防掛《かいぼうがかり》にも意見を求めたが、通商条約は結ぶべきではないという回答から、三浦半島の防備を強化したのみであった。情報は幕府内の奉行レベルにとめおかれ、浦賀奉行所の与力に伝えられなかった。ただ島津斉彬にはアメリカ海軍東インド艦隊の琉球渡航以降の動静が伝えられている。

一八五二年十一月、ペリー司令長官兼遣日大使の乗る蒸気フリゲート艦ミシシッピ号は、ノーフォークを出港し、大西洋を渡ってケープタウン、マラッカ海峡、シンガポールを経て、翌年五月四日に上海に到着し、サスケハナ号と合流、五月二十六日に琉球王国の那覇沖に姿を現わした。

ペリーの口述筆記『ペリー艦隊日本遠征記』によれば、琉球王国の総理官が旗艦サスケハナ号に乗り込み協議に入った。ペリーは首里城訪問を要求して拒否されるも、無視して武装の兵員を率いて六月六日に泊浦に上陸、多数の住民が見守るなか、首里城をめざし大砲を先頭に隊列を整え、将兵を率いて行進、中山門から歓会門を経て入城した。首里城の北殿で総理官・布政官ら高官と対面、国王や皇太后への贈物を披露して王宮を出た。

その後、琉球各地を調査すること三回、植民地とすべく小笠原諸島も調査した後、琉球に帰還して、浦賀に向けて出航し、嘉永六年（一八五三）六月三日、浦賀沖に現われて停泊した。投錨した艦隊はサスケハナ、ミシシッピ、サラトガ、プリマス号の四隻で、一列に並んで計七十三門の搭載砲

首里城公園　首里城（〔財〕沖縄美ら島財団提供）

を町に向けた。警備艇が取り囲み、台場からは狼煙があがり、異国船侵入が報じられた。武士が乗船しようとすると、水兵が威嚇した。

浦賀奉行の戸田氏栄《うじよし》は、江戸在勤の奉行井戸弘道《ひろみち》を通じて幕閣に伝え、老中らが協議に入った。艦隊に与力の中島三郎助《なかじまさぶろうすけ》と通詞を派遣したところ、艦隊はアメリカ合衆国からのもので、大統領から将軍宛ての親書を渡すのが目的であり、幕府高官でなければ親書は渡さない、と伝えられると、中島は、日本の国法では高官が異国船に応接することはない、と拒絶した。続いて同じ与力の香山栄左衛門《かやまえいざえもん》も会見したが、同様の対応であった。

ペリーは艦隊所属の各艦から武装した短艇に浦賀湊内を測量させ、その測量艇隊は江戸湾内に侵入し圧力を与えた。

来航への対応

アヘン戦争における中国敗戦の例や、物資の海上輸送に依存する大都市江戸の弱点を知っていた阿部正弘ら幕閣は、国書の受け取りをやむを得ないと判断し、七日に「姑《しばら》く耐認し枉《ま》げて其意《そのい》に任せ、速やかに退帆せしめ後事をなさん」という「穏便専要」の方針で臨み、江戸湾警備に川越・彦根・会津・忍藩ほか、本牧《ほんもく》に熊本藩、東海道に福井藩など六藩の軍勢を配備し、国書の受領を浦賀奉行に伝えた。

嘉永六年（一八五三）六月九日、砲術師範の下曾根信敦《しもそねのぶあつ》率いる幕府直轄部隊が警備をするなか、ペリーは三百の兵を率いて久里浜に上陸、急いで設営された応接所で浦賀奉行の戸田氏栄・井戸弘道との交渉になった。ペリーは大統領フィルモアの親書、提督の信任状、覚書などを手渡した。

大統領の親書は、アメリカが蒸気船で太平洋を十八日で日本に至る近さにある、とその存在を誇示しつつ、侵略の意図はなく、鎖国の方針を変えて国交を結ぶよう提案、難破したアメリカ船救助や、アメリカの船舶への石炭・水・食料の補給を求めた。奉行が回答の一年猶予を求めると、当初からその予定のペリーは了解し、一年後の再来を告げ、十日にミシシッピ号に移って浦賀から二十マイル北上、江戸湾の最深部にまで進んで威嚇して、引き返し、六月十二日に浦賀を出航した。

十五日、幕府はペリー来航を朝廷に上奏した。「国家之御一大事」という考えによるもので、ここに国事が朝政と密接に連動するようになる。ペリーが六月二十日に那覇に戻った二日後、将軍家慶《いえよし》が亡くなる。ペリー来航を家慶は知らされていなかったであろう。それもあって幕閣はアメリカの国書への対応策を自主的に決められず、親書とペリー書簡を翻訳し、七月一日からすべての大名と御目見以上の旗本に公開し、「国家之御一大事」に関する「存寄之趣」（意見）を求め、三日には徳川斉昭《なりあき》を海防問題の参与とした。

幕閣が広く意見を大名に聴取することはかつてないことで、それは「国家之御一大事」という認識に基づいていた。大名の答申は六十一通あって、通商の拒絶、避戦を答申した大名や幕臣が多かった。信州岩村田藩の藩主内藤正縄《ないとうまさつな》の子正義《まさよし》は、長崎での貿易開始や硝石増産を提案しているが、家臣を下曾根信敦に入門させ、黒色火薬の原料の硝石を領民につくらせていて、台場については、蘭学者の勝麟太郎《かつりんたろう》（海舟《かいしゅう》）に意見を聞くべし、と記していた。

その勝海舟は、外交担当の役人に有能な者を登用して議論すべきこと、軍艦建造は必須であり、貿易船を送ってその利益で建造し、外国船からの艦砲射撃から守るために海岸に大砲を備え、旗本の軍備を西洋流に改め、硝石の製造場所を設置することなどを記した。

勝は旗本の勝小吉《こきち》の子で、剣客男谷精一郎《おだにせいいちろう》とは従兄の関係にあり、島田虎之助《しまだとらのすけ》に入門して剣術・禅を学び、直心影流《じきしんかげりゅう》剣術の免許皆伝になると、弘化二年（一八四五）から蘭学を永井青崖《ながいせいがい》に学んで赤坂田町に私塾「氷解塾《ひょうかいじゅく》」を開いていた。

海防参与の斉昭は七月十日に『海防愚存《ぐぞん》』を幕府に提出し、鎖国を堅持し、欧米の軍事技術の導入を主張し、藤田東湖や戸田忠大夫《とだちゅうだゆう》を江戸藩邸に召して海防御用掛とした。

七月十二日、国書の漢訳版が朝廷に届くと、これを読んだ武家伝奏の東坊城聡長《ひがしぼうじょうときなが》は「書札甚だ不文、かつ礼を失す、おもふに夷敵と謂ふべきか」とその日記に記しており、関白鷹司《たかつかさ》政通《まさみち》は、平穏で交易に子細はないとしているなど、まちまちの対応であった。

幕閣は方針を決するには至らなかった。幕閣が政治主導するという政権運営の大前提が崩れはじめており、以後、大名や幕臣の意見によって政策が揺れ動く。さらに翻訳された国書が大名や幕臣を通じて一般の人々にも伝わると、建白書を幕府に提出する「志士」が現われ、「外患」は多くの人々に共有されるようになった。「公論」の広がりである。

ペリーは嘉永六年七月三日に香港に帰着、それにとってかわるかのように、七月十八日に長崎にロシアの遣日全権大使プチャーチンが入る。ペリーの遠征の情報を得てのことで、交渉には海防掛の筒井《つつい》政憲《まさのり》（下曾根信敦の父）と川路《かわじ》聖謨《としあきら》（勘定奉行）があたった。プチャーチンの要求は、樺太と千島列島の国境交渉と、通商にあったが、川路らは「友好外交」の方針で交渉に臨み、国境交渉での意見は平行線で、通商要求に「異国通商は国の痛み」と反論し、交渉は長引いた。

ペリー来航の余波

幕府が、九月十五日に島津斉彬、伊達宗城、鍋島直正らの要望を入れて大船建造を許可したのも、ペリー来航による衝撃を物語るもので、『武家諸法度』に抵触する措置であった。西国大藩の軍事力増強を招く意味からも、幕府体制の根幹に関わるにもかかわらず、これを許可せざるをえなかったのは、もはや譜代諸藩のみでの海防策で防衛をするのは不可能になっていたからである。

幕府は九月にオランダに軍艦・鉄砲・兵書を注文し、九月三十日には品川台場の築造を韮山《にらやま》代官江川英龍《えがわひでたつ》に命じた。ただ、江戸を護る品川台場の築造には多額の費用がかかって容易に進まず、江戸の人々に緊張感を強いていた。

ペリー来航で浦賀には見物人が集まり始め、江戸からも殺到した。六月四日には吉田松陰や佐久《さく》間《ま》象山《しょうざん》も見物に赴いた。松陰は見聞し「幕吏腰抜け、賊徒胆奢り、国体を失ひ候事、千百数ふべからず」と、憤慨の書を郷里に送り、象山は藩の軍議役として浦賀の地を訪れると、老中阿部正弘に報告書『急務十条』を進上した。

相模川河口の高座《こうざ》郡柳島《やなぎしま》村の藤間《とうま》柳庵《りゅうあん》は、江戸との回船業を営んでいて、逸早く情報を得たので、友人を誘って浦賀に一泊、近くの丘から艦隊をながめ、蒸気船の大きさに城を見ているかのようであると驚き、石炭を使っての「一時に二十里」の速さに舌を巻いている（『太平年表録』）。

六月七日、江戸町奉行は江戸市中に触を出し蒸気船の見物を禁じた。『武江年表』は「江府の貴賤、始めには子細を弁ぜずして、恐怖して寝食を安んぜず」と、当初は恐怖していたが、特に何事も起こらず安堵するようになった、と記す。「泰平の眠りを覚ます上喜撰たつた四杯で夜も眠れず」「交易をするなら早くするがよし　異国の沙汰も金次第なり」などの、恐怖や政治停滞を非難する狂歌がつくられたという（『竹田鼎《かなえ》日記』）。

多くの噂から「北亜墨利加人物ペルリ像」「蒸気船之図」などペリーや蒸気船を描く瓦版が流布、ペリー来航に想を得て南北朝期までの伝記集『先賢故実』を著した菊池容斎《ようさい》が、『蒙古襲来之図』を描き、来航の顚末を記す書物も著された。干鰯《ほしか》や〆粕《しめかす》を商う浦賀商人の宮原屋の『異国船夢物語』は、奉行所の役人との関係が深かったので、来航から退去に至るまでを記し、相模高座郡蓼川《たでかわ》村の名主の家には、領主の旗本大沢氏の用人から聞いた来航時の簿冊が残されている。

ペリー来航の情報は、諸国の人々の求めに応じて、さまざまな形で流布、長州には「異国之説」「人気騒然」と伝わっている。アヘン戦争の衝撃は知識人を襲ったが、ペリー来航の衝撃は民衆をも襲い、その影響は測り知れないものがあった。全国に衝撃が広がるなか、嘉永六年（一八五三）十月二十三日、徳川家定に将軍宣下があった。

ただ家定は性来病弱で、人前に出るのを嫌うなど、政治を主導する力に欠けており、危機対応力がなく政治は相変わらず不安定であった。その二か月後にペリーが再来日するので、十一月に幕閣は対応の方針を布達した。開国については回答を避け、海防不備については平穏な折衝をし、相手から兵端を開く場合には備え置くというもので、ロシアとの交渉における対応と同じであって、回答の延期にほかならない。ロシアとの交渉は、返答の遅延もあって、上海に退去のプチャーチンが十二月に長崎に再来航し、翌年正月、国境画定が日露両国の専管事項であり、日本が他国に利益を与えた場合、ロシアにも与えることで合意した。

日米和親条約の締結

嘉永七年（一八五四）正月十六日、再びペリーが来航、七隻の艦船が江戸湾に侵入、金沢沖に停泊した。ポーハタン号（旗艦）が加わって蒸気船は三隻になり、艦隊には後に二隻が加わり九隻となった。浦賀奉行所の役人が旗艦に乗り込み、艦隊を浦賀沖に戻すよう求めるが、参謀長アダムスは拒否した。正月二十五日、浦賀湊の館浦《やかたうら》に設けられた応接所で、アダムスと奉行所の伊沢政義、支配組頭黒川嘉兵衛との間で、アメリカの国書への回答を、どこで行なうかの交渉が始まる。

アダムスは江戸を主張し、無理ならば品川か川崎での回答を求めて交渉は難航したが、担当が変わって与力の香山が江戸に近い横浜村を候補にあげたことで決まった。二月六日、幕府は武蔵国久良岐郡横浜村の駒形に応接所を設置、協議に入った。主席全権委員は大学頭の林復斎《はやしふくさい》、交渉委員は井戸覚弘《いどさとひろ》（江戸町奉行）で、両人は交渉に入るにあたり二月二十四日に上申書を提出、江戸を巻き込む戦闘勃発の恐れがあるので、通商を含むペリーの要求をのむことを主張した。

協議では具体的回答をしない方針であったのだが、三月四日、難破船の乗組員の救助と食料・水・薪の補給を認め、通商の開始は、海防参与の徳川斉昭の強い反対にあって見送ることとし、交渉に臨んだ。二月十日、ペリーが横浜に上陸して日米代表が会見、幕府の回答は口頭で通達され、翌日、一八八五年正月から長崎へのアメリカ船来航を認めることを明記する書面を渡し、幕府はアメリカとの間で国交を開くことを宣言した。

ペリーは日本側の意見を原則的に了承、通商の開始については、強く主張しなかった。交渉は、開国した際にどの港を開くかで協議が続き、二月三十日に箱館と伊豆下田の二港をアメリカに開くことで決まり、翌日から条約文の作成に入って、三月三日、日米両国・両国民の間には、人・場所の例外なく、今後永久に「和親」が結ばれるとする十二か条の日米和親条約が締結された。

条約文は、それぞれが作成し交換されたが、日米双方が署名した原本が存在しない変則的なもので、英語・日本語・漢文・オランダ語が混じり、のちに多くの問題を引き起こすことになる。条約協議の間の二月十一日、艦隊員が亡くなって埋葬をどうするかで揉めた。十五日には幕府への贈物の汽車や電信機、ライフル銃・ピストル・望遠鏡などが陸揚げされ、横浜村に線路が敷設されて汽車が時速約三十キロで走って、全権委員や与力、周辺の人々を驚かせた。電信柱が何本も立てられ、電信機の送受信が行なわれると、日本人もおおよその概念はわかったらしかったという。

同行したカメラマンのブラウンの撮影した銀板写真も残されている。十六日には宣教師が無断で川崎辺まで遊歩して騒ぎを起こし、地域の人々が異国人と接する機会となった。三月二十一日、ペリーが艦隊を率いて下田に入ると、吉田松陰と金子《かねこ》重之助《しげのすけ》が密航を企て、ミシシッピ号に乗り込むが、拒絶して日本側に引き渡された。

四月に箱館に向かって調査し、五月に下田に戻り、交渉を伊豆下田の了仙寺《りょうせんじ》に場を移し、和親条約の細則を定めた下田追加条約を結び、亡くなった艦隊員の埋葬場所を下田の玉泉寺《ぎょくせんじ》とし、六月一日に下田を去った。帰路、琉球に立ち寄って琉球王国とも琉米通商条約を締結した。

安政の大地震

嘉永七年（一八五四）閏七月、スターリング提督の率いるイギリス軍艦が長崎に入ると、長崎奉行の水野忠徳《みずのただのり》に、ロシアとの交戦を告げ、英仏艦船の入港の認可を求めた。クリミア戦争が勃発して、ロシアと英仏が交戦状態になっていたので、日本に戦時局外中立の立場をとらせるために入港したのであるが、日本側にその認識はなく、協議に入り八月二十三日に日英和親条約が締結され、長崎・箱館二港が開港となる。

九月に幕府はオランダにも下田・箱館の開港を約し、ロシアのプチャーチンは英仏との争いを避けてディアナ号に乗り、長崎・箱館・大坂湾を経て下田での交渉を行なうことになった。日本側の筒井・川路両使節が下田に到着し、交渉が始まって十二月二十一日に日露和親条約の調印となった。千島列島はエトロフ以南を日本領とし、カラフトは境界を定めぬまま雑居地とし、下田・箱館・長崎の三港が開かれ、両国とも自国民を裁判する権利が認められた。

この交渉に入る直前の十一月四日、M八・四と推測される安政《あんせい》東海地震が遠州灘から駿河湾にかけて襲い、潰れや焼失家屋が三万戸、死者が二、三千人出て、津波によりディアナ号が遭難した。そこでディアナ号に代わる軍艦を伊豆戸田《へた》村で江川英龍が建造するが、これが日本初のヨーロッパ式艦船で、西洋式造船業の端緒となった。

この時期、日本列島周辺では何度も地震が起きていた。嘉永六年（一八五三）二月の小田原地震はM六・七で、城下十九町のうち大工町など三町が総潰れであった。ペリー来航をはさんで、嘉永七年六月の伊賀・伊勢大和地震はM七、同年十一月四日に安政東海地震、翌日には同じM七の安政南海地震が土佐沖を震源に起き、死者は数千人に及んだ。安政二年（一八五五）九月にはM七・三の遠州灘地震が起きており、これは東海地震の最大余震である。

安政二年十月に起きたのが、M六・九と推測される安政の江戸大地震で、震源は江戸直下の荒川河口付近、深川・本所・下谷・浅草・小川町での被害が著しく、これに火災が追い打ちをかけ、民家の潰れは一万四千、土蔵の潰れは千四百、焼失面積は十九町、死者は町方が四千人余、武家寺社方をあわせて七千から一万人、水戸藩の藤田東湖・戸田忠太夫が圧死した。『安政見聞誌』は、江戸各所の被害を詳細に記録し、地震当日からの余震をその強さに応じて黒丸（夜）および白丸（昼）の大きさで表示したため、発禁となり版元は所払いになった。

この安政の江戸大地震の影響は人心を騒がせた。地震後、幕府は物価高騰を抑制し、大工工賃の値上げを禁止する町触れを出したが、効果は薄く、手間賃は平時の数倍から十倍以上に騰貴し、繰り返し高値禁令を出さざるをえなかった。安政二年十月四日から御救小屋が浅草広小路、幸橋御門外、深川海辺大工町、上野御火除地および深川永代寺に建てられ、炊き出しや御救米が支給された。幕府は藩主らに国元や江戸屋敷の被害報告を提出させ、拝借金を受け付けた。

夥しい数の瓦版と鯰絵が巷に出回り（『武江地動之記』『なゐの日並』）、瓦版のなかには国元の縁者に自身や親子兄弟の安否を刷り込んで知らせるもの、三都に店舗を抱える大商人が被害情報を、定《じょう》雇《やとい》の飛脚屋に情報を伝達させるものもあった。東海地震で経済網が寸断され、南海地震津波で大坂が甚大な被害になる恐れがあった。鯰絵のなかには、「世直し鯰の情」として被災者を助ける様子や、復興景気に沸く大工や庶民に小判・銭、米俵を投げ与える様子などが描かれ、身を守る護符あるいは不安を取り除くための呪《まじな》いとして急速に広まった。

芝居絵による収入を当てこんでいた版元は、浅草の芝居町が焼土と化した打撃から、鯰絵を大量に発行した。鯰絵の種類は確認されているだけで二百五十点を越える。鹿島神宮の武甕槌大神《たけみかづちのおおかみ》が要石によって大鯰を封じ込める言い伝えが広く流布、鯰と対決する役柄として鯰絵にしばしば登場している。取締り逃れのため作者や画工の署名の無いものが多いのは、幕府が世情の批判や風刺あるいは無責任な流言・風説を描いた瓦版や鯰絵などを、許可を得ない「無改物」の出版として厳しく取り締まったからで、十一月二日には、読売・浮説《ふせつ》取締りの町触れを出した。

世情を映す浮世絵と歌舞伎

不安な社会情勢もあって、浮世絵も変化していた。嘉永二年（一八四九）に亡くなるまで改革を試みた葛飾北斎《かつしかほくさい》の死後、歌川国芳《うたがわくによし》が「武者絵三枚続き」を描いて世に送り出し新機軸を打ち出した。嘉永元年の『宮本武蔵と巨鯨』は、武蔵の強さを表現するのに人間では物足りずに鯨と戦わせた。嘉永五年には四十七人の志士が揃う『忠臣蔵』を、新しく学んだ西洋画の技法で描いた。「西洋画は真の画なり。世は常にこれに倣《なら》わんと欲すれども得ず嘆息の至りなり」と国芳は語り、派手な見得を切る大石内蔵助でなく、実在の人物としてリアルに描いた。

嘉永六年（一八五三）六月二十四日、料理茶屋河内屋で開かれた梅屋鶴寿《うめのやかくじゅ》主催の書画会では、三十畳敷きという大紙に『九紋龍史進憤怒《くもんりゅうししんふんど》の図』を自らの着物を墨に浸して描き、同年七月、大判二枚続『浮世又平名画奇特《うきよまたべえめいがのきとく》』では、時勢を風刺したとして咎めを受けた。
鯰絵は、歌舞伎十八番の『暫《しばらく》』に「鯰坊主」という悪役が登場し、主人公に対して地震を背景とした強がりを言う場面があるなど、地震後発行の鯰絵には『暫』を題材としたものが見受けられる。それは『暫』の主人公が、鯰坊主を要石で押さえつける、というのが主な構図だったからで、さらに『与話情浮名横櫛《よわなさけうきなのよこぐし》』（切られ与三）も鯰絵の題材とされ、この演目を嘉永六年に三代目の瀬川如皐《せがわじょこう》が書いた。

瀬川は、天保十年（一八三九）に河原崎座に入り、五代目鶴屋南北に師事し、四代目中村歌右衛門の後援を受け、嘉永元年（一八四八）に中村座の立作者《たてさくしゃ》になり、八代目市川団十郎や四代目市川小団次のために台本を書いた。嘉永四年（一八五一）の『東山桜荘子』（佐倉義民伝）は、佐倉宗五郎の百姓一揆をとりあげ、関東農村をめぐる改革の動きと連動して大ヒットとなった。

同六年の『与話情浮名横櫛』は、長唄の家元四世の実話に基づく作品で、刀疵を多く受け木更津の荒海に沈められた与三郎が、愛人の横櫛のお富に源氏店《げんじだな》の妾宅で再会し、「しがねえ、恋の情けが仇」と、吐き捨てた場面で有名になり、社会不安を背景に人気を博した。だが、同七年に市川小団次が河原崎座に移籍すると、人気は小団次と提携した河竹黙阿弥《かわたけもくあみ》に移っていった。

黙阿弥は天保十四年（一八四三）に立作者になり、嘉永四年（一八五一）の河原崎座の顔見世狂言『升鯉滝白旗《のぼりごいたきのしらはた》』（えんま小兵衛）が好評で注目されはじめるも、しばらくは鳴かず飛ばずでいたところ、市川小団次のために嘉永七年（一八五四）に書いた『都鳥廓白波《みやこどりながれのしらなみ》』（忍の惣太《しのぶそうた》）が大当たりになり、安政の大地震後に河原崎座を離れて市村座に移って、安政四年（一八五七）の「鼠小僧」（『鼠小《ねずみこ》紋東君新形《もんはるのしんがた》』）が出世作となり、「白浪物《しらなみもの》」の名作を次々と発表し、『三人吉三《さんにんきちざ》廓初買《くるわのはつがい》』（三人吉三）や『小袖曾我《こそでそが》薊色縫《あざみのいろぬい》』（十六夜清心《いざよいせいしん》）、三代目沢村田之助に『処女翫浮名横櫛《むすめごのみうきなのよこぐし》』（切られお富）、十三代目市村羽左衛門に『青砥稿花紅彩画《あおとぞうしはなのにしきえ》』（白浪五人男）などを書いた。

作品の特徴は、「黙阿弥調」と呼ばれる切れのある科白にあった。『三人吉三』の序幕「大川端庚《おおかわばたこう》申塚《しんづか》の場」の「厄払い」と呼ばれるお嬢吉三《じょうきちざ》の独白は、「月も朧《おぼろ》に白魚の、篝《かがり》も霞む春の空」と唄い上げている。洗練され、類語や掛詞を駆使した七五調の句が、観客を魅了した。〆句の「こいつぁ春から縁起がいいわえ」は、通りすがりの夜鷹を大川に突き落として金を奪ったところ、なんと百両もあったという場面にもかかわらず、強盗傷害犯の悪逆さを観客に微塵も感じさせないところが真骨頂である。

黙阿弥の白浪物に登場する悪人は、いずれも小心者や因果に翻弄される弱者であって、ふてぶてしい極悪人が最後に高笑いをする大南北の作品とは大きく異なり、現実的内容をあくまでも写実的に、それでいて叙情的に描くことに秀でていた。演目の多くは市井の人、社会の底辺で喘ぎながら、毎日を綱渡りのようにして暮らしをしている人を主人公としている。下座《げざ》音楽に浄瑠璃を多用し、全体の雰囲気が陰鬱さに包まれることなく、情緒豊かなものとした。

土井政権から阿部政権へ

弘化元年（一八四四）、不安定な政局運営から、将軍家慶は、病気を理由に老中を辞めた真田幸貫の代わりに水野忠邦を復帰させ、六月二十一日、土井利位に代えて忠邦を老中首座に再任した。その翌月、オランダ軍艦パレンバン号が長崎に来航し、オランダ国王の国書を呈し開国を勧告した。その国書は、日本の政治を熟知するシーボルトが原案を作成したもので、産業革命を経たイギリスが製品の市場を求めて各地で紛争を起こしていると記し、日本政府においては、平和は友好的な関係によってのみ保持され、交易によってのみ生まれることはおわかりいただけるものと期待していると、やんわりと開国を勧め、いっぽうで軍艦によって国書を届けるなど圧力をもかけた。

もともと定見のない土井利位に出番はなく、十月に老中を辞任した。利位の本領は学問にあり、家老鷹見泉石の協力を得て、雪の結晶を「雪華《せっか》」と命名して観察を続け、その結果を『雪華図説』として天保三年（一八三二）に刊行し、以後も『続雪華図説』を出版した。日本で初めて雪の結晶を顕微鏡で観察した学者肌の政治家であった。

だが、再任された忠邦にもかつての力はなく、異国船対策として、海岸防御関係の書類の再提出を求めて現状把握にとりかかったものの、半年後の弘化二年（一八四五）に職を辞した。したがって国書に対応したのは老中首座となった阿部正弘である。

幕府の回答は、オランダ国王宛てでなく、大臣に宛てて、日本はこれまで通り、通信は朝鮮・琉球に限り、通商はオランダと中国に限定するもので、イギリスへの対応を、通信も通商もしない国と遠まわしに答えた。この対応は、異国船打払令の撤回で諸外国が日本に通商を求めてくることを恐れ、琉球に開国を求めてきているのを憂慮してのものであって、ここでも開国の機会を失うことになった。

正弘が老中になったのは天保十四年（一八四三）閏九月で、時に二十五歳、天保七年（一八三六）に備中福山藩主となり、天保九年に奏者番、天保十一年に寺社奉行になった経歴からわかるように政治経験は浅かった。それなのに首座の老中になれたのは、水野忠邦の老中復帰に際して反対を将軍家慶に直接に進言でき、将軍の信頼が厚かったからである。他の老中の牧野忠雅《ただまさ》（越後長岡藩）、青山忠良《ただよし》（丹後篠山）、松平乗全《のりやす》（三河西尾）とくらべ著しく若い。

正弘は強力に政治主導するタイプではなく、調整型の政治手法をとり、頼りにしたのが海防の見識がある西ノ丸留守居の筒井政憲や、勘定方の川路聖謨ら能吏の有司である。筒井の発案で株仲間再興について評議に入ると、遠山景元の完全復古案や勘定所の復古反対論など多くの意見が出た末、嘉永四年（一八五一）に株仲間再興令が出された。

忙殺されたのが外交問題で、弘化二年（一八四五）に海防掛をおき、阿部と牧野が交替で「海岸御用筋之御用向」取扱として統括役となり、その下に大目付・目付・勘定奉行・勘定吟味役をおいた。その七月、恐れていたイギリスの測量軍艦サマラング号が、八重山諸島、宮古島、琉球那覇を経て、長崎に来航。イギリスは南京条約締結後、東シナ海周辺域の測量を進め、長崎湾の測量と薪水給与のため到来したのである。

測量は許可しないとの通告にもかかわらず、上陸して測量をして去ったが、この時、薩摩藩の長崎聞役はオランダ商館を訪れ、琉球に関する情報交換を行なっており、オランダと薩摩との政治的回路が生まれた。イギリスに続いて、弘化三年四月、フランスの司令官セシーユの指揮下のインドシナ艦隊が、琉球に来て通信・通商を求めると、これに応じて薩摩藩は幕府に琉仏貿易の許可を求めた。琉球が「外藩」（清の封を受けた国）でもあり、琉球限りの取り組みにする、という理由からである。

阿部政権は、琉球が「外地」であって日本の一地方とは違うとして、フランスと交易を結ぶことを認めた。フランス側の事情で実行されなかったが、これを契機に薩摩藩は唐物売捌の復活が認められ、独自に西洋との貿易を探っていくことになる。

閏五月には、アメリカ東インド艦隊司令官ビッドルの率いる巨艦二隻が浦賀に現れ、浦賀奉行大久保忠豊に書を送って通商を求めた。帰国を急ぐ様子から拒絶の回答をすると退去したが、その巨艦の旗艦のコロンブス号は、全長は四十間（七十三メートル）、幅は十三間、大砲が八十三門、水兵が八百人であったのに対し、日本側砲門はその「九分の一」に過ぎなかった。

浦賀周辺では十五歳から六十歳までの漁師・百姓が動員され、廻船・漁船で艦隊を取り囲んだ。浦賀の廻船問屋は、開戦ともなれば木端微塵に打ち砕かれてしまうだろう、と驚いていたところ、六月七日に浦賀沖を出帆し、武家方はほっと「息をつき候様子」であったという。

五　安政の改革と条約問題

安政の幕政改革

嘉永七年（一八五四）四月十日、老中の阿部正弘は将軍家定に辞表を提出した。オランダ国王からの親書以降、異国船が到来したのに「武備」「海岸防御」に何らの手も打てず、「万端穏便」の取扱いで済ましてきたため、「御国法」を崩し、「国辱」に相成ったのは「まったく私不行届」であると記し、内願書で「御改革」の必要性を強調した。

将軍家定は、正弘に代わる人物がおらず、正弘一人が不行届はないとして辞表を受理しなかったので、正弘はやむなくとどまり、折からの禁裏御所炎上に対処することになった。諸寺の梵鐘を大砲に改鋳するために太政官符の発給を求めるなど、朝廷との関係を重視し、将軍と島津斉彬の養女篤姫との婚姻をすすめ、外様大名との結びつきの強化をはかり、幕政改革に邁進した。

その際、日米・日露の交渉を通じて活躍した「幕末三傑」と称される堀利熙《としひろ》や岩瀬忠震《ただなり》・永井尚志《なおゆき》らを積極的に登用した。堀は、ペリー来航直前に海防掛になって国交拒絶を主張、大船製造掛に就任し、目付として嘉永七年（一八五四）には蝦夷地の視察に赴いて「前並蝦夷地惣体見分仕候見込之趣、大意申上候書付」を幕府に提出した。松前藩の蝦夷地支配が手薄であるとして、東西蝦夷地の幕府直轄を提言、蝦夷地防備の必要性を説いて同年に箱館奉行となる。その提言に沿い、幕府は安政二年（一八五五）二月に蝦夷地を上知《あげち》し箱館奉行に管轄させた。

永井尚志は昌平黌《しょうへいこう》・甲府徽典館《きてんかん》の学頭を経てペリー来航後に目付に登用され、嘉永七年（一八五四）十月、幕府が長崎海軍伝習所を設立すると、その総理監として翌年に長崎に赴任し、長崎奉行所内に伝習所を開設して所長になった。この海軍伝習所には、勝海舟らの幕臣だけでなく、薩摩の五代友厚《ごだいともあつ》ら諸藩から人材を集め、洋式の海軍術を学ばせ、オランダ海軍大尉など二十二人を教官とし、航海術や運用術、砲術、造船学、測量学、数学などを教え、オランダから寄贈された軍艦スームビング（のちの観光丸）を実地訓練に使用した。

なお陸軍では、安政元年（一八五四）十二月二日に講武場を鉄砲洲など江戸七か所に設置し、二年後に江戸築地に講武所を設け、幕臣や諸藩士らに伝統的武術と西洋砲術を教授し、付属施設として軍艦操練所と銃陣調練場も設けた。砲術師範に江川英敏《ひでとし》（英龍の子）、下曾根金三郎を任じ、西洋砲術を採用した砲術方が洋式軍制化の中核機関となった。嘉永六年八月に湯島鋳砲場が設けられ、伊豆韮山の反射炉が竣工した。

岩瀬忠震は、永井と同じく昌平黌に学び、甲府徽典館の学頭を経てペリー来航後の嘉永六年に目付となり、大久保忠寛《ただひろ》（一翁《いちおう》）とともに海防掛、軍制改正用掛、蕃書翻訳用掛、外国貿易取調掛を兼務し、外交畑を歩んで、ハリスとの日米修好通商条約に全権委員となる。大久保は駿河町奉行を経て、禁裏付《きんりづき》となり京に赴任して京都町奉行となった。

改革は科学技術の導入とその機構の設置にも及び、安政二年正月に洋学の研究機関として洋学所を設けている。これは天文方の蛮書和解御用とは別組織で、西洋軍事技術の導入と外交技術の処理能力を向上させるのを目的とし、学問所儒者の古賀謹一郎《きんいちろう》が頭取となり整備につとめた。謹一郎は儒者古賀侗庵《どうあん》の子で、嘉永六年に長崎でロシア使節を応接していた。

箕作阮甫と杉田成卿が教授になり、川本幸民《かわもとこうみん》、高畠五郎《たかばたけごろう》、松木弘安《まつきこうあん》、手塚律蔵《りつぞう》、東条英庵《えいあん》、原田敬策、田島順輔《じゅんすけ》、村田蔵六、木村軍太郎、市川斎宮《さいぐう》、西周《あまね》、津田真道《まみち》、杉田玄端、村上英俊、小野寺丹元《たんげん》らが教授手伝となって、同年末に開講した。蘭学を中心に英学を加えた洋学教育を行ない、翻訳事業や欧米諸国との外交折衝も担当した。安政の大地震で焼失したため、安政三年に「蕃書調所」と改称し、文久二年（一八六二）には学問所奉行および林大学頭の管轄下に入って、昌平黌と同格の幕府官立学校「洋書調所」、翌年に「開成所《かいせいじょ》」と改称された。

科学技術の導入

安政四年（一八五七）八月、江戸市中の蘭方医と蘭学者は、勘定奉行川路聖謨の名の下で幕府に種痘所の開設を出願し、翌年五月に神田お玉が池に種痘所が開設された。万延《まんえん》元年（一八六〇）に幕府直轄になって、蘭方医の大槻俊斎《しゅんさい》が頭取となり、その病没後に既にみたように緒方洪庵が頭取になったのであるが、同所は西洋医学所と改称され、種痘・解剖・蘭方医学教育を行なった。

下総佐倉に順天堂を開設した佐藤泰然《たいぜん》の子で奥医師の松本良順《りょうじゅん》は幕府の許可を得て、海軍伝習の名目で長崎に赴き、オランダの海軍医師ポンペに医学を学ぶなか、ポンペらと臨床教育用の医学校附属病院の開設をすすめ、文久元年（一八六一）九月に竣工した。日本初の様式近代病院で、長崎養生所と命名され、後に長崎大学医学部に発展する。ちなみに開成所は維新後に大学南校と称されて東京大学となり、西洋医学所は大学東校から東京大学医学部に発展することになる。

こうした科学技術の導入にあたっては外国語の辞書の刊行が必須であり、幕府奥医師で蘭方医の桂川甫周《ほしゅう》が中心となって柳川春三《やながわしゅんさん》の協力を得て、安政五年八月に『和蘭字彙《おらんだじい》』が編まれた。柳川春三は尾張の砲術家上田帯刀《たてわき》、藩医伊藤圭介に蘭学・医学を学び、江戸に出て洋書の翻訳にあたり、西洋の数学を日本で最初に紹介した『洋算用法』を刊行していた。

英語の必要性の高まりとともに、堀達之助《たつのすけ》が洋学所の英日辞書編纂責任者となって文久二年に『英和対訳袖珍辞書』を洋書調所から刊行した。堀は幕府の阿蘭陀通詞で、独学で英語を学び、ペリー来航時の通訳をし、安政二年（一八五五）に外国文書を独断で処理したため投獄されていたのだが、古賀謹一郎に救い出された。このような形での語学修得にともなって、洋学所の絵図方《えずかた》は、臨写・測量図、製図、設計図、地図の方法論と技術導入をはかり、写真技術の修得へと進み、物産方は動植物・鉱物の和名賦与を行ない、精錬方は硫酸・硝酸・塩酸などの諸薬品を扱った。

日米通商条約交渉

老中の阿部正弘が制度改革と人材登用に向けて動くなか、安政二年（一八五五）八月十四日に徳川斉昭を政務参与とし、通商条約の締結に向けて、十月九日に佐倉藩主の堀田正睦《まさよし》を老中首座とした。堀田は蘭学を奨励、蘭方医の佐藤泰然を招聘して佐倉順天堂を開かせて「蘭癖《らんぺき》」大名と呼ばれ、天保十二年（一八四一）に老中になったことがあるが、天保十四年閏九月に辞任、佐倉で藩政改革を行ない、勧農政策を進め、藩校を成徳書院《せいとくしょいん》とし佐倉を蘭学の拠点としていた。堀田再任に斉昭は反対したが、正弘が老中首座とした。

安政三年七月十日、オランダ理事官クルティウスが、イギリスの本格的な進出を長崎奉行に伝え、列国との通商条約締結を勧告してきた。七月二十一日、アメリカ駐日総領事のタウンゼント・ハリスが下田に赴任した。ハリスは太平洋各地を航行する貿易業者であって、一八五四年に日米和親条約の十一条に記された駐在領事への就任を望み、大統領フランクリン・ピアースから初代駐日領事に任命され、日本を平和的に開国させ、アメリカの東洋における貿易権益の確保を目的とした通商条約を締結する全権委員になった。

この情勢に、阿部正弘は八月四日、「交易互市之利益を以て、富国強兵之基本」とする方策が適当かを諸方に諮問、堀田正睦を十月十七日に外国事務取扱掛を兼ねさせ、外国貿易取調掛に勘定奉行の水野忠徳・川路聖謨、目付の岩瀬忠震・大久保忠寛を任じ、ハリスとの交渉にあたらせた。

ハリスは下田玉泉寺に領事館を構え、大統領の親書を提出するためには、江戸への出府が必要と強く要請した。年を越した安政四年（一八五七）二月にオランダの理事官クルティウスが、イギリス人商船アロー号が広州で清国官憲から取調べを受け、イギリス広東領事パークスがイギリス軍に広州砲撃を命じたアロー号事件を長崎奉行に告げ、幕府の通商拒否方針に警告を発した。

下田では薪水給与などの問題をめぐって和親条約改訂交渉が行なわれ、五月二十六日に長崎開港・治外法権・洋貨交換などに関する協約が調印されたが、六月にハリスの出府を拒否していた阿部正弘が病死し、ハリスの江戸出府の条件が整うと、七月にアメリカの砲艦が下田に入港、江戸に直接に回航する恐れも生じて、その実現となった。

長崎に派遣していた勘定奉行の水野忠徳・目付の岩瀬忠震は八月にオランダと、九月にロシアと通商協定を含む和親追加条約を調印しており、この条約交渉における改正枠組みにより、ハリスとの交渉に臨むことになる。十月二十一日、ハリスは江戸城に登城、将軍家定に謁見して親書を読み上げ、二十六日、老中堀田正睦邸に臨んでは、世界の大勢を語り、大英帝国の軍艦の圧力で条約を締結する以前に、米国と通商条約を結ぶ必要性を説いた。

十一月一日に大統領親書とハリスの口上書が諸大名に示されて意見が徴され、交渉には全権井上清直《きよなお》・岩瀬忠震が十二月十一日からあたった。ハリスは自ら用意した草案に即して臨んで、大坂・江戸を含む五港の開港、ならびに京都の開市と、そこでの自由貿易、公使の江戸駐在を要求し、交渉は十五回にも及んだ。

清直・忠震は国内情勢から、江戸を開市しても商売にならない旨を説くが、ハリスは受け入れず、その結果、開港場は長崎・箱館・神奈川・兵庫・新潟の五港とし、居留地を設定、江戸・大坂は開市場とすること、貿易の形態は自由貿易で、公使の江戸駐在を認めることで成案がまとまった。

外国商人が国内を自由に旅行して商取引を行なう内地通商権は、日本側が認めず、領事裁判権と協定関税制、最恵国待遇条項などは、国際関係の知識の少ない日本側が特に異議を申し立てず、将来に禍根を残すことになる。日本側のプランは一蹴されたのである。

安政四年（一八五七）十二月十五日、全大名に意見書の提出を求めた。大名らの意見は幕政改革を断行して新体制を創出して難局を乗り越えるものや、将軍を軸に譜代大名と旗本が政治権力を掌握し続ける体制を維持するもの、朝廷を尊崇する幕府が諸大名を統御してゆくべしとするものなど多々あったが、基本的に貿易を許容、京都に近い兵庫の開港は不可であった。

条約勅許と将軍継嗣問題

安政五年（一八五八）正月十日に妥結となるが、調印は堀田がハリスに六十日間の延期を求めた。これまでの枠組みを大きく逸脱している故、国内全体の人心の「居り合い」を求め、異論ある大名を抑えるには、天皇の事前承認、勅許が必要、とハリスに語って了解を得た。尾張藩主徳川慶勝《よしかつ》、仙台藩主伊達慶邦《よしくに》、鳥取藩主池田慶徳《よしのり》、徳島藩主蜂須賀斉裕《はちすかなりひろ》らも勅許の必要性を主張していた。

堀田は川路・忠震らを伴って翌安政五年正月二十一日に江戸を発ち、二月五日に入京した。勅許はすぐにおりると判断していたのであるが、朝廷ではアメリカとの通商条約交渉に反発が起きていた。和親条約とは違って、交渉の成り行きが伝えられており、固唾《かたず》を呑んで見守っていたところ、ハリスの演説により、イギリスの軍事力による圧力で譲歩を強いられたことを知っていた。

孝明天皇は異例にも、条約の可否を、正月十四日に左右内大臣・摂家・武家伝奏らに、正月二十五日には現任公卿に諮問した。朝廷でも幕府と同様に衆議を聞くようになっていたのである。意見書は三十六通ほどあり、大納言中山忠能《ただやす》は「蛮夷之姦謀」を認めるのは「神州之恥辱」であると否定し、正親町実愛《さねなる》とともに反対の建議書を提出した。関白九条尚忠《ひさただ》は幕府の「御勘考《ごかんこう》」に任せるという穏便な回答案を作成した。

その回答案決定の翌三月十二日、中山忠能と、意見聴取に与らなかった廷臣八十八人が集会を開き、幕府側に判断を委ねる回答案の書き換えを要求する連署の建白書を関白に提出した（廷臣八十《ていしんはちじゅう》八卿列参事件《はちきょうれつさんじけん》）。この画策の中心には家格の低い羽林家《うりんけ》の岩倉具視《いわくらともみ》がいた。具視は嘉永六年（一八五三）から関白鷹司政通《たかつかさまさみち》に歌道と政治手法を学び、宗家の久我建通《こがたけみち》と図って列参を演出したもので、翌日には有栖川宮熾仁親王《ありすがわのみやたるひとしんのう》も拒絶の意見書を提出、孝明天皇も同じ考えであった。

三月二十日に「今度、条約の趣にては、御国威立ち難く思し召され候。且つ諸臣群議にも今度の条約、殊に御国体に拘わり、後患測り難きの由、言上に候。猶三家已下諸大名へも台命を下され、再応、衆議のうえ言上あるべく仰せ出され候」と、諸大名の衆議を得て、再び言上するように、と天皇は承認を保留とした。

堀田は和親条約まで拒否されたわけではないことを確認し、条約承認保留の勅諚《ちょくじょう》を持ち帰ることになるが、堀田にはもう一つの課題、将軍継嗣問題があった。家定には実子がおらず、病弱で継嗣問題が浮上していたのである。候補の一人は家斉《いえなり》の孫にあたる紀伊藩主の徳川慶福《よしとみ》で、これを推すのは譜代大名の井伊直弼《なおすけ》や老中に復帰した松平忠固《ただかた》、大奥を取り仕切る家定の生母お美津の方である（南紀派）。もう一人の候補は徳川斉昭の実子で、前将軍家慶の意向で一橋家を継いだ一橋慶喜《よしのぶ》。「英明」という噂があり、推すのは家門筆頭の越前藩主松平慶永《よしなが》（春嶽《しゅんがく》）や薩摩藩主島津斉彬、土佐藩主山内容堂《ようどう》、宇和島藩主伊達宗城《むねなり》ら有力大名である（一橋派）。

両派は朝廷を巻き込んで運動を展開した。松平慶永・島津斉彬は慶喜を将軍に推す建白を老中に提出し、島津斉彬は父斉興の養女を妻とする近衛忠熙《ただひろ》に親書を送って将軍継嗣の意見を述べ、松平慶永は橋本左内を京に送り、三条実万《さねつむ》や鷹司政通を通じ慶喜を継嗣にする工作を行なった。井伊直弼は長野主膳《しゅぜん》を派遣して内勅阻止の工作をさせ、通商条約の承認では九条尚忠に働きかけた。

こうした京への「手入れ」「入説《にゅうぜい》」が行なわれるなか、慶喜擁立を考えていた堀田が上洛したものであって、その直前に将軍家定から「一橋には決して相成らざる義、御先々代様（家斉）御続きも御近きの紀伊家と兼ねて御心に御取り極め」と、次期将軍には慶福と伝えられていたという。条約の勅許をせずという勅諚《ちょくじょう》が出された二日後の三月二十二日、将軍継嗣問題に関する御沙汰書が堀田に渡されたが、それは「英明」を求めるものではなかった。

条約勅許問題といい、将軍継嗣問題といい、幕府関係者が京の公家への入説を試みたが、それだけでなく、一橋慶喜の擁立をはかるために薩摩藩の西郷隆盛《さいごうたかもり》や若狭小浜藩の梅田雲浜《うんぴん》、詩人の頼山陽《らいさんよう》の子頼三樹三郎《みきさぶろう》、梁川星巌《やながわせいがん》、青蓮院《しょうれんいん》宮の侍読《じとう》の池内大学《いけうちだいがく》らが京で活動するようになっており、幕府を超えた国家のあり方を考える志士が増えていた。

井伊直弼の大老

安政五年（一八五八）四月二十日に江戸に帰着した堀田は、松平慶永を大老に就けようとはかるが、その三日後に井伊直弼が大老に就任した。直弼が大老になったのは、家定が次期将軍を慶福と考え、それを支えるのは直弼以外にいない、と見ていたことによる。彦根藩が譜代の筆頭、江戸湾防備を担当し、藩主になってからの直弼が幕政への思いが強く、江戸城の溜詰で諸課題を議していた。

直弼は嘉永三年（一八五〇）に彦根藩主になる前は十五年間を部屋住みで過ごし、長野主膳に国学を学び、埋木舎《うもれぎのや》で熱心に茶道（石州流）に取り組み、その心得を『茶湯一会集』に「一期一会《いちごいちえ》」と表わし、和歌や鼓、禅、兵学、居合術をも学んでいた。ペリー来航に伴う阿部正弘の諮問に、臨機応変に対応し積極的に交易すべし、と主張し、攘夷を強く唱える徳川斉昭と対立した。その斉昭が老中の松平乗全《のりやす》・松平忠固の更迭を要求し、罷免に追い込んだ時には猛烈に抗議した。

家定は四月二十二日に側近を直弼邸に派遣、大老就任を説得、翌日に大老就任となった。四月二十五日、諸大名に登城を命じた家定は、三月二十日の勅諚を示し、諸大名の意見を聞いた。徳川斉昭・一橋慶喜・慶恕《よしくみ》らは明確に条約調印に反対を表明したが、それ以外に反対がなく、継嗣問題については、五月一日に家定の意思で慶福内定が伝えられ、六月一日に内示された。こうして直弼は勅許を得て条約調印に踏み出そうとした。

六月中旬、アメリカ軍艦ミシシッピ号が下田に入港、清国が英仏連合軍に敗れ（アロー号事件）、天津条約が調印されたことが伝わった。ハリスは英仏両国が対日条約を締結する前に締結を急ぐこととし、続いて入港したポーハタン号に乗り神奈川沖まで来て、調印を引き延ばせば英仏軍が押し寄せてくる、と即時調印を迫った。これを受け、六月十八日に評議が行なわれ、老中の松平忠固は「長袖（公卿）の望みに適ふやうにと議するとも果てしなき事なれハ、此表限りに取り計らはずしては、覇府の権もなく、時機を失ひ、天下の事を誤る」と、京の意向にかかわらず即時調印を主張、大方も即時調印の意向であった。

これに直弼は「天意をこそ専らに御評定あり度候へ」と、勅許優先を主張するとしたが、賛同したのは若年寄本多忠徳のみであった。やむなく井上清直・岩瀬忠震の両全権を派遣し、ハリスと交渉の上、万策つきた場合は調印も仕方ないと指示した。これを井上・岩瀬は調印の承諾とみなし、勅許を得ないまま、安政五年（一八五八）六月十九日にポーハタン号上で日米修好通商条約の調印となった。

六月二十二日、幕府は諸大名に総登城を命じ、条約調印の事実を報告、翌日付で堀田正睦ら老中六人連署の武家伝奏宛ての書簡で朝廷にも報告した。同時に老中堀田正睦・松平忠固を罷免し、太田資始《すけもと》・間部《まなべ》詮勝《あきかつ》・松平乗全を老中に任じた。六月二十四日、徳川斉昭、尾張の徳川慶恕、松平慶永らの一橋派が登城して、勅許なしの調印を追及、あわせて一橋慶喜の継嗣を要請したが、翌日、直弼は慶福を継嗣に立てると公表した。

七月五日に不時登城を理由に松平慶永を隠居・慎《つつしみ》、徳川斉昭を慎に処し、一橋慶喜と水戸の徳川慶篤の登城を停止とした。その翌日、家定が亡くなった。この情勢に水戸藩家老の安島帯刀《あじまたてわき》は、朝廷から水戸藩への降勅を目指し、京都の公家三条実万に入説する。

戊午の密勅

安政五年（一八五八）七月八日に直弼は、外国奉行を新設して、水野忠徳・永井尚志・井上清直・堀利熙・岩瀬忠震らを任じて体制を整えると、七月十日から十八日にかけて、オランダ・ロシア・イギリスと、九月にはフランスとの間で修好通商条約（安政の五か国条約）を結んだ。ここに日本は西洋列強の秩序体系に入り、条約勅許を求めていた大名との間には溝が拡大することになった。

残る大きな課題は朝廷への説明であるが、六月二十七日に条約が勅許なしに調印された事実を知った孝明天皇は逆鱗した。翌日、譲位の意思を表明し、関白九条尚忠に充てた書簡で「条約許容の儀は、如何致し候とも神州の瑕瑾、天下の危亡の基」と記し、許容し難いものと述べ、戦争になっては勝てないというので調印したというが、それでは「征夷之官職紛失」であって嘆かわしく、「政務、関東に委任之事」とはいえ、容易ならざる事である、と表明した。

さらに老中奉書が到来して斉昭らの処分を知ると、八月五日に「御趣意書」を関白に示し、左右内大臣、前内大臣らに諮問した。「只々よんどころなき次第にて条約調印済ませ候由、届け捨て同様に申し越し候事、如何の処置に候哉」と、厳重には違勅であり、実意では不信の至りである、と指摘、事情を尋ねるために三家や大老の上京を命じたのを無視して、諸外国と条約を結んだ点について、「政務、関東に委任之時ながら、天下国家の危亡に拘わる大患をそのままに」放置できないのであり、今後の対応はいかが、という内容である。

これは「徳川家の為、宜しからずと存じ」、「天下国家」を考えてのことであるといい、幕府を超える立場からの諮問であった。幕府と関係の深い関白九条尚忠は動かなかったが、八月七日、参内した近衛忠熙・鷹司輔熙・三条実万・議奏・武家伝奏らが動いて、天皇の譲位の念を撤回させ、武家伝奏万里小路正房《までのこうじなおふさ》の里亭《りてい》で、水戸藩の京都留守居役鵜飼吉左衛門《うがいきちざえもん》に勅が示された。戊午《ぼご》の年に出されたことから「戊午の密勅」という。

戊午の密勅は、勅許なしの条約調印の責任を問い、詳細な説明を求めたものであった。「彼是、国家之大事ニ候間、大老、閣老、其他三家、三卿、家門、列藩、外様、譜代共、一同群議評定有之」と、大老や三家、諸藩以下が「一同群議」を行ない、「誠忠之心ヲ以テ、得ト御正シ、国内治平、公武御合体、弥御長久之様」と「公武合体」の実を成すよう命じたもので、水戸藩宛ての勅だけでなく、二日後に関白九条尚忠の添書を付し、禁裏付の大久保忠寛を通じて幕府にも伝えた。

さらに近衛家を介して尾張・薩摩・津藩、一条家を介して肥後・備前・土浦藩に、鷹司家を介して加賀・長州・阿波藩、三条家を介して土佐・福井藩にも伝えたが、これら大藩は摂家と姻戚関係にあった。水戸藩からは三家、三卿に回送され、他の諸藩に幕府は伝えなかった。長州藩や越前藩など十一の大藩の大名は、朝廷が摂家の縁家筋を通じて伝えている。

朝廷が幕府を経由せずに諸藩に勅を伝えたことはこれまでになく、三家・諸藩に「一同群議」を求めたことにより、朝廷の存在が急浮上し、朝廷から勅を得て政治的局面を転換させる行動が広がり、幕府の存在が問われるようになった。

安政の大獄と吉田松陰

安政五年（一八五八）六月下旬に京都所司代に任じられた小浜藩主の酒井忠義《ただあき》が、九月三日に京に着くと、その翌日に関白九条尚忠の内覧が罷免されるなど、事態は深刻化していき、国事奔走に動いていた志士の捕縛が始まった。

九月五日に信州松本の名主近藤茂左衛門、七日に梅田雲浜、十八日に水戸藩の鵜飼吉左衛門が捕縛され、梁川星巌は捕縛前の九月二日にコレラで亡くなっていた。九月二十二日には鷹司家の家司《けいし》の小林良典《よしすけ》が捕えられた。九月十七日、老中の間部詮勝が入京した目的は二つ、一つは徳川慶福への将軍宣下、もう一つは条約調印の諒解にあったが、すぐには参内せず、朝廷に圧力をかけた。

九月二十日に安島帯刀に宛てた鵜飼の書状が押収され、それには西郷隆盛の言として、間部詮勝が武力により朝廷を揺るがすような事態ともなれば、薩長土三藩の兵力で詮勝を「一時打払う」との文言があって、関係者を驚かせた。

詮勝の存在の大きさも読み取れるが、その圧力で十月十九日、関白九条尚忠の内覧が復活、十月二十四日に間部が参内、翌日に将軍宣下があり、将軍の名は家茂《いえもち》に改められた。

間部は、条約調印の諒解を得るための説明を数度行ない、いずれは「鎖国の良法」に引き戻す、と天皇を説得し、直弼の側近の長野主膳と九条家の島田左近とが細部を詰め、十二月二十四日、「前々御国法通り、鎖国の良法に引き戻す」という鎖国への復帰を条件に、条約調印の経緯を諒解する「心中氷解」の勅書が交付された。

これにともなって公家への処分が、幕府の圧力の下、公家からの申請という形でとられ、安政六年正月十日に鷹司政通、近衛忠煕、鷹司輔煕《すけひろ》、三条実万ら四名が、辞官・落飾《らくしょく》などを申請して認められた。皇族でも青蓮院宮尊融法親王（中川宮朝彦《あさひこ》親王）が、水戸藩士や福井藩士の京都手入れによって条約調印反対の姿勢をとり、将軍継嗣問題では慶喜に期待して活動したために慎、隠居・永蟄居となった。

幕府は今回の事件を評定所で裁くため、安政五年十二月に寺社奉行以下の五手掛《ごてがかり》を設けた。翌年二月に寺社奉行の板倉勝静《かつきよ》を罷免して本庄宗秀《むねひで》（丹後宮津藩主）を任じ、町奉行の池田頼方《よりかた》に勘定奉行を兼任させ、町奉行石谷穆清《いしがやあつきよ》、大目付久貝正典《くがいまさのり》、目付松平康正《やすまさ》の構成で発足した。幕府が直接に処罰したのは六十九名で、死罪は密勅交付に関わった水戸藩士二名と越前藩士橋本左内、長州藩士吉田松陰、頼三樹三郎ら八名となった。

幕府内でも作事奉行の岩瀬忠震、西丸留守居の川路聖謨、軍艦奉行の永井尚志らが罷免・隠居、小普請奉行の浅野長祚《ながよし》、西丸留守居の大久保忠寛も罷免となるなど、開明的有司が一橋派に属するとして処分され、直弼の方針に反対した老中の久世広周《くぜひろちか》、寺社奉行の板倉勝静らも罷免となり、この「大獄」のあまりな過激な成り行きに批判的だった太田資始《おおたすけもと》・間部詮勝の両老中は辞任した。

死罪となった橋本左内は、福井藩医の子で大坂の適塾で医学を学び、江戸遊学中に西郷隆盛や藤田東湖と交わり、経世済民を志して藩校明道館《めいどうかん》の改革にあたり、世界情勢を見据えて「日本国中を一家」と見、幕府有司や諸侯・陪臣を総結集した挙国的政府の樹立と、富国強兵による海防体制構築を構想し、藩主松平慶永の意を受けて、江戸と京都で慶喜の擁立運動を積極的に推進したため謹慎処分をうけていたところ、斬首となった。

吉田松陰は、安政元年三月に下田のペリー艦隊に乗って密航を企てて失敗し、江戸の獄に入った後、郷里の萩の野山獄に移され、出獄した安政四年に松下村塾を継承した。松下村塾は下級武士や庶民の教育機関で、松陰の思想を慕って入門者が相次ぎ、政治集団の性格を帯びるなか、『孟子』の講義を『講孟余話』に著し、『武教全書』『日本外史』の講義を始めた。

これらの書は眼前の政治情勢を説明するための素材として使い、世界情勢や日本の実情を攻究する思想鍛錬の場とした。塾生は出入り自由、安政三年春以降に来学した九十二名の塾生は、士分が六十、陪臣が八、僧三、医師三人などで、松陰は通商条約を違勅と激高し、尊王攘夷論を唱え、老中間部の暗殺を画策し藩命で獄に下っていたのだが、幕命で江戸に送られ梅田雲浜との関係を理由に斬首となった。

桜田門外の変

薩摩藩では安政の大獄の最中の安政五年（一八五八）七月に斉彬が亡くなり、前々藩主斉興の抑圧のもとで、堀仲新左衛門、有馬新七、大久保利通《としみち》、松方正義《まさよし》らが斉彬の遺志を継ぎ、井伊直弼や九条尚忠らを、水戸・長州・越前諸藩と連携して討つ計画を立てた。

しかし藩主忠義の父久光から自重するよう求められ、脱藩を中止して出兵する道を選んだが、有村次左衛門は脱藩の道を選び、水戸藩脱藩組と結んだ。

水戸藩では安政六年（一八五九）に家老の安島帯刀が切腹、右筆頭取の茅根伊予之助《ちのねいよのすけ》と京都留守居の鵜飼が死罪となるなか、十二月十五日、直弼が水戸藩主慶篤に密勅返納を催促した。勅諚がすでに水戸に送られていたので、水戸城内では論争がおきた。藩庁と鎮派は幕府宛てに直納を主張、他の一派は朝廷への返納を述べたが、高橋多一郎、金子孫二郎、関鉄之助ら激派は返納そのものに強く反対した。

藩の重臣は、十二月十五日に若年寄の安藤信正《のぶまさ》に返納猶予を出願するが、信正はとりあわなかった。信正は、翌万延元年正月に老中になると、十五日に登城した慶篤に重ねて勅の返納を催促、二十五日までに返納しなければ違勅の罪で斉昭にも嫌疑が及び、水戸家は滅亡する、と迫った。これ以前、幕府宛てに勅諚を返納すべしとする御沙汰書を幕府は得ていた。

斉昭が勅諚返納を決めたものの、激派は承知せず、二月十五日に斉昭から「君臣の取失、国策を犯し無作法の所業」であると宣告され、脱藩して浪士となって江戸に出ると、薩摩藩士と幕政改革の方法について協議に入った。大老暗殺を計画、責任者の金子孫二郎・高橋多一郎が上京し、薩摩藩士と京で義兵を挙げ、朝廷を擁して幕政に臨み、改革を断行することとした。しかし計画が察知され、水戸藩士捕縛の危機がせまると、水戸藩脱藩浪士十七名と有村次左衛門は、三月三日に愛宕山に集まり、直弼が外桜田藩邸から江戸城に向かうのを待ち構えて襲撃に及んだ（桜田門外の変）。有村が直弼を殺害して自刃、斎藤監物《けんもつ》が老中脇坂安宅《わきさかやすおり》邸に自訴して「斬奸趣意書」を提出、金子孫次郎は暗殺の成功を見て上京したが、途中の伊勢四日市で捕縛され、高橋多一郎は大坂に入ったのに、薩摩藩士は来ず、大坂四天王寺で自刃した。八月に直弼の仇敵・徳川斉昭が急死した。

安政の大獄の判決文が、いずれも「公儀を憚らず不届」という名目で、公儀への批判をまかりならぬものとしているのは、政治の中心が朝廷に移り始めたのを取り戻そうとした試みであったことにあるが、その手段が厳罰であったことが直弼の身にふりかかり、暗殺されただけでなく、諸藩の志士の連携が生まれ、政治の中心は京に移っていった。

安政六年十二月、米艦ポーハタン号が条約批准使節を迎えるのを目的として横浜港に入港すると、幕府は翌年正月に使節を派遣した。正使は外国奉行兼神奈川奉行の新見正興《しんみまさおき》、副使は勘定奉行兼外国奉行の村垣範正《むらがきのりまさ》、監察は目付小栗忠順《おぐりただまさ》で総勢は七十七人であった。これには長崎の海軍伝習所から海軍の実地運用のために別船が仕立てられ、軍艦奉行の木村喜毅《よしたけ》が提督、軍艦操練所教授方頭取の勝海舟が艦長となって、木造蒸気船の咸臨丸《かんりんまる》に九十余人を乗せて出航した。福沢諭吉《ふくざわゆきち》は木村喜毅の従者の名目で便乗していた。

その直後の三月に井伊直弼が暗殺され、幕府は磐城平《いわきたいら》藩主の安藤信正が老中首座になり、井伊に退けられていた関宿藩主の久世広周が老中に再任され、安藤が外交面を、久世が内政面を主に担当し政権を運営することとなった。国益主法掛を新設し、軍制改革を進めて幕府経済力・軍事力の確

咸臨丸（横浜開港資料館蔵）

立をはかったが、課題は多くあった。その一つが外交問題であった。

政治意識の改革

ペリー来航以後、人々の政治意識は大きく変わった。吉田松陰は、会沢正志斎《あいざわせいしさい》にあって尊王攘夷思想を学び、ペリー来航に接して幕府を「意気の切れたる病人」にたとえ、藩主の毛利敬親《たかちか》への意見書に「君臣一体」となって備えるべきと記し、「言路洞開《げんろどうかい》」(進言の道を開く)、君臣直通の衆議帰一、諸侯の糾合を提言、軍備の強化を求め、諸改革のためには「普天率土《ふてんそつど》の民、皆天下を以て己が任とし、死を尽して以て天子に仕へ、貴賤尊卑を以て之が隔限をなさず、これ則神州の道なり」と、檄を発した。

松陰の影響を受けて松下村塾の門人は尊王

攘夷の志士の集まりとなり、各地にその思想が広まった。志士は武士だけでなく僧や絵師、百姓からも生まれた。その一人、僧の月照《げっしょう》は大坂の町医師の子で、京都の清水寺成就院に入り、天保六年（一八三五）に住職になって、一山の改革にあたったが成功せず、嘉永六年（一八五三）に出奔、翌年京に戻って薩摩藩士との交流を深めた。清水寺が近衛家の祈願寺であり、近衛家は島津氏と姻戚関係にあった。安政五年に西郷隆盛らの唱える、諸藩が連合して井伊を排斥し幕政を改革する運動に参画して探知されると、西郷とともに京を脱出し、薩摩藩に逃れて錦江湾《きんこうわん》に入水した。

この時、ともに入水して助けられた西郷は、島津斉彬に取り立てられた下級武士で、抜擢されて庭方役になり、江戸で斉彬の下で政治的手ほどきを受け、橋本左内や藤田東湖らと交わり一橋派の擁立運動に奔走したが、斉彬の急死で殉死しようとして、月照に慰められたこともあった。

菅野八郎《かんのはちろう》は、奥州伊達郡金原田《かなはらだ》村の名主の子で、安政元年の正月、「神君」徳川家康の使者という白髪の老人が夢に現われ、異国の夷が日本を併呑する故、必勝の防備策を授けるので、これを為政者に進言せよ、と言われ、その「霊夢」による海防策を幕府に申上するため江戸に向かったところ、黒船を目撃し、「金川（神奈川）へゆきて見るに、山のごとき異船八艦」の、高い三本の帆柱、空を貫かんばかりの大砲の号砲に驚嘆、老中に駕籠《かご》訴した（『あめの夜の夢咄し』）。

陸奥上閉伊《かみへい》郡栗林村の百姓の三浦命助《めいすけ》は、嘉永六年（一八五三）の三閉伊地域（野田通《とおり》・宮古通・大槌通）の百姓が、盛岡藩による流通課役・御用金徴収の強化に反対しておこした一万五千人に及ぶ三閉伊一揆の頭人になって、閉伊郡の仙台領化や幕領化を要求し、仙台藩領の唐丹《とうに》へと逃散した。

黒船（「武州潮田遠景」〔財〕黒船館蔵）

藩国家の領域を百姓が揺さぶる事態になり、約五十条の要求がほぼ認められた。

命助は帰村し村の老名役になるが、帰村後に村方騒動にまきこまれて藩に拘留されると、脱走して上洛し摂家の二条家の家来格となって、安政四年（一八五七）に大小の刀を帯び、二条殿御用の絵符を立て、盛岡藩領に入ろうとして捕らえられて入牢した。牢内から妻・子どもへの意見を『獄中記』に書いて、蝦夷地の松前に移住し、公儀の百姓になることを勧めた。

尊王攘夷の意識が高まり、藩領域をこえて自由になる意識が生じるなど、意識の改革が様々な形で進んでいたことがわかる。すでに見た新宗教の金光教の立教の年は安政六年であり、黒住教や天理教はこの頃から広がった。

(国立国会図書館デジタルコレクション)

六　開港以後

横浜開港の現実

安政五年（一八五八）の日米修好通商条約の開港場の一つの神奈川湊は、江戸の発展にともない全国各地からの物資輸送と江戸湾内海交通の中心地になっていたので、諸外国の公使は開港場として求め、近くの神奈川宿に領事館が開かれたが、幕府は佐久間象山や外国奉行の岩瀬忠震らの意見から、神奈川宿に直結する湊を避け、対岸の和親条約を締結した横浜村を開港場とした。

横浜村は、大岡川の河口部にあり、十七世紀から吉田新田・横浜新田などが造成され、さらに干拓すれば、十分な場を確保でき、遠浅の神奈川湊とは違って水深も十分あり、浚渫工事を施せば、大型の船が碇泊できる便があり、南の本牧《ほんもく》台地が風を防ぐ利点もあった。ハリスら

開港地の横浜　画面右端に波止場、運上所。手前に外国人居留地。中央奥に遊郭がある。

は条約違反と抗議したが、幕府は横浜に神奈川運上所を建設、その西北を日本人街、東南を外国人居留地とし、戸部村に神奈川奉行所を設け、東海道から横浜村に至る脇往還（よこはま道）を短期間で造成した。

これら事業や初期の町づくりを担ったのは神奈川宿・保土ヶ谷宿と周辺の村人で、下田出身の写真家の下岡蓮杖《しもおかれんじょう》の浄瑠璃『横浜開港奇談 お楠子別れの段』は、横浜開港の功労者として初代横浜総年寄の保土ヶ谷宿本陣家の苅部《かるべ》清兵衛《せいべえ》、吉田新田の吉田勘兵衛、石川村名主の石川徳右衛門をあげている。

開港に先立ち、幕府は横浜への出店奨励の触を出し、安政六年六月二日に横浜港で貿易が開始された。江戸の三井などの「門閥の豪商」、神奈川湊・江戸湾内の廻船問屋、駿府や下田など関東周辺の一旗揚げようと意気込む「冒険投機商」が集まり、横浜は急速に発展、貿易開始から一週間で本町通りには七、八割ほどの店が構えられ、外国奉行が「にぎにぎしき市中になり申し候」と記すほ

ど で、一万五千坪の遊女屋の長屋二棟も完成した、と報告している。

開港の翌七月、交易願いの手続きをした貿易商は九十九軒、他に小商人や役人宅をあわせると三千軒になった。間口二十間以上の店が、中居屋重兵衛《なかいやじゅうべえ》、遠州屋嘉兵衛、甲州屋篠原忠右衛門、高須屋清兵衛、茗荷屋畑右衛門で、上州出身の中居屋重兵衛は、上田藩や会津藩などの産物を独占的に輸出し、その店舗は銅瓦屋根で、六十人もの奉公人を抱えていた。開港二年半後の文久二年（一八六二）正月に正規の貿易商人は二百九十軒に達した。

外国商人は、横浜移住を禁じられ移住を控えていたが、日本の役所や商人の店舗が横浜に増えるにつれ、続々と移ってきて、領事館も横浜に設営された。条約により外国人居留地では永代借地権と建物の建設、日本人の雇用が認められ、外国人商館は順次一番館、二番館などと称され建てられていった。一番館はイギリスのジャーディン＝マセソン商会、二番館はアメリカのウォルッシュ＝ホール商会で、開港後の三、四年で百十番を数えた。

英米の商会やイギリスのギルマン商会などは、香港や上海で中国貿易に従事していたが、新市場の日本に進出して横浜に支店を開いた。貿易に必要な金融のためにイギリス系のオリエンタルバンク、チャータード＝マーカンタイル銀行、外国商社共同出資の香港上海銀行などの銀行も開業し、海運もイギリスのP&O汽船会社、アメリカの太平洋郵船会社などが進出してきた。

安政六年（一八五九）六月二十六日にイギリスの駐日総領事として来航したオールコックは、外相ラッセルに、「政治的・商業的な種々な、貿易の発展に反する環境にもかかわらず、貿易額についての最も楽観的な予想以上のものを実現したことが見てとれる」と報告し、貿易額が初期の上海の開港場と比較してそれを突破し、詳細な数字をあげて、対日貿易は「いかなる犠牲を払っても、またいかなる不都合をおかしても、これを維持されねばならぬ」と心を決めた、と伝えている。

居留地貿易は外国商人に利益があったが、早くから永住した商人も二十名以上いた。不安定ながら利益率の高い商売で一攫千金を目論見、次々と来日した。イギリス公使館付の日本語通訳官サトウによれば、彼らは「本国の口うるさい世間の束縛からのがれ、誘惑の多い東洋の生活」に入った荒くれ者が多く、横浜在住の外国人社会は「ヨーロッパのはきだめ」と称されていた（『一外交官の見た明治維新』）。

貿易の実態と影響

日本人商人は商品を売り込む「売込商」、外商の商品を買い取る「引取商」からなり、売込商には生糸を扱った中居屋重兵衛・亀屋原善三郎《はらぜんざぶろう》・茂木惣兵衛・若尾幾蔵・吉村屋幸兵衛、石炭を扱った渡辺福三郎、引取商には織物を扱った杉村甚三郎、木村利右衛門、砂糖を扱った安倍幸兵衛、増田増蔵、綿糸を扱った平沼専蔵らがいた。彼らは開かれた横浜の世界に入り込んで急成長を遂げた。

多くは関東及びその周辺の在方から横浜に進出し、在方荷主と提携して生糸や茶を売り込むものである。原善三郎は武蔵児玉郡渡瀬村から出て、横浜の弁天通三丁目に店を構え、生糸を出荷、浮沈の激しい波を乗り切って成長した。

茂木惣兵衛は上州高崎に生まれ、信州佐久の中山浜次郎の紹介で生糸商野沢屋庄三郎店に入り、その暖簾を引き継ぎ、横浜最大の生糸商になり呉服店も経営した。若尾幾蔵は甲州巨摩郡在家塚《ざいけづか》村出身で、兄逸平と横浜に出て生糸や水晶の売込に成功し、甲州屋篠原忠右衛門は甲州東八代郡東《ひがし》油川《あぶらがわ》村出身、甲府盆地一円の豪農と連携し、甲州産の蚕種の直買や売込に尽力して産をなした。

吉村屋幸兵衛は上州山田郡大間々村の在方糸繭商人で、文久元年（一八六一）に川越藩の「前橋糸」の販売事業の委託を受けて稼ぎ、輸出生糸の数十パーセントが前橋糸であったから、その手数料は膨大だった。横浜の売込商に生糸を出荷する在方荷主の信州諏訪郡新屋敷村の林源次郎は、綿関係の問屋だったが、横浜開港とともに上州から座繰《ざぐり》器械を買い製糸業に転じ、越中や飛驒からも蚕種を買い横浜に送って利益を得た。

開港直後の六月からの貿易額は輸出が八十九万ドルで、輸入は六十万ドルだったが、翌年の万延元年（一八六〇）には、輸出が四百七十一万ドル、輸入が百六十六万ドルとなり、それから五年後の慶応元年（一八六五）には、輸出が千八百四十九万ドル、輸入が千五百十四万ドルに急増、輸出は約四倍、輸入は九倍で総額は五倍に増えた。

代表的輸出品の生糸は輸出額の五割から八割に達し、第二位の茶は一割前後で、輸入品は産業革命を推進した綿織物が第一位、毛織物が第二位だが、政情不安とともに艦船や小銃、大砲などの武器輸入が盛んになった。貿易の相手国は、輸出入ともにイギリスが第一位で、二位のアメリカは南北戦争で後退し、フランスは積極外交を推進するロッシュが公使として着任し、貿易額が増えた。

開港直後に起きた貿易上の問題点は、通商条約の貨幣条項にあった。外貨の自由流通、内外貨の同種同量交換、自由輸出入が規定され、幕府はこれに沿って当時の国際通貨メキシコドル（洋銀）と一分銀との交換比率を、一ドルが三分とした。だが、日本では天保年間鋳造の金一分判と一分銀を等価とし、それぞれの四分が金一両と等価になっていたので、これによって外国人は洋銀一ドルで一分銀十二枚と交換でき、さらにそれで金三両が得られることになり、そこに問題が生じた。

日本では金一両＝銀四分の金銀比価が一対五なのに、国際的比価は一対十五であり、外国人は洋銀を持ち込んで一分銀に替え、それを小判に替えて国外に持ち出して売れば三倍もの洋銀がえられることになる。そのため外国人の洋銀の両替請求が運上所に殺到、あわてた幕府は請求者に署名を要請したが、それは虚しい努力で、金の大量流出をまねき、その量は十万両以上に及んだという。そこで幕府は貨幣改鋳を行なって何とか凌いだ。

二つ目の問題は、生糸の輸出が好調になり、絹織物の産地で原料糸が品不足になった点である。特に打撃をうけたのが京の西陣と上州桐生の絹織物産地で、貿易開始から半年後の安政六年（一八五九）十一月、西陣の織屋下職約百人は生糸商大文字屋丈助ら四軒を打ちこわし、その二日後に多数の織屋下職が糸仲買の居宅を打ちこわした。西陣の和糸《わいと》入荷が半減、値段が倍になっていた。桐生周辺でも生糸貿易禁止の嘆願が三十五か村から出された。

さらに問題になったのが米価をはじめとする物価の高騰で、安政六年末ころから江戸では生糸・茶・水油・雑穀の上昇が問題になりはじめ、照明用の水油やうどん・そばの原料の小麦粉、馬の飼料の大豆の輸出が庶民の生活を圧迫した。幕府は万延元年(一八六〇)閏三月に雑穀・水油・蠟・呉服・生糸の五種の江戸回送令を発した。京都でも今出川大宮で「米・糸の類、交易になり候のち、西陣一統ごくごく難渋」で交易延引のため、御所に「御千度《おせんど》」を致すという貼紙が出たほどである。

横浜の世界と箱館開港

開かれた横浜は浮世絵の恰好の素材となり、開港一年後の万延元年(一八六〇)から翌年にかけ、横浜の町並みや外国人の風俗、外国風景を画題にとりあげた「横浜浮世絵」が大量に製作された。総数は八百四十点余、絵師は五十人、歌川国芳門下が二十五人、歌川国貞系が十二人で、特に国貞の弟子五雲亭貞秀《ごうんていさだひで》の作は質量ともに充実し、開港前から西洋画を蒐集するなど写実的表現を志向し、「御開港横浜大絵図」で開港場と外国人住宅図を描き、五枚一組セットの「生写異国人物」では外国人をリアルに描いた。

「横浜売物図絵唐物店之図」では交易・運送で賑わう風景を描き、「神奈川横浜二十八景の内」は、東海道の分岐点から横浜道を通り、野毛・吉田橋を経て開港場に至り、その先の本牧までの景観を二十八枚で描いている。国芳門下の芳虎《よしとら》・芳員《よしかず》・芳幾《よしいく》らは外国人の絵を多く描き、芳虎に「亜里利加美女」「蛮国名勝尽競之内」、芳員に「岩亀楼扇面之図」、芳幾に「魯露西亜　英吉利」などがある。二代目広重は風景画を得意として「横浜岩亀見込之図」「横浜異人館之図」がある。横浜には様々な外国人が来たので、物珍しくも時に想像を交えて描かれた。

その西洋人に交じって中国人も描いている。横浜に中国人が姿を現したのは開港直後からで、イギリス人エスクリッゲが生糸取引を行なった際、その売買の仲介をしたのが中国人で、その後、続々と香港や広州、上海から進出し取引の仲介を行ない、中国での洋館建築技術を生かすべく居留地の建築需要を当て込んで来た。文久二年（一八六二）に横浜新田の埋め立てが進み整備されると、ここがやがて中華街へと発展することになる。

技術も伝わり、写真家スイス人J・ロシエが「神奈川宿」の写真など神奈川・横浜にかけ撮影し、文久元年にアメリカ人J・ウィルソン、その翌年にはイギリス人W・ソンダースが形成途上の横浜市街をカメラにおさめ、文久三年にはF・ベアトが横浜にスタジオを構え、「山手から見た居留地」の写真など、ここを拠点に日本各地を撮影した。日本でも下田から横浜に移った下岡蓮杖が文久二年にJ・ウィルソンのスタジオを継承し、野毛に写真館を開き、「山手より元町五丁目を望む」写真などを撮影した。写真の広がりとともに、横浜浮世絵はしだいに姿を消すことになる。

居留地に住む外国人に信教の自由、礼拝堂の建設が認められ、安政六年に宣教師J・ヘボンとS・R・ブラウン、万延元年にはゴーブル、文久元年にJ・H・バラらが、日本語を習得するとともに、日本人に英語教育を行なった。翌年にはフランス人神父のジラールが横浜に天主堂を創設した。こうして横浜の開港は大きなインパクトを日本社会に与えた。

箱館と蝦夷地

同じく開港地となった箱館では、箱館奉行が安政元年（一八五四）十二月に「箱館港掟」を定め、翌年に弁天岬台場、築島台場、亀田役所の築造を開始した。諸術教授の武田《たけだ》斐三郎《あやさぶろう》が和蘭築城書によって設計し、弁天岬台場工事に着手して文久三年（一八六三）に完成した。亀田役所は土塁の形が菱型であることから五稜郭《ごりょうかく》といわれ、元治《げんじ》元年（一八六四）に竣工、箱館奉行所が移った。

修好通商条約が結ばれ、安政六年（一八五九）六月二日に箱館が外国貿易港になり、六月二十三日にロシア領事・アメリカ貿易事務官と議定して「箱館港定則」を定め、入港外国船を取締り、運上所を設けて貿易事務を行なわせた。外国人居留地は大町の埋立地をあて、元治元年に築島を居留地にあてたが、いずれも狭いため外国人は来住が少なく、やがて所々に雑居した。

箱館開港後の安政六年の貿易額は一万ドル、翌年が一万七千ドルで、輸出が大半で輸出品は海産物である。外国の貿易事務官や領事、商人は箱館に在留し、アメリカの貿易事務官ライスは武田斐三郎に英語を教え、ロシア領事ゴスケヴィッチはロシア語教育を、ロシア領事館付の司祭イワン＝マホフもロシア語指導を担当、ギリシャ正教の導入につとめハリストス聖堂を建てた。

箱館に入港する外国船を観察した船大工の続豊治《とよじ》は、独力で二本柱のスクーネル型船舶を建造し、田中研造《けんぞう》は写真術を学び、林十郎は六連発拳銃の試作に成功し、英語に堪能な名村五八郎は稽古所で通弁を養成した。日本人も西洋技術に多くを学び摂取した。ロシア病院は病室が整い、清潔な病衣、すぐれた治療や投薬、そのうえに無料だったので人気が高かった。この病院で眼の治療を受けた安中藩士の新島襄《じょう》は、万延元年に幕府の軍艦操練所に入り、文久二年から航海術を学んで航海実習に参加し、箱館に来て元治元年に武田斐三郎の塾に入ると、国禁を犯しアメリカに密航した。

箱館の後背地である蝦夷地は、文政四年（一八二一）に幕領から松前藩に還付され、松前藩の下で場所請負制がしかれていたが、この蝦夷地の世界に弘化二年（一八四五）に足を踏み入れたのが松浦武四郎である。

伊勢一志郡須川村の郷士《ごうし》で、諸国を遊歴するなか、長崎の町役人の津川文作《ぶんさく》からロシア南下の事態を聞いて蝦夷地問題に目覚め、弘化二年三月、江差の斎藤佐八郎、箱館の町年寄で場所請負人の白鳥新十郎の支援を得て、ムロラン・アッケシ・ネムロ・シレトコまで赴いた。箱館に戻って松前藩に召し抱えられていた津藩の山田三川《やまださんせん》と出会い、水戸では会沢正志斎に会って水戸学と関わりをもちはじめた。

弘化三年に会沢を訪問した後、江差に赴き、松前藩士の斎藤作左衛門の世話でカラフトに渡り、ソウヤ・モンベツ・シレトコと東海岸を踏査した後、ソウヤに戻り、西海岸伝いに南下し、イシカリ川から川船でチトセに行き、ユウフツに出て江差に帰着し、その後も嘉永二年（一八四九）にクナシリ場所請負人の柏屋喜兵衛の船でクナシリからエトロフまで渡り、翌三年八月に初の蝦夷地誌である『蝦夷日誌』を書き始めた。

そのなかで幕領の時期には、アイヌの人々に「蝦夷撫育《ぶいく》」の方針であったのが、松前藩領になってからは、場所請負人の「猖獗《しょうけつ》」（悪事）によって、山奥に逃げ隠れる「イキシュ夷人」が多くなり、人口が極端に減少した請負場所が増えた、と指摘し、後の『近世蝦夷人物誌』では、イシカリ川全流域を請負場所とする請負人が、最下流の鮭・鰊の漁場にアイヌを集めたため、アイヌコタンは壊滅状態になり、トクヒラ・ハツシャフなど五か所の人口は文化七年（一八一〇）に千百七十人であったのが、安政四年（一八五七）には二百四十四人になってしまったと指摘、そのほかにもイシカリ川上流で飢餓にさらされているアイヌの人々の悲惨な様を記している。

それだけに安政二年の幕府による蝦夷地の上知は、武四郎にとっては喜びであって、幕府に『蝦夷日誌』を献納している。幕府が、武四郎をお雇い人として蝦夷地を調査させたので、武四郎は開かれた蝦夷地の改革者として臨み、以後も歩んでゆく。幕領になったことから、箱館奉行はモンベツ請負人の柏屋藤野喜兵衛、イシカリ請負人の阿部屋伝次郎、テシホ請負人の栖原屋《すはらや》六右衛門の「土人遣ひ方非道」を指摘し、アイヌの「介抱」「撫育」につとめるよう警告した（林家文書「安政四年御用留」）。

長崎開港の実情

長崎にも条約により、埋め立てで造成された大浦居留地とそれに隣接する東山手居留地・波平山手居留地が設けられ、それとともに外国貿易の窓口の「出島」は、日本人役人の廃止、オランダ商館の閉鎖を経て、その存在意義を失った。貿易は安政六年（一八五九）に輸出が四十万ドル、輸入が約四十四万ドル、計八十四万ドルであり、横浜と比べ、輸出はほぼ同額だが、輸入は三倍ほどあった。しかし翌年からの横浜の伸びが著しく、長崎は輸出入額をコンスタントに維持した。
貿易相手国はイギリスが最大で全体の五十パーセントほどを占め、続くアメリカが三十パーセントほどである。オランダは地位低下の危機感から幕府の海軍伝習所に教官を派遣し、飽浦《あくのうら》の製鉄所建設に協力したが、貿易量は全体の十パーセントほどに過ぎない。外国商人ではイギリスのオールトが茶の輸出に関わって、長崎の女性茶貿易商の大浦慶と取引して巨額に利益を得、グラバーも文久元年（一八六一）に商社を設立、横浜一番館に進出のジャーディン＝マセソン商会の長崎代理店となり、製茶輸出から始め軍艦や武器の輸入に関わって多大な利益を得た。

西洋技術の面では、日本初の写真術を確立した上野彦馬《ひこま》が出た。彦馬は父俊之丞がタゲレオタイプの写真機を入手して島津斉彬を撮影しており、彦馬は日田の咸宜園《かんぎえん》に入った後、長崎の医学伝習所でオランダの医師ポンペに舎密（化学）を学び、湿板写真術を知ってフランス人ロッシュの下で写真術を学んで、文久二年に長崎に「上野彦馬撮影局」を開業し、長崎にきた高杉晋作や坂本龍馬などを撮影した。

活版術を導入した本木昌造《もときしょうぞう》は、オランダ通詞の本木昌左衛門の養子で、活字製造・印刷術の研究を行ない、製作した鉛活字と輸入印刷機で、著書『蘭和通弁《らんわつうべん》』を印刷し、西洋造船術をも研究、飽浦の製鉄所頭取をつとめた。宣教師も活動の場を長崎に求め、アメリカ人のフルベッキは、幕府の済美館や佐賀藩の致遠館《ちえんかん》で英語や政治・経済を教えた。

フランス人ヒューレ神父は、文久二年に大浦に司祭館を建て、元治元年（一八六四）にプティジャン神父とともに大浦天主堂の設計にあたり、天草の棟梁の施工で完成すると、その噂を聞きつけた浦上の女性三人がプティジャン神父に近づきキリシタンであることを告白した。この時から潜伏キリシタンの存在が世に知られるようになる。

長崎には西国十四諸藩が長崎聞役を置いて長崎奉行からの指示を国元に伝え、貿易品の調達にあたるなどして、外国の情報を入手する上で重要な役割を果たしていた。安政三年（一八五六）のアロー号事件については、和蘭風説書の「唐国英国戦争和談相整候に付、魯船・普船・仏船・英船・蘭船・亜船都合四十艘程、近々唐国出帆、長崎湊に来着致すべき旨」という内容を、通詞から御用達商人を経て聞役が入手し、薩摩の国元に伝えられている。戦争終結とともに四十艘もの異国船が長崎に来るという情報があり、長崎は尊王攘夷派の基地の性格を帯びる素地があった。

横浜を描いたのが横浜浮世絵であったが、長崎では「長崎版画」に描かれた。多くつくられるようになるのは宝暦《ほうれき》頃からで、阿蘭陀船、唐船、魯西船に始まり、オランダ人・イギリス人・ヲロシア人・唐人・アメリカ人、さらに渡来した異国の珍獣であるラクダやダチョウ、ゾウなど、長崎の異国趣味の風景、浮世絵風の長崎八景、長崎湊などが描かれた。

外交使節派遣と外国人襲撃

条約批准使節の小栗忠順《おぐりただまさ》は、役目を果たし文久元年（一八六一）に帰国するが、二月三日におきたロシアの蒸気艦ポサドニック号が対馬の尾崎に来泊し、艦長ビリレフが南下して、対馬に海軍基地を設けるべく芋崎《いもざき》に上陸、対馬藩に十二か条の要求を突き付けてきた事件の処理に追われた。すぐに対馬に派遣された小栗は、ロシア兵と対馬住民が争って犠牲者の出るなか、ピリレフと藩主宗義和《そうよしのり》の会見を許可したが、二人の会見では解決されなかった。

事態を重視したのがイギリス公使のオールコックで、ロシアの南下を防ぐべく、イギリス軍艦二隻を派遣してロシアに抗議したので、ポサドニック号は退去した。オールコックはこの時期、江戸・大坂の開市や兵庫・新潟の開港延期問題を幕府との間で交渉しており、その最中に事件が起きたのですぐに軍艦を派遣したのであるが、事件の情報は、領土主権の問題として各地に伝わって、幕府が自主的かつ政治的・軍事的に処理できなかったことを知ることになる。

開港延期の交渉については、オールコックが外交使節の派遣を提案し、ヨーロッパへの外交使節派遣となって、文久元年十二月二十二日、勘定奉行兼外国奉行の竹内保徳《たけのうちやすのり》が正使、外国奉行兼神奈川奉行の松平康直が副使として遣欧使節三十六人が、イギリス軍艦オーディーン号に乗り込み、長崎、地中海を経てパリ、ロンドンに着いた。随員には福沢諭吉、薩摩藩の寺島宗則、長州藩の杉徳輔《すぎのりすけ》らがいて、寺島は傭医師兼翻訳方の資格で乗船していた。

ロンドン覚書が調印され、開港・開市の五か年延期が承認されるいっぽう、交易への制限の撤廃、条約の厳重履行、一部輸入税の軽減を約束させられ、使節団はオランダ、プロシャ、ロシア、ポルトガルを歴訪し、文久二年十二月に帰国した。

外交問題と絡んで幕閣を悩ませたのが、攘夷派志士らの活動と外国人襲撃である。万延元年（一八六〇）に島津久光が江戸を出発、東海道を上洛する途上の八月二十一日、武蔵橘樹《たちばな》郡生麦村で、イギリスの民間人四名が久光一行の通行を妨害したとして、薩摩藩士がイギリス人商人を斬殺する事件がおき、賠償問題が生じた（生麦事件）。その年十二月、ハリスの片腕として同行した通訳のヒュースケンが、江戸赤羽のプロシャ代表部からの帰途、薩摩藩士に襲われ死去する事件も起きた。

文久元年（一八六一）五月には水戸藩尊攘派による江戸高輪のイギリス仮公使館東禅寺《とうぜんじ》の襲撃事件が起きるが、これは公使オールコックが富士山に登るなど、国内旅行をしたのを怒ってのもので二人が負傷した。翌年には松本藩士も東禅寺を襲って水兵二人を殺害した。

この東禅寺事件の賠償金でイギリス公使館が品川御殿山に建てられると、高杉晋作《しんさく》らの長州藩の「御楯組《みたてぐみ》」十三人が焼き打ちをした。高杉は上海に渡り太平天国軍が迫る上海を「属地」としていたイギリス・フランス軍の動きを見たことからの行動である。

横浜の居留地も狙われているという噂も広がり、「水府（水戸）浪人二、三百人」による外国人殺傷の噂や、運上所を焼き払って居留民を殺害するなどの噂が流れ、文久元年にオールコックは本国に「外国人大虐殺」がおきる脅威を報告している。これに備えて文久二年にイギリス公使館付の護衛兵五十名が横浜に着任、翌年六月にはフランス陸軍部隊が横浜に上陸し、イギリス陸軍部隊も上陸、外国軍隊が横浜に駐屯するようになった。

イギリス代理公使ニールは、幕府に東禅寺関係で一万ポンド、生麦事件関係で十万ポンドの賠償金を要求し、誠意がなければ自由に行動すると言明、その強硬な要求に幕府は折れて文久三年五月九日賠償金支払いに応じた。その支払いの模様を、イギリスの通訳官サトウは「朝早くから、各二千ドル入りの箱を積んだ荷馬車」が公使館に到着し始め、この仕事は三日もかかったと記している(『一外交官の見た明治維新』)。

公武合体策と和宮降嫁

安藤・久世政権は、かつて井伊直弼が提唱した、孝明天皇の妹和宮《かずのみや》と将軍家茂を結婚させる「公武合体」策を朝廷に要請した。天皇は降嫁拒否の意思が強かったが、将軍家茂の「国内の人心一致」のためであり、「防御の方、厳正の御備」を行なうとの約束が伝えられ、また諮問した岩倉具視が、「朝権回復」「王政復古」を基本とし、幕府に「御委任の政柄」を「朝廷へ御修復」する「方策」として、「和宮御降嫁」の上申書を提言した。

今なすべきは「与論公論」に基づいて国是を確立することにあり、「干戈《かんか》」に訴えるのは時期尚早で、朝廷が覇権をとる「謀策」をめぐらし、「公武一和」を天下に示すべきであって、和宮を送って幕府に名義を与え、実権を朝廷が握る策がよい、とする具視の建言を得たので、天皇は六月二十日に条約破棄と攘夷、重要政務の事前奏聞を条件に、和宮降嫁を認める旨を京都所司代に伝えた。

これを受けて幕府は七月四日、四老中の連署により七年から十年以内に外交交渉を行なうこと、場合により武力をもって破約攘夷を決行することを確約した。文久元年(一八六一)四月、和宮に内親王宣下があり、十月、和宮は「天下泰平のため、いやいや」十月二十日に京都を出発、中山道を経て江戸に下向し、その警備の総数は未曾有の一万人に達した。

天下に公武合体を誇示するデモンストレーションであり、岩倉もこれに随行し、江戸城で久世・安藤ら老中と面会した。岩倉は、幕府が和宮を利用し廃帝を企んでいるという江戸市中の噂の真偽を糺し、将軍・家茂から「先年来、度々容易ならざる讒説《ざんせつ》、叡言に達し、今後御譲位など重き内勅の趣、老中より具に承り驚愕せしめ候、家茂をはじめ諸臣に至迄、決して右様の心底無之条、叡慮を安めらるべく候、委細は老中より千種・岩倉え可申入候」という誓書を得た。

将軍が誓書を書かされたことは、これまでなかっただけに、将軍権威の低下が明らかになったばかりか、条約破棄を約束したことで、幕府は外交主体の責任を問われるようになり、政治的地位は低下し、朝廷権威が上昇した。

安藤・久世政権が公武合体策を模索するなか、文久元年七月、長州藩主毛利敬親《もうりたかちか》の世子の定広が、長井雅楽《うた》を老中の久世に面会させ、公武の周旋に関する「航海遠略策」を披露すると、渡りに船とばかりに、政権はこれに乗って、外様大名に国事周旋を初めて依頼した。

安政五年（一八五八）、長州藩では、村田清風《むらたせいふう》の失脚後、改革にともにあった坪井九右衛門が藩士の負債を軽減させるも、藩財政は悪化して引退した。藩主敬親は周布政之助《すふまさのすけ》らを登用し、藩論として「攘夷」の意見を幕府に提出、「天朝」（朝廷）への忠節、幕府への信義、藩祖元就への孝道を大切にするという「藩是三大綱」を定めて、藩体制の強化と洋式軍制の導入による改革を開始した。

そこに八月、戊午の密勅の写が鷹司家と正親町三条実愛《さんじょうさねなる》を経由して到来すると、周布は九月に入京して鷹司政通の子輔熙《すけひろ》に、攘夷論は「固陋之弊《ころうのへい》」（古びた考え）と入説し、開国のやむをえないことを説いた。「自国持ち堅めの御政道」として軍制改革、産物政策を重視し、藩主臨席の御前会議で政策を決める体制を築いた。

長州藩の産物交易は、下関を中心に長崎、薩摩、小倉・対馬・五島をそれぞれ結び、京都・大坂に産物会所を設け、大和の高田村・十津川村とも取引し、万延元年（一八六〇）に萩の小畑浦で建造したスクーネル船が萩と江戸との間をはじめて就航、その丙辰丸《へいしんまる》には萩の豪商菊屋と産物方役人、高杉晋作《たかすぎしんさく》が乗船していた。高杉はその時のことを航海日誌『東帆録《とうはんろく》』に記している。同じ頃に桂小《かつらこ》五郎《ごろう》（木戸孝允《きどたかよし》）は横浜開港場に潜入し、貿易の情報を伝えている。

文久元年（一八六一）頃から長州藩は浦賀に進出し、江戸送り産物の拠点とするようになったが、その年に直目付《じきめつけ》の長井雅楽が公武一和に基づく「航海遠略策」を藩主に建白したのである。長井は藩校の明倫館で学び、藩主敬親の厚い信任を受け、安政五年（一八五八）に直目付となった。開国論者であって、軍艦製造、産物世話、軍制改革を柱とし、国是を開国に変えることが「自然の時勢」であり、「士にして商を兼ねる」政策を提唱、これが藩論になり、朝廷と幕府との協調策だったので、朝廷・幕府の公武合体派に歓迎された。

尊王攘夷と公武合体

吉田松陰の門人は尊攘派の激派であって、久坂玄瑞《くさかげんずい》は、「航海遠略策」では眼前の危機に対処して日本を変革、人材を結集して国家の基礎を固めるものにはならない、自滅しつつある幕府を助けるものでしかない、と語って他藩の有志とつながりを強めていった。

久坂は、藩医の久坂良迪《りょうてき》の子で九州を遊学し松陰の門下に入り、高杉晋作と並んで松下村塾の双璧といわれ、十二月、「松下村塾塾生一灯銭申合《いっとうせんもうしあわせ》」を同志と結んだ。萩の前原一誠《まえばらいっせい》、品川弥二郎《しながわやじろう》、山県有朋《やまがたありとも》、在府の高杉晋作・伊藤博文・桂小五郎が加わった。

文久二年（一八六二）正月、航海遠略策を実現するために幕府老中が上洛したところ、水戸浪士に坂下門外で襲われる事件が起きた。浪士たちは宇都宮藩の儒者大橋訥庵《おおはしとつあん》による攘夷決行の義兵計画に加わって襲ったもので、この時に負傷した安藤は同年四月、久世も六月に老中を辞任することになるが、この事件を契機に長州藩内で攘夷派が勢力を盛り返し、長井の排斥運動が激しくなった。

同年三月、長井が入京したところ、京においても尊攘激派の台頭が著しく、岩倉具視や久坂玄瑞らの朝廷工作もあって、航海遠略説は朝廷を誹謗するものとして聞き入れられず、長井は帰国謹慎を命じられ、六月に免職となった。

薩摩藩も公武合体策を模索していた。文久元年末に小納戸役の大久保利通らの「精忠組《せいちゅうぐみ》」が、「国父」久光を擁して上京する率兵計画を立てた。朝廷の権威をもって幕府に臨み、強制的に幕政改革を実現させるべく、そのためには兵力が必要で、力ずくで改革を断行しようとした。

大久保は、西郷隆盛とともに安政四年（一八五七）に徒目付《かちめつけ》になって、精忠組の領袖として活動、翌年の斉彬死後、西郷が奄美大島に流された後も、小納戸役として藩政に参与し、翌文久二年（一八六二）初めに京に上って近衛忠房に面会、久光上京によって関白を九条から近衛に代えること、勅諚を得て江戸に向かい幕政改革を促すことなどを申し入れ、「時機、この一挙にあり」と、薩摩藩の決意を伝えた。

近衛や天皇は消極的だったが、それでも文久二年二月に将軍家茂と和宮との結婚の直後、久光は国事周旋に反対する首席家老を喜入《きいれ》摂津《せっつ》に代え、小松帯刀《こまつたてわき》を側役・家老見習に任じて、三月に大久保をともなって千人余の兵を率いて鹿児島を発った。藩内の精忠組の圧力におされ国事周旋に乗り出したもので、四月十六日に京都に着くと、幕政改革の趣意書を上呈した。

同じ頃、幕府は朝廷や雄藩との協調姿勢をとるため、安政の大獄で処罰された徳川慶恕や慶喜、松平慶永、山内容堂の慎みを解いて、将軍親裁のもとで幕政参与に松平慶永と会津藩主松平容保《かたもり》を命じた。容保は桜田門外の変で生じた水戸藩と幕府との調停工作に関わってその名をあげていた。

久光の挙兵上洛というこれまでにない動きに、諸藩の尊攘派志士は大いに期待をかけ、久留米藩士の真木保臣《まきやすおみ》、土佐藩士の吉村寅太郎《よしむらとらたろう》、筑前藩士の平野国臣《ひらのくにおみ》、出羽庄内郷士の清河八郎《きよかわはちろう》、但馬出石《たじまいずし》浪士の田中河内之介《たなかかわちのすけ》らは、攘夷倒幕の好機と見て、京都に集結していた。ただ久光の思いとは違い、所司代邸や九条関白邸襲撃を計画するグループもおり、伏見の寺田屋に集合したという情報を得た久光は、有馬新七ら薩摩藩士もいるとのことから、四月二十三日に家臣を派遣して有馬ら六名を粛清した（寺田屋事件）。同じ尊攘派でも目的には違いがあった。

久光の脅迫的な朝廷への働きかけから、関白は九条から近衛に代わり、五月九日、幕政改革を要求する勅使の江戸への派遣となった。要求事項は、①将軍・徳川家茂の上洛（これは長州藩の主張による）、②薩摩藩・長州藩・土佐藩・仙台藩・加賀五藩で構成する五大老の設置（岩倉具視の主張）、③一橋慶喜の将軍後見職、松平慶永の大老職就任（薩摩藩の主張）の三点である。

六月に久光一行が、廷臣八十八卿列参事件で岩倉具視とともに暗躍していた勅使大原重徳《おおはらしげとみ》を擁して江戸に着き、幕閣との交渉に当たった。その結果、七月一日に慶喜の将軍後見職、慶永の政事総裁職の就任となり、参勤交代制を緩和して三年に一回、半年間の在国とし、大名妻子の帰国を許可した。これにより幕府は朝廷・諸藩をつなぎとめておく力を失いつつあり、朝廷の人事慣行も改められ、関白・武家伝奏等の任免は幕府の事前承認を得ず、朝廷の裁量で進めることとなった。

久光は目的を達成して、八月二十一日に江戸を出発、途中、生麦事件もあったが、閏八月九日に参内し幕政改革の成功を復命した。だが、攘夷不可とする久光の考えは、京都での事態急変から受け入れられなくなっていた。長州藩が文久二年七月の京都藩邸での御前会議で、尊王攘夷の政治路線を選択して「破約攘夷」を藩是とし、尊王攘夷運動の盟主となっており、久光は帰郷した。

攘夷決行の勅

文久二年（一八六二）九月一日、毛利慶親《よしちか》は参内して天皇に謁見、土佐の山内豊範《やまうちとよのり》も上洛して十月五日に参内して謁見、国事周旋を命じられた。豊範は土佐藩の尊攘派に擁されたもので、その中心にあった武市半平太《たけちはんぺいた》は、郷士出身の剣術の名手で、高知城下に道場を構え、剣術修行の命を受け江戸に出て、同じ郷士身分の坂本龍馬と知り合って郷里に帰り、桜田門外の変の頃に、政治に目覚め、各地を遊学し志士と交わり、文久元年八月、土佐勤皇党の血判盟約書を作成、「上は帝の大御心をやすめ奉り、我が老公（容堂）の御志を継ぎ、下は万民の患いをも払はん」と同志を集めていた。

この盟約書において、その意志を継ぐとされた豊範父の容堂は、安政の大獄で隠居し、江戸にあって、藩政は吉田東洋が担い、藩法・藩制の整備、教育制度など改革にあたっていたものであるが、勤王党は容堂の真意が尊王攘夷にあると確信し、「挙藩勤皇」の実践として東洋を暗殺、藩主豊範を攘夷派へと導いた。

抑圧されていた尊王攘夷の活動家の勢いが盛んになり、「天誅」を名目とする殺傷事件が京都で頻発、安政の大獄への報復として九条家家臣の島田右近や宇郷重国《うごうしげくに》が殺害された。公家の三条実美《さねとみ》が、長州藩の久坂、薩摩藩の藤井良節、土佐藩の武市らの働きかけもあって、朝廷で力を振るうようになり、岩倉具視や久我建通《こがたけみち》らは「辞官落飾」の処分を受けた。

実美は三条実万の子で、家臣の志士富田織部の訓育を受けて育ち、父が安政の大獄で辞官落飾したことから尊攘思想を深め、公家尊攘派の中心になった。天皇を動かし、文久二年九月に「早く攘夷を決し、大小名に布告せよ」という攘夷決行、親兵設置を幕府に要求する勅使となった。

副使は公武合体派の公家を退けて頭角を現した姉小路公知《あねがこうじきんとも》で、勅使の護衛には土佐藩主山内豊範があたり、武市半平太も一行に加わった。これにより土佐の尊攘運動は本格化した。幕府はその約半月前の九月七日、将軍上洛を翌年二月に行なう、と布告し、将軍後見職の一橋慶喜がまず上洛して朝廷に入説することが決まり、対外方針の議論に入っていた。

松平春嶽（慶永）は、条約を破棄すべきことを主張、勅許も得ずに押し付けられて結んだ条約はいったん破棄した上で、全国の諸大名を集めた会議を経て、天下一致して改めて開国に進むべきであるとした。だが、幕閣はそれを不可能と反対、議論は紛糾し、春嶽の側近の横井小楠《よこいしょうなん》が、その真意は天下の賛同を得た上での開国である、と説明した。

横井は肥後藩の藩士で、北陸を遊歴中に越前藩から求められて『学校問答書』を提出し、春嶽に招かれ藩政を指導、富国策を実施して『国是三論《こくぜさんろん》』を著し、春嶽が政事総裁職に就くと政治顧問になっていた。横井の意見でまとまりかけたところ、慶喜が、政府間で正式に結ばれた条約を国内の無勅許を理由に破棄してはならない、大名会議の賛同を得られなければどうするのか、自分が理を尽くし天皇を説得する、これはただ日本全体のためを考えてのこと、と主張。これに横井が「卓見と英断」「第一等」の案として意見を撤回、十月一日の幕議において、開国入説で決着を見た。

しかし朝廷は、勅使下向を理由に慶喜上洛を見合わせるよう伝えてきた。その勅使が江戸に下って攘夷を督促すると、混乱はあったものの、攘夷を確約していたこともあって、攘夷は幕府の裁量で行なうとして受諾した。将軍家茂は十二月五日に奉勅攘夷を約束し、来春早々に上洛すると伝え、勅使は十二月二十三日に京都に帰着した。政治は完全に京都を中心に展開していた。

将軍上洛と大政委任

朝廷は勅使派遣直後の文久二年（一八六二）十月十四日、上洛を促す国事周旋の勅諚を、薩長両藩主、土佐藩主、仙台藩以下十四の藩主に交付すると、これに応じた諸侯が十月後半から続々と上洛し始めた。十二月、国事用掛を新設して、毎月の十日に小御所に出勤し、国事を審議することとし、関白・武家伝奏・議奏、五摂家、左右内大臣以下の廷臣、攘夷論主張の廷臣、皇族の尊融法親王（後の中川宮朝彦親王）らが掛りとなった。

翌文久三年正月、関白が近衛忠熙から鷹司輔熙に代わり、二月十三日に国事参政と国事寄人《よりうど》の職を新設して攘夷実践に熱心な廷臣を任じ、二月二十日に学習院出仕制度を設け、万人が時事を学習院に建言するのを許可し、在野の志士登用の道が開かれた。将軍上洛に先立ち、将軍後見職一橋慶喜、政治総裁職松平慶永、京都守護職松平容保が上洛、徳川慶勝・幕政顧問山内容堂・伊達《だて》宗城《むねなり》ら有志大名も上洛、京都に政治拠点を設営・拡充した。

二月十八日、天皇は在京諸侯二十一名を禁裏に召して攘夷決行を命じ、十九日、慶喜・春嶽・容堂・容保らが、政令二途に出ている現状を是正するため、将軍への大政委任を文書で得ることで合意した。二月二十二日、伊予松山藩士、信州佐久の神職ら尊攘派の平田国学の志士が、京都等持院の足利尊氏・義詮・義満の木像の首を盗み出して賀茂河原に梟首する事件がおきる。

将軍上洛への脅迫を意図したものだが、その十日後の三月四日、将軍家茂が、老中水野《みずの》忠精《ただきよ》・板《いた》倉勝静《くらかつきよ》、若年寄田沼《たぬま》意尊《おきたか》・稲葉《いなば》正巳《まさみ》らが供奉し、三千人を率いて上洛した。家光以来二百二十九年ぶりの将軍上洛で、家光の上洛は幕府の体制整備を天下に示したものだが、今回は天皇への従属を天下に示すことになった。その上洛以前に列外警衛として二百三十四人の浪士組が京都に入っていた。浪士組は、文久二年末に、政事総裁の松平慶永が江戸の浪士を取り締まるため、浪士中の有志を糾合して編制したもので、講武所の教授方松平忠敏、剣術世話心得の山岡鉄太郎（鉄舟）が責任者となって、初会合を三年二月四日にもっていた。

三月五日に将軍名代として参内した慶喜は、大政の「委任」と「外夷の掃除」を要請して天皇に認められた。七日に参内した家茂に、天皇は勅書を下し「征夷将軍の儀、これまで通り御委任遊ばされ候」と大政委任を確認、「叡慮遵奉《えいりょじゅんぽう》、君臣の名分相正し、闔国《こうこく》一致、攘夷の成功を奏し」と、攘夷を命じた。明確に大政委任が朝幕関係でなされたことから、その後の大政奉還への道が開かれた。将軍は政令二途では国内が混乱しているとして、政令帰一を望んでいたのだが、「国事の儀については、事柄により、直ちに諸藩へ御沙汰あらせられ候間、かねて御沙汰成し置かれ候」と、「事柄により」と限定つきで認められた。

文久三年（一八六三）三月十一日、天皇は攘夷祈願のために賀茂社へ行幸した。寛永三年（一六二六）の後水尾天皇の二条城行幸以来二百三十七年ぶりの行幸で、伊達慶邦《よしくに》・細川慶順《よしゆき》らの在京大名が先陣をつとめ、天皇の輿には関白以下の廷臣が随従し、後陣は将軍家茂、徳川慶喜、老中と続いた。行列は視覚的に身分格式や上下関係を表示し、天皇と将軍の関係が明示された。同十八日、幕府が拒んでいた親兵の設置を朝廷の独自の判断で、十万石以上の諸藩に一万石に一人の割合で「壮健の士」の提出を命じ、四月三日に京都御守衛御用掛の三条実美が統括する御所守衛の親兵とした。

四月十一日と翌日は石清水八幡宮への行幸であったが、将軍は病と称して供奉せず、将軍名代として供奉した一橋慶喜は、天皇のいる神前に呼び出されると、急な体調不良を理由にその場を外した。源氏所縁の神前で、天皇から節刀《せっとう》を与えられて攘夷決行を迫られるものと考えてのことであったが、攘夷決行の期日決定は迫られていた。

長州藩の攘夷決行

京都での幕府の体制整備が困難ななか、松平春嶽は見切りをつけて京都を離れ、諸大名も次々と離れてゆくなか、行幸直後の四月二十日、将軍は攘夷の期限を五月十日と奏上、諸藩にも通達した。ただ攘夷決行は、諸外国との勝ち目のない戦争を意味し、その損害は計り知れず、「襲来候節は掃攘致し」と消極的な趣旨をも通達していた。

その前日、江戸では賠償金支払いを約束し、各国公使に文書により、開港場の閉鎖と外国人の退去を通告し、攘夷実行の体裁をとっていたが、同時に口頭で閉鎖実行の意志はないと伝え、九日後に文書で閉鎖撤回を通達しており、江戸の動きは京都とは違っていた。

攘夷運動の中心となっていた長州藩は、攘夷実行のため下関海峡に砲台を整備し、藩兵および浪士隊からなる兵千人程、帆走軍艦二隻（丙辰丸、庚申丸《こうしんまる》）、蒸気軍艦二隻（壬戌丸《じんじゅつまる》、癸亥丸《きがいまる》）を配備して海峡封鎖の態勢をとった。攘夷派指導者の周布政之助が帰藩し、「改革の大将」となった。

文久三年五月十日、アメリカ商船ペンブローク号を発見、久坂玄瑞ら強硬派が攻撃を主張し、翌日砲撃を行なった。予期せぬ攻撃にペンブローク号は周防灘へ逃走した。外国船を打ち払ったことで藩の意気は上がり、朝廷からは褒勅の沙汰があった。五月二十三日、横浜から長崎へ向かうフランスの通報艦キャンシャン号にも、各砲台から砲撃を加えて数発が命中した。キャンシャン号が交渉のため書記官を陸へ向かわせると、藩兵が銃撃を加え、水兵四人が死亡した。

五月二十六日、オランダ外交代表ポルスブルックを乗せたオランダ東洋艦隊所属のメデューサ号が、長崎から横浜に向かって海峡に入ると、癸亥丸が接近して砲戦となり、メデューサ号は被弾して死者が四名、船体に大きな被害を受け周防灘へ逃走した。

最初に被害を受けたペンブローク号からの知らせが横浜に届いたのは五月二十五日、アメリカ公使ロバート・プルインは、横浜停泊中のワイオミング号艦長とともに、幕府に抗議して報復攻撃のためワイオミング号が横浜を出港、六月一日に下関海峡に入って砲台の射程外を航行、下関港内に停泊する長州藩の軍艦壬戌丸に狙いを定め、砲撃を加えて撃沈させた。

庚申丸・癸亥丸が救援に向かうも、庚申丸も撃沈され、癸亥丸は大破した。この戦闘でアメリカ側の死者六人、負傷者四人、長州藩が死者八人・負傷者七人で、長州海軍は壊滅状態となり、陸上の砲台も艦砲射撃で甚大な被害を受けた。

六月五日には、フランス東洋艦隊のバンジャマン・ジョレス准将率いるセミラミス号が、報復攻撃のため海峡に入った。砲三十五門の大型艦で、前田・壇ノ浦の砲台に猛砲撃を加え、陸戦隊を降ろして砲台を占拠した。長州藩兵は抵抗したが、フランス兵は民家を焼き払い砲を破壊した。長州藩の救援の部隊は、軍艦からの砲撃に阻まれ、その間に陸戦隊は撤収し、フランス艦隊も横浜へ帰還した。

アメリカ・フランス艦隊の攻撃によって長州藩は手痛い敗北を喫し、欧米の軍事力の手強さを知らされた。この戦いについて、越前藩の村田巳三郎は、土佐の坂本龍馬に「日本、万国に対して不義、非道」である、と批判しており、長州藩領内でも一揆が発生し、一部の領民が自発的に外国軍隊に協力することもあった。

そこで長州藩は、士分以外の農民、町人から広く募兵し、高杉晋作が士と農民、町人からなる「陪臣、軽卒、藩士を選ばず、同様に相交わり」という士庶混合の軍事組織をつくった。これは正規兵に対し有志隊「奇兵隊」と呼ばれた。周布は「人民は五六ヶ月」訓練すれば、「一個の士とはあい成るべし」と、人民による兵士を構想した。洋式部隊も結成され、長州藩は砲台を増強するなど、強硬姿勢を崩さなかった。

薩英戦争

生麦事件の賠償金十万ポンドを幕府から受け取ったイギリス公使代理ニールは、文久三年（一八六三）六月二十二日に薩摩藩と直接に交渉するため、イギリス東インド艦隊司令長官キューパー海軍少将率いる七隻の艦隊とともに横浜を出港し、二十八日に鹿児島城下の前之浜約一キロ沖に投錨、艦隊を訪れた薩摩の使者に、生麦事件犯人の逮捕と処罰、遺族への「妻子養育料」二万五千ポンドを要求した。

これに島津側は、責任なしとの返答書を提出、イギリス艦隊は、七月一日、要求が受け入れられない場合は武力行使に出ると通告、そのため島津茂久《しげひさ》とその後見役島津久光は、英艦隊の艦砲の射程内にある鹿児島城から、本営を鹿児島近在の千眼寺《せんげんじ》に移した。七月二日、艦隊五隻が、薩摩の蒸気船の天佑丸、白鳳丸、青鷹丸三隻の舷側に接舷、兵が乱入して船を奪取し、天佑丸の船奉行添役五代友厚や青鷹丸の船長寺島宗則を捕虜とし、捕獲した三隻を桜島の小池沖まで曳航した。

島津方は七か所の砲台に追討令を出し、薩摩本営に最も近い天保山砲台に急使大久保利通が到着して、旗艦ユーライアラスに向けて砲撃を開始、桜島側の袴腰《はかまごし》砲台も眼下のイギリス艦に砲撃した。イギリス艦隊も旗艦ユーライアラスを先頭に台場に向け、アームストロング砲で発砲した。これに薩摩の砲台・台場からは大砲の発砲が数百発に及び、弁天岬砲台のボンベン砲の弾丸が旗艦の甲板に落下、軍議室（艦橋）で破裂・爆発し、艦長・司令や副長などの士官が戦死した。

祇園之洲《ぎおんのす》砲台に接近して砲撃中の旗艦が、折からの強い波浪や機関故障で吹き流され、砲台手前で座礁して大きく傾き、三隻がその救出・援護のため僚艦の離礁を試みるが、これに新波戸《しんはと》砲台から砲撃を加えて命中弾を浴びせた。砲撃戦に不参戦のハボックが単独で移動し、琉球船三隻と日向国那珂郡の赤江船二隻を襲って焼却し、僚艦パーシュースも加わって砲撃やロケット弾を用い、藩営集成館の一帯を攻撃して破壊した。上町方面の城下ではパーシュースのロケット弾などによる艦砲射撃での火災により、民家、侍屋敷、寺社など多くが焼失した。

七月三日、イギリス艦隊は、前日の戦闘で戦死した旗艦の艦長・副長などを錦江湾で水葬にし、戦列を立て直し、市街地と両岸の台場を砲撃して市街地を延焼させ、四日、薩摩から撤退して、十一日、横浜に帰着した。その損害は、大破一隻・中破二隻の他、死傷者は六十三人に及んだ。

薩摩側の人的損害は祇園之洲砲台で税所篤風《さいしょあつかぜ》が戦死、部隊長の川上龍衛や守備兵六名が負傷、市街地では守衛兵が四人死亡した。物的損害は台場の大砲八門、火薬庫、鹿児島城内の櫓の損壊、集成館、鋳銭局、寺社、民家三百五十余戸、藩士屋敷百六十余戸で、藩汽船三隻の焼失と軍事的施設以外への被害が甚大で、艦砲射撃による火災の焼失規模は城下市街地の十分の一に及んだ。

朝廷は島津家の攘夷実行を称えて褒賞を下したが、欧米では世界最強を謳われたイギリス海軍が勝利をあきらめ横浜に退却した結果に驚いた。ニューヨーク・タイムズ紙は「この戦争によって西洋人が学ぶべきことは、日本を侮るべきではないということだ。彼らは勇敢であり、西欧式の武器や戦術にも予想外に長けていて、降伏させるのは難しい。英国は増援を送ったにもかかわらず、日本軍の勇猛さをくじくことはできなかった」、と評した。

七　相次ぐ政変と改革

八月十八日の政変

京都での攘夷決行の動きに、危機感をつのらせた老中格の小笠原長行《おがさわらながみち》は、条約破棄などまったく無謀であるとの認識から、イギリスに賠償金を支払うと、文久《ぶんきゅう》三年（一八六三）五月二十五日に元外国奉行の水野《みずの》忠徳《ただのり》らと、歩兵部隊をイギリスのチャーター船など五隻の艦隊に乗せ、卒兵上京することを計画、攘夷派勢力を一掃、京都に留まっている将軍を奪還し形勢逆転をはかろうとした。

ところが、大坂港に上陸し、山城国に入ったところで京都からの使者に足止めされ、自重を求める家茂《いえもち》の親書を受けて計画を断念し、その家茂は、大坂湾警備を理由に留め置かれていた軍艦に乗って六月に江戸に帰ってしまう。

その後の七月五日、近衛《このえ》忠熙《ただひろ》・近衛忠房《ただふさ》父子、右大臣二条斉敬《にじょうなりゆき》、内大臣徳大寺公純《とくだいじきんいと》らが諸大名を召集、攘夷親征案を衆議の上で決定すべしと具申、攘夷派の因幡の藩主池田慶徳《いけだよしのり》は、親征以前に尽くすべき手段は数多くある、と主張したが、攘夷派の真木和泉《まきいずみ》らが、神武天皇陵に親征行幸して征夷の成功を祈願し、神前で軍議を開く計画をはかることを主張、八月十三日に朝議で決定された。

ただ天皇は、具体的に攘夷を実行することを考えておらず、下関戦争や薩英戦争、江戸の情報を総合して、攘夷実行が「皇国」を滅ぼすことになるかもしれず、自分の意志と離れて、事態が進捗してゆくことに危機感を覚えていた。「血気の堂上」が我が意に募り、「予・関白失権」となっており、「日々日夜心配候」「国乱の基に候」と、側近の中川宮（朝彦《あさひこ》親王）に国の乱れへの心配を吐露、天皇中心の秩序体系を守ることを第一に考えていた。

そこで薩摩藩の高崎正風《まさかぜ》、京都守護松平容保、中川宮らが動き、「正義の公卿方」を召して評議を行ない、「朝議御一洗」、薩摩や京都守護職などの兵力で御所を守り、尊攘派の三条《さんじょう》実美《さねとみ》を排除し天皇中心の体制に立て直すことを、提言することになった。実美と並ぶ尊攘派公家の姉小路《あねがこうじ》公知《きんとも》は、土佐の武市や肥後の轟《とどろき》武兵衛《ぶへえ》ら尊攘派の失望をかい、五月二十日に殺害されていた。

八月十六日、中川宮が参内し天皇に計画の概要を伝えると、「兵力をもって国の災いを除くべし」と、政変を決断する宸翰《しんかん》を与えられ、十七日に松平容保に計画を聞かされた右大臣二条斉敬、内大臣徳大寺公純、近衛忠熙も同意、深夜になって、中川宮・二条・徳大寺・近衛父子と松平容保・稲葉正邦《まさくに》（京都所司代、淀藩主）が参内し、八月十八日、会津・淀・薩摩の藩兵が禁裏の六門を封鎖し、在京の諸藩主に参内を命じ、諸藩兵が御所の九門を固め、大和行幸の延期、三条実美ら急進派公家十五人の禁足と他人面会の禁止、国事参政・国事寄人の廃止を決議した。

決起を知った実美ら尊攘派公家と長州藩兵は、堺町門東隣の鷹司邸に続々と集まった。長州勢は堺町門の内側に繰り出し、堺町門西隣の九条邸前に陣取る会津・薩摩両藩の兵とにらみ合いになる。中川宮・松平容保・稲葉正邦・上杉斉憲《なりのり》（米沢藩主）・池田茂政《もちまさ》（備前藩主）らによる事態収拾のための会議が開かれ、長州勢の堺町門の警備担当を解いて、京都から退去するよう勧告、長州勢は妙法院に退去した。十九日、急進派公家のうち三条実美と三条西季知《さんじょうにしすえとも》・四条隆謌《しじょうたかうた》・東久世通禧《ひがしくぜみちとみ》・壬生《みぶ》基修《もとおさ》・錦小路頼徳《にしきこうじよりのり》・澤宣嘉《さわのぶよし》ら七人は長州勢とともに長州に下った（七卿落ち）。

政変前日の八月十七日、攘夷親征の詔に沿って大和五条で、土佐芳宇野村の庄屋吉村寅太郎《とらたろう》や備前藩浪士の藤本鉄石《ふじもとてっせき》らが、国事寄人中山忠光を戴いて決起したが、情勢は一変して九月末に壊滅した（天誅組の変）。十月十二日には筑前藩士平野国臣《くにおみ》らが国事御用書記の澤宣嘉《のぶよし》を擁して但馬生野《いくの》代官所を襲ったが、諸藩に包囲され澤らは逃亡、河上らは集めた農兵に殺害された（生野の変）。

この情勢に幕府は韮山代官江川英敏の建議により、十月に江川代官支配地に限って農兵取立を認め、十一月から取り立てが開始され、武蔵・相模・伊豆・駿河四か国で約五百人、武蔵・相模で約四百人が予定され、郷土防衛と産業・子孫の繁栄を目的に、鉄砲・火薬・雷管を用意し（のちに鉄砲は貸与制）、二十五人で一小隊をなすとされ、調練が実施され、戊辰戦争には農兵として従軍した。

参預会議と一会桑政権

京都守護職は、京都警衛のため十九日から新選組に市中を巡邏《じゅんら》させ、京都町奉行に止宿人《ししゅくにん》調査を厳しく行なわせている。新選組は文久三年（一八六三）の将軍上洛の際に壬生の新徳寺に駐屯した浪士組のうち攘夷遂行に走って江戸に帰されたグループと分かれ、京都守護職支配下に入ったグループで、局長の芹沢鴨《せりざわかも》は水戸藩脱藩の浪士で、粗暴な行動が目立って暗殺された。

次の局長の近藤勇《こんどういさみ》は、武州多摩郡上石屋村の百姓の出で、江戸小石川の天然理心流の試衛館《しえいかん》で近藤周助に剣術を学ぶなか、その道場を継承した。副局長の土方歳三《ひじかたとしぞう》も、多摩郡石田村の百姓の子で近藤勇の子分的存在、一番隊隊長の沖田総司《おきたそうじ》は陸奥白河藩士、試衛館の塾頭で、皆、剣士であった。

十月、天皇からの召命を受けた諸侯が、攘夷派諸侯と入れ代わりで入京してきた。十月三日、島津久光が藩兵千七百人を率いて入京、朝廷の旧弊打破、確固たる方針と体制の確立を、中川宮に申し入れた。幕政改革・朝廷改革を断行し、公武合体の新体制を構築する意図があった。

天皇は久光に宸翰を下し、戦争を避けて真に国家のためになる攘夷を迅速に行なう方策を立て、将軍には大政を委任して公武協調の政治を望むことなどを伝えると、久光は、武備の劣る現状では開港・鎖港の選択権は日本側に無く、今は武備充実に努め、性急な攘夷はせず、大政委任が妥当であり、王政復古は現実的ではないものの、幕府が朝廷を軽んじるときはその罪を正そう、と答えた。

十月に松平春嶽《しゅんがく》、十一月に伊達宗城・一橋慶喜、十二月に山内容堂が入京、その四名と京都守護職松平容保が参預を命じられ、無位無官の久光も翌文久四正月に従四位下左少将に叙任され参預となる。文久四年（一八六四）正月二十一日、将軍家茂が参内し、参預諸侯との協力を求める勅書が下され、ここに公武合体の下で有志大名が国政に参画する、新たな公議政体の確立を目指す参預会議が発足した。

だが、横浜鎖港問題をめぐって、開港論に立ちつつ新体制を主導したい島津久光らと、鎖港論を掲げて朝廷や攘夷委任派諸侯と協調し大政委任を再確立したい一橋慶喜の対立があり、わずか二か月で会議は瓦解する。このため慶喜は、三月に将軍後見職を辞任して、京都の軍事指揮権を握る禁《きん》裏《り》御《ご》守衛《しゅえい》総督に任命され、関白二条斉敬、朝彦親王と提携して朝廷に勢力を扶植し、京都守護職の松平容保（会津藩主）、容保の弟で京都所司代の松平定敬《さだあき》（桑名藩主）による一会桑《いちかいそう》政権を形成した。

これにともない京都市中の警衛は諸大名の分担体制から、一橋家、幕府歩兵、京都守護、新選組、京都所司代が分担することになり、四月二十日に朝廷から幕府への大政委任、横浜鎖港の方針勅《ちょく》諚《じょう》が改めて出された。

天狗党と禁門の変

水戸藩では、文久三年（一八六三）の将軍後見職の慶喜が上洛することになったので、求められて執政の武田耕雲斎《たけだこううんさい》や、藤田東湖《ふじたとうこ》の子藤田小四郎《こしろう》らが従った。小四郎は京都で長州藩の桂小五郎、久坂玄瑞らと交流して尊皇攘夷の志を固めると、五月に江戸に戻り、長州藩と連携しての挙兵計画を構想した。遊説や金策に奔走、武州榛沢郡《はんざわぐん》血洗島村《ちあらいじまむら》の豪農の渋沢栄一《しぶさわえいいち》とも江戸で会見した。

文久四年に上洛した慶喜は、禁裏御守衛総督になって水戸藩士を上京させ配下に組みこんだが、その最中、藤田小四郎が幕府に即時鎖港を要求、関東各地を遊説して軍用金を集め、三月二十七日、筑波山に集結、浪士・百姓らからなる千四百人の大集団となった。武田耕雲斎ら藩執行部もこの天狗党の動きに同調し、慶喜や在京の藩士と密に連絡をとり、朝廷への周旋を依頼、四月に日光東照宮を占拠し攘夷の武力発動に踏みきる予定だった。ところが、近隣各藩の兵が出動したため、下野の太平山に移動した。

水戸城下では、市川弘美《いちかわひろとみ》が門閥の鎮派一部と結び、天狗党に対する諸生党を結成、藩内の激派排除を開始した。このため小四郎らは筑波山へと引き返したが、軍資金不足のため攘夷を口実に府中・筑波・柿岡など近隣の町や村の役人・富農・商人らを恫喝して金品を徴発した。なかでも別働隊が栃木宿・真鍋宿や、足利・桐生・大間々・結城などの町々で放火し、略奪・殺戮を働いて暴徒集団と化した。

幕府は元治《げんじ》元年（一八六四）六月に筑波勢追討令を出し、常陸・下野の諸藩に出兵を命じ、直属の幕府軍も動員、容易に鎮圧できずにいたところが、天狗党追討が本格化するとともに、激派の恐喝や暴行に苦しめられていた領民が、天狗党に反撃を開始した。七月十日の茨城郡友部に始まり、結城郡中妻、那珂郡諸沢などの各地で天狗党員が村人の反撃を受けて殺された。

この天狗党の決起に意を強くしたのが長州藩で、大勢挽回のために六月頃から国司信濃《くにししなの》、益田右衛門介親施《うえもんのすけちかのぶ》、福原越後《ふくはらえちご》らの三家老が兵を率いて屯所を構え、藩主父子らの復権を求める嘆願書を提出した。その六月五日、尊攘派志士が潜伏していた京都三条の旅館池田屋を新選組が襲って志士七人を斬殺、二十三人を捕縛する事件が起きた。

これに長州藩激派が憤激し、武士・庶民混成の遊撃隊が上洛した。七月十七日には公武合体を説いていた佐久間象山《さくましょうざん》が、三条木屋町で襲われて死去、刺客による斬奸状は「国賊」につき「天誅」を加えたとある。朝廷から長州藩への対応を委任された禁裏守衛の慶喜が、撤退を命じるが、長州藩兵は応じず、七月十九日、進軍を開始して禁門に迫り、会津・桑名・越前・薩摩諸藩の兵と交戦し、御所に向け発砲したあげく敗走した（禁門の変）。これにより久坂玄瑞が自刃、尊攘運動の指導者の多くが敗死し、京都市中二万八千軒が焼失、平野国臣ら獄中の志士が殺害された。

この禁門の変の結果、七月二十三日、朝廷は長州藩主父子の征討を一橋慶喜に命じ、二十七日に有栖川宮熾仁《たるひと》親王ら十四名の廷臣を処分、八月に長州藩主父子の官位を剝奪した。幕府には、長州征伐がすむまでは、夷狄のことを棚上げする、と通告した。そこで幕府は、将軍の進発を予告し、前尾張藩主徳川慶勝を征長総督、副将に越前藩主松平茂昭を任じ、三十五藩に出陣を命じた。

こうした京都の情勢変化によって、天狗党は挙兵の拠り所を失い、諸生党などとの泥沼の内部抗争となるなか、武田耕雲斎を首領、田丸稲之衛門と藤田小四郎を副将とし、上洛して禁裏御守衛総督の一橋慶喜を通じ、朝廷へ尊皇攘夷の志を訴えることと決し、十一月一日に常陸大子《だいご》村を出発、乱暴行為を自制する軍規を定め、中山道を進軍して美濃の揖斐宿から北上して越前に入り、十二月十七日に新保《しんぼ》駅で追討の加賀藩兵に投降したが、敦賀に連行され斬罪に処せられた。

四国連合艦隊と長州藩

長州藩は禁門の変で朝敵とされたが、その少し前に、四国連合艦隊に攻められた。攘夷の姿勢を崩さず下関海峡が通航不能となっていたので、駐日公使オールコックは、下関海峡封鎖で長崎での貿易が麻痺し、長州藩による攘夷の継続により幕府の開国政策が後退する恐れがあると見ていたので、長州藩への懲罰攻撃方針をフランス、オランダ、アメリカに打診して、同意を得ると、元治元年（一八六四）四月に四国連合軍の武力行使を決定した。

イギリスに密航中の長州藩士伊藤博文《いとうひろぶみ》・井上馨《いのうえかおる》は、四国連合軍による下関攻撃が近いことを知らされ、急いで帰国の途につき、六月に横浜に到着してオールコックに面会、藩主への説得を約束した。オールコックはこれを了解し、二人を軍艦に乗せ、通訳のアーネスト・サトウを伴わせて豊後国姫島まで送り、二人は藩主毛利敬親と藩首脳部に説いたが、説得できなかった。

六月十九日、四国連合艦隊は、二十日以内に海峡封鎖を解かないならば武力行使をする旨を幕府に通達し、七月にイギリスのキューパー中将を総司令官とする四国連合艦隊十七隻が横浜を出港した。英艦が九隻、仏艦三隻、蘭艦四隻、米艦一隻で、総員は約五千、下関を守る長州藩は奇兵隊二千人弱、砲百門強と、弱体であった。

八月五日、連合艦隊は長府城山から前田・壇ノ浦にかけての長州砲台群に猛砲撃を開始し、前田砲台・州岬《すはな》砲台・壇ノ浦砲台などを次々に粉砕及び沈黙させ、艦隊は前田浜の砲台を占拠した。

八月六日、壇ノ浦砲台を守備していた奇兵隊軍監の山県有朋《やまがたありとも》が敵艦に砲撃して一時混乱に陥れることはあったものの、艦隊は砲撃をしかけ砲台を占拠して砲台を破壊、一部は下関市街を目指して進軍して長州藩兵と交戦した。七日、艦隊は彦島の砲台群を集中攻撃し、大砲を鹵獲《ろかく》し、翌日までに下関の砲台をことごとく破壊した。陸戦でも長州藩兵の旧式銃や槍弓矢は、新式のライフル銃の連合軍の敵ではなかった。長州藩の死者は十八人、負傷者二十九人、連合軍は死者十二人、負傷者五十人で、イギリス軍にはカメラマンのベアトが従軍、戦闘の様子を撮影した。

八月八日、長州藩の講和使節の高杉晋作は、家老宍戸備前の養子宍戸刑部と名乗り、連合艦隊旗艦ユーライアラス号に乗り込んでキューパー司令官との談判に臨んだ。サトウは高杉の様子を傲然としてはいたものの、出された要求に何の反対もせずに受け入れた、と述べている。十八日、下関海峡の外国船の通航の自由、石炭・食物・水など外国船の必要品の売り渡し、悪天候時の船員の下関上陸の許可、下関砲台の撤去、賠償金三百万ドルの支払いの五条件で講和が成立した。

この戦争に備えて、周布や高杉は民衆を組織してきた。「殿様御国難」の際は村々老若男女が氏神に祈るよう命じ、農兵を組織して献金を募り、「お家来中士民に至るまで」「防長両国を枕に討ち死に致す」ことを求めてきた。戦争の結果は幕府にも影響を与え、横浜鎖港の方針が撤回され、八月二十三日に外国奉行竹本正雅が外国公使に通達した。オールコックは、鎖港方針の根元はミカドにあり、ミカドが思い違いを改めなければ、全面戦争を引き出す結果になる、と将軍に伝えた。

長州征討と西郷隆盛

長州藩は四国連合艦隊の次に、幕府の征討軍を迎えた。進発が予告されていた将軍の上洛はなく、征長総督徳川慶勝が十月十二日に参内、出陣の挨拶を行ない、十月二十二日に大坂城で軍議を開いた。広島の国泰寺に総督府、豊前の小倉城に副総督府を置き、翌月十一日までに攻め口に着陣、十八日に総勢三十五万で攻撃を開始することとした。

薩摩藩は征長軍に参加して萩口の先鋒を任されると、独自に動き、福岡藩士の喜多岡勇平《きたおかゆうへい》、薩摩藩士の高崎正風が九月末に岩国新湊に入って、岩国藩の吉川監物経幹《きっかわけんもつつねまさ》と交渉した。高崎は、薩摩藩が長州藩のために尽力する故、長州藩は暴徒を処罰し、黒白を明らかにするのが肝要であり、三条実美ら五卿を追放するよう求め、今後の交渉を大島吉之助(西郷隆盛《さいごうたかもり》)が担当すると伝えた。

西郷はこの年二月、配流された沖永良部《おきのえらぶ》島から帰り、三月に上京して島津久光から軍賦役兼諸藩応接掛に任じられていた。京都の薩摩藩邸には家老小松帯刀、軍役奉行伊地知正治《いじちまさはる》、小納戸頭取吉井友実《よしいともざね》らがいたが、実質的に薩摩藩の軍事力を掌握していたのは隆盛であった。

西郷は早くから他藩の藩主や同志の改革派と結ぶ合従連衡《がっしょうれんこう》の考えを抱いていて、奄美大島に流されていた時、大久保利通《おおくぼとしみち》に送った他藩同志一覧表には、越前の橋本左内のような開国派や、水戸の武田耕雲斎のような攘夷論者、さらに諸藩の家老の名も記されていた。

文久二年(一八六二)二月に久光と直接に会談した時、久光の「挙藩勤王《きょはんきんのう》」の考えに、西郷は「いずれ大藩の諸侯方御同論御成りなされ、合従連衡してその勢いを以て成され申さず候ては相済むまじく」と、合従連衡を訴えたが、受け入れられず、沖永良部島に流された。しかしその後の情勢変化から、西郷の合従連衡の考えが下級武士に広く受け入れられ、「勤王党の激昂に迫られた」久光に召喚され、上洛したのである。

西郷は九月に大坂に来ていた軍艦奉行の勝海舟に会った時、今は国内で争う時ではなく、幕府にはもはや天下を統一する力がないので、雄藩の尽力で国政を動かし、共和政治を行なうべきである、と勝から聞かされ、「実に驚き入り候人物」と驚嘆していた。

その西郷が、総督慶勝に長州藩降伏のプロセスの腹案を述べたところ、慶勝に認められて征長軍全権を委任された。西郷は開戦には至らずに征長出兵を収束させることを考え、十一月四日、税所《さいしょ》篤《あつし》や吉井友実を伴って岩国に入った。吉川監物と会談、禁門の変で上京した三家老（国司親相《くにしちかすけ》、益田《ますだ》親施《ちかのぶ》、福原元僴《ふくばらもとだけ》）の切腹、四参謀（宍戸真澂《ししどますみ》、竹内正兵衛《たけのうちしょうべえ》、中村九郎《くろう》、佐久間左兵衛《さへえ》）の斬首、五卿（三条実美、三条西季知、四条隆謌、東久世通禧、壬生基修）の追放を降伏の条件とした。

その会談後、家老切腹、参謀斬首が実行され、十六日、国泰寺で三家老の首実検が行なわれた。十二月に長州藩から総督府へ藩主父子の謝罪文書が提出され、五卿は長州藩内の紛争の解決次第、筑前へ移転するものとされた。

禁門の変をうけ、長州藩内の情勢は変化していた。破約攘夷論の麻田公輔《あさだこうすけ》（周布政之助）党と椋梨《むくなし》藤太党との対立から椋梨党が優勢になり、桂小五郎は行方知れず、周布は自害し、高杉は逃亡して姿をくらまし、公家の中山忠光は襲われて殺害されていた。

総督府は領内巡見を行ない、十二月二十七日に征長総督は諸藩に退陣を命じ、第一次長州征伐は終了した。一連の経過を主導した西郷は、長州藩の勢力を完全に削いでしまっては、幕府に利するだけであり、長州藩を味方につけ、幕府の対抗勢力として温存しようと考えていた。

長州処分と条約勅許

第一次長州征伐は終わるが、長州藩の情勢は混沌としていた。元治元年（一八六四）十一月二十五日、九州から下関に帰った高杉晋作は、長府で即時挙兵を説き、高杉と力士隊《りきしたい》（総督伊藤博文）や遊撃隊（総督河瀬真孝《かわせまさたか》）が五卿に面会して下関に入ると、情勢は一転した。

高杉らは元治二年正月二日に下関で兵を起こし、藩庁に敵対の意志を表明するや、奇兵隊を始め多くの諸隊が合流した。藩庁は鎮圧軍を派遣、秋吉台の台地近辺で交戦するが、高杉と諸隊は瀬戸内一帯を勢力下に収め、山口に拠点を置いて萩の藩庁軍と対峙した。

十六日、毛利将監《しょうげん》以下の諸士が萩城に登城し、敬親に拝謁して、諸隊を武力で征討することは不可能と上申した。内戦の終結をはかる「鎮静会議員」の運動もあって、二十三日に討伐軍に撤退命令が出されて休戦協定が結ばれた。二月十四日、椋梨藤太が逃亡して椋梨党が追放され、政庁は山口に移された。但馬に潜伏していた桂小五郎が帰藩、高杉・広沢真臣《さねおみ》らを加えた藩政の新指導部が結成され、大村益次郎が軍政を、伊藤博文と井上馨が対外折衝を担当した。藩政府は武備恭順し、征長軍に対応するところとなった。

第一次長州征伐後の長州処分は幕府には重い課題となっていた。朝廷の命令で動くのではなく、独自に動くべく元治二年正月五日、藩主父子及び五卿を江戸に拘引するよう征長総督の慶勝に命じたところ、慶勝は、命令の実行は解兵した段階では不可能として従わず、参内して長州征討の終了を復命した。上洛した老中は幕府による専決処分を求めるが、逆に将軍上洛の命を受けた。

五月十六日に将軍徳川家茂は江戸城を出立し、閏五月二十二日に参内すると、「防長の処分の事、衆議を遂げ、言上之事」「一会桑等へもすべて談じ候様の事」と、諸藩との協議や京都を掌握していた一会桑と特に協議するよう命じられる。

将軍進発の情報に接した長州藩は、「敵兵四境に迫り御国内に踏み込み候節は、二念なく決戦あるべき事」と、決戦を布告し、総督府からは長州支藩徳山藩主、毛利家氏族吉川監物の大坂出頭、長府《ちょうふ》藩主や清末《きよすえ》藩主の出頭を命じられるが、病を理由に拒否した。

九月十六日、家茂が長州再征の勅許を求めると、薩摩藩が反対し、大久保利通が小松帯刀とともに動いて諸侯会議の開催を図り、中川宮や近衛忠房、正親町三条実愛《さねなる》、関白二条斉敬らに反対意見を示した。朝廷会議が九月二十一日に開催され、一会桑三者と在京の老中も参内、慶喜は即時の勅許を求め、近衛忠房らの反対を抑えて朝廷会議は許可と決定、翌日に将軍が長州征討を奏上、幕府は朝廷の命令で長州征討をすることになった。

九月二十三日、英仏米蘭四国の外交団が艦隊に搭乗して、条約勅許と兵庫開港を要求、大坂湾に来航、圧力をかけてきたため、家茂は大坂に赴いた。老中阿部正外《まさと》らは英艦で英仏蘭と、仏艦でフランス公使と会談した後、会議を開いて幕府の専権で兵庫・大坂の開港開市を決断した。

これを聞いた慶喜が大坂に赴くと、家茂が朝廷の許可を得られなければ辞職をするというので、勅許を得ずに開市開港をすれば朝廷や諸藩は収まらないので、勅許を得るべきであると、回答延期をパークスに伝え、十日間の猶予を認められた。将軍家茂にも謁見、速やかに上洛して条約勅許を申請すべきである、と伝えて帰京した。

しかし将軍が上洛せず、幕閣が独断する動きに、九月二十九日に国事朝議が開かれ、老中の阿部正外・松前崇広《たかひろ》の官位剥奪・謹慎、大老酒井忠績《ただしげ》・老中水野忠精《ただきよ》の領地半減を定め、この旨を大坂に送ると、幕閣は家茂に将軍職の辞職、江戸への帰還を進言し、十月三日に将軍は裁可した。

驚いた一会桑は、家茂に辞意撤回を求め、あわせて条約勅許を得ることを確約したので、家茂は辞職の意思を抑えて上洛し、慶喜は条約勅許工作へと動いた。薩摩藩は諸侯会議を開いて決めるよう画策するが、慶喜は十月五日に在京諸藩の留守居や周旋方などから意見を聴取した上で、その与論を背景に天皇に迫ることにし、「虎の間」で、十五藩三十名の意見が公家方・武家方の居並ぶなかで示された。

ここに至って天皇は「条約之儀、御許容あらせられ候間、至当之処置致すべく候事」を、将軍に示し、兵庫開港を不可としつつも、条約勅許を容認するに至った。家茂は辞表を撤回し、外国艦隊は兵庫沖から撤退した。

薩長連合成る

条約が勅許され、征長も勅許となったので、長州藩は進退を窮した。このままでは長州藩の復権は不可能となる。軍備の強化を図るには洋式の兵器輸入が必要だが、条約破棄を主張し、朝敵となった今では公然と輸入できない。朝廷に考えを伝える代弁者が必要だが、それは何かと争ってきた薩藩以外になかった。薩藩は第一次長州征討で重要な役割を果たし、朝廷への影響力もあった。

そこに動いたのが長州・薩摩間を仲介する土佐藩の中岡慎太郎《なかおかしんたろう》と坂本龍馬《さかもとりょうま》である。中岡は土佐藩の郷士で、勤王党に参加して坂本と知り合い、脱藩して長州に入り三条実美を護衛し、禁門の変に参加して長州に逃れ、脱藩浪士で構成された忠勇隊の隊長になっていて長州藩の内情に詳しかった。各地を遊歴するなか、慶応元年(一八六五)冬に、土佐の同志に「自今以後、天下を興さん者は、必ず薩長両藩なるべし」と記す「時勢論」を書き送っていた。

坂本は、ペリー来航時に江戸の千葉道場で剣を学び、帰国後は土佐勤王党の結成に加わったが、脱藩して勝海舟の門に入った後、幕臣の大久保忠寛《おおくぼただひろ》、大名の松平慶永《よしなが》(春嶽)、薩摩藩の西郷隆盛、長州藩の木戸孝允、公家の岩倉具視ら多くの有志と交流を重ねた。この多岐にわたる交流にもかかわらず、いずれにも属さず、卓越した交渉能力と構想力を磨いてきており、長崎で航海技術に関わる浪士集団「亀山社中《かめやましゃちゅう》」を経営していた。

長州藩にとっては、薩藩がどこまで便宜をはかってくれるのかに問題はあったが、坂本・中岡二人の提案を受け、長藩の兵器購入に薩藩が便宜を図ることになり、井上馨と伊藤博文が長崎に出張、亀山社中の斡旋で兵器を購入し、八月末日には洋式銃七千挺が薩摩藩船「胡蝶丸」で三田尻港に運ばれた。九月八日、長州藩の毛利敬親・広封《ひろあつ》藩主父子は、薩摩藩の島津久光・茂久《しげひさ》藩主父子に親書を送って、過去の確執を反省し、薩摩藩の行動を称賛、自藩の窮状を告白して助力を乞うた。

京都では、幕府の長州処分案が、老中と一会桑との間で決まらないなか、薩摩藩の在京指導部の小松・西郷・大久保らが長州側との会談を計画、山口に使者の派遣を要請すると、桂小五郎が慶応二年正月八日に薩摩藩邸に入った。長州処分案をめぐっての対立はあったものの、二十一日、坂本が小松邸に入って、両者を説得し、薩長連合の締結となった。

全体は六条からなり、まず①「戦いと相成り候時は、直様二千余の兵を急速差登し、只今在京の兵と合し、浪華へも千程は差置き、京坂両処を相固め候事」と、薩長の役割分担を定め、次に②「戦自然も我勝利と相成り候気鋒これ有り候とき、其節朝廷へ申上、屹度尽力の次第これ有り候との事」と、勝利の際には薩摩藩が朝廷に長州藩の復権を求め、③「万一負色にこれ有り候とも、一年や半年に決て壊滅致し候と申事は、これ無き事に付、其間には必尽力の次第、屹度これ有り候との事」と、敗色が濃くとも、長州藩が徹底抗戦するとした。

さらに④幕府兵が東に帰ったならば、朝廷に冤罪御免を訴えること、⑤「橋会桑」政権を敵と定め、「終に決戦に及び候」と、決戦に臨むこと、そして最後に⑥「冤罪も御免の上は双方誠心を以て相和し、皇国の御為皇威相暉き御回復に立至り候を目途に、誠心を尽し屹度尽力仕まつるべし」と、復権がなったならば、両藩協力して将来に臨むとした。

この締結内容は、木戸が坂本に宛てた書状から知られるだけだが、なまじいに正式の条文による締結よりも心理的拘束力があり、ここに薩長連合はなったのである。問題はこれから始まる第二次長州征伐にいかほどの協力ができるかであった。なおこの直後の正月二十三日に坂本龍馬は伏見京極の船宿寺田屋で奉行所の捕手に襲われ、危うく命を落としかけた。

パークスとロッシュ

薩摩藩は薩英戦争の影響もあって、富国強兵のためにイギリスへの接近をはかり、新納《にいろ》刑部《ぎょうぶ》・寺島宗則《てらしまむねのり》・五代友厚《ごだいともあつ》ら十九人の視察員・留学生を、慶応元年（一八六五）三月、長崎の商人グラバーの斡旋でイギリスに送り出していた。寺島は文久元年（一八六一）の幕府遣欧使節に随行した経験があり、イギリスの議員や外相クラレンドンに面会し、日本の国情を語って、天皇と列侯会議に外交主体を移すよう助力して欲しい、と要請していた。

同じ頃、オールコックに代わって上海領事から公使となったパークスは、長崎を経て下関で木戸孝允・井上馨・伊藤博文らと会見、閏五月に横浜に着任すると、条約勅許・兵庫開港に向け動いた。薩長問題にも関わり、慶応二年三月、グラバーの仲介で鹿児島の親善訪問をすることになる。その直後、通訳官サトウは、横浜居留地の新聞「ジャパン＝タイムズ」に「英国策論」を発表した。「私の提案なるものは、大君を本来の地位に引き下げてこれを大領主となし、天皇を元首とする諸大名の連合体が大君に代わって支配的勢力となるべきである」というもので、すぐに翻訳され、宇和島藩の伊達宗城も読むなど大きな影響をあたえた。

四月、五月頃に英国政府からパークスに、内政干渉にならないかぎりで、日本の体制の変化を助けるようにという訓令が、寺島提案の写しとともに届いた。五月に帰国した寺島は「皇国の通典」を議定するため、閣老と諸侯からなる会院を設け、「全国にわたる大事の典式を定むる総政府」の形成を藩庁に提言した。

五代友厚は、文久二年に長崎海軍伝習所で勝海舟や寺島、高杉らと交流するなか、長崎に居を構え、上海に二度も渡って、薩摩藩に汽船や武器を購入し、イギリスに渡っても紡績機械や武器を購入、フランスでは貿易商社設立の契約を行ない、富国強兵に関する十八条の建言書を藩主に送り、帰国後、御用人席外国掛となり紡績所を建設した。

パークスは鹿児島を六月十六日に訪問し、藩主久光・茂久父子、西郷や寺島らと会談、イギリスと薩摩とが親交を深めたが、これに対し、元治元年（一八六四）三月に初代公使ベルクールに代わって横浜に着任したフランス公使のロッシュは、幕府と結ぶようになった。日本語が上手な宣教師カションを通訳官に採用、幕府を積極的に援助した。

ロッシュの外相リュイスへの報告には、老中から「イギリスは市場拡大と保護のためには圧倒的武力を行使して、他国の利益を犠牲にしても、貿易の拡大を確保しようとする」「フランスはすぐれた工業生産物や対外商業があり、芸術・科学、軍事でも偉大で、強者をくじき弱者を助ける」といわれたという。ロッシュはパークスやイギリスへの対抗心もあり、幕府と結んだのであって、能吏の小栗忠順《おぐりただまさ》や栗本《くりもと》瀬《せ》兵衛《へえ》と親交を深めた。

ロッシュに案内されて横浜の仏軍基地を見学した栗本は、駐留仏軍の増員を要請している。小栗・栗本は慶応元年に幕府の海軍工廠建設のため、二百四十万ドルの対仏借款の約定を行ない、横須賀の製鉄所・造船所などを四年で建設し、その抵当として生糸貿易を幕仏組合商社に独占させ、利益を支払いにあてるとした。生糸輸出が増大したことから、慶応二年五月末に商社設立準備委員として来日したクーレーは、日本の運輸や鉱山の調査や開発にも手を伸ばすようになる。

長州征討と大坂打ちこわし

パークスやロッシュの外交活動は幕府の長州征討と絡んでいた。慶応元年（一八六五）十一月、長州への進撃路を芸州口・石州口・上関口・下関口・萩口の五方面に定め、長州を問責するため大目付の永井尚志《ながいなおゆき》を派遣した。永井は藩主謹慎、武器購入など四か条を糾問するが、長州側は再征を非難するとともに、抗戦準備を怠らず、藩の立場を『長防士民合意書』に記して三十万部を出版、藩内外に配布した。永井や随行した近藤勇は、長州藩兵の士気があがるのに対し、幕府側軍兵が帰国を待ちわびるばかりなのを見て、平和的に決着つけるべきという考えを報告した。

幕府提案の処分案は、高十万石の取り上げ、藩主父子の永蟄居であり、慶応二年正月二十二日に勅許となった。二十六日に老中小笠原長行が長州に幕命を伝えるため広島に下ることが決まり、二月七日に広島に到着した。

広島藩を通じて三支藩の藩主、吉川経幹と宍戸備前助、毛利筑前に召喚命令を出すが、長州藩は病を理由に拒絶、長行は四月十五日までに藩主父子以下の出頭を命じたが、長州藩は遅延策をとって交渉は進まなかった。この間に長州藩では、武士と庶民混成の奇兵隊、御楯隊、遊撃隊、第二奇兵隊など諸隊全員にミニエール小銃や最新型スナイドル銃などを供給していた。

奇兵隊は三十人前後の小隊を単位に「隊中」という兵舎に起居して軍事訓練を行ない、兵士に月俸が支給されて常備軍となっていた。軍事訓練の指導者大村益次郎は、一八五三年（嘉永六）に刊行されたばかりの最新の戦術書『兵家須知戦闘術門《へいかすちせんとうじゅつもん》』を翻訳しており、その軍事訓練のあまりの厳しさや長引く戦闘準備に耐えかね、第二奇兵隊員のなかには、幹部を殺害して脱走し、幕領倉敷の代官所を襲う者さえ出た。

四月十四日、大久保利通は薩摩が出兵を拒否する旨を総督府に提出、従軍を命じられた三十二藩のうち、総督の徳川茂承《もちつぐ》の紀伊藩、彦根の井伊、越後高田の榊原、豊前小倉の小笠原、石見浜田の松平など三家や譜代親藩などを除いて、安芸藩の浅野家、肥後藩の細川家など中国・九州筋の大名家などは出兵に消極的だった。

士気のあがらない幕府軍は軍費が嵩んで、三百万両以上も要し、さらに必要とされることから、四月十四日に軍資金二百五十万両の献納を大坂の商人に命じた。するとこれに呼応するかのごとく、大坂周辺で打ちこわしが発生、五月一日、摂津西宮の農家が米の安売りを始めたところ、大勢の貧民が押しかけて米屋に安売りを強要、拒否したその居宅を打ちこわし、二千人が参加した。五月四日には河内富田林で上納金に反対、米価高騰と庄屋の不正に怒って打ちこわしが起き、八日には伊丹・兵庫でも米屋・酒屋の打ちこわしがあって四十余戸が壊された。

兵庫では丸岡藩兵が威嚇射撃をしたので、群衆が投石で対抗して死者十三人を出し、十日には池田にも及び、十八戸の米屋がつぶされた。幕府は大坂市中への波及を恐れ、徒党の禁令を出すが、五月十三日に難波新地から始まり、翌日には船場・上町・松尾町・八軒屋・老松町・北新地・福島町等市内全域へと広がった。

奉行所への報告書には、「市中警衛の向きも、あまり大人数一同相起こり候ことゆえ、取押え相成らず、傍観いたしおり候のみ」と記す有様で、被害戸数は八百八十五戸に及び、さらに堺・貝塚など摂津・河内・和泉へと広がり、「大坂十里四方は一揆おこらざる所なし」という状態になった。

打ちこわしの原因は、横浜開港以来の物価騰貴と、前年からの凶作、長州征討に絡んでの米の買い占め、御用金に賦課、長州藩による下関封鎖に基づくもので、西廻り海運による米の輸送困難などが重なっていた。

打ちこわしの嵐が過ぎ去った後、長州の奇兵隊が「豪家」で金子を押しとって「貧民」を助けたとか、長州では国境を占め、米を大坂の七分の一の値段で売り出したなどの噂が広がった。長州藩の攪乱作戦や幕府軍への怨嗟などもあって、打ちこわしが広がったのである。

江戸の打ちこわしと武州一揆

大坂周辺の打ちこわしに続いて、慶応二年（一八六六）五月には、関東でも打ちこわしが始まった。五月二十三日、武蔵川崎宿で窮民が商家に打ちこわしをかけて始まり、二十八日に品川宿に波及した。駆け付けた奉行所役人の報告によれば、「多人数相寄り、太鼓を打ち鳴らし、いずれも面体を包み無提灯」という姿で、南品川宿の舂米《つきこめ》渡世の百姓利左衛門など八十三人の居宅を打ちこわし、北品川宿の方へと逃げ去ったという。

打ちこわしは、その後、芝・新橋、堀留町、神田堅町、竜閑町へと拡大、「市中大騒動となり候」となった。特に狙われたのは「横浜商いたし候者、または米店そのほか富有の町家」など、米屋や貿易関係商人であって、町奉行所の門外には「御政事、売切申し候」の張札が貼られていた（『嘉永明治年間録』）。江戸城御用菓子司金沢丹後の日記には、打ちこわしは外神田・下谷・根岸・坂本・駒込・谷中・本郷・内神田・三河町・佐柄町・須田町・鍋町・鍛冶町・小柳町・紺屋町に及んだという。

江戸の暴動が鎮静しかけた六月十三日、武蔵秩父郡の上名栗村の貧農や小作が一揆を起こし、十四日に飯能宿に波及して、武蔵国西北から上州の一部を巻き込んで十万を超える一揆勢に膨れ上がった。打ちこわしの対象は「第一横浜向商人」「穀屋・質屋そのほか有徳の者」であって、「椀・箸・杓子を画き、世直しと記し候大文字の旗幟押し立て」「平均世直し将軍」と太筆した幡や幟を押し立てていた。

秩父郡伊古田《いこだ》村の名主の伊古田純道《じゅんどう》は、この世直し一揆の原因を「横浜開港以来、物価歳々騰揚し、今年にいたりてことにはなはだし」という物価高騰や、「そのうえ蚕種の賦税を命ぜらる」と記している。幕府はこの年正月に蚕種改印令を発し、それにともなって買占め権を与えられた商人が暴利を得ていた。

武州一揆発生の二日後、陸奥の信夫・伊達郡でも信達一揆が起きた。指導者は、安政の大獄で八丈島に流された菅野八郎《かんのはちろう》で、八郎は元治元年（一八六四）に赦免されて伊達郡金原田《かなはらだ》村に帰ってから百姓を「誠信講」に組織し、貧民の救済にあたるなかで一揆をおこした。八日八晩にわたり、十七万人が参加し、四十九か村、百六十戸以上を打ちこわした。一揆は蚕種新税廃止と助郷《すけごう》反対が絡んでおきたもので、蚕種改印肝煎《きもいり》の家が狙われ広がっていった。

慶応二年（一八六六）には前年・翌年の二倍以上の一揆や騒動が起きた。内訳は、村方騒動が例年と同じ数であるのに、百姓一揆や都市騒擾による打ちこわしが百件もあるなど、その拡大と増加であった。信達一揆の参加者は「紫縮緬・緋縮緬・白青などの小袖の女の姿に身を拵え、又は役者を真似る者もあり」という出立《いでたち》で、「祭の踊りに出でたりといわぬばかり」と、祭の踊りのように熱狂的であった。参加した百姓の一人は、「笛太鼓や鼓にて踊り舞った」ので、「我が心は天上界に生まれしごとく、一生涯にあるまじと思う」という楽しみを味わったと語っている（『信達騒動記』）。

第二次長州征討

幕府の長州再征軍は、慶応二年（一八六六）五月二十八日、先鋒の副総督の宮津藩主本荘宗秀《ほんじょうむねひで》が広島に到着、六月二日に老中小笠原長行が九州方面の監軍として小倉に向かい、六月三日、総督の徳川茂承が広島へ向かった。六月七日、幕府艦隊による屋代島（周防大島）への砲撃が始まり、十三日に芸州口、十六日に石州口、十七日に小倉口でも戦闘が始まった。

周防大島での戦いは、八日に伊予松山藩兵が上陸して全島を制圧するが、十日、山口藩庁が第二奇兵隊、浩武隊の大島派遣を決定、高杉晋作が丙寅丸で大島に向かって、十五日、長州兵が大島に上陸すると、幕府軍は総崩れになって大島を撤退した。

幕府主力の芸州口では、長州・岩国両藩と幕府歩兵隊・紀州藩兵との戦闘があり、六月十四日、安芸と周防の境にあたる小瀬川《おぜがわ》の戦いで、彦根・高田両藩が壊滅し、代わって幕府歩兵隊と紀州藩兵が戦闘に入り、長州藩側が小瀬川を突破、十九日に安芸大野に迫るが、洋式武装の紀州新宮藩兵と幕府歩兵隊が防戦し、膠着状態になった。

石州口では大村益次郎が指揮をとり、衝突回避策をとる津和野藩を通過して、慶喜実弟の松平武《たけ》聰《あきら》が藩主の浜田藩の西端に位置する益田から領内に侵攻した。援軍指揮を要請されていた鳥取・備前両藩が講和を提唱し、浜田藩もこれに応じて談判していたのだが、突如、藩主以下が城を自焼し、松江をめざして脱出、十八日に浜田城は陥落した。

小倉口では、総督・小笠原長行が指揮する九州諸藩と、高杉・山県有朋らの率いる長州藩との戦闘が関門海峡をはさんで行なわれた。六月十七日に長州勢が田野浦に上陸し、数度にわたって戦闘が繰り返された。そうしたなか六月二十五日、小笠原が下関海峡にやってきたロッシュと会談、翌日にはパークスと会談した。その日、本営では芸州口の敗戦から副総督本荘が講和を図るべく、拘禁中の長州代表の宍戸備後助を独断で釈放して混乱をひきおこした。

七月二日、長州勢は大里に上陸して戦闘の主導権を奪ったが、その後は戦闘と撤退が繰り返され、小倉藩は単独で抗戦を強いられ、七月二十七日の赤坂・鳥越の戦いでは、肥後藩の軍が参戦、長州勢を圧倒する戦いを見せるも、このままでは長州勢を倒す見込みがなく、肥後藩家老の長岡監物が、小笠原に九州共同一致態勢の構築を求めるが、小笠原が小倉を退去する動きをみせたので、一斉に撤兵してしまう。小笠原は将軍家茂の死去の報を得て、戦線を離脱したのである。孤立した小倉藩は、八月一日に小倉城に火を放ち香春《かわら》に退却した。

こうした戦況から、薩摩藩主島津忠義と久光は、長州再征に反対して七月二十九日に、「既に一昨年来、大乱の機顕われ、しばしば干戈を動かし、幾多の蒼生を殺し候」と、大乱の兆しがあると警告し、大坂や江戸で騒動が起きたことを、「足元の卑商・賤民の如き、厳意を憚らず、大法を犯し候儀、謂る民、命に堪えざるの苦情に出で候事にて、忍ぶべからざる次第に御座候」と、危機感を示した。

将軍慶喜

七月二十日に家茂は病を得て大坂城中で死去した。勝海舟に「君上英敏」と評されたが、時代の流れに翻弄され続けた一生で、その死去により徳川将軍家を継ぐべき慶喜は、「大討込《おおうちこみ》」と称し、自ら出陣して巻き返す、と宣言し、それを果たさなければ一会桑政権は瓦解することになる、と考えたのであるが、小倉城陥落、諸兵の小倉城退去の報に衝撃を受けて中止した。

慶喜は徳川宗家を相続しても、将軍宣下を拒否して、幕政改革を相続の条件としたのに対し、松平春嶽は七か条の政体変革構想を示し、従来の制度を改め、諸侯に命令するのを止め、朝廷に「天下之大政」を一切返上し、尾張・紀伊両藩のようになることを勧めた。

八月十六日、参内した慶喜は、休戦の勅命を求め、「急速諸藩呼集、銘々見込も得と承り届、利害得失論定の上、天下公論の帰着」と、諸侯の意見を排除するのではなく、公論に基づいて政策を決定する方針を示した。二十日、家茂の死が公表され、慶喜の徳川宗家相続が布告され、家茂の死去を名目に休戦の勅命となった。

慶喜の意を受けて長州に派遣された勝海舟は、早くから幕府と諸大名の合意、協力路線を主張して慶喜に嫌われていたが、家茂に薩長と交渉できる人材として江戸から呼ばれていた。一会桑政権に陰りが見えたので、動いたのが公家の中御門経之《なかみかどつねゆき》・大原重徳《おおはらしげとみ》・岩倉具視らである。岩倉は八月五日に薩摩の藤井《ふじい》良節《りょうせつ》・井上《いのうえ》石見《いわみ》兄弟にあて、朝彦親王と二条関白斉敬に「天下一新」の大事をはかることを勧めるよう記し、八月二十一日にも「御一新」にて、「国是の基本は実に列藩衆議」をもって公平に行なうことを力説している。

八月末、二十二人の公家が列参、慶喜を支持する朝彦親王と二条関白斉敬の排除と、征長軍の解体を訴え「朝廷の御失体」と批判した。これには天皇が逆鱗し、中御門経之、大原重徳のほか山階宮、正親町三条実愛らを処罰し、慶喜の訴えに基づいて、九月七日、二十四藩の藩主に国事を議するため上京するように「朝命」を下した。

休戦協定に派遣された勝は、九月二日に長州の広沢真臣・井上馨と宮島で会談して停戦を合意し、大島口、芸州口、石州口の戦闘は終息した。ただ朝廷の停戦の勅命と幕府・長州間の停戦合意成立にもかかわらず、小倉方面では長州藩が小倉藩領への侵攻を緩めず、戦闘は終息しなかった。長州藩の違約に、小倉藩は独自に長州藩への抵抗・反撃を展開したが、十月に長州藩は他戦線の兵力を小倉方面に集中して攻勢を強め、企救《きく》郡南部の小倉藩の防衛拠点の多くが陥落し、小倉・長州両藩の停戦交渉が始まった。

十一月、江戸の小石川に「捨訴《すてそ》」があった。「六十六州安民大都督　大河内主税　副翼竹田秋雲斎」と名乗る訴えで、現状の政治では天下が大乱となり、ついには日本が「夷人の有」に帰してしまう、今こそ民の困苦を嘆いてきた「同志の者数千人」が、「仁義の兵」をおこし、薩長をはじめとする諸大名を滅ぼし、天下万民撫育の委任をうけ、「仁政」を施す、と記されていた。

捨訴とは幕府重臣などの屋敷の門前に密かに置かれた訴状の訴えで、中世の落書《らくしょ》と同様、地に投じることにより、転じて天に訴える性格を有していた。訴えにある「仁政」は、四民おのおのがその業に安んじ、貧窮の者や乞食・遊民が一人もいなくなるよう、米をはじめ諸物価の引き下げ、病院や老幼院、盲院をつくって、金がない困窮者を救うことなどで、幕府寄りの立場の訴えだが、幕府には、とても実現不可能な内容であり、改革というよりは、その一歩上を求めてのものである。

孝明天皇の死、慶喜の幕政改革

東西での騒乱のなか、慶喜は上洛したわずかな諸侯の会議での「天下之衆議」に基づいて、十二月五日に正式に将軍になった。その二十日後の十二月二十五日、孝明天皇が急逝した。死因は天然痘という。在位二十一年、天皇は公武合体の維持を望んできたが、しだいにその考えには批判的な人々が生まれていた。第二次長州征伐の勅命が下ると、大久保利通は西郷隆盛宛ての書簡で「非義勅命ハ、勅命ニ有ラズ候」と公言していた。長州藩も勅命に従わなかった。

慶応三年（一八六七）正月九日、皇太子睦仁《むつひと》親王が践祚（明治天皇）、まだ十六歳で元服もしておらず、関白の二条斉敬が摂政として輔佐した。大葬にともなって特赦が行なわれ、二十五日に有栖川宮熾仁親王、明治天皇生母の父である中山忠能《なかやまただやす》、国事御用であった橋本実梁《はしもとさねやな》らを始め、正親町三条実愛や岩倉具視も政界に復帰して、朝廷内部を掌握するようになり、「天下一新」に向けて動き出した。

慶喜は、前年八月二十七日にフランス公使ロッシュに書簡を出して、兵制を「一新」し軍備の充実をするための助言を求め、その助言により、ヨーロッパの行政組織に倣って、幕府を頂点とする中央集権国家に体制を変革することを図った。慶応三年二月に永井尚志を若年寄格とし、四月には外国奉行、陸軍奉行を若年寄並に昇進させた。五月には会計総裁に松平康英、国内事務総裁に稲葉正邦、外国事務総裁に小笠原長行などの老中を任じ、老中を専任の長官とする「五局体制」となし、老中首座の板倉勝静《いたくらかつきよ》をその統括調整役とする行政改革を行なった。

さらに新税導入を含めた財政改革、旗本の軍役を廃止して銭納をもって代替するようにし、フランス軍事顧問団の指導の下での新制陸軍の整備、フランスの支援による横須賀製鉄所の建設などを行なった。産物会所・日仏会社（江戸幕府・フランスの共同経営）による国内流通・国際貿易の独占支配や本格的な蝦夷地開拓などをも構想した。

幕府が外交権を掌握していることを示すべく、一八六七年にパリで開催される万国博覧会に弟の徳川昭武《あきたけ》を将軍名代として、慶応三年正月にフランスに派遣、二月には外国奉行平山敬忠《ひらやまよしただ》に朝鮮に赴くよう命じた。前年にフランスの軍艦が朝鮮で潜入仏国宣教師殺害事件があったことで、首都漢城（ソウル）の入口を守る江華島《こうかとう》を攻撃し緊張が高まっていたので、その対立の仲裁を名目に派遣するもので、五月には外国奉行向山隼人正《むこうやまはやとのしょう》が初代の駐日公使に任命された。

四侯会議と薩土盟約

薩摩藩の西郷は、京都の新たな情勢に、二月中旬、土佐に赴いて、前土佐藩主山内容堂や宇和島藩の伊達宗城や各藩の枢要な家臣らと協議、長州問題や兵庫開港問題などの国事を議する会議の開催を画策し、鹿児島へ帰って島津久光を説得、三月二十五日に久光は、藩兵七百人を引き連れ鹿児島を出発、四月十二日に入京した。四月十五日に伊達宗城も入京、五月一日に山内容堂も入洛した。五月四日、京都の越前藩邸に久光・容堂・春嶽・宗城の四人が集って四侯会議《しこうかいぎ》が始まった。最初の議題は議奏の人事で、長谷信篤《ながたにのぶあつ》・正親町三条実愛を議奏に任じるとし、五月十四日、四侯と慶喜とが国事を議し、長州問題と兵庫開港問題の審議に入った。慶喜は欧米列強に強く迫られている兵庫開港の期日が間近いのでこれの決着を求めると、四侯は挙国一致によって長州藩の「早々鎮定」、長州藩の「冤罪《えんざい》」（名誉回復）に議論を限定すべきであると主張、話は平行線をたどったが、結局、慶喜の主張の通りに会議が進み、兵庫開港および長州寛典論（藩主毛利敬親が世子広封へ家督を譲り、十万石削封を撤回、父子の官位を旧に復す）が奏請され、勅許となった。

薩摩藩の西郷・大久保らは、四侯会議の失敗を受けて戦略変更を余儀なくされた。慶応三年五月二十一日、土佐藩上士の板垣退助《いたがきたいすけ》・谷干城《たにたてき》・中岡慎太郎らが、西郷・小松・吉井友実らと会見、倒幕に向けて協議、二十五日、小松・西郷・大久保ら総勢十名が久光の御前で長州藩と協力して挙兵することを決意した。

ところが、六月十三日、土佐藩参政の後藤象二郎が坂本龍馬とともに長崎から上京、天皇に政権を返上する案を将軍慶喜に建白した。六月二十二日、土佐藩の後藤・福岡孝弟《ふくおかたかちか》・坂本・中岡らと、薩摩藩の小松・西郷・大久保らとの間で次のような薩土盟約が結ばれた。

一　天下の大政を議定する全権は朝廷に在り。我が皇国の制度法則一切の万機、京師の議事堂より出るを要す。

一　議事員上下を分ち、議事官は上公卿より下陪臣・庶民に至るまで、正義純粋のものを選挙し、なおかつ諸侯も、おのずからその職掌によって上院の任に充つ。

一　将軍職を以て天下の万機を掌握するの理なし。自今宜しくその職を辞して諸侯の列に帰順し、政権を朝廷に帰すべきは勿論なり。

前年に松平春嶽が慶喜に提言した、朝廷に「天下之大政」を返上する案に、議会制・選挙制をあわせた内容であるが、この盟約を結びつつも、薩摩の西郷や大久保は討幕を模索していて、八月十四日、西郷と小松は長州の使者に対し挙兵計画を示した。

大政返上を求める考えは、早くには文久二年（一八六二）に国奉行の大久保忠寛が、攘夷は得策ではなく、朝廷が開国を認めずに攘夷実行を迫るならば、徳川家は政権を返上して諸侯の列に下るべきである、と松平春嶽に述べていて、この時期には広く唱えられていた。安芸藩でも政権を朝廷に奉還させ、慶喜の「退きての藩籍」につくことを提唱し、薩摩・土佐の要人と会合、盟約は三藩連署となった。

坂本龍馬の活動

坂本らの案は、いかに形成されたのであろうか。土佐藩では公武合体を主張していた山内容堂が、文久三年（一八六三）に吉田東洋派を復権させ、武市半平太派の弾圧に着手、翌元治元年（一八六四）に武市らを断罪、土佐勤王党を粛清して藩の参政に後藤象二郎を登用し、軍備強化にあたらせた。

後藤は長崎で武器弾薬を購入し、薩長とも関係の深い坂本龍馬と慶応三年（一八六七）正月に会談、土佐藩は龍馬らの脱藩を赦免し、亀山社中を、土佐藩の組織にすることを決めた。四月上旬ごろ、亀山社中は「海援隊《かいえんたい》」と改称、その規約は、隊の目的を土佐藩の援助を受けて土佐藩士や藩の脱藩者、海外事業に志を持つ者らを引き受け、運輸・交易・開拓・投機を助けるものとした。隊士は土佐藩士の千屋寅之助《ちやとらのすけ》・沢村惣之丞《さわむらそうのじょう》らと陸奥陽之助《むつようのすけ》（宗光、紀州藩）、白峰駿馬《しらみねしゅんめ》（長岡藩）からなる。

京都では四侯会議が開かれることから、後藤が山内容堂に呼ばれたので、坂本と後藤は六月に藩船「夕顔丸」で長崎を発ち、その船中で坂本は、八項目の政治綱領を後藤に提示した。

その第一は、「天下ノ政権ヲ朝廷ニ奉還セシメ、政令宜シク朝廷ヨリ出ヅベキ事」という大政奉還、第二は「上下議政局ヲ設ケ、議員ヲ置キテ万機ヲ参賛セシメ、万機宜シク公議ニ決スベキ事」という議会開設、第三は「有材ノ公卿諸侯及ビ天下ノ人材ヲ顧問ニ備ヘ官爵ヲ賜ヒ、宜シク従来有名無実ノ官ヲ除クベキ事」という官制改革である。他に「外国ノ交際広ク公議ヲ採リ、新ニ至当ノ規約ヲ立ツベキ事」という外国との条約締結、「古来ノ律令を折衷シ、新ニ無窮ノ大典ヲ撰定スベキ事」という憲法の制定や海軍の創設、親兵による帝都の守衛、そして通貨改革などからなる。

極めて雄大なこの「船中八策《せんちゅうはっさく》」は、坂本の書いた原本が残されてはいないが、否定する材料は存在しない。後藤はすぐに京都で建白書の形で山内容堂へ上書すると、これをうけた容堂が、徳川家存続の妙策と考え、慶喜に大政奉還を建白した。

八　改革から天下一新へ

ええじゃないか騒動

薩土芸の盟約がなり、幕府打倒の動きが見えはじめた慶応三年（一八六七）の七月頃から、「皇大《こうたい》神宮」の札が空から降ってきたという噂が広がり、東海道筋の三河・尾張辺から京・大坂、西は広島・徳島へ、東は江戸・甲府・松本・会津へと、大衆をまきこんだ集団乱舞が始まった。

「ヨイジャナイカ、エイジャナイカ、クサイモノニ紙ヲハレ、ヤブレタラ、マタハレ、エイジャナイカ、エイジャナーイカ」「日本国の世直りはええじゃないか。豊年踊りはおめでたい。おかげまいりすりゃ、ええじゃないか。はあ、ええじゃないか」という掛声とともに、男は女装、女は男装、太鼓をたたき、三味線に浮かれ、群集は「躍り込み」と称し、日頃から不満を抱く地主や金持の家に土足で入って、酒や肴で振舞われるなか、手当り次第に物をちらかし、持ち去ってしまう。町の役人が制止しようにも聞き入れず、すべて「ええじゃないか」でまかり通る。

この様子を目撃した幕臣の福地源一郎《げんいちろう》は、『懐往事談』に「この踊は、其のころ諸神の御札が空より降ること所々に流行し、京都・大坂より西の宮は、頃日、頻りに降る最中ゆえ、市民はこれを豊年の吉瑞として、ええじゃないかという句に、野卑猥褻する鄙詞を挿みて、おかしき調子にて唄い、太鼓・小鼓・笛・三味線の鳴り物を加え、老幼男女の差別なく、花やかなる衣服を着て、市中を踊り廻りて、騒ぎ歩き行けるなり」と記している。

福地はさらに「このお札降り」は「京都方の人々が人心を騒擾せしめるために施した計略」であろうか、とその感想を記していて、騒動の広がりは凄まじかった。

地域によって内容は異なるが、多くは五穀豊穣、豊年を祈った。東海道相模の藤沢宿では、十一月に祭礼があり、その絵巻『神仏御影降臨之景況』には、仮装行列が「日光山東照宮」と記した旗を掲げる人物を先頭に、葬礼の装いをした人々や棺桶を入れた輿を担ぐ人々の列の続く様子が描かれており、幕府の凋落にともなう葬送の意味が込められていた。

「おかげまいりすりゃ」と、関西や三河・尾張を中心に広がっていて、天保の「お蔭参り」の伝統も考えられるが、問題は「日本国の世直り」や「今年は世直り」の掛声である。前年に起きたのは「世直し」の打ちこわしや一揆であったが、今年は「日本国の世直り」「今年は世直り」である。

この世直しから世直りへという変化は、世直しが改革の待望であるのに対し、「世直り」はその声を聞いての結果であり、声を聞くのは為政者か、天道思想ならば「天」となる。天から降ってきた札とは、天がその声を聞いたサインであり、為政者が動かなければ、天の意思を受けた人々が蜂起することになる。

草莽の蹶起から大政奉還へ

岩倉具視の伝記『岩倉公実記』は、「ええじゃないか」の騒動は、京では八月下旬に始まり、十二月九日の王政復古発令の日に止んだという。その慶応三年（一八六七）の末、下総相馬郡新田村の豪農の相楽総三《さがらそうぞう》は、江戸の薩摩邸を拠点とする浪士隊の総裁になった。相楽は文久元年（一八六一）頃に尊攘の志士になり、薩摩藩の伊牟田尚平《いむたしょうへい》、益満休之助《ますみつきゅうのすけ》と知り合い、その紹介で西郷や大久保に近づいて、郷士や農商・浪士など五百人からなる浪士隊を結成、関東周辺でゲリラ戦を試み、江戸の市中を攪乱した。こうした草莽《そうもう》の動きは各地で生まれていた。

関東では下野の利鎌《とがま》隊・誠心隊・赤報隊（浪士隊の後身）、甲州の護国隊・断金隊《だんきんたい》、信州の松代隊・伏水隊、東海地方では遠州報国隊、駿州赤心隊、豆州伊吹隊、尾張の草薙隊・集義隊、北陸地方では越後の居之隊《きょしたい》・金革隊《きんかくたい》・北辰《ほくしん》隊、中国地方では丹波の山国《やまぐに》隊・弓箭《きゅうせん》隊、隠岐の正義隊、安芸の神機隊、長州藩の諸隊、四国・九州では土佐の迅衝《じんしょう》隊、筑前の勇敢隊などが知られる。

その活動は幕末から明治初年に及んでおり、慶応四年八月の「小州処士」なる人物が京都で記した小冊子『復古論』は、勤王の論は「草莽」から起こったものであるから、建武の中興の二の舞にはならない、と記しているが、草莽も大きな力となり、革命へと動いたのである。

「ええじゃないか」の騒動が広がり始めた慶応三年九月十八日、薩摩藩の大久保利通と大山綱良《おおやまつなよし》は、挙兵について長州藩と協議するため山口に赴いた。大山は大久保と同じく「精忠組」に属し、剣術示現流の名手で、寺田屋事件では久光の命によって同志を上意打ちし、薩英戦争では軍賦役を勤めており、この挙兵計画案の立案者だったと見られる。

山口で決まったその計画は、京都で兵を挙げ、同志の廷臣と連携して政変を断行し、「一挙奪玉」（天皇の身体の確保）を行ない、幕府軍と戦うというもので、安芸藩も計画に乗って、大山は兵動員のため鹿児島に行き、大久保は京に戻り、三田尻港では長州藩士の閲兵が行なわれた。

薩長による討幕の動きが進められるなか、山内容堂の同意を得た後藤象二郎は、慶応三年十月三日に二条城に登城し、大政奉還建白書を老中板倉勝静に提出した。「天下の大政を議定するは、朝廷にあり」と、朝廷への政令の一元化を求め、議会制度や海陸軍備の増強、幕府の「旧弊改新」を示し、さらに「朝廷の制度法則」も「弊風を除き、一新か改革して地球上に独立の国本を立つべし」と、国家主権の確立に進むことを展望した。

政権を朝廷に奉還するという内容で、四日には安芸藩からも建白書が提出されると、これに慶喜は、土佐藩からつきつけられたことで、同藩を引きとめる意味もあって、討幕の声が広まるなかで敵対行動を抑える考えから、十月十二日に一会桑の両松平や在京の幕閣を召し、大政奉還の意志を伝え、十三日には、上洛中の十万石以上の藩の重臣を招集して藩主の上京を命じた。

十四日、正親町三条実愛が動いて「朕の心を体し、賊臣慶喜」を討て、という討幕の勅諚を大久保利通、広沢真臣の薩長両藩士に手渡し、長州藩父子に官位復旧の沙汰書を与えた。薩長両藩は挙兵を計画していたが、薩摩軍が到着せず決起が遅れるなか、反対派を抑える必要があってのことで、これに関わった廷臣は岩倉具視・中山忠能・正親町三条実愛・中御門経之らで、薩摩の小松・西郷・

大久保、長州藩の広沢真臣・品川弥二郎・福田俠平《きょうへい》らが請書を出したが、高杉晋作はこの年四月に肺炎で亡くなっている。

その十四日、若年寄の永井尚志が上表文を起草、上表が行なわれ、そのため密勅は陽の目をみることなく、翌十五日に朝廷は大政奉還を許可し、十万石以上の諸侯に上京を命じ、あわせて徳川慶勝、松平春嶽、島津久光、山内豊信、鍋島斉正らの上京を要請した。十六日には、十万石以上の藩の重臣に勅許がなったことを伝え、十七日に十万石以下の大名の上京を十一月末を期限に命じた。

王政復古の大号令

慶喜は、新たな諸侯会議の議題について、外交や朝廷に関する問題や領地間紛争などとし、十月二十四日に将軍職辞表を朝廷に提出した。大政を奉還したのに現職にとどまることへの批判をかわし、新たに生まれる諸侯会議の推戴をうけるという目論見であり、前年に将軍になった成り行きの再現を期したのだが、事態は前年とはまったく異なっていた。

諸大名に上京を命じたものの、形勢を観望するため上京を辞退する大名が相次ぎ、倒幕の動きが伝えられるなか、何ら主体的な意思決定をできないまま事態が推移した。公武合体を平和裏に行なうことを構想していた坂本龍馬は、十月十六日に新政府職制案の「新官制擬定書」を策定、十一月上旬には船中八策をもとに「新政府綱領八策」を起草するが、十一月十五日、河原町三条の定宿近江屋で、京都守護職の管轄下の京都見廻組の佐々木唯三郎《ささきただきぶろう》らに襲われ、武力討伐を主張する中岡慎太郎とともに殺害された。

十月十七日、大政奉還の儀式が終わるのを見届けた西郷・大久保・広沢らは、山口に入って討幕の密勅を伝え、西郷・大久保は鹿児島に帰って密勅を伝え、挙兵討幕で藩論が決した。十一月十三日に島津茂久が兵を率いて、三田尻港を経て十一月二十三日に上京した。二十八日に安芸藩の世子浅野長勲《ながこと》も入り、その翌日には、長州藩兵が摂津武庫郡打出浜に上陸して西宮に陣を定めた。

1867年12月8〜9日の朝廷会議（「王政復古」島田墨仙画、聖徳記念絵画館蔵）

土佐の山内容堂の上洛を待って倒幕決行をはかるなか、十二月八日の朝廷会議で長州処分が審議された。在京の大名、諸藩の重臣が意見を提出、長州藩の復権、三条実美や岩倉具視ら廷臣も復権した。
九日、前夜からの会議が終了すると、待機していた薩摩・安芸・尾張・越前・土佐五藩の兵が御所の九門を封鎖、岩倉具視・島津茂久・山内容堂らが参内し、天皇の臨席のもとで「王政復古」が宣言された。
癸丑《きちゅう》以来、未曾有の国難に先帝、

頻年宸襟《しんきん》を悩まされ候御次第、衆庶の知る所に候。これにより叡慮を決せられ、王政復古、国威挽回の御基を立てられ候間、自今、摂関・幕府等を廃絶し、即今、先ず仮に総裁・議定・参与の三職を置かれ、万機行なわせらるべし。諸事、神武創業の始に原《もと》づき、縉紳《しんしん》・武弁・堂上・地下の別無く、至当の公議を竭《つく》し、天下と休戚を同じく遊ばさるべき叡慮ニ付、各《おのおの》の勉励し、旧来驕惰の汚習を洗い、尽忠報国の誠を以て奉公致すべく候事。

ペリー来航以来の国難に、孝明天皇がいかに悩んだかを記し、この国難に対処するためには摂関・幕府を廃絶し、総裁・議定・参与の三職を置き、政治を決するもの、と宣言したのである。その際、神武創業の始めと言及したのは、幕府や摂関を廃止するためには、そこまで遡る必要があると考えたのであり、内覧・勅問御人数、国事御用掛、議奏、武家伝奏、京都守護職、京都所司代なども廃絶した。

徳川慶喜の新体制への参入を排し、五摂家を頂点とする公家社会をも解体し、天皇親政・公議政治の下で、一部の廷臣と五藩と長州藩からなる新政府を樹立した。総裁は、天皇が幼少のために有栖川宮熾仁親王が就任、議定と参与は上下二院制を踏まえ、議定には仁和寺宮と山階宮の二親王のほか、中山忠能・正親町三条実愛・中御門経之の廷臣、島津忠義、徳川慶勝、浅野長勲、松平春嶽、山内容堂らがなり、徳川慶喜は排除された。

参与は、岩倉具視・大原重徳《おおはらしげとみ》・万里小路博房《までのこうじひろふさ》・長谷信篤《ながたにのぶあつ》・橋本実梁《はしもとさねやな》ら廷臣のほか、政変参加の五藩に武士各藩士三人で、土佐藩では後藤象二郎、神山左多衛《こうやまさたえ》、福岡孝弟《ふくおかたかちか》、薩摩藩では西郷隆盛、大久保利通、岩下方平《いわしたみちひら》らであった。

十二月九日夜、御所内の小御所で天皇臨席のもと、「大政一新の基本を肇設し、万世不抜の国是を建定せんが為に公儀を尽す」ように命じた。「天下一新」「大政一新」という名の革命がなされたのである。それは中国の天命による王統の交代である易姓革命ではなく、福沢諭吉が翻訳した「revolution」の意味における革命である。

鳥羽・伏見の戦い

最初の三職会議が開かれると、山内容堂が革命を非難して慶喜を新政府に招くことを主張するが、岩倉・大久保らが、将軍辞職と大政奉還においては官位辞去と領地返納が付随すべきであると主張、その意見に沿って説諭の形で求めることになる。慶応三年（一八六七）十二月九日の夜、二条城で過ごしていた慶喜に、十日に訪ねてきた徳川慶勝・松平春嶽が、官位辞去と領地返納の決定を伝え、不慮の抗争を防ぐために大坂への退去を求め、十二日に慶喜は大坂城に居を移した。

大坂には江戸から兵力が輸送されており、京から大坂に入った諸侯もいた。七日に神戸が開港し、大坂が開市となったこともあり、十六日に慶喜は米英仏蘭伊普六か国公使と会談して内政不干渉と外交権の幕府保持を承認させ、幕府方に外交権があることを示した。

さらに慶喜は、薩長方や朝廷と折衝、朝廷の儀式費用に数万両を献金する妥協策も示したので、朝廷側にも軟化が見られたが、三条実美ら太宰府に幽閉されていた廷臣が京に入った二十七日、天皇臨席のもとで薩長芸土四藩による軍事訓練が行なわれ、その日、慶喜は辞官・納地を受諾する請書を提出、三十日、徳川慶勝・松平春嶽が帰京し慶喜の請書を提出する運びとなった。

だが、慶喜が請書を記した二十七日、江戸市中の取締りの任にあった庄内藩が、幕閣の支持をえて薩摩藩邸の焼き打ちをした、という報が入る。薩摩藩邸を根拠地とする相楽総三の浪士隊が、江戸市中や関東各地でゲリラ活動をしており、薩摩藩邸が焼き打ちの対象になったのである。

ここから江戸では薩摩藩との戦争に入ったという認識が生まれ、大坂城では京への侵攻を主張する声が高まり、これに押されて正月一日、慶喜は討薩の表を記し、大目付の滝川具挙《たきがわともたか》に武装兵による上京を認めた。

三日、入京をはかる徳川軍と、武装兵の入京を認めないとする薩長方との局地的交戦である鳥羽・伏見の戦いがおきた。私戦ではあったが、始まると報を得た大久保・西郷・広沢らの主張により、四日、仁和寺宮嘉彰《にんなじのみやよしあき》親王を征討大将軍に任じて錦旗《きんき》・節刀《せっとう》を与えたことで、薩長軍が「官軍」、徳川軍が「賊軍」となった。五日、戦場は山城南部の淀・八幡に移り、淀藩主の老中の稲葉正邦が留守中のため、その淀藩に入城を拒否された徳川軍は、八幡方向に後退した。

六日、徳川軍は八幡・山崎で官軍を迎え撃つが、山崎砲台に駐屯中の津藩が、徳川軍への砲撃を始めたため大坂に戻る。その夜、慶喜はひそかに大坂城を出て、会津・桑名の両松平とともに海路、江戸に退却した。七日、小御所に議定・参与・在京諸侯が集められ、総裁の有栖川宮熾仁親王から「慶喜の反情明白、始終朝廷を欺き奉り候段、大逆無道」という理由で、慶喜追討令が出されると、この段階から畿内近国をはじめ西南諸藩が新政府側につく見通しがはっきりし、慶喜の内大臣や、会津・桑名の両松平、老中板倉勝静の官位剝奪処分が行なわれた。

十七日、徴士・貢士の制が設けられ、徴士には諸藩士及び有才の者が「公儀を執り」、議事所の議事官となり、貢士は議定や参与になっていない藩主が差し出し、議事に携わり、輿論公儀に携わるが、才能により徴士に選挙されたので、人材登用の道となった。

慶喜の退却によって徳川軍は、戦争目的を喪失し、長州藩は大坂城を接収、大将軍熾仁親王は大坂の西本願寺北御堂を本営として大坂を制圧した。それとともに新政府は外交問題に直面した。慶応四年(一八六八)正月七日、西宮の警備に向かう備前岡山藩の家老日置帯刀《ひおきたてわき》以下の兵が、神戸居留予定地近くの三宮神社前で、隊列を横切ろうとしたフランス人水兵と衝突、発砲する事件をおこし、銃撃戦に発展、居留地予定地を実況検分中の欧米諸国公使らに水平射撃を加えたことから、兵庫開港を祝って集結していた各国艦船から、米英の警備隊、フランス水兵が備前藩兵を居留地外に追撃し、生田川の河原で撃ち合いとなった(神戸事件)。

「五箇条の誓文」

事件そのものは負傷者が若干出たのみであるが、外交問題に発展し、参与の外国事務取調係の東久世通禧《みちとみ》が勅使として神戸に下り、十五日に列国公使団に王政復古がなったことや、天皇が内外の政治を親裁する体制になったことを通告した。同行した寺島宗則が、イギリスのサトウと非公式に会談をもっていたこともあり、王政復古の通告を列国公使団が異議なく受け入れ、事件は、責任者の岡山藩兵の隊長滝善三郎の切腹、部隊を率いていた家老の日置帯刀の謹慎で一応の決着を見、二十五日に条約諸国は局外中立を宣言した。

サトウは寺島に、新政府が対外政策を行なう正当な政府であるということを、諸外国からの承認を得るためには、天皇が公使を直接に謁見することが有効であると提案、二月七日、武家議定六名が連署で「万国普通の公法を以て参朝をも命ぜられ候様」と、公使に謁見し、その旨を国内に布告し、広く「人民」に知らせるよう要請した。

二月十五日には堺港で土佐藩兵がフランス水兵を殺傷する事件もあったが、政府が「万国普通の公法」に則って、殺傷者の処分（切腹）、賠償金の支払い、藩主の謝罪で対応したので、二月三十日に英公使パークス、仏公使ロッシュらが参内し、謁見が行なわれた。

これ以前、正月から山陰道や中四国には鎮撫総督や追討総督が派遣されると、諸大名は大きな抵抗もなく正月中には帰順を表明し、二月三日に親征の詔を発し、総裁・議定・参与の三職と総裁局・神祇・内国・外国・軍防・会計・刑法・制度の各事務局が置かれ、総裁局に全権が集中された。九日、新政府は東征大総督に総裁の有栖川宮熾仁親王を任じ、東山道・東海道・北陸道三道の先鋒総督兼鎮撫使が総計一万の軍勢を率いて十五日までに京都を出発した。

慶応四年（一八六八）三月、新政府は「五箇条《ごかじょう》の誓文《せいもん》」を公布した。草案は越前藩で横井小楠のもとで財政改革を担当していた由利公正《ゆりきみまさ》が執筆、土佐藩の福岡孝弟が手を入れた。誓文には「広く会議を興し、万機公論に決すべし」「上下心を一にして盛んに経綸を行ふべし」「官武一途庶民に至るまで各々その志を遂げ、人心をして倦まざらしめん事を要す」「旧来の陋習を破り、天地公道に基づくべし」「智識を世界に求め、大いに皇基を振起すべし」と、公議世論《こうぎよろん》の尊重と開国和親《わしん》の新政府方針を示し、天皇が親政《しんせい》することを誓った。

これに応じ入京した諸侯・幕臣は誓文の誓約書に署名し、政府は署名した諸藩に向かい、誓文の趣旨を実行すべく藩政改革を要求することになる。同日、全国の庶民に五榜《ごぼう》の掲示を掲げ、儒教的道徳の強調、徒党《ととう》・強訴《ごうそ》の禁止、キリシタン禁制など旧幕府の教学《きょうがく》政策を引きつぐことを示した。さらに、政府は政体書《せいたいしょ》を制定、中央の太政官《だじょうかん》に権力を集め、三権分立の形を取り入れて、あらたな政治体制をととのえようとした。

この年の八月、明治天皇が即位、政府は九月に年号を慶応から明治に改元し、一世一元《いっせいいちげん》の制を採用し、翌年には京都から東京への事実上の遷都《せんと》となった。また、幕末期から学問・技術を磨《みが》いた者たちを新政府の要職に登用するなど政治改革に乗り出した。幕末から新政府が成立するにいたる変革の過程を、広く明治維新《めいじいしん》とよぶ。

三月二十一日、天皇は大坂親征行幸に出発、安治川河口の天保山岸壁で新政府海軍の六隻に艦隊行進を観閲、軍事の最高統率者であることを示し、閏四月一日にイギリス公使パークスからヴィクトリア女王の信任状を呈され、新政府は国際的に認知された。

閏四月二十一日に政府は政治体制を定めた政体書を公布したが、その冒頭で「国是を定め制度規律を建てるは、御誓文を以て目的」と記し、誓文の五箇条全文を引用、総裁にかわって輔相二名を設けた。三条実美・岩倉具視が就任して天皇を補佐、三職八局制を改め太政官七官を設置し、「立法・行法・司法の三権」の分立とし、議政官は上局・下局で、下局の貢士の議員が府藩から選出されて立法にあずかり、司法は司法官が担当、行政は神祇・会計・軍務・外国・民部の五官からなる。

下局は明治二年（一八六九）三月から公議所と改称され、政府直轄の府県と貢士（公儀人）が参集し、大いに議論をたたかわせ、公議輿論の代表機関となった。公議所は三月七日に開場され、藩の存続を中心にさまざまに議論され、特許・里程・御用金廃止など従来の習慣を改める意見が多数に支持されたが、外交官問題では議論を行なうのに限界があった。

江戸城無血開城

京都で体制整備が進むなか、徳川慶喜は正月十一日に品川に着くと、再起と関東防衛の配置のため、勝海舟を十七日に海軍奉行並みに復帰させ、二十三日に陸軍総裁に任じたが、恭順、天裁を待つ立場へと転じた。徹底抗戦を唱える勘定奉行の小栗忠順や若年寄の永井尚志らを罷免、両松平の登城を禁じ、二月十一日に旗本・御家人の総登城を命じて絶対恭順の方針を伝えると、二月十二日には江戸城を出て上野寛永寺に籠って恭順の意を示した。勝には新政府側との折衝を委ね、松平春嶽や山内容堂を通じて新政府側に徳川家の救済を働きかけた。

京都を二月十五日までに発した新政府軍は、大総督府参謀が西郷隆盛、東海道先鋒総督府参謀が長州の木梨精一郎《きなしせいいちろう》と薩摩の海江田武次《かいえだたけじ》、東山道先鋒総督参謀が土佐の板垣退助で、薩長土の藩兵が中心にあった。進軍先の美濃以東の駿河・信濃の諸藩は尾張徳川家が率先して「勤王誘引」を行なっていたので、東征大総督の出発以前に新政府側につく姿勢を明らかにしていた。

政府軍に抵抗したのは近藤勇らが率いる甲陽鎮撫隊《こうようちんぶたい》（旧新選組）で、これに東山道を進む板垣退助の迅衝隊が、甲陽鎮撫隊よりも先に甲府城に到着して城を接収し、新選組を撃退した。東山道軍の本隊は、三月八日に武州熊谷宿に到着、近くの梁田宿で宿泊していた旧幕府歩兵隊の脱走部隊（後の衝鋒隊《しょうほうたい》）に奇襲攻撃をしかけて退けた。三月には東海道軍が品川宿に、東山道軍が板橋に到着した。

三月十三日から十四日にかけ、薩摩藩邸で西郷と勝との会談があり、慶喜の除名と水戸徳川家での謹慎、徳川家の家名存続、軍艦兵器や江戸城の引き渡し（無血開城）が決まった。江戸城総攻撃を大久保利通は唱えていたが、中止となり、四月十一日、江戸城が接収され、二十一日に大総督が入場して明け渡しが完了、閏四月二十九日に田安亀之助（徳川家達《いえさと》）に家督相続が認められ、駿府七十万石となった。

しかし不満な海軍副総裁の榎本武揚《えのもとたけあき》は、最新鋭の軍艦の開陽・富士山など七隻の艦隊とともに、四月十一日、品川沖から房州館山に逃れ、歩兵奉行の大鳥圭介《おおとりけいすけ》らは下総に脱し、常陸・下野で威を振るった。この状態に危機感を抱いた大村益次郎は、旗本の一部が「彰義隊《しょうぎたい》」と称して上野寛永寺の山内で抵抗していたのを五月十五日に攻撃して壊滅させた。この時に官軍が用いたイギリスから輸入したアームストロング砲の威力は絶大だった。

東北の戊辰戦争

三月下旬に奥羽鎮撫総督九条道孝《くじょうみちたか》は、参謀大山綱良・世良修蔵《せらしゅうぞう》らとともに仙台に入り、東北諸藩に会津藩征討の命を発した。仙台藩は米沢藩とともに会津藩主松平容保の逃げ籠った会津藩の謝罪と寛典の斡旋を行ない、閏四月十一日、奥羽十四藩の重臣を仙台藩領白石に集め、総督府に会津の赦免嘆願書を提出した。しかし総督府がこれを拒否、即刻両藩主に出兵を命じた。

新政府に不信感を抱き、朝敵となった会津藩と江戸市中取締りをしていて薩摩藩邸を焼き討ちをした庄内藩に同情的な両藩主は、その命令に不服として藩兵を引き上げると、これをきっかけに会津・庄内両藩征討のため出兵していた諸藩が撤兵した。

閏四月二十日に参謀で処分強硬派の世良修蔵が仙台藩兵に暗殺される事件が起きたことから、閏四月二十三日、奥羽二十五藩が仙台に集まって奥羽列藩同盟が形成され、五月三日に統一して行動する白石盟約書が採択された。奥羽列藩同盟には、会津藩と盟約を結んでいた長岡藩や新発田藩等の北陸六藩も加わり、計三十一藩による奥羽越列藩同盟が成立し、会津・庄内両藩は会庄同盟として協力する形をとった。

新政府軍と同盟軍が激戦となったのは、米沢藩の故地の越後であった。長岡藩の家老河井継之助《かわいつぎのすけ》は、新政府に大政再委任を建言し、江戸の藩邸の資財を売却してガトリング砲を購入して長岡に帰り、新政府と列藩同盟の融和を図るが、失敗して同盟に加わっただけに、新政府軍には手強い存在だった。五月十九日に長岡城が落城するが、七月二十四日に奪回し、その二日後に再び落城し、戦闘で負傷した河井は死去した。

六月、上野戦争から逃れてきた孝明天皇の義弟・輪王寺宮公現《りんのうじのみやこうげん》法親王が仙台城下に迎えられ、盟主が仙台藩から輪王寺宮に移り、諸藩平等な連合による公議府が白石城におかれ、新政権樹立へと動いた。

新政府軍は、江戸から郷里に帰った藩兵を再動員して土佐藩兵が七月末に白河に着き、西郷隆盛の率いる薩摩藩兵が八月初めに秋田と新潟に向かい、八月十一日に到着、官軍の東北越同盟総攻撃の態勢が整って、八月二十一日に会津の猪苗代城が落城、翌日、会津城外の白虎隊が全滅、会津藩は籠城に入ったが、九月十二日に米沢藩・仙台藩が降伏して同盟が崩壊し、会津藩も降伏した。この時もアームストロング砲の威力は凄まじかった。

これで戊辰戦争は決したかに見えたが、江戸を逃れた榎本武揚が箱館の五稜郭を占領した上に、松前・江差を含む蝦夷地を支配、陸海軍士官による選挙により蝦夷政権の人事を決定して、新政府に抵抗するも、明治二年（一八六九）三月に江戸湾を出発した甲鉄艦が蝦夷地に上陸して、松前城と五稜郭を攻め、新選組の土方歳三や元浦賀奉行所与力の中島三郎助が戦死し、五月十八日に榎本軍は全面降伏し、戊辰戦争は終わった。

文明への論調

幕末からの次の時代を先見する動きや思想を見てゆくと、横井小楠は、旧体制を批判し、それに代わり得る新しい国家と社会を、公共と交易の視点から構想した。万延元年（一八六〇）の『国是三論』では、対外的に通商交易を「天地間固有の定理」であるとして、開国論を展開、政治体制はイギリスの「政体一に民情に本づき、官の行なふ処は大小となく必ずことごとく民に譲り、その便とする処に随って、その好まざる処を強いず」と、その民主的政治原理を高く評価した。『国是七条』では「大に言路を開き、天下と公共の政をなす」ことを記している。

但馬国出石藩の藩士で、佐久間象山に洋式兵学を学び、蘭学を学んだ後、万延元年（一八六〇）に蕃書調所教授手伝となって、法学・哲学などとともにドイツ語を学び始め、ドイツ学の先駆者となった加藤弘之は、文久元年（一八六一）に『鄰草《となりぐさ》』を著し、欧米の政体を、君主政治と官宰政治に大別、それぞれを君主専制と立憲君主制、貴族政治と共和制に分かち、立憲政治と共和制を実例で紹介して立憲君主制が妥当であり、憲法と国会の導入が必要と提唱した。

福沢諭吉は、欧米の各地を見聞し、英書や物理書・地理書を買い込んで帰国した後、その海外体験に基づいて『西洋事情』初編三冊を出版した。政治では、政体が君主政、貴族政、共和政の三種類の政体があり、イギリスではこれらの政体を組み合わせていると記し、そこでは法の下で自由が保障され、人々の宗教には介入せず、技術文学を振興し、学校で人材を教育し、安定的な政治の下で産業を営み、病院や貧院等によって貧民を救済していると紹介している。外交についても、通商や婚姻によって君主間の関係を構築し、戦争を防止するために条約を締結し、条約に基づいて大使が相互に派遣される制度を紹介した。

後年になって諭吉は、この書を西洋の事情に触れて「其驚くと共に之を羨み、之を我日本国にも実行せんとの野心は自から禁じて禁ずべからず」という動機で書いたといい、さらに本書が売れたのは、有志の輩が開国を決断したけれども、国を開いて「文明」に入ろうとするのに、何か拠り所がないかと「当惑」していたところ、本書に接し、「一見是れは面白し、是れこそ文明の計画に好材料」と飛びつくようになり、「朝に野に苟も西洋の文明」を談じるようになったと記す。

すなわち『西洋事情』は西洋の文明の総体を記したことから、人々はこの文明を指針として進んできた、と指摘している。こう見てくると、明治以後の歴史の流れは「文明」の語に集約される。諭吉は文明の語を『西洋事情』外編の一で「歴史を察するに、人生の始めは蒙昧にして次第に文明開化に導くものなり」と記し、外編の三で「文明の人民に於ては、愈々繁にして愈々密なり」と記している。

英語の「civilization」の訳語だが、諭吉が文明の語を使い始めたのはこれより早く、幕末明治初期の漢語の研究によれば、慶応元年（一八六五）の『日本新聞』に「大君」と外国政府が結んだ条約にミカドが保証したことについて、「日本は世界万国の尊敬を受け、国民一般の開化文明に進むべし」と書いており、慶応二年の幕閣宛の建白書では、「大君のモナルキ」でなければ「我国の文明開化は進み申さず」と記している。

明治期になっても、『文明論之概略』を始めとする著作で、諭吉は文明論を提唱し続けたが、この文明の考えや精神は、諭吉にとどまらず、広く知識人をとらえ、明治六年（一八七三）の明六社に集った人々に共有された。西村茂樹は明治八年の『明六雑誌』に載せた「西語解」に「文明開化の解」を記している。服部誠一は、明治七年の『東京新繁昌記』に「文明史」の表現を使用し、中江兆民の明治三十四年の『一年有半』には「己れ文明人たる事を示さんと欲す」「ざんぎり頭をたたいて見れば、文明開化の音がする」という歌が載る。

第Ⅱ部　文明の世紀

一　近代国家の形成

文明開化

ニュースペーパーの訳語の新聞は、幕府が各種の翻訳新聞を発行し、民間では浜田彦蔵《はまだひこぞう》が元治二年（一八六五）に日本語新聞『海外新聞』を刊行、明治元年（一八六八）には柳川春三《やながわしゅんぞう》の『中外新聞』、福地源一郎《ふくちげんいちろう》の『江湖《こうこ》新聞』が生まれ、同三年に最初の日刊紙『横浜新聞』が発行された。

翌年に木戸孝允の後援で東京の日新堂から山県篤蔵《やまがたとくぞう》・長三洲《ちょうさんしゅう》編集の『新聞座雑誌』が月二回で発刊、翌年政府買い上げになった。しかし、他の日刊紙の成長で経営難に陥り、明治七年に青江秀《あおえひで》に委譲し、日刊紙『あけぼの』と改題されて再出発、『横浜毎日新聞』と改題した。

その翌年には新聞・雑誌を取締まる新聞紙条例が出され、明治十年になると『団団珍聞《まるまるちんぶん》』が創刊され、本多錦吉郎《ほんだきんきちろう》・小林清吉《こばやしせいきち》の風刺画を載せて人気を博し、その影響を受けて宮武外骨《みやたけがいこつ》が『頓智《とんち》協会雑誌《きょうかいざっし》』を主宰し、多くの風刺画を載せた。

文芸では、明治四年にスマイルズの「自助論」を翻訳した中村正直《なかむらまさなお》の『西国立志編』が、人物数百人の立志伝を記して大きな影響を与え、ほかに正直はミルの『自由論』を『自由之理』として翻訳、人格の尊厳、個性と自由の尊重を強調、社会の「最大多数の最大幸福」を説いた。十一年にはリットンの人情小説『アーネスト・マルトラバーズ』の翻訳である丹羽純一郎《にわじゅんいちろう》『欧洲奇事　花柳春話』が出され、政治や社交の実際的知識を得るに便があって歓迎された。

同年にヴェルヌ『八十日間世界一週』が川島忠之輔《かわしまちゅうのすけ》の翻訳で出され、その冒険小説は、世界案内書の面でも好まれた。翻訳小説は『小新聞』に連載され、戯作者の仮名垣魯文《かながきろぶん》が幕末に戯作『滑稽富士詣』を著し、明治に入って『西洋道中膝栗毛』『安愚楽鍋』を刊行して、庶民レベルの文明開化の様相を表現した。

明治元年六月、開成所は新政府に移管、九月に開成学校として再開された。福沢諭吉《ふくざわゆきち》は英学塾を芝新銭座に移して、「士民を問わず、いやしくも志ある者をして来学せしめん」と名称を改めて慶応義塾とした。明治二年に大学校（医学所が大学南校、開成所が大学北校）が設立され、明治三年、閑谷学校は藩学校になった。開拓使が置かれ、開拓指導者養成のために東京の芝増上寺に仮学校が開設され、明治八年に学校を札幌に移して札幌学校とし、九年にアメリカのマサチューセッツ農科大学校のクラークを招いて札幌農学校と命名した。クラークに従って来日したホイーラーが建てたのが明治八年の演武場（札幌時計台）である。

明治四年にアメリカ人女性宣教師が横浜山手にアメリカン・ミッション・ホーム（亜米利加婦人教授所）を設立、翌年に日本婦女英学校と改めた。メアリー・E・キダーは明治三年にヘボン塾を継承して同八年にアイザック・フェリス・セミナリー（現在のフェリス女学院）を開設。大隈重信《おおくましげのぶ》の東京専門学校（現在の早稲田大学）などが設立された。

明治四年に文部省が設立され、廃藩置県によって藩校が廃され、同五年にフランスの学校制度にならった統一的学制が公布され、国民各自が身を立て、智をひらき、産をつくるための学問という教育観のもと、小学校教育を普及させ、男女等しく学ぶ国民皆学を目指し、義務教育で、教科書は自由に出版された。

この構想は全国に寺子屋や塾、藩校が広範に存在したが故に可能になったものだが、国家財政の裏付けがなく、建物は国民が負担すべきものとされ、住民の浄財でまかなわれた。寺子屋や寺院、民家を借り上げて開校にこぎつけたものが多かった

静岡県見付学校は、校長兼学区取締古沢脩《ふるさわおさむ》ら町の有力者が、資金を調達して明治八年八月に落成、高い石垣、間口が十二間、奥行五間の木造洋風二階建で、上に二層の楼がある擬洋風建築である。明治九年の長野県開智学校は、工費の七割が松本町全住民の戸別の献金で賄われ、玄関と二階のバルコニーに中国風の龍や雲、西洋のキューピットが混在するデザインである。擬洋風建築といえば、明治五年建築の海運橋三井組は、城郭風の屋根でありながら、二階建ての主体部はヴェランダのついた石積みで、東京中の話題をさらって、全国に普及した。

明治初期に政府は高給を払って外国人教師を多く招いて研究・教育をすすめた。学校には唱歌が取り入れられ、軍学隊が設けられ、明治九年に『明治撰定譜』が作成された。唐楽《とうがく》・高麗楽《こまがく》から九十五曲が選ばれて、宮内庁式部職楽部の出発点となり、東京女子師範学校の付属幼稚園のために楽部の伶人が「保育唱歌」を作曲した。

民衆の文明開化

思想の面では、人はうまれながらにして天から自由・平等などの人権をさずかっているとする天賦《てんぷ》人権の思想が紹介され、福沢諭吉は『学問のすゝめ』を著し、学ぶことで個人が自立し、国家の独立も達成することができると説き、この実学《じつがく》を重んじ立身出世を目標にする考え方が人びとに受け入れられた。新聞・雑誌による新しい言論活動も盛んになり、森有礼《もりありのり》・福沢諭吉・西周《にしあまね》らの洋学者が、明治六年（一八七三）に明六社《めいろくしゃ》を組織し、翌年から『明六雑誌』を発行して演説会を開き、封建思想の排除と近代思想の普及につとめた。

政府が神仏習合《しんぶつしゅうごう》を禁じる神仏分離令を出すと、寺院などを破壊する廃仏毀釈《はいぶつきしゃく》が各地でおこった。明治三年には大教宣布《だいきょうせんぷ》の詔《みことのり》を発し、神道《しんとう》を中心とした国民教化をめざし、翌年五月には伊勢神宮を頂点に官幣社・国幣社・府藩県社・郷社・村社の神社の序列をつくり、神職の世襲を禁じて地域から切り離し国家の管理下に置いた。

キリスト教は、列国から抗議をうけたので、明治六年に禁じる高札《こうさつ》を撤廃し、強い批判をうけた神道中心の国民教化から、神道と仏教による教化へと方針を転換していく。

明治三年九月に平民《へいみん》に苗字使用を許す布告が出され、「士農工商」の身分制度を撤廃、四民平等とし、四年八月に散髪・脱刀・服装の自由を認め、華族から平民に至るまで相互の結婚が許された。散髪・脱刀の許可令は、一切の身分象徴からの解放を意味し、明治四年五月の『新聞雑誌』第二号は

「ジャンぎり頭をたたいて見れば、文明開化の音がする」という俗歌を載せた。「ジャンぎり頭」（散切頭）とは、髪を束ねずに短く切って散らしたままにしたもので、丁髷《ちょんまげ》から散切りへの転換は、海外渡航者、洋式軍隊の兵卒に始まって、東京・横浜から全国に普及した。

散髪許可令は女性を念頭においておらず、女性の散髪が出現した時、報道が非難し、明治五年四月の東京府布告は女子の散髪を禁じ、同年十一月の違式詿違《いしきかいい》条例で婦人の断髪を罰金つきで禁じるなど、文明開化は男性中心だった。

明治五年十一月九日の太政官達は太陽暦と定時法を採用、旧暦五年十二月三日が新暦の六年一月一日とされ、一日を二十四時間、日曜を休日とした。開化とともに復古の動きも広がり、新暦採用直後の十一月十五日に神武天皇の紀元が制定され、翌六年に神武天皇即位の二月十一日を紀元節と定め、明治天皇の生誕の天長節と並んで祝日に指定された。

文明開化の風潮は、東京・横浜などの都市部を中心に急速に広まり、明治五年二月の大火を機会に、東京を不燃都市へ改造する計画が立てられ、京橋から新橋に至る後の銀座八丁の大通りに、煉瓦造りの建物が並ぶ町を建設、幅広い街路の両側に松・桜・楓などが植えられた。江戸の町火消を改組して消防組が発足、七年から東京警視庁のもとで近代化が図られた。ガス灯のたつ道路には人力車・乗合馬車《のりあいばしゃ》が走り、洋装の紳士が婦人と腕を組み、馬車や人力車の走る街頭を散歩する風景は、三代広重の描く錦絵を通じて全国に伝えられた。

明治五年に外務省から新潟県令になった楠本正隆は、開港場の新潟を外国人に恥ずかしくない町

東京名所之内銀座通煉瓦造鉄道馬車往復図（マスプロ美術館蔵）

にすると宣言して、裸体・立小便の禁止、公園や道路の整備、一番町・二番町への町名目の変更、街並み改造に力をいれて「開化県令」と称されたが、これを見たイギリス人旅行家のイザベラ・バードは、街路が非常に清潔で、泥靴で歩くのがためらわれるほどだ、と感嘆した。

幕末から伝統芸能の衰退は著しかったが、演劇では明治五年九月の東京布令によって、江戸三座が再興、新たに七軒の劇場が開場した。中島座・喜昇座《きしょうざ》・薩摩座・奥田座・桐座・辰巳座・河原崎座で、明治七年にガス灯使用の新劇場が横浜に湊座を開場し、開化目的の物語を上演、東京新富町の守田座が劇場経営を一新して株式組織にし、座名を新富座に改め、座主の守田《もりた》勘弥《かんや》がガス灯を新劇場に使用し、座席の前売りをした。

能は、明治五年に京都の今出川御門の桂宮邸で能御覧があって、九年に岩倉具視邸で天皇・皇后を迎えての天覧能が行なわれ、茶道では、明治五年の京都博覧会の開催で息を吹き返した。花道界では、官僚の細川《ほそかわ》潤《じゅん》次郎《じろう》十洲が明治十年（一八七七）に『瓶花挿法《へいかそうほう》』を著して文人花の世界が蘇り、九年に池坊が本拠の六角堂の再建で動きだした。歌舞伎では河原崎権之助、能では宝生九郎が劇中の人間そのものを追究する視点から新演出を試みた。

美術の文明開化

幕末にはなかった美術の概念が、明治初年に西欧から日本に紹介され、明治五年の西周『美妙学説』は「西洋にて現今、美術のなかに数ふるは画学、彫像術、彫刻術、工匠術」と記している。その画学こと絵画では、お雇《やと》い建築家のジョサイア・コンドルを弟子とした河鍋暁斎《かわなべぎょうさい》が、ユーモア溢れる「カエルとヘビの戯れ」を描き、歌川国芳《うたがわくによし》の弟子月岡芳年《つきおかよしとし》は、戊辰戦争を題材に『東叡山文殊楼焼討之図』を描くにあたって戦場の屍を弟子とともに写生、佐賀の乱を『皇国一新見聞誌』に描いたほか、武者・役者・美人の錦絵を次々に発表した。

小林清親《きよちか》は横浜で洋画の手ほどきを受け「光線画」を考案、東京の名所に由来する風景版画に外光や人工の明かりの木版による表現を特徴とし、『高輪牛町朧月景《たかなわうしまちおぼろづきのけい》』では夜の海辺を走る煙突から出る光や月明かりを映す雲など複雑で多様な光が色摺り木版の性質によって摺り分けられている。菊池容斎《ようさい》は明治九年に『安政大地震お救い小屋の図』を描いたが、その著『前賢故実《ぜんけんこじつ》』に載る人物の伝記は、芳年に影響を与え、明治の歴史画に多大な影響を及ぼし、弟子には松本楓湖《ふうこ》、渡辺省亭《しょうてい》らがいる。

川上冬崖《とうがい》は信州松代藩に生まれ、画屋を「無辺春色画屋」と称し、江戸に出て文久元年（一八六一）に蕃書調所画学出役となり、維新後は大学南校などで教え、明治二年（一八六九）に日本最初の洋画塾「聴香読画館」を開き、四年に『西画指南』、七年に集画帳『写景法範』を著し、洋画法の普及に尽した。

幕末期に蕃書調所画学局で川上冬崖の指導を受けた高橋由一《ゆいち》は、佐野藩士の子で、嘉永頃に西洋石版画を見て西洋画学習に志し、慶応二年（一八六六）にイギリス人のワーグマンに入門して油彩画を学び、パリ万博に油絵を出品した。

明治六年に画学道場天絵楼を設けて弟子を育成、代表作の『花魁図《おいらんず》』は明治五年頃の作であって、迫真性を備えたリアリズムに特色があり、強烈な土着性と実在感が見るものを驚かす。身近な題材を対象として、静物画にも独自の領域を開拓し異彩あるものにしているのは、モチーフの形状、その質感をうつすことへの集中であり、「絵画は精神の為す業なり」という。『鮭図』は由一静物画の頂点である。

由一は明治天皇の肖像画を依頼されたが、明治五年に内田九一《うちだくいち》が初めて天皇・皇后の写真を撮影、その天皇の肖像は束帯姿と直衣姿《のうしすがた》であった、翌年に撮影したのは軍服姿であり、五姓田芳柳《ごせだほうりゅう》はこの時の写真から天皇の肖像を描いている。政府は女官に囲まれた若い天皇に西欧型の帝王学を身に付けさせるべく女官を総罷免して精選、側近も華族中心から士族《しぞく》中心に交替させ、撮影した天皇を洋装とするなど宮廷改革を行ない、加藤弘之にドイツ流の立憲的国家学を学ばせ、儒教主義の元田永《もとだなが》孚《ざね》の指導も受けさせた。

九一は長崎生まれであったが、箱館に住む田本研蔵と門下の竹林盛一は北海道における初期の写真文化を支えた。田本はロシアから写真技術を導入、政府の開拓事業を記録し、横長で広い視界を持つパノラマ写真『石狩国札幌本通りヨリ西ヲ望ム図』を撮影している。

彫刻では明治十年の第一回内国勧業博覧会で最高賞の龍紋賞牌を受賞したのが旭玉山《あさひぎょくざん》や高村東《たかむらとう》雲《うん》、「漆絵」の新領域を開拓した柴田是真《しばたぜしん》、西村総左衛門、宮川香山《みやがわこうざん》らであり、旭玉山の『人身骨格席供』は精巧な完成度により特に医者からの評判がよかった。高村東雲の『白檀観世音』は、弟子の光雲が自分の代作であると語ったという。

内国勧業博覧会は、内務卿大久保利通の主導で、上野公園で開かれ、全国から約八万点が出品されて、開会当日に天皇が開会を宣し、大久保の労を慰めたが、明治四年に浅草奥山で『西国三十三所観音霊験記』を興行した松本喜三郎は、生人形を出品しており、高村光雲もたびたび見に行き驚いていた。東京医学校の依頼で人体模型を制作している。

政治制度の改革

維新政府は中央集権体制をつくるため、まずは藩制度を廃止した。明治二年（一八六九）正月二十日、薩長土肥の藩主連署による全国の土地・人民を支配する王土王臣論に基づいての、版籍奉還《はんせきほうかん》の上表文が提出されると、諸藩の藩主も地位の安定をねがって次々に奉還した。

公議所は薩摩藩士森有礼が提出した「御国体の儀に付問題四条」を審議する形で議論、大藩を府、中小藩を県と改める「郡県議」が最多数を占めたが、政府は三月の天皇の東京再幸を機会に公儀を経て奉還の処置を決める、と答え、東京遷都とともに諸藩の藩主に版籍奉還を命じ、これによって府・藩・県の制度が設けられ、旧藩主は知藩事《ちはんじ》として従来通りに藩政にあたることになった。

さらに政府は、諸藩に諸務改革を通達、石高・貢租高・物産や、藩政の経費・職制、藩士・職員・兵卒の員数やその禄高、地図、人口・戸数などの調査を命じ、藩主には実収高の一割を家禄と定めた。それとともに政府は、神祇官・太政官が並び、太政官の下に大蔵・兵部・外務・民部・刑部・宮内省を置き、中央集権の実を上げるために兵力を強化した。

幕府から引きついだ直轄地《ちょっかつち》からきびしく年貢を徴収したため、各地で農民一揆がおき、九月四日に兵部大輔大村益次郎が元長州藩士に襲われて十一月五日に亡くなる。大村は農民を兵につのる兵制近代化を進め、士族の反感をかったものだが、翌年正月には東京府御用掛で版籍奉還を推進した広沢真臣《ひろさわさねおみ》も暗殺された。

政府は五榜の掲示第五札で士民の本国脱走を禁じ、明治四年四月四日の戸籍法で、人民の保護は国家の務めであり、国民は戸籍によって把握され、国家の保護を受けるとし、全国を地理的に区画して戸籍区とし、責任者を置いて戸籍を作成させた。

四月九日には庄屋、名主、年寄など身分的職制を廃し、地域運営の全般を担う戸長・副戸長に再編成、土地・人民一切の事務を取り扱わせ、政策や制度の布達、郵便業務にあたらせた。アイヌを平民に編入、男子の耳輪、女子の入れ墨を禁じ、日本式姓名を強制した。
旅行と寄宿のために新鑑札制度も定め、自由な移動を制限したが、七月二十二日に鑑札制廃止を布告、人々は土地緊縛から解放され、農民は九月七日の田畑勝手作許可により土地利用の自由を得、五年二月に土地永代売買解禁で土地処分が自由になった。八月の「解放令」は、えた・非人の称を廃し、身分・職業とも平民同様としたが、差別は依然続いた。

政府は鹿児島藩以下四藩の建白で反政府運動の取締りを強化し、権力強化と財政確立の両面から藩制を全廃する方針を定め、薩摩・長州・土佐の三藩の兵を御親兵《ごしんぺい》として軍事力を固めると、六月に参議が一斉に移動辞職し、西郷隆盛と木戸孝允が参議になり、七月、木戸邸に西郷隆盛・西郷従《つぐ》道《みち》・大山巌の薩摩側と木戸・井上馨《いのうえかおる》・山県有朋《やまがたありとも》の長州側が集まって協議、廃藩置県を断行、同日に大隈と板垣を参議に任じ、肥前・土佐への融和をはかった。八月に諸藩軍隊を解体し、東京・大阪・鎮西・東北に四鎮台を置いて、政府の指揮下に入れ、翌年三月に親兵を近衛兵と改称した。

四年末には全国を三府七十二県とし、中央政府が府知事・県令《けんれい》を派遣、その指令を地方に徹底させ、免職の知藩事は東京に住むものとし、旧藩士の俸禄《ほうろく》は政府が負担、一般行政上の大小の区を設けて区長を置くことと決めた。

中央政府は太政官《だじょうかん》が正院《せいいん》・左院《さいん》・右院《ういん》の三院制で、正院の下に八省《しょう》をおき、太政大臣三条実美と、西郷・木戸・板垣・大隈、四参議の布陣、右院は諸省の卿・輔が集まり、正院と連絡しつつ行政上の打ち合わせを行ない、岩倉外務卿と大久保利通大蔵卿が中心になった。要職を薩摩・長州・土佐・

肥前《ひぜん》の四藩出身者で占めた藩閥政府である。

これまで政府は華族・士族には家禄の額を減らして支給し、王政復古の功労者には賞典禄を与えていたが、明治六年、家禄・賞典禄をあわせた秩禄《ちつろく》の支給へとかえ、一時金を支給する秩禄奉還の法を定めた。秩禄支出が国の総支出の約三十パーセントを占め、大きな負担だったためだが、九年には、すべての受給者に年間支給額の五〜十四年分の額の金禄公債証書を与えて秩禄を全廃（秩禄処分）、同年の廃刀令とあわせ、士族は主な特権を奪われた。

小禄の士族が受け取った公債の額は僅かで、官吏や巡査・教員などに転身できなかった多くの士族は生活に困り、公債を元手に商売に手をだし、失敗して没落したものも多く（士族の商法）、政府は事業資金の貸付などの士族授産の道を講じたが、成功例は少なかった。

外交問題と明治六年政変

明治五年十一月十二日、岩倉を全権大使、木戸・大久保・伊藤博文（工部大輔《こうぶだいふ》）・山口尚芳（外務少輔《がいむしょうゆう》）を全権副使とする四十六名の大使節団が、華士族の留学生五十九名（津田梅子など女子五名）とともに不平等条約改正の交渉の条件づくりと、欧米諸国の制度・文物の調査を目的に派遣された（岩倉使節団）。条約改定掛参議の大隈が提唱、大久保が岩倉・木戸を抱き込んでの派遣である。

アメリカに渡って改正交渉を始めたが、時期尚早と知って交渉を打ち切り、イギリス・フランス・ドイツなど西欧の文物調査を行なうなか、早くも大久保が六年五月、木戸が七月に横浜に着いたが、これは留守政府の内部対立と、樺太・台湾・朝鮮の外交上の問題が起きていたからである。

樺太は日露両国の雑居地とされ、慶応二年（一八六六）二月にペテルブルグで結ばれた仮規則で日露両属とされたが、ロシアが勢力を拡張したため、両国民の衝突事件が続発、五年六月に駐日ロシア大使と副島種臣《そえじまたねおみ》外務卿の間で交渉が始まり、六年八月、副島は樺太譲渡の代償として、日本の朝鮮出兵とそのためのロシア領通過を認めるように要求した。

朝鮮の宗主国である中国とは、明治四年に対等の性格を有する日清修好条約を締結し、中国とは同格であったが、日清両属の琉球国については問題が残った。政府は廃藩置県によって鹿児島県の管轄下に置くが、四年十二月に台湾に漂着した琉球船の乗員六十六人が殺害される事件がおきると、台湾出兵を視野にいれ、翌年琉球国王を琉球藩主とし、華族に列すると宣告、琉球の外交事務を外務省に移管した。

中国は、六年三月の条約批准の北京会議で、殺害事件は国内問題であるとし、朝鮮の内政・外交にも不干渉の立場であると主張し、ここに日本国内で「征台」「征韓」論が沸騰することになった。

日本は、朝鮮とは「無論に一等を下し候礼典」を用いるように、と身勝手な態度をとって、高宗王の父大院君《たいいんくん》が政権を掌握すると、日本を上位におく「皇室」と「奉勅」の語がある書契を受理しなかった。幕末の国学の隆盛で朝鮮を蔑視する傾向が生まれていたことや、早くに日本が西欧文明を受け入れたことから、鎖国政策の朝鮮に、その文明を強いるようになっていたのだが、朝鮮は一八六六年・七一年の二度、江華島を占拠したフランス艦隊六隻とアメリカ艦隊六隻を撃退しており、日本に対抗する力をつけていた。

明治四年に対朝鮮外交の一元化をはかった日本は、五年に釜山の草梁倭館を接収して、大日本公館と改称、対馬商人に限って認められていた貿易を、他の日本商人にひそかに行なわせたところ、これに反発した朝鮮側が、密貿易取締りの命令書を掲示、それには日本が「無法之国」という文言があって、日本で「征韓」論争が起きた。

六年正月十日に、陸軍大輔山県有朋の主導で国民皆兵《こくみんかいへい》をめざす徴兵令《ちょうへいれい》が出された。これにより男性は士族・平民にかかわらず満二十歳に達した者から選抜され、三年間の兵役《へいえき》の義務を負った。兵役は農工商の平民にとっては新たな負担となり、旧武士《ぶし》は特権をうばわれ、各方面からの反発が強く、三月に三重県牟婁《むろ》郡神内《こうのうち》村一揆など多くの一揆がおきた。これは前年末に出された告諭にある「血税」の文字を誤解したからのもので、血税《けつぜい》一揆と称された。

八月十七日、参議西郷隆盛は、板垣退助の朝鮮出兵の主張を抑え、軍艦をともなわない対韓使節の派遣を主張、使節として派遣されることになった。西郷には留守政府の急激な開化政策に反発する士族の目を外に向かわせる意図があった。これを三条実美が天皇に上奏して了承されたが、岩倉具視の帰国を待って奏聞するよう言われ、帰国した大久保利通は、使節派遣が開戦に直結すると反対するが、西郷派遣が改めて確認されたので、参議の辞意を表明した。

そこで岩倉は、正院の決定を上奏する際に反対論をもあわせて上奏すると、天皇は岩倉の意見通りにせよ、という勅書を十月二十四日に授けた。天皇の権威を用いて正院決定を覆したもので、このため留守政府のメンバーの西郷・板垣・後藤象二郎・江藤新平・副島種臣の五参議が辞職、かわって伊藤博文（工部卿）・寺島宗則（外務卿）・勝海舟（海軍卿）が参議になり、木戸孝允（文部卿）・大隈重信（文部卿）・大木喬任《おおきたかとう》（司法卿）が留任、大久保が新設の内務卿となって新たな体制で政局に臨むことになった（明治六年政変）。

西郷が参議・近衛督を辞し、陸軍少将桐野利秋《きりのとしあき》も辞表を出したので、近衛兵の動揺は著しく、天皇は近衛将校団を召し、西郷の陸軍大将は変わらず「国家の柱石」であると伝え、動揺をしずめようとしたが、近衛兵の中心をなす薩摩・土佐出身者の多くが帰国した。

大久保は設立した内務省の下に勧業寮と警保寮を位置づけ、内務卿が直接に人事権を掌握し、勅任官・奏任官クラスの地方官を通じて地方行政を動かすこととし、民業育成と警察強化を前面に押し出した。警保寮は司法警察機能とともに人民保護・衛生・風俗取締り、国事犯逮捕など行政警察機能を担当した。

士族反乱と台湾出兵

明治六年（一八七三）十一月新設の内務省を政府の中核にすえた大久保政権の発足とともに起きたのが、佐賀の乱である。佐賀では士族グループの憂国党と、政変で下野した江藤新平が朝倉尚武《なおたけ》を通じて佐賀県士族を結集し結成した征韓党とが、佐賀県庁を事実上掌握し、七年二月一日に憂国党が小野組の佐賀出張所を襲撃、征韓党に招かれて帰県した江藤と元秋田県令島義勇《しまよしたけ》が、熊本鎮台兵と交戦し、江藤は他県の士族に援助を求めたが拒まれた。

政府は大久保内務卿が全権委任状を授けられて、九州に赴いて鎮圧に乗り出すと、大阪鎮台から兵が増強され、江藤らを攻めて破り、江藤と島を極刑に処した。この勝利は、長崎・東京間の電信による迅速な情報収集、蒸気船による鎮台兵の動員、他県の士族への周到な対策によるものであり、反乱兵は孤立していた。

これ以前、高知県士族九名による右大臣岩倉具視襲撃事件が、正月十四日の東京赤坂喰違《くいちがい》見付《みつけ》で起きると、新設の警視庁の川路利良《としよし》警保助以下の探索により、下手人は、首謀者の元外務省出仕の陸軍少佐武市熊吉以下の征韓論者であり、斬罪に処せられた。

正月十七日、前参議板垣退助は後藤象二郎と愛国公党を結成し、イギリス帰りの小室信夫《こむろしのぶ》・古沢滋《しげる》と相談し、議会制論者と練り上げた「民撰議院設立建白書」を、江藤新平・副島種臣とともに提出した。その冒頭は「それ人民、政府に対して租税を払う義務ある者は、すなわちその政府の事を与知可否の権理を有す」とあって、征韓論争で敗れた板垣が、士族の立場から一転して租税を払う平民の立場から、政府官僚の専断（有司専制）の弊害を批判し、天下公論に基づく政治を行なうための国会の設立を求めたものであり、これが新聞に掲載され、世論に大きな影響を与えた。

建白書を提出した多くの当事者は郷里にひきこもった。高知に戻った板垣は、七年四月に片岡健《けん》吉《きち》・林有造《ゆうぞう》らと政治結社の立志社《りっししゃ》をおこして「人民の安寧を計らんとせば、民撰議院を設立、立憲政体の基礎を確立するほかない」と主張、翌年、民権派の全国組織をめざして士族民権結社の連合体である愛国社を大阪に設立し、徳島に帰った小室は自助社《じじょしゃ》を結成した。

全国各地で士族の反政府気運がしずまらないなか、七年二月六日に岩倉の屋敷に大臣参議が集まり、大久保・大隈提出の「台湾蕃地要略」を修正の上で承認した。台湾で琉球島民が明治四年に殺害され、六年三月に小田県（岡山県）の漂流民が台湾で強奪されたことを理由にまとめたものであり、琉球島民を日本人として、その主権者の責任を果たすねらいがあった。

琉球を属国と見做す清国との軍事衝突の危険はあったのだが、四月四日、陸軍中将西郷従道が台湾蕃地事務都督となり、五月、軍艦六隻に約三千六百人の兵隊を乗せて出兵した。そのなかには隆盛配下の義勇兵も多数含まれていた。イギリス公使パークスやアメリカ公使ビンハムが、中国政府に無断での出兵を批判したので、台湾領有計画を取りやめての出兵であった。

五月、台湾南端の社寮湾に上陸、六月には牡丹社の「生蕃《せいばん》」（原住民）を制圧した。戦死十二人、病死五百二十五人で多くは腸チフスによるものだった。中国政府との外交交渉では、大久保が戦争を覚悟に北京に乗り込んで、度重なる交渉の結果、両国の仲裁・調停に入った駐清イギリス公使ウェードの提案で、十月三十一日、償金五十万両で日清両国互換条款が調印された。清国側は「撫恤」金の提供で撤兵を要求し、日本側は出兵を「義挙」と認めさせて受け入れた。

中国が調印に至ったのは、陸海軍が自力で日本軍と戦える状態ではなく、戦端が開かれれば、各地で内乱のおこることが予想されたからである。大久保は台湾で西郷都督と撤兵の打ち合わせをして帰国すると、開戦に至らなかったことに「人民歓喜」したという。士族層の動員を不可避とする開戦の危機を乗り越えた大久保は、十一月の意見書で、当面は君主専制でゆくべしと述べ、地租改正へと動き出した。

富国強兵と殖産興業

日本経済は幕末の貿易収支の黒字から、明治三年（一八七〇）には輸出額が約千五百万円なのに、輸入額が約三千五万円という貿易収支の大幅赤字になっており、その赤字解消をもとめる努力が始まった。まずは財源の確保が重要な課題であって、主財源は土地からの年貢であるから、政府は廃藩をきっかけに土地制度と税制の改革を始めた。

明治五年に田畑永代売買《でんぱたえいたいばいばい》の禁止令を解き、土地の所有権を認め、神田孝平の提案で地券《ちけん》を発行、全国地価の税額を点検して、地租賦課について売買の際だけでなく、すべての土地について地券発行の方針を出した。旧来の貢租をそのままに売買地価を記載したので、同じ収穫の土地でも貢租の高低により売買地価が異なるため、神奈川県令陸奥宗光の建議で、田畑の地価をその生産力に基づいて定める収益地価の方式をとった。これは前年からひき続いて、六年六月に参加者三十万人、死者四十人の筑前竹槍一揆が勃発するなど、減租を求める農民一揆への対応策でもあった。

財政問題で江藤新平司法卿と対立した井上馨大蔵大輔の辞職があり、これを目にした元会津藩士の橋爪幸昌《ゆきまさ》の檄文が十月の『日新真事誌《にっしんしんじし》』に載って、我が国は現在五十五万円の巨額の外債を負うが、これは人民一人当たりで十六銭二厘に過ぎず、献金して国家の危機を救おう、という呼びかけから献金が続いた。
地租改正《ちそかいせい》法令は七月二十八日に公布され、その要点は、①土地を測量し、その収穫高を調査して土地の価格（地価）を定め、土地所有者に地券を発行する。そのうえで、②課税基準を収穫高から地価に改め、物納を金納に改めて税率を地価の三パーセントとする。③地券所有者を納税者にして金納とし、④将来煙草その他の物品税の増加にともなう地租は一パーセントまで減少させることにするの四点である。

これにより、政府は一定の税収を確保し、財政は一応は安定したが、地租額はそれまでの税収を減らさない方針で決められたので、農民の負担は以前とかわらず、地域によっては以前よりも負担が大きくなった所もあったため、負担の軽減を求める一揆が各地でおこった。明治九年の茨城県の真壁暴動や三重県の伊勢暴動のように軍隊が出動する暴動が起き、士族反乱を恐れた政府は、翌年一月に地租率を地価二・五パーセントに引き下げ、反対の波をおさえることができた。

政府は富国強兵《ふこくきょうへい》・殖産興業《しょくさんこうぎょう》をスローガンに、産業の育成にも積極的に取り組み、工部省《こうぶしょう》・内務《ないむ》省《しょう》を設けて事業を推進した。工部省は民部省から鉱山・製鉄・灯明台・鉄道・電信機の五掛を移管して明治三年に創設され、殖産興業政策の中枢官吏機関とし、「工部開明」を掲げ、西欧諸国の産業構造を日本に移植しての工業化をめざした。

イギリスからの鉄道建設資金導入を契機に鉄道部門が中心となって、電信部門と品川のガラス、赤羽の機械製作の三工作分局、兵庫・長崎の二造船所も政府直営の官営工場として管轄下においた。

最初の鉄道建設計画は、在日英・米人からの提案をもとに、大隈重信らを中心に官営鉄道計画がまとまり、東海道線全通をめざし、とりあえず東京・横浜、大阪・神戸間の建設に進んだ。東京・横浜間は、建設費二百七十二万五千円の大部分をイギリスからの外債にもとめ、明治五年五月に品川・横浜間が仮営業、同年十月に東京・横浜間の開業式が行なわれた。

電信事業は寺島宗則中心に始まり、明治二年九月にイギリス人技師の指導で東京・横浜間の架設工事が始まって、十二月に公衆電報扱いが始まる。翌年、大阪・神戸間、明治六年に東京・長崎間、その二年後に東京・青森間が通じた。料金は距離制、カタカナ二十字以内で東京・横浜間は七銭、米子・大阪間は二十三銭で、局から五町以内は無料で配達し、以遠は二銭ずつ加算、同十八年に料金均一制になった。

多くの外国人をまねいて高額の給与を支払い、技術指導にあたらせた。そのお雇い外国人の一年間の総数は約三千人、ピークは明治七・八年で五百二十七人に達した。造幣寮で貨幣を創始したキンダー、外交・法律顧問のフルベッキ、富岡製糸場長のブリューナ、陸軍軍制樹立に貢献したジュ・ブスケ、憲法起草に関与したロエスレルらがいる。

明治四年に東京・大阪間に郵便が始まり、駅逓頭《えきていのかみ》の前島密《まえじまひそか》は「飛脚」を「郵便」という新語にかえ、「切手」「はがき」の語をつくり、切手に消印を押すことにし、料金は五匁までの封書料金を一貫五百文、時間は七十八時間とした。郵便取扱所は郵便役所と改められ、翌年郵便国営一元化が定まると、明治八年に郵便局と改められ、三千五百六十六か所に増えた。郵便ポストは「書状集箱」

と呼ばれて郵便取扱所内や市中に置かれ、明治十六年に郵便条例が定められ、郵便の種類と料金が定められた。

海運では、有事《ゆうじ》の際に軍事輸送をおこなわせるため、土佐藩出身の岩崎弥太郎《いわさきやたろう》の経営する三菱《みつびし》を手あつく保護した。岩崎は土佐藩の郷士出身で明治三年に藩と合弁で九十九《つくも》商会を興し、明治五年には三菱商会を名乗り、郵便汽船三菱会社と名称変更、在日外商から資金を借り入れ、汽船の増加をはかり、台湾出兵の政府軍輸送で巨利を得て、ライバルの日本国蒸気船会社が明治八年に解散するなか、官船の委託を受け、大久保政権の海運政策の民業保護により、三菱会社保護が決定した。

産業の基盤整備

明治元年（一八六八）閏四月に由利公正の建議で、太政官札（金札）を発行、商法司を通じて各方面に貸し付けたが、政府の信用が薄く流通が限られていたので、翌年、通用期限を五か年に短縮し、新貨鋳造の上で兌換に応じる、と布告すると、偽造・変造が現れ、明治五年から新紙幣を発行して交換をはかった。

近代国家体制確立のため、貨幣の新たな制度が必要になり、金銀いずれを本位貨とするかの議論があった末、金本位制を採用し、明治四年に新貨条例《しんかじょうれい》を定めた。その内容は、①新貨幣の呼称は円を起票とし、十進法《じっしんほう》による円《えん》・銭《せん》・厘《りん》の貨幣単位を定め、②金の量目四分（一・五グラム）を一円本位貨とし、③通用貨幣の比率を、一円を一両とし、④貿易上の便宜から一円銀貨を開港場に限って通用するものとし、金銀複本位制となった。

明治五年（一八七二）、渋沢栄一が中心となって国立銀行条例を定め、東京第一・横浜第二・新潟第四・大阪第五の国立銀行が設立されたが、なかでも翌年六月の第一国立銀行は、渋沢栄一が三井小野両組に働きかけて共同出資で生まれた。

三井家は越後屋呉服店と両替商を営み、維新後は慶応四年（一八六八）に小野家・島田家とともに新政府の会計事務局為替方になり、三井銀行を営業した。小野組は、初代近江高島郡の小野新四郎則秀《のりひで》が上方と南部地方との物産を交易、京都・江戸に出店、安永五年（一七七六）に金銀為替御用達となり、維新後は陸軍省や府県の為替方として官金を扱い、築地製紙場や秋田の院内・阿仁鉱山を経営した。

島田家は山城綴喜郡から京都に出て呉服業を営み、維新後は為替基立調達に尽力、太政官札の発行に従事、九県の為替方に従事したが、明治七年の官金に対する抵当増額の達しに対応できず、小野組とともに閉店するも、三井組はオリエンタル銀行横浜支店から百万ドルの巨額融資を受けて乗り切った。三井《みつい》・岩崎《いわさき》（三菱）・小野など特権をあたえられた事業家は、大きな利益を上げ政商《せいしょう》とよばれた。国立銀行は明治九年に金貨とは交換できない不換《ふかん》紙幣を発行する制度に改められ、各地に国立銀行が設立され、明治十年までに三十も生まれた。

鉱工業では、まず軍事力の強化をめざし、東京・大阪に官営の軍需工場を設けた。幕府の横須賀製鉄所を接収し、明治四年に横須賀造船所と改称、翌年に工部省から海軍省に移管され、長崎造船所も四年に製鉄所から改称された。佐渡《さど》・生野《いくの》などの重要鉱山、日本最初の高島炭鉱や三池炭鉱の経営も行なった。明治二年に旧薩摩藩士五代友厚《ごだいともあつ》は会計官権判事を辞し、大阪に金銀分析所を開設して巨利を博し、その利益で鉱山を買収、弘成館として経営、小野組や第一国立銀行からの融資をあおいで営業し、朝陽館による近代的な製藍業にも乗り出した。

政府は輸出産業の生糸《きいと》の生産拡大に力を入れ、明治五年十月に群馬県に官営の富岡製糸場《とみおかせいしじょう》を開設、フランス人生糸検査技師ブリューナの指導のもと、フランス式輸入機械三百台と蒸気機関を据え付け、士族の子女を集めて操業を開始した。綿織物は、輸入綿織物の増加が明治六年に止まったが、世界恐慌《きょうこう》で単価の急落した輸入綿糸を使って再生した。

農業・牧畜の改良も進め、北海道の開拓に力を入れた。明治二年、蝦夷地《えぞち》に開拓使をおいて北海道と改称し、政府直轄地のほかは藩・華族などに開墾地を割り当てる分領制を採用した。開拓次官の黒田清隆《くろだきよたか》は渡米し、H・ケプロンを顧問に招くことを決定、道路・鉄道・都市の整備、官営工場の経営、石炭の採掘を行ない、アメリカの大農場制度や畜産《ちくさん》技術の導入をはかった。

七年に士族授産《しぞくじゅさん》の政策から、黒田の建白で屯田兵《とんでんへい》制度が設けられ、翌年八月に屯田兵村が札幌郊外の琴似《ことに》に設置され、宮城・秋田・酒田各県と北海道の士族、一九八戸、九六五人が入植し、開拓とともに北方のロシアに対する備えとされた。アイヌは、開拓使による日本語奨励や毒矢禁止など厳しい同化政策のもとにおかれた。

樺太千島交換条約と日朝修交条規

明治七年（一八七四）十月、日清両国互換条款を締結した政府は、翌年五月に琉球が二月に即位した清の光緒帝への慶賀の使節派遣をとりざたしているのを見て、琉球の中国への宗属関係を全面的に断ち切る方針を固め、使者を派遣した。

また、横浜からの英仏駐屯軍の撤退に向け、明治二年から岩倉具視が「我が皇国の恥」として撤兵交渉を何度か試みたが、全面撤退を拒否されていたところ、明治八年一月に突然、駐日英仏公使から自発的全面撤兵の申し入れがあり、三月二日に横浜港を去った。パークスは清国とも平和な状態となり、心配がなくなった、と副島外務卿に述べている。

副島外務卿のあとの寺島外務卿は懸案のロシア問題で、国境画定が先決であると考え、ロシアとの交渉に、開拓次官黒田清隆の推す旧幕臣の榎本武揚《えのもとたけあき》を起用した。榎本は五稜郭の戦いの後、獄中生活を過ごし、五年一月の恩赦で出獄、釈放後は黒田の招きで北海道の鉱物資源の調査を行ない、語学力抜群で、国際法に詳しく、海軍中将に任命され、七年六月にペテルブルグでロシア外務省との交渉に入った。樺太全島を放棄し、代わりに千島列島全部を入手することで、八年五月八日に樺太千島交換条約の調印に至る。

樺太には日露両国民はそのまま居住することを認めたが、先住民族のアイヌやウィルタには三年以内の国籍選択と移住を強制した。ロシア側の譲歩は、トルコ方面で緊張が高まっていたためで、日本は先進列強と初めて対等の条約を結ぶことができた。小笠原諸島については、同島の開発に着手し、現地人に日本領有を確認させ、翌年、内務省の所管とし、日本領有を列国に通告した。

八年二月、官界から去り大阪の実業界に入っていた井上馨が、混迷する政局を打開するのには大久保・木戸・板垣の連携が必要であると考え、伊藤博文とともに大阪会議を設定、三者三様に思惑はあったが、木戸と板垣の参議復帰で一致し、四月に漸次立憲政体樹立《ぜんじりっけんせいたいじゅりつ》の詔《みことのり》が出され、大阪会議での合意のもと、六月に府知事と県令からなる地方官会議が開かれ、警察事務などを審議、元老院・大審院が設立され、元老院が立法上の諮問機関、大審院が最高裁判所として三権分立の第一歩となった。

朝鮮問題では、朝鮮が高宗による親政が始まって、対日外交が軟化するなか、明治八年二月、外交団が朝鮮に渡って旧来の外交方式を一新するために洋式礼服の着用を強硬に主張し、海軍省が軍艦を派遣して軍事的圧力を加え、五月に雲揚《うんよう》を、六月に第二丁卯《だいにていぼう》を釜山に送って艦砲の発射練習を行ない、朝鮮側にゆさぶりをかけるも、交渉は行き詰まり、外交団は七月に帰国、長崎に戻った。

六月に大久保は言論を取り締る讒謗律《ざんぼうりつ》と新聞紙条例で、反政府運動の息の根を止めようとしたのに対し、板垣が参議・省卿の分離をはかる政権改造を用意したが、大久保は朝鮮事件がおこったのを理由に、天皇を動かして十月に板垣・島津久光の政権改造案の中止を命じると、不満の二人は辞職した。対外危機を持ち出し、天皇の権威を利用して薩長藩閥政府の構築に成功したのである。

さて、雲揚は長崎に戻った後、中国の牛荘《ニューチャン》までの航路研究と称して朝鮮海峡を渡り、九月二十日に江華島付近に投錨、艦長自らボートに乗って砲台に接近し、挑発したことから砲撃を受け、雲揚は応戦して長崎に戻った。この江華島事件後、清国に公使森有礼を派遣、朝鮮関係の調整を進め、朝鮮に日本使節への礼遇をすすめさせ、翌年二月十日、日本の特命全権大使黒田清隆が江華府に臨んで、永山武四郎准少佐指揮の砲兵ガトリング砲四門で威嚇して交渉を始め、日朝修好条規が結ばれ二十六日に締結した。

その内容は、①朝鮮が自主独立国であると明言、②使節の随時派遣、③釜山ほか二港の開港と自由貿易、④日本側に有利な領事裁判権の承認の四点で、八月には日本船舶を無関税とする通商条規も結ばれ、日本はこの不平等条約を契機に朝鮮を清国から切り離れさせて、影響を強めていく。

征韓論をめぐる政変で下野した西郷隆盛は、鹿児島に帰県した将兵を中心に私学校を設立し、そのもとに結集した士族とともに反政府勢力として私学校党を結成、外征を機に政権奪取を狙っていたのだが、日朝修好条規の締結により立場は著しく苦しくなっていた。

最後の士族反乱

秩禄処分や廃刀令でおいつめられた士族は、明治九年（一八七六）秋から武装反乱をおこした。十月の熊本の敬神党による神風連《しんぷうれん》の乱（呼称は蒙古襲来の神風に基づく）がその最初である。肥後勤王党の流れを汲む敬神党は、国学者林桜園《はやしおうえん》の神道に心酔、国粋保存を主張して政府の欧化主義政策を激しく非難、廃刀令は国体を損なうものとして、十月二十四日に太田黒伴雄《おおたぐろともお》ら百七十人余が決起し、熊本鎮台司令官種田政明《たねだまさあき》と熊本県令安岡良亮《やすおかりょうすけ》を殺害して熊本鎮台を一時占拠したが、翌日、鎮圧されて党員の多くは戦死あるいは自刃した。

敬神党決起の報が伝わると、十月二十七日に福岡県の旧秋月藩士族の磯淳《いそあつし》、宮崎車之助《みやざきしゃのすけ》が率いる二百三十人が蜂起、小倉の鎮台分営を攻撃、山口県萩の前参議前原一誠《まえばらいっせい》グループとの合流をめざすが、期待した旧小倉藩の豊津士族の協力が得られず、鎮台分営兵に鎮圧された。翌二十八日には、前原率いる山口県の不平士族が、萩の明倫館で「殉国軍」を結成し、県庁を襲撃する計画を立てていたところ、県令率いる政府軍に襲撃され、大阪鎮台兵の援軍によって、十一月六日に総勢五百余人の反乱軍は壊滅し、前原は斬刑に処せられた（萩の乱）。

政府は、木戸・板垣を参議に復帰させ、殖産興業政策に邁進し、秩禄処分で得られる歳出の減少分を使って、農村工業に低利の資金を提供して農民の支持を得、さらに明治五年から九年六・七月の天皇の巡行で、民衆がお祭り騒ぎで天皇を生き神かのように拝み、民衆の支持を得たことから自信を深めるが、西郷の私学校党は孤立するに至った。

明治十年正月、政府が鹿児島の武器弾薬を大阪の砲兵支廠に搬出したことから、二十九日、私学校内の急進派約二十人が陸軍砲兵属廠に押し入り、残っていた鉄砲や弾薬を奪うと、挙兵の自重論者らも動いて、西郷も進まざるをえなくなった。東京警視局の密偵を逮捕、政府の西郷暗殺計画を自白させ「今般、政府へ尋問あり」と県令に提出、二月十五日、約一万三千の兵を率いて鹿児島を進発、二月下旬、歩兵七大隊以下合計一万三千が熊本城に向かい鎮台を抜いて、九州・四国・中国の不平士族を糾合して大阪に向かおうとした。

西郷軍は鎮台を包囲したが、政府軍は徴兵制度による新しい軍隊を投入、谷干城《たにたてき》率いる歩兵第十三連隊、小倉からかけつけた第十四連隊、東京から派遣の内務省警視局巡査、あわせて三千百六十五名が守り固めた。巡査らは、内務省の松田道之《まつだみちゆき》内務大丞《ないむだいじょう》が各県令と連絡をとり、各地の不平士族を警戒、新たな巡査を募って警視局巡査隊を率いる川路利良らのもとに送り届けたのである。

激戦を繰り返したが、三月四日の田原坂《たばるざか》の戦いで西郷軍が死闘の末に敗北、四月十四日、熊本城の包囲を解いて撤退、以後、西郷軍は各地の戦闘に敗れ、八月十七日に宮崎県長井村で全軍を解散し、精鋭数百人で鹿児島に戻って再挙をはかるが、政府軍が九月二十四日に西郷らのこもる城山を総攻撃、西郷が自刃し約百六十人が戦死、県令の大山綱良《おおやまつなよし》も西郷軍を援助した罪で斬首となった。

こうして士族最大の反乱は終わった。西郷は、かつて「尊王攘夷」を目指し上京したことにならって、政権奪取を狙ったのであろうが、その試みを果たせず、士族軍隊は徴兵制軍隊に敗れたのであった。

また、長崎で発生したコレラは、罹患した巡査を載せた品川丸が鹿児島に到着、戦場地に伝播し、政府軍の引揚げの船舶でコレラが発生して六名が死亡、神戸に着くと、検疫指示命令に銃を構えて払いのけて上陸、その最中に十六名、直後に四十名が発症した。コレラは全国に蔓延し、特に長崎・熊本・鹿児島・兵庫・大阪では猖獗を極め、人々は「トンコロ」と称して恐れたといい、年内に一万三千八百十六人が亡くなった。

二　自由民権運動

財政政策の明暗

明治九年（一八七六）八月に国立銀行条例が改正され、資本金の八割にあたる公債証書を大蔵省に供託すれば、同額の銀行紙幣の発行が認められ、資本金の残額の二割を政府紙幣で保有し、引き換え準備とした。これにより正貨を準備して兌換に応じる義務がなくなり、銀行の設立や経営が容易になって、十三年までに百五十三の国立銀行が開業し、三千二百十一万円の銀行紙幣が発行された。銀行に不換紙幣を発行させるこの変更は、金本位制をめざす政策の放棄である。

明治十年正月に行なわれた地租軽減で政府の歳入の減少は約一千万円となった。地租の五厘減の減税で地租率が三分から二分五厘に下がったので、約十七パーセントの減税だったのだが、さらに西南戦争の臨時軍事費が約四千二百万円、年間総収入が六千万円前後となって、大きな赤字を抱え、急激なインフレが襲った。一億七千万円の金禄公債や、多くの国立銀行が発行した紙幣なども重なり、貿易も累積赤字が六千五百万円を超え、正貨の流出は止まらず、保有性と紙幣のバランスが崩れた。

政府は府知事・県令に、対外緊張と内乱が終われば、殖産興業政策にとりくみ、地方の交通網と産業の育成につとめる約束をし続け、内務卿大久保利通は「兵馬騒擾」の時代から「内治を整え、民産を殖する」時代への転換を公約、国は強兵から富国へと転換したのであるが、大幅減税と財政赤字に苦しむ政府には殖産興業の財源がなく、千二百万円の起業公債の発行と明治十一年から換金可能になる金禄公債に、産業資金化の期待をかけ、内務省予算で群馬県新町や名古屋・広島などに官営紡績所を設立した。

しかし起業公債の大部分は、製造業よりも鉄道・港湾・道路などの基盤投資に向けられ、金禄公債を百円につき八十二円で換金した士族は、将来性の検討もなしに、海運・製紙・養蚕・織物・製茶・製糖・高利貸し等の起業に手を出した。西南戦争終結後、明治十五年に始まる大不況の間での企業設立の勢いは、明治十四年には会社総数が二千二百五十一社にのぼった。

これについて、農商務省の前田正名《まえだまさな》は、生産力なき事業が多く、金禄公債を売却して興業の資本となし、事業を起こせばたちまち公債証書に利有りと、必須の所有物を経験なき事業に投じる「士族の商法」であると批判した。すぐに利益をうまない基盤投資と不健全な企業設立が、不換紙幣の発行とも加わった結果、金銀に対する紙幣の価値が下落し、銀行や大商人が不換紙幣や企業公債、金禄公債を買い上げて、紙幣になって市中に出回ったので、紙幣価値の下落となった。

明治十三年には紙幣の価値が正価の三分の二に下落したので、殖産興業政策に大きな打撃を与え、軍艦や兵器の輸入にも支障を生じた。インフレは、租税収入の七十パーセント以上を地租に頼る政府を直撃、明治九年にくらべて十三年の米価は二倍以上になり、明治十年の六分の一の減税で、収入は額面でも減り、これでは政府財政が成り立つはずもなかった。

国際収支と財政の悪化とは、政府に政策の転換を迫り、財政難と紙幣下落から五千万円の外債募集を財政担当参議の大隈重信は考えたのだが、外国からの巨額の借金が日本の独立を危うくするのを恐れた天皇の裁断で、十三年五月に中止になった。

次いで前田は、金納地租の四分の一を米納にする案も考えたが、明治九年に米価が二倍になっている以上、貨幣に換算すれば、四分の二を収めることになり、農民にとっては四分の一の増税となっては、農民が応じるわけにはゆかず、農民一揆が多発した。税制改正は「竹槍蓆旗」を覚悟して実行することになるので、参議の井上馨が反対し、天皇側近の元田永孚《もとだながざね》や佐々木高行も、十年正月の天皇の詔書による減税の撤回ともなれば、天皇に対する農民の信望を失う、と強く反対、十三年九月、天皇は米納論も退け、大隈と伊藤博文に財政整理の別案を作成するよう命じた。

政府の財政危機とは逆に農村は好景気で、明治十年の一石五・三円の米価が、十三年に二倍となり、「紙幣を懐にしてその使用に苦しむ」有様で、機織《はたおり》賃が多くなった甲府近辺では「女房の方が余程銭儲けをする故、自然と女権が盛ん」になって、これまで東京見物の道中では、女房が包みを背負っていたのが、本年は女房が羅紗の合羽を着て絹張りの蝙蝠傘《こうもりかさ》をさし、亭主は包みを背負って、そのあとをショボショボ供をしたという(『朝野新聞』)。

地方三新法と自由民権

明治十一年(一八七八)の地方官会議は、伊藤博文を議長に新たな地方制度を審議し、地方行政の郡と区町村を単位にして、府県の地方税とそれを議する府県会を設ける原案が多数決で通り、府県会は府県の財政全体の審議権を持つものとされ、元老院での審議を経て、七月に郡区町村編成法、府県会規則、地方税規則の三新法が成立した。

これにより大区小区制を停止して町村を復活、戸長は政府事務遂行者と町村理事者との二重の性格をもち、村ごとに公選となった。国税以外の税は、地方税と協議費(町村税)に区分され、地方の問題は地方官庁と地方議会の間で解決され、中央政府と全国人民の対立の形にならないようにした。全人口の約五パーセントの住民が選挙する府県会は、地方税の使い道について府県庁と協議する権限が与えられ、税金の使い道を府県庁と府県会で協議し、協議が定まらない場合にのみ内務省が裁断した。

明治十一年、維新後に陸軍に入り、ドイツに留学して帰国した桂太郎《かつらたろう》が、陸軍参謀局拡張の議を太政官に上申し、陸軍省から独立した参謀本部が設立され、参謀本部と監軍本部の二つの軍令機関がともに天皇に直属し、天皇に直属する軍令部が成立した。参謀本部長は山県有朋で、監軍本部は空席であったから、実質的に参謀本部が軍令の最高機関となった。

地方官会議で活躍した松田道之は十二年三月に琉球に派遣されると、軍隊・警察の圧力のもと琉球藩を廃し、沖縄県を設置することを一方的に布達した(琉球処分)。しかし清国の李鴻章《りこうしょう》が天津に立ち寄ったアメリカの前大統領グラントに調停を依頼、グラントは東京で伊藤博文と会見して、沖縄分島案を提案し、宮古・先島を清国に譲る代わりに、日清修好条規を改正して西欧並みの条約権利を日本が認めるというもので、翌年十月、意見は一致をみたのだが、清国から異議がだされ、条約は調印されないまま廃案になった。置き去りにされた琉球王府及び琉球島民は、政府に強い不信感をもつことになる。

金沢の征韓派士族の島田一郎や西郷派士族の長連豪《ちょうつらひで》らは、挙兵計画をあきらめ、「木戸顧問・大久保参議」の暗殺計画を立てていたが、西南戦争最中に木戸が亡くなったことから、照準を大久保暗殺に定め、十一年五月十四日、大久保が赤坂の仮御所に向かうルートの情報を得るや、大久保を襲って殺害、仮御所に出頭し、「斬姦状」を差し出して自首した。

八月二十三日には近衛砲兵隊の兵士約二百名が蜂起し、赤坂仮御所に押しかけた。西南戦争での士族兵士と比べ、徴兵兵士への支給品が少なかったことへの不満がつのったもので、計画は発覚して短時間で鎮圧されたが、「国民の軍隊」である近衛兵の反乱は人々を驚かせた（竹橋事件）。このため兵卒の待遇改善が進められ、十月に徴兵令が改正された。

戸籍や体格による免役範囲の縮小、輜重輸卒《しちょうゆそつ》の徴集が行なわれた。輜重輸卒は、輸送にあたった軍夫で、西南戦争では軍夫の給料がかさんだ故、兵卒は身長が五尺以上であったが、四尺九寸以上の者すべてから徴兵され、召集されて三か月程度の訓練で帰郷でき、大きな負担にはならなかった。

大久保のあとをついだ伊藤は内務卿となり、七月に緊縮財政論者の井上馨がイギリスから帰国して工部卿になった。井上は立憲政権論者でもあり、中上川彦次郎《なかみがわひこじろう》・小泉信吉ら福沢諭吉の門下生と経済学の原書を読む研究会を開いていて、中上川を工部省に採用し、十二年九月に井上が外務卿に移ると、中上川を外務省公信局に採用した。

その頃、福沢諭吉の「国会論」が『郵便報知新聞』に連載された。議院内閣制を採用すれば、行政官が同時に議員になれるので、政府指導者は議会をも掌中に入れることができ、維新以来の経験から在野勢力をしのいでいるので、反政府派が議会独占で政策を妨害するのは杞憂に過ぎない、と国会開設が政府に利益をもたらすものである、と説いて政府の開明派を説得した。

福沢は「国会論」発表直後に慶應義塾出身者を中心に、知識を交換して世務を諮詢《しじゅん》(相談)することを目的に、少壮官吏・新聞記者・実業家・学校教師などによる全国的な社交倶楽部「交詢社《こうじゅんしゃ》」を設立した。『郵便報知新聞』の社説は、板垣の愛国社が実業家・大地主・学者・官吏経験者などの「上流社会」に嫌われており、国会開設運動の指導部に相応しくない、と批判しており、その上流社会に受け入れられるのが交詢社の主張であった。

ほかにも旧幕臣の沼間守一《ぬまもりかず》らが結成した嚶鳴社《おうめいしゃ》は、巡回公演会を通して地方士族や有力者層の組織化に取組み、『東京横浜毎日新聞』を買い取って機関紙とし、民権派の『朝野新聞』『東京曙新聞』や地方新聞も啓蒙活動に力を入れた。

明治十二年(一八七九)にコレラが流行、約十六万二千六百人が亡くなったので、明治政府は「コレラ病予防仮規則」を制定、中央衛生会・地方衛生会を設置して対策を進め、患者発生の届出、検疫委員の配置、避病院の設置、患者の家の標示、交通遮断、汚物の処分禁止、清潔消毒方法、患者の死体処置、官庁の予防法を規定した。

国会期成同盟

自由民権運動が全国的な盛り上がりを見せるのは明治十二年(一八七九)から翌年末までの約一年間であって、多額の地租《ちそ》を負担した地主や県会議員が国政への参加を望んで自由民権運動に加わり、その運動の中心となったのは立志社を中心とする愛国社《あいこくしゃ》である。福島県三春の豪農民権家の河野広中《こうのひろなか》は、平民結社(石陽社《せきようしゃ》・三師社《さんししゃ》)を組織し、立志社と提携するため、九月二十三日に高知に着くや、立志社の指導部が来遊を大歓迎、河野は愛国社を全国組織として「国会に代わるの実」をつけ、大会の名をもって「国憲を立て、国会を起こす要求を政府に向けて発する」ことを提案した。

この提案により、全国の国会開設論者が愛国社のもとに集まり、統一体としての愛国社が政府に対して憲法制定・国会開設を要求する基本路線が確立した。十一月に大阪で開かれた愛国社の第三回大会で、広中の結社や福井の自郷社《じきょうしゃ》等の平民結社の加入が認められ、組織の全国化へと踏み出した。士族民権のイメージを払拭して、国会開設運動を全国的に展開することを決定、次の大会では国会開設の願望書を天皇に提出することも決定した。

だが、その願望書を愛国社から出すのか、愛国社の枠を超えた新たな組織から出すのかで意見が割れ、国会期成同盟のような別式の名で国会開設の請願を行なうこととなった。もし新設の結社が十に満たない場合には、愛国社名で行なうものとしたところ、十名以上の会員をもつ結社が十以上もでき、国会開設を協議する大会を開く広告を『大阪日報』に掲載した。

明治十三年三月、国会開設願望者による全国大会が大阪久宝寺《きゅうほうじ》町の喜多福《きたふく》亭で開かれ、百数十名が出席、そのうち地方組織の総代が七十名前後集まった。板垣の片腕の自由民権家植木枝盛《うえきえもり》が開設の願望書を「請願体」にするよう主張、松本の奨匡社《しょうきょうしゃ》の松沢求策《まつざわきゅうさく》らは「哀訴体」を主張したが、国会開設は人民の権利であり、政府にそれを許諾する権利も、拒否する権利もないということから、請願体になったが、政府に受け入れられない時には「私立国会」を設立する、という植木ら土佐派の主張は否決された。

政府が四月五日、集会条例を公布して政治集会の許可制、警察官の立会い、解散・禁止などを決め、民権運動の展開に目を光らすなか、国会期成同盟の第一回大会では、二府二十二県の代表七十二名が連署し、国会開設の上願を採択した。高知の片岡健吉《かたおかけんきち》と河野が委員となり、上願書を四月十九日に元老院に提出したが、却下され、太政官に提出しようとして受理を拒まれた。

人民は政体上の事柄を建白する「権理」はあっても、天皇に願望する「権理」はない、というのが受理拒絶の理由であった。植木は、政府と立法府は天皇の下にある対等の国家機関であって、立法府を設けよ、という人民の要求は行政府の上位にある天皇になすべきであり、建白よりも請願で、その請願も個別ではなく、統一しての請願をよびかけた。

この統一請願論に、長野の松沢や山梨の県会議員依田孝《よだたかし》、茨城の平民の野手一郎《のていちろう》、新潟の県会議員山際七司《やまぎわしちし》らは、各個に請願運動を精力的に展開、彼らは右大臣岩倉具視と個別に会見、請願の内容と権利について論じた。

国会期成同盟の第二回大会は、十一月に東京京橋の西紺屋町の愛国社東京支社で開かれ、二府二十二県の代表六十四名が集まった。会議は大会の目的を国会開設に限るか、自由主義政党の母胎にすべきかをめぐって論戦、国会期成にとどめ、自由党は別に立てることになった。再度の請願書の天皇への提出については、四県の民権派などの主張が統一請願を主張したのに対し、愛国社系は統一請願に見切りをつけ、自由主義政党結成のための地方組織の強化をめざした。

結論は「多数の名を以て願望せざる」に決し、全国人民の過半数を得て、憲法制定の私立国会を自力で開くという立志社の提言を激論の末に採択し、一年後の憲法草案の持ち寄りを決議、国会開設請願運動は終結を迎え、憲法が次の運動目標になった。

財政再建策と私擬憲法へ

外債募集と米納復帰をともに退けた天皇から、財政再建策の起草を命じられた大隈・伊藤両参議は、一千万円の赤字を埋めるため、明治十三年(一八八〇)十一月に太政官布告四十八号を出し、中央財政が負担してきた港湾・道路・堤防・橋などの建築修繕補助費百二十万円と府県監獄費百万円を打ち切り、その分を住民負担とするため地方税の上限を地租の五分の一から三分の一へと六十六パーセント増額させ、それでも残る赤字は、酒造税増徴と各省経費削減で埋めることにした。

各省経費の削減には、殖産興業の目玉である官営事業の民間払下げ（工場払下条例）があった。セメント・鉱山・紡績・造船などの諸工場が、十四年から二十二年にかけて比較的安い値段で企業家に払い下げられ、浅野セメント・古河銅山・三菱造船所・川崎造船所・三井炭鉱など、政商が産業基盤を強めた。

地方の土木事業への補助がなくなり、かわって地方税が増加したので、地方の動揺は大きく、福島の豪農遠藤直喜《えんどうなおき》は、この布告を「開明自由の制度」から「保守干渉主義」への転換と称した。だが、一千万円の捻出だけで財政難が収まるものではなく、徹底した歳出削減と増税が必要になってくるが、当面の課題は憲法にあった。

政府も憲法や議会について検討してきており、明治七年に伊藤博文・大隈重信が国憲取調掛に任じられ、同九年から元老院が西欧の憲法をもとに第三次案まで作成していた。この「国憲」案では、議会の権限が強く、皇位継承の順序や即位時の宣誓も明記し、これでは憲法・議会を天皇の上に置くことになるので、政府首脳は即座に却下した。

十三年末から、大隈・伊藤・井上馨ら政府の開明派は、立憲政体への移行を考えるようになり、福沢諭吉は大隈邸で井上・伊藤らと会談し、政府系新聞の発行の依頼を受けるが、翌年正月、福沢は井上邸に赴き、新聞の責任者にはなれないと断ったが、井上が「政府は国会を開く」と語ったので福沢は承諾したという。その後、大隈・伊藤・井上三人の熱海会議があった後、三月に大隈は単独で左大臣有栖川宮に赴き、参議・侍従長などまでの政権党の党員が就任する議院内閣制を採用し、十四年中に憲法を制定、翌十五年末までに議員選挙、議会を開く意見書を提出した。これと関係のあるのが、交詢社が発表した「私擬憲法」である。

『交詢雑誌』には、議会の権限は予算審議権と一般の立法権であり、議会は元老院と国会院の二院制、元老院議員の三分の二は終身制で天皇が任命、首相は天皇が選任し、宰相は首相が推薦、内閣宰相は元老院議員・国会議員から選ばれ、内外の政務を行ない連帯して責を任じる、という政党内閣制をとって、軍事・外交・官制は天皇大権とされ、議会の権限は及ばないものとした。

この構想を知った右大臣岩倉具視は、太政官大書記官井上毅《いのうえこわし》に大隈の建議を見せ、対抗策を検討させると、井上は、福沢の説の焼き直しであると答え、対抗するため伊藤博文を自派に引き込んで、プロシア憲法を研究していたことから、その制定を説いた。この動きに福沢は楽観的で、自説が政府に受け入れられると考えていた。井上の案は、首相及び国務大臣の天皇による任命、各国務大臣の単独責任制、議会の租税削減権の削除を柱としていた。

こうして三条実美・岩倉具視・有栖川宮三大臣は、国会開設の時期を定め、「国体を本となし、かたわら欧米各国の良制を折衷し」て憲法を制定すると決意し、各参議にその内容や手順について意見を求めた。

この動きとは別に多くの私擬憲法がつくられた。「私《ひそか》に憲法に擬して草定」した憲法案であり、国会期成同盟の第二回大会で憲法を持ち寄ることにしていたので、嚶鳴社を始め各地の民権派の憲法草案では、下院の財産選挙制に基づく議員内閣制を想定したものが多かった。

千葉卓三郎《ちばたくさぶろう》の「五日市憲法草案《いつかいちけんぽうそうあん》」は、国帝（天皇）は神聖不可侵、立法行政司法を総括し軍を総督、国会は民撰議院・元老院の二院制で、立法や租税徴収・財政のほか憲法・条約の議定にも及ぶ議院内閣制をとり、国民の権利と自由の規定を詳細に規定していて、明治十四年につくられたという。植木枝盛の『日本国国憲按《にほんこくこっけんあん》』は、連邦制・一院制・女性選挙権・抵抗権など民主的規定からなるが、議院内閣制を否定、「政府は、政府たるの職分をなせ、人民は人民の権利を行わんのみ」と徹底した抵抗権を主張した。

明治十四年の政変

国会や憲法論議がなされるなか、北海道開拓使の払下げ問題が起きた。開拓使は設立十年後の明治十五年に廃止の計画であったのだが、黒田清隆《くろだきよたか》長官が、時価三百万円とも言われる開拓使の建物・工場・鉱山などを三十八万七千円、無利息三十年賦で払い下げると決めたところ、この閣議決定を明治十四年七月下旬に沼間守一の『東京横浜毎日新聞』や『郵便報知新聞』が掲載すると、政財癒着・藩閥の横暴をなくすには、国会開設しかないといった声が一気に高まった。

板垣ら立志社系の民権家は、政府内の派閥争いにすぎないと冷ややかに見ていたが、保守派の『東京日日新聞』などもこれに同調したので、政府は窮地に追い込まれ、井上毅は、立憲制に反対する黒田を失脚させるための、福沢や大隈による陰謀であると主張し、伊藤も、大隈が民権派と連携して政権奪取を狙っている、と判断していた。

岩倉は大隈の罷免に容易に踏み切れず、天皇は大隈陰謀説こそ薩長の陰謀ではないか、と疑うが、十四年十月、三大臣と薩長の参議だけの閣議により、大隈の罷免と払下げの中止が決定され、翌日、明治二十三年の国会開設を約束する勅諭が出された。

この国会開設の詔勅が出されたのは、国会期成同盟第三回の最中であった。これに参集したのは一道二府九県十八名に過ぎず、憲法策定は急務ではない、と否決し、あくまで政府との対決を目指す立志社中心の自由党結党に動いた。十月二日の会合で「大日本自由政党結成会」と名称を変更、五日に自由党組織原案の起草委員を選出、二十六日の会合で自由党の盟約・規則・組織が決定され、二十九日の役員選挙で、総理に板垣退助、副総理に中島信行《なかじまのぶゆき》、常議員に馬場辰猪《ばばたつい》・季広重恭《すえひろしげやす》・後藤象二郎・竹内綱《つな》、幹事に林包明《はやしかねあき》・大石正巳《おおいしまさみ》・山際七司・林正明・内藤魯一《ろいち》が選ばれ、日本で初めての全国的政党が誕生した。

副総理の中島信行は旧土佐藩士で、坂本龍馬の海援隊に入り、維新政府に出仕、元老院議官から自由党創立に参加した。常議員の馬場辰猪も同じく旧土佐藩士で、イギリスに留学、帰国後、国友会などに所属して自由主義思想の啓蒙につとめた。竹内綱は土佐藩家老の家臣から大阪府・大蔵省に出仕後に辞職、後藤象二郎の蓬萊社《ほうらいしゃ》に参画、板垣を助け自由党創設に奔走した。

十五年三月には、自由党に参加しなかった河野敏鎌《こうのとがま》らが立憲改進党を結成、翌四月に結党式を行なって、大隈重信を総理とした。河野敏鎌は、後藤象二郎が粛清した土佐勤王党の結成に参画、維新後に欧州に出張し、司法畑に入り、文部・商務卿を経て政変で下野し、創立後は副総理となった。

明治中期の文化

自由民権運動の背景の一つに新聞ジャーナリズムの展開があった。『郵便報知新聞』が明治五年に前島密《まえじまひそか》の支援で自由民権派の世論新聞となり、立憲改進党の機関紙になった。民権派の『朝野新聞』は、明治七年に日刊紙として出され、局長成島柳北《なるしまりゅうほく》と末広鉄腸《すえひろてっちょう》の論説で知られたが、政府批判が鋭く両人は禁獄刑を受け、政党の機関紙にはならなかった。

フランスから帰国した中江兆民は、ルソーの『民約論』を仏学塾で講義、民権思想を紹介し、四年に西園寺公望主宰『東洋自由新聞』の主筆となって福沢の私擬憲法を批判した。『東京日日新聞』は、明治五年に条野伝平《じょうのでんぺい》らが創刊、福地源一郎《ふくちげんいちろう》が主筆となって、国会開設は漸進すると主張し、御用新聞と揶揄された。『東京曙新聞』は、『新聞雑誌』が明治八年に青江秀《あおえひで》の経営に移り、明治十二年に廃刊となった後、編集長岡本武雄《おかもとたけお》が朝陽社社長として第二次を発行した。『日新真事誌《にっしんしんじし》』は明治五年三月にイギリス人ブラックにより創刊され、太政官左院の議事や民撰議院建白書を載せた。仮名垣魯文は『東京横浜毎日新聞』の雑報記者となり『仮名読新聞』を創刊、『東京横浜毎日新聞』は明治十二年に『横浜毎日新聞』と名称を変え、改進党系の新聞の性格を強めていた。

背景のもう一つには、インフレに伴う世の中の豊かさがあった。若き鏑木清方《かぶらぎきよかた》の『明治の東京』は、京橋の割烹店松田楼のトイレについて「大玻璃の華灯に輝く客室から擬宝珠に輝く塗橋を渡って行くと芳香が漂い、厠の壁面には水族館のように硝子の中に金魚が泳いでいた」と記し、イギリス人コンドルは、明治十年に工部大学校造家学科の教授として雇われると、上野博物館や鹿鳴館、ニコライ堂を設計、日本近代建築の父といわれ多くの弟子を育てた。

弟子の辰野金吾《たつのきんご》は二十九年に日本銀行本店を設計、明治二十九年、ドイツの建築家エンデとベックマンは、東京の都市計画に当たり、和洋折衷の裁判所を設計している。

明治十二年（一八七九）にコレラ騒ぎが西日本を中心に広がり、八月十五日に愛知県千種村に避病院が設置され患者が移される、との報を聞いた千種村と近隣数村は申し合わせ、病院を焼き払え、とばかりに千人が集まったが、警官の説得でおさまった。七月六日に東京・神奈川にも広がって全国的に大流行、コレラは九月に終息するが、年内に十六万二千六百三十七人が死亡した。七月から群馬・埼玉で避病院の設置反対、金沢で「コレラ送り」（疫神を村境へ送る）の通行をめぐる乱闘、新潟で魚類販売停止から米商の打ちこわしがおき、「コレラ一揆」と称された。

九月の教育令は、教育の権限を大幅に地方にゆだねてその自由にまかせ、学校を「小学校・中学校・大学校・師範学校・専門学校・その他各種の学校」に分けて学区制を廃し、町村を基礎に小学校を設置し、町村住民の選挙で「学務委員」を設けて学校事務を管理させ、就学義務を学齢期間中は少なくとも十六か月とし、修業年限を八年とした（「自由教育令」）。

これにより小学校教育が後退したため、地域によっては児童の就学率が減少、経費節減のために廃校や校舎の建築を中止する事態が生じたので、明治十三年（一八八〇）に改正教育令が出された。

国家の統制・政府の干渉を基本方針に、従来の学校に加えて農学校・商業学校・職工学校をつくり、文部卿による認可、府知事・県令の権限の強化、府県ごとに教育関係の諸規制が整えられた。

師範学校や中学校等が増え、小学校では学年編成が生まれ、学年段階別に編集された教科書が使用された。文部大臣森有礼《もりありのり》は、知育中心の近代的学校制度の確立を進め、明治十九年に帝国大学令、教員養成機関を規定する師範学校令、初等教育相当機関の小学校令、中等教育相当機関の中学校令、および学校設備などを規定する諸学校通則を順次公布した。

小学校は四年間の義務教育となり、四十年には六年間に延長され、六冊の『尋常小学唱歌』が発行され、音楽では「故郷」など、子どもの生活に密着した題材が選ばれた。小学校の就学率は急上昇し、明治末期には九十八パーセントを超え、小・中学校の教科書は検定制となった。

明治中期の美術

絵画では明治九年（一八七六）にイタリアの風景画家フォンタネージが来日、工部美術学校でデッサンや遠近法など写実の基本となる技術を熱心に教え、二年後に日本を去るが、数多くの弟子を育てており、その多くは欧米に赴いて画技習得をはかった。

山下りんは、単身ロシアに渡り、ロシア正教の教会でイコンの制作に従事、五姓田義松《ごせだよしまつ》は渡仏して風俗画『操り芝居』を制作、帰国してから日本の風景画や肖像画を描いた。山本芳翠《やまもとほうすい》は明治十一年に渡仏し『裸婦』を制作、同じ頃にヨーロッパで油絵を学んでいた百武兼行《ひゃくたけかねゆき》の『臥裸婦《がらふ》』と並んで日本人の最も早い作例とされる。
浅井忠《あさいちゅう》は『春畝《しゅんぽ》』『収穫』を描いた後、川村清雄《かわむらきよお》・原田直次郎《はらだなおじろう》らと、官営の第一回内国絵画共進会に洋画の出品が拒まれるという洋画受難の時期にあって大同団結し、明治美術会を明治二十二年に結成した。川村清雄の『形見の直垂』・原田直次郎『騎龍観音』・山本芳翠『浦島図』は、洋画を日本人になじませるための工夫のもと、風景・風俗・物語伝説を油絵で描き、江戸の民衆絵画の楽しさを油絵に移植した。

明治十一年、哲学者フェノロサが来日、日本美術に関心を持って「美術新説」を講演、伝統美術の復興を訴え、京都・奈良の古美術を探訪、教え子の岡倉天心《おかくらてんしん》と法隆寺秘蔵の夢殿の「救世観音像」を開扉させ、その驚きの体験から古美術保存を政府に説いて、文化財保存運動の原点になった。
その激励で貧窮に苦しむ狩野芳崖《かのうほうがい》が制作したのが『悲母観音』で、近代日本絵画史上の初期の名作といわれる。明治九年に工部美術学校彫刻科教師として来日したイタリア人ラグーザは、西洋のアカデミックな彫刻の伝統を日本に移植し、『日本婦人』を制作、弟子の一人大熊氏広《おおくまうじひろ》は渡欧後、『大村益次郎像』をつくった。

歌舞伎は、焼けた新富座が開場となり、西南戦争の翌年三月十七日、元佐倉藩の公義人依田《よだ》学海《がくかい》が、内務大丞松田道之、修史館一等編修館重野安繹《しげのやすつぐ》らと新富座に出かけて、九代目市川団十郎の演じる河竹黙阿弥脚本『西南雲晴朝東風《おきげのくもはらうあさごち》』の芝居を見たが、この西南戦争劇は大入りで、以後新富座は隆盛になった。

産業の発展

台湾出兵のために蕃地事務局長の大隈重信が、購入した汽船を岩崎弥太郎の三菱に運航を委託し、上海への定期航路を開設すると、その維持と海員の養成、郵便物の無償運搬を条件に、十三隻を無償で払下げて運行補助金をあたえ、営業不振の日本国郵便蒸気船会社を解散させ、その汽船十五隻を買い上げ、これも無償で下付した。

その三菱は、競合するパシフィック・メイル社から汽船三隻を購入、同社の航路を買収、上海・横浜間の定期航路を独占、西南戦争では政府軍の輸送の主力となり、その用船料などで明治十年（一八七七）には一年間で百二十万円を越える利益をあげ、海運業で三菱は独占的地位を占めた。

明治十三年、その三菱に反発し、三井や渋沢栄一が加わって東京風帆船会社が設立され、開拓使船隊を払下げられた北海道運輸会社をまとめて共同運輸会社を設立し、政府が出資して新造船舶を購入、三菱と競争を展開するが、不況で十八年に日本郵船会社が設立された。小型汽船は西南戦争後に製造が盛んになって、瀬戸内海で用いられ、これも不況で十七年に船主五十五名、汽船九十二隻が合同して大阪合同商船株式会社が設立された。

造船業は、イギリス人E・C・キルビーが西南戦争の頃から神戸鉄工所を経営、明治十三年に官営の兵庫造船所の払い下げを打診するが、外国人への払下げが認められず、鉄製汽船を大阪商船に提供し、小汽船を鉄製化していった。十四年にはキルビーの下で働いていたE・H・ハンターが、大阪鉄工所を経営したが、不況により十七年に破綻するも翌年には再建された。
日本国郵便蒸気船会社の副頭取であった川崎正蔵《かわさきしょうぞう》は、十五年に神戸の官有地を借りて川崎兵庫造営所を開設した。三菱は十七年の工部省から長崎造船所を引き継ぎ、外国人を派遣して船渠建設にあたってドックを建設し、洋式帳簿をつけ、鋼船製造を行なった。

鉄道は、東海道線が明治十年に京都・神戸間がやっと開通したほどに遅れていたので、同十年に工部省鉄道寮に代わって、鉄道局が管轄官庁になり、官設鉄道の運営と私設鉄道の監督行政を行なうようになった。全国的な交通網の整備は、翌年に国内で公募された最初の公債（起業公債）による事業計画が立てられた。士族の経済的自立と銀行の存続を含む経済全体の活性化を目的とし、運輸改良と産業奨励を行なおうとするもので、一千万円の資金を、士族授産中心の勧業経費、交通網の整備、鉱山・炭鉱の開発の三つに割り振った。交通網への投資の重点は、京都から敦賀に至る鉄道、宮城県の野蒜《のびる》の築港、東北地方の各県を結ぶ新道の開鑿を行なった。

明治十四年、岩倉具視を中心に華士族層の出資で、東京・青森間の路線建設を目的に日本鉄道会社を設立、三年後に上野・高崎間に鉄道を建設、その翌年に品川・新宿・赤羽間が開業、京浜間官設鉄道との連絡がはかられ、上毛地方の輸出生糸の輸送を担った。続いて明治十七年に大阪商人により阪堺鉄道、田口卯吉の両毛鉄道が設立された。

道路は既存道路の改修が地方負担とされるなか、明治九年の太政官布達六十号は、国道・県道・里道を、一から三等に区分、国道の一等は東京から開港場、二等は東京から各府・鎮台、三等は東京から各県庁に至るものとされて幅員が定められたが、十八年一月に等級が廃された。この行政整備にあって、道路改修を直接に担ったのが府県であり、積極的に改修に邁進した藤村紫朗《ふじむらしろう》・三島通庸《みしまみちつね》らの県令は「道路県令」と称された。

山梨県令の藤村紫朗は、明治七年に「道路開通告示」を発し、甲州街道や青梅街道の幹線道路の整備を行ない、学校の設置を進め、同年末までに学校は二百三十九校を数えるほどで、「藤村式建築」の擬洋風校舎が建てられた。だが地元負担が重く、反対の動きもあったが突き進んで、明治六年に勧業授産を実行し、養蚕業の振興をはかり、県内各地に富士川運輸会社、甲斐絹を生産する郡内会社など、会社組織の共同結社設立を行ない、甲府市街地を整備して洋風煉瓦造りの県営勧業製糸場を建設した。

山形県令の三島は、画家の高橋由一に道路や橋梁を描かせ、県内の道路を整備、明治十年頃の洋風の官庁街は、高橋の絵で現在まで伝えられている。十五年に福島県に転勤すると道路建設にとりかかって、会津六郡連合会を結成させ、会津若松を中心に山形県、新潟県、東京を結ぶ「三方道路」建設を決議させた。

国からの援助を前提に地域の十五〜六十歳の人々が二年間、月一回道路建設に従事するというものであり、多くの反対があった。なかでも県会議長河野広中を中心とする自由党が、県会ですべての議案を否決すると、三島は内務卿の許可を得て予算執行権で反撃、十一月に農民三千名が会津の喜多方に集まって工事中止を求め一斉に蜂起すると、これを凶徒嘯正罪として警察力をつかい、農

山形市街図（高橋由一画　山形県郷土館「文翔館」蔵）

民と運動を支援していた自由党員を逮捕、河野は福島自由党本部の無名館前で捕えられ、「政府転覆」を企てた国事犯として軽禁獄七年の刑に処せられた（福島事件）。

松方デフレと地主制

明治十四年（一八八一）に大蔵卿になった松方正義《まつかたまさよし》は通貨収縮政策（松方デフレ）をとった。明治十一年の紙幣流通高は一億六千六百万円で、二年前の五十五パーセント増となり、紙幣価値が下落してインフレがおき、大蔵省の準備正貨が、銀相場騰貴に対応するための放出などにより、十四年末の時点で準備金中の十五・六パーセントに過ぎなくなっていた。大隈重信は外債募集で切り抜けようとするが、松方は正貨蓄積による兌換制度確立に目標をしぼり、通貨収縮による正貨準備をはかった。

歳入の増加を増税でまかない、酒造税・煙草税・印紙税などの消費税を強化し、国家行政費の地方転嫁、地方税の増税もあって、世界的な景気後退や米価の下落があいまって深刻な不況をもたらした。地租が据え置かれるなか、実質的な租税負担率は明治十四年の十五・七パーセントから三年後には三十四・一パーセントに増大し、酒造税の増税もあって養蚕・生糸等の農村産業が不振になった。

企業は共同運輸会社や大阪鉄工所などの閉鎖や倒産に追い込まれ、銀行も経営危機に瀕するものが現れ、士族を中心につくられた四銀行が閉鎖に追い込まれた。そこで十五年に唯一の発券銀行となる日本銀行を設立、政府紙幣の整理を急速に進め、明治十六年までの二十か月の間に二千二百万円の紙幣が償却された。国立銀行条例も改正して、営業期限を開業二十年間とし、以後は私立銀行に転換させ、その間に国立銀行券を償却させ、国立銀行に資金を預託させてその利殖金を国立銀行券処分の原資とした。

こうして明治十九年には政府紙幣の正貨兌換償却と、日銀による兌換銀行券《だかんぎんこうけん》の発行が開始され、銀本位制が確立し、政府紙幣は明治三十二年、国立銀行券は同三十一年に流通から姿を消した。

こうして明治十四年から十九年に至る松方デフレの五年間に、地租が五円から十円までの自作中層のうち約三十パーセントにあたる二十七万戸が、地租が五円未満の自小作層へと転落しており、地租五円から十円以下の層の没落ともなると、もっと多く、この最下層の没落者は三分の一、または半数に及んでいた、と推測されている。

これに対して、地租二十五円以上の自作上層や手作地主層からの転落者は、僅か七・九パーセントで、その大部分は地租十円台の自作上層であって、手作地主以上の地主層は、松方デフレの影響をあまり受けなかった。

この五年間の自作中層以下の各三十パーセント以上の転落者、自作上層の一部の没落者が手放した土地は、地租二百五十円以上の大地主が集積した。大地主はその土地を小作人に貸しつけて現物の小作料をとり、貸金業などを営みながら、農民が手放した土地を集積していった。土地を手放した農民は、小規模な田畑を耕す反面、小作を兼ねた自小作層や完全な小作人に転落するか、貧民として都市へ流れこんだ。

このように地主制が展開するなか、農民の減税要求運動が明治十七年一月から三月にかけ十六件も起きるが、三月十五日に地租改正条例が廃止され、新たな地租条例を制定して地価と地租率を固定したことで、農民の減税要求運動はようやく鎮まった。

明治十五年(一八八二)正月、山県有朋が起案し、西周《にしあまね》が起草、井上毅・福地源一郎が加筆した『軍人勅諭』が、天皇から下された。忠節・礼儀・武勇・信義・質素など軍人の徳目「五箇条は天地の公道、人倫の常経なり」としてその順守を求めるとともに、「朕は汝ら軍人の大元帥なるぞ」と兵馬の大権を天皇が掌握することを示した。

この六年前に出された軍人訓戒は、軍の統制と規律の厳正を要旨とし、階級の秩序を乱さぬこと、警察官と協力して国内の秩序を保ち、政治に関与せぬこと、軍人の服従は絶対であることなど軍内部の規律を記したものだったが、今回はその徴兵制の国民軍隊に対し、天皇の軍隊のあるべき徳目を示したものであり、自由民権運動の高揚を背景として、憲法・議会の整備以前に天皇と軍人の直属関係を確立したのである。

自由党と激化事件

明治十七年（一八八四）三月の自由党大会では、関東諸県の自由党員が圧政政府に目に見える形での攻撃を求めたが、機関誌『自由新聞』は、議会開設後の政党の任務は、抽象的理想の追求ではなく、具体的政策において藩閥政府と優劣を競うことにあり、政党はその準備につとめねばならぬ、と方向転換した。

これは、集会条例の改正で地方支部の解散を強いられたからであったが、十五年十一月に党首の板垣がヨーロッパ視察に出かけて帰国後、運動への熱意がうすれ、運動資金が枯渇したのも一因であり、地方支部は名前を変えて存続するが、党中央と公然の連絡はこの改正でできなくなった。

急進的な関東自由党の出席者は、大会出席者六十一名のうち二十八名で、他の出席者を含めると半数以上が直接攻撃派であった。自由党首脳部の「準備政党論」とは反対の、直接行動で政府打倒以外に立憲政体は実現できないと考え、「東北的大動乱」などを計画さえしていた。このように東日本を中心の自由党急進派が決起をはかるようになったのは、「血税一揆」や「地租改正反対一揆」が西日本中心であったのとは違って、幕末の武州一揆、戊辰戦争からの流れをくんでいた。

大会では「文武館を設け、活発有為の士を要請する」と決定し、八月に有一館《ゆういっかん》が東京築地に設立された。館長は内藤魯一、幹事は磯山清兵衛《いそやませいべえ》で、急進派の青年が頻繁に出入りした。静岡の湊省《みなとしょう》太郎《たろう》が、栃木の急進派と会見して共同挙兵を申し入れたのが有一館であり、急進派の拠点となった。九月二十三、二十四日、福島・栃木・茨城三県の急進派自由党員は、政府転覆を企てて加波山《かばさん》で蜂起、茨城県真壁町の町屋分署を襲撃、三島通庸の暗殺をはかり、東京で開かれる新華族の授爵祝賀会での大臣顕官暗殺を計画するが、会の延期で実現せず、九月に宇都宮での栃木県庁落成式に多数の政府高官が出席するのを知って襲撃を計画した。

だが栃木の鯉沼九八郎《こいぬまくはちろう》が爆裂弾製造中に事故をおこして官憲に知られ、一部が真壁下館《まかべしもだて》の有為館の館長富安正安《とみやすまさやす》のもとに身を隠し、福島の河野広躰《こうのひろみ》ら十六名が、爆裂弾百数十発を持って、加波山に籠って檄文を起草、河野ら十名が山を下り町屋分署を襲撃、翌日、全員が刀剣と爆裂弾で武装して下山、警察官を蹴散らすと、東京での再会を約して逃走した。

この加波山事件は、関係者全員が捕縛され、常事犯《じょうじはん》として死刑を含む重刑に処せられるが、関東の自由党全体の急進化と爆裂弾の威力とは、政府と自由党首脳部双方に衝撃を与えた。自由党は板垣・後藤象二郎の洋行に端を発した内紛や、長期間の運動維持の困難、改進党との軋轢、弾圧強化、資金難などが重なって、十月に解党となった。

明治十七年には、愛知県自由党の村松愛蔵《むらまつあいぞう》が長野県飯田の桜《さくら》井《い》平吉《へいきち》と挙兵を計画（飯田事件）、同じく愛知県自由党の久野幸太郎《くのこうたろう》が博徒と共同し、挙兵の資金つくりをする名古屋事件もおきたが、これらとは違うのが負債減免闘争である。群馬県自由党の湯浅理兵《ゆあさりへい》らが甘楽郡《かんらぐん》周辺の負債農民を糾合、政府転覆を企図したのが群馬事件、東日本各地の農民が松方デフレで困窮し、借金の据え置き、年賦返済・質地取戻しを要求して結成した困民党の事件などもおきた。

武相困民党は、高座・都筑・南多摩三郡二十数か村の農民数千人が集結し、借金の五年据え置き、五十か年賦返済などを要求、金融会社に押しかけようとすると、津久井郡の農民千人も集結して利子引下げを金融会社と交渉、集会は八王子警察署によって解散させられたが、村単位の困民党を組織し、金融会社と柔軟に交渉した結果、零細負債者に限り三か年取り立てを行なわないことを通知する銀行もあらわれた。

武装闘争に発展したのが秩父困民党で、養蚕・生糸生産を主産業の秩父地方では、松方デフレの影響から、借金農民の返済方法の緩和を求める運動が広がり、中農の高岸善吉《たかぎしぜんきち》・落合寅市《おちあいとらいち》が、郡役所に負債据置・年賦償却を請願、これにともない借金党・困民党の同志が増え、二月の大井憲太郎《おおいけんたろう》の遊説を契機に二人は自由党に入党し、困民党と自由党が合体して行動するようになった。

困民党は総理・副総理等の組織を形成、総理の田代栄助《たしろえいすけ》は博徒で略式の自由党員、三役の一人の井上伝蔵《いのうえでんぞう》も自由党員で、約三千人が武器を携えて吉田村に集結した。十月三十一日、蜂起に踏み切って、軍律五条を定め、約一万人の参加者が二隊に別れて警察署を占拠、郡役所に本部を置いたが、憲兵隊や鎮台軍兵が鎮圧態勢に入って十日に鎮圧された。田代・高岸ら四名は死刑、有罪者は三千四百名にのぼった。養蚕農家の負債増大にともなう運動に始まり、自由民権運動が絡んで武装闘争に発展したのである（秩父事件）。

壬午事変

明治九年（一八七六）の日朝修好条規締結後、条規で定められていた元山・仁川二港の開港や首都漢城への日本公使館設置についての難航などに苛立った日本政府は、十三年に駐朝鮮公使花房義質《はなぶさよしもと》を派遣した。朝鮮は、王妃閔《びん》氏一族が大院君《たいいんくん》による排外主義を改めて親日政策を進め、日本式の新式軍隊を創設して優遇したが、旧軍隊への待遇が悪く、兵士の不満が暴発、開国で経済的に窮迫した下層民衆がこれに呼応した。

明治十五年七月、閔妃政権に不満を持つ大院君が扇動したため、兵士が王宮に侵入して閔妃派の高官を虐殺、新式軍の軍事顧問四名を殺害し、数千の民衆が日本公使館を包囲した。焼き討ちをしたとも言われるが、公使館に火をつけたのは公使館員であった。クーデタで政府が変わったため、公使館護衛の朝鮮の軍隊が来ず、パニックに陥った公使館員が会堂に火を放ち、国旗を掲げ銃剣をふるって退去した。

退去後の日本公使花房義質と館員は、仁川で休息中に暴徒の襲撃にあって死傷者をだし、同港に停泊中のイギリス測量船に救われて帰国した。この壬午事変は、日本政府の手による朝鮮近代化を唱えていた福沢諭吉らに大きな衝撃を与えた。福沢は事変直後に中上川彦次郎の時事新報社から創刊の日刊紙『時事新報』の社説で、朝鮮の大院君政府を倒し、親日・改革派の指導者を政権につけるべきことを主張、もしこのような日本の要求を清国が妨害するならば、日本人は対清開戦も覚悟すべしと論じた。これ以前、欧米列強のアジア侵略から朝鮮と中国を守るのが、アジアのなかで唯一文明国の仲間入りした日本の義務である、と唱えてきたのとは、大きな違いがある。

自由党の『自由新聞』は、朝鮮問題での最大の脅威はロシアの南下であり、日本と清はいがみあうのを止め、協力して朝鮮の独立をロシアから守るべしと論じ、『東京横浜毎日新聞』も、朝鮮と日本は同等の独立国であると、福沢を批判した。

政府は参謀本部長の山県有朋が、清国北洋艦隊を率いる李鴻章がフランスと和平を結んで「鋒を転じる」ことを警戒し、駐独公使青木周蔵《あおきしゅうぞう》も、清仏両国が全面戦争に突入して清が朝鮮のことに関わらなくなることを期待していた。

事変の動きは、駐日清国公使が中国・朝鮮に報じたため、朝鮮は清国に即時出兵を要請、清の北洋艦隊が直ちに兵乱を鎮圧するが、大院君を天津に拉致したため、日本は明治十五年に李裕元《りゆうげん》と済物浦《さいもっぽ》条約を結び、襲撃者の逮捕、日本側遭難者の見舞金、損害賠償、公使館守備兵の駐留、謝罪使の派遣などを約定し、同日に日朝修好条規の続約も結んで権益を拡大した。

清は、朝鮮軍の訓練を行なうなど政治的・経済的影響を強め、朝鮮の閔妃政権は清への依存を高め、清と結ぶ事大党の勢力が強まり、独立党の勢力が後退した。

この事件を契機に山県有朋や岩倉具視、川村純義《かわむらすみよし》海軍卿が海軍拡張を主張、海軍は将来、朝鮮問題をめぐる日清間の対決が避けられないとして、政府に年間八隻、三年間に二十四隻の軍拡要求をつきつけた。松方は軍拡を拒絶してきたが、事変の影響から年間三隻におさえたものの、明治十五年十一月に軍備拡張が決定した。この結果、十七年度から十年間で歩兵十二旅団、騎兵砲兵六連隊、海軍は三十二隻を新造することになった。

甲申事変と漢城・天津条約

明治十七年（一八八四）八月、ベトナム支配をめざすフランスが、ベトナムの宗主国の清との戦争で、南洋艦隊を破り、両国が全面戦争に入ると、朝鮮駐在の外交官・軍人、日本国内世論が活気づいて、壬午事変以後の日本の劣勢を挽回する好機到来と判断するようになった。朴泳孝《ぼくえいこう》・金玉均《きんぎょくきん》・徐光範《じょこうはん》等の親日改革派（独立党）は、竹添信一郎《たけぞえしんいちろう》公使に支援を求め、武力改革を計画、十二月四日に郵便局開設の祝宴中に決起して守旧派の要人を殺害した。

翌日に改革派政権の政綱を発表、竹添も日本軍守備兵とともに王宮に入って護衛の朝鮮兵を退け、日本兵だけで国王を「護衛」し、李載元《りさいげん》を首班とする親日派内閣が組織されたが、袁世凱《えんせいがい》率いる清国軍が国王の「救出」のため王宮を攻撃、国王護衛の日本兵は敗れ、公使館に立てこもるも、炎上して仁川領事館に退去した（甲申事変《こうしんじへん》）。新政権は洪英植《こうえいしょく》らが殺害され、金・朴らは日本に亡命した。

非は日本の現地機関にあったのだが、清国軍に敗れた不名誉を挽回する必要や、言論界・在野の民権派が、政府に対清韓強硬方針を迫っていたこともあり、井上馨外務卿を全権大使とする総勢六十二人の大全権団が、二大隊の陸軍に護衛により、竹添の責任問題は避け、翌十八年正月に漢城条約を締結した。内容は、①朝鮮国王による国書による謝罪、②日本人死傷者への「塡補金」の支払い、③日本人将校殺害者の処刑、④日本公使館再建の費用の負担であった。この無理な要求を押しつけたことから、朝鮮国内に支持者を完全に失うことになる。清国とは、伊藤博文が天津に赴いて、清国全権大使の李鴻章と交渉し、四月に結んだ天津条約で、日清両国の朝鮮からの撤兵を定めた。

福沢諭吉は、明治十八年の『脱亜論《だつあろん》』で、中国・朝鮮の両国の近代化を待っていては、日本の独立すら危うくなるので、日本は欧米列強の東アジア分割に参加すべし、と論じるようになった。大井憲太郎らは甲申事変後、朝鮮に渡り、保守派の高官を暗殺して独立派の政権の樹立を計画していた。独立達成後に民主的改革を断行、日本国内の政治改革の連動をはかるものであったが、資金調達のために強盗を働くなど、リーダーが変節し、翌年事件が発覚、百三十人が逮捕され、大井らは外患罪で処断された。この大阪事件には、後に女性解放論者となる景山《かげやま》（福田《ふくだ》）英子《ひでこ》が検挙者に含まれていて注目された。

明治十九年北海道庁が設置され、旧土佐藩士の岩村通俊《いわむらみちとし》が初代長官となるが、岩村は開拓使判官の時から札幌本府建設事業を進め、農業用水路の「大友堀」（後の創成川《そうせいがわ》）を基軸にその両岸に幅十一間の道路を等間隔に通し、六十間四方の街区を形成、街並みの中央を通る東西道路「後志通《しりべし》」（現大通り）の北側の官用地に本庁・農学校・官舎・病院を、南の民用地に宅地・薄野《すすきの》遊郭・山鼻村屯田地を配した。全体は東西の条、南北の丁の条丁制の碁盤目状の都市で、京都と違うのは東を正面としたところにある（次頁の図参照）。

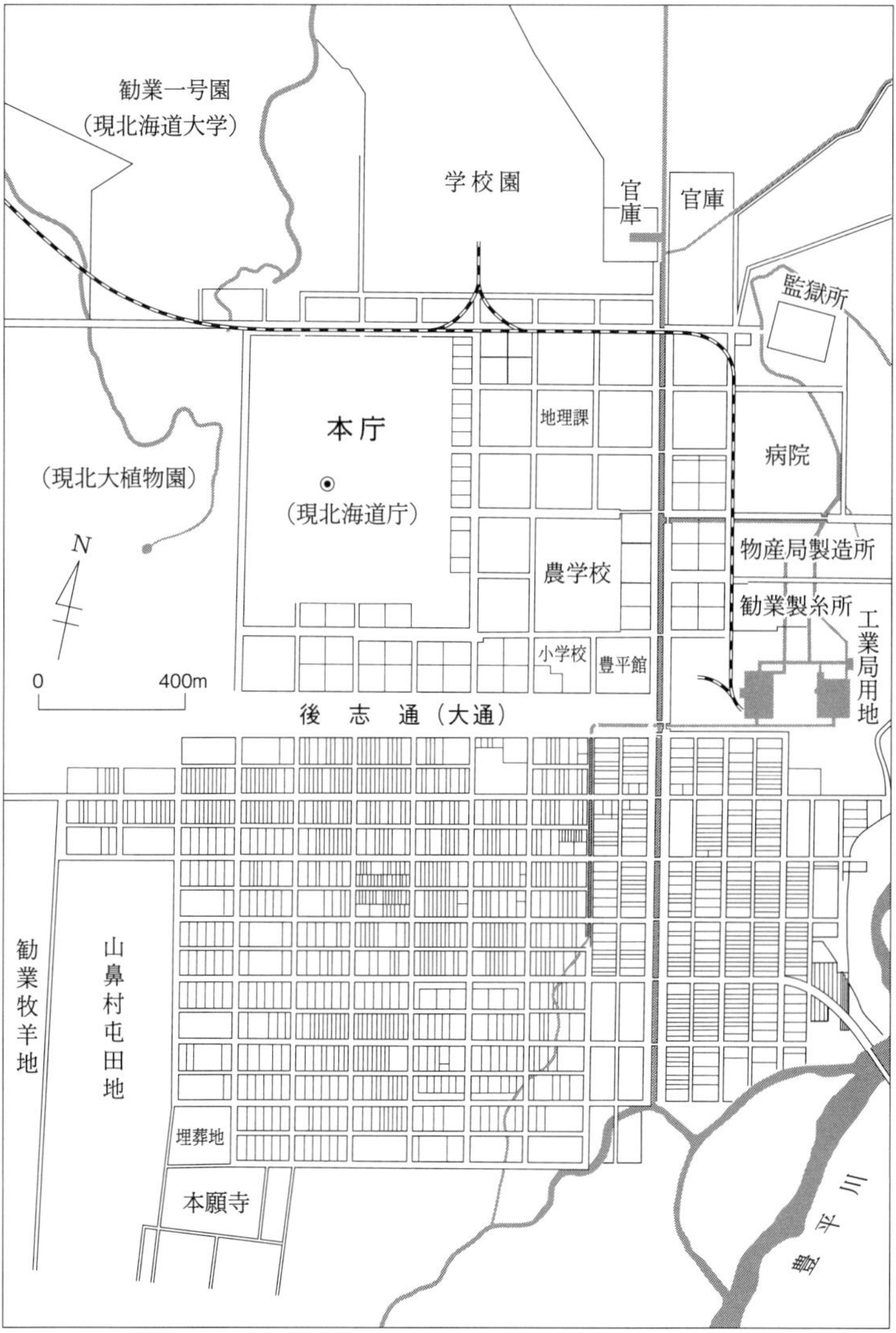

札幌　明治11年市街図（『図集 日本都市史』による）

三　立憲国家

条約改正交渉・大同団結運動

憲法制定準備のため伊藤博文は、欧米で憲法調査を行なって帰国、明治十七年（一八八四）七月に将来の貴族院の基盤となる華族令を制定し、十八年に太政官制を廃して内閣制度を創設、井上毅や外国人顧問のドイツ人ヘルマン・ロエスラーらの協力を得て、憲法草案に着手した。

華族令は、華族に公・侯・伯・子・男の五爵を設け、門閥・勲功で爵位を授ける法令で、内閣制度は外務・内務・大蔵・陸軍・海軍・司法・文部・農商務・逓信の諸省の長官（国務大臣）と、それを統轄する総理大臣で構成され、初代伊藤内閣成立とともに総理大臣の統帥権を規定した。

井上馨外務卿（のち外務大臣）主催の条約改正交渉の本会議は、外務省で十九年五月から翌年七月まで開かれた。幕末に幕府が欧米と結んだ不平等条約の改正は、国家の独立と富国強兵をめざす上で最重要な課題であり、岩倉使節団もそれを目的としていたのだが、政府はとくに領事裁判権（治外法権）の撤廃と関税自主権《かんぜいじしゅけん》（税権《ぜいけん》）の回復をめざした。

同年にイギリス船が熊野灘で難破したノルマントン号事件で、神戸の領事裁判の結果、日本人乗客を救助しなかった船長が無罪となったことは、その後、横浜の領事裁判で有罪とはなったものの、条約改正の必要性を国民に強く認識させた。政府は、井上馨が中心となって法権回復のために法典の整備をすすめるとともに、鹿鳴館《ろくめいかん》外交などの極端な欧化政策をとり、条約改正交渉を有利にすすめようとした。来日の外交官や公使らと日本の上流社会との社交の場として東京の内幸町に建設した鹿鳴館では、夜会と舞踏会が頻繁に開かれた。

この頃、徳富《とくとみ》蘇峰《そほう》主宰の民友社が発行する『国民之友』は、寝室にはベッドがあり、室内には洗面所があり、朝食は牛乳とトースト、食堂はテーブルがおかれ、瓶詰のピクルスを買ってきて、洗濯ものは洗濯屋に頼み、仕立物を仕立屋にまかすなどすれば、家事から解放される、と欧米的な家庭生活を勧めた。生活文化にこの西洋風と日本風が入りまじり、都市では官庁・会社・学校などで西洋風の衣食住が採用され、電灯《でんとう》が大都市の中心部で実用化されたが、都市でも洋服はほとんど男性に限られ、食べ物や住居は伝統的様式のままのものが多く、農村部では人や馬が引く荷車や石油をもちいるランプは普及するも、日常の生活様式にあまり変化はなかった。

井上案は、外国人を被告とする裁判に外国人判事を任用し、外国人の内地雑居を認めたため、国家主権の侵害である、と批判をまねいて、七月に政府内部の保守派の反対で交渉は打ち切られることになった。

十月の東京浅草の全国有志大懇親会で、自由党の星亨《ほしとおる》は「小異を捨てて大同に就く」という大同団結運動を提唱した。星はイギリスに渡って弁護士の資格を得て帰国、自由党に入党し、翌年五月にも旧自由党総裁の板垣を迎えての大阪中之島での全国有志大懇親会でも繰り返し語った。国会開設の時期が近づくと、民権派を中心にわずかな違いは捨て、団結して国会開設に備えようという大同団結運動が盛りあがった。

政府の条約改正案の内容が明るみに出ると、地租《ちそ》の軽減、言論・集会の自由、外交失策の回復（対等条約の締結）の三件を主張する三大事件建白運動を展開、高知県をはじめ各地の有志が続々と上京し、建白書を提出して年末にかけ活発に政府を攻撃した。後藤象二郎をいただく穏健派の大石正巳《おおいしまさみ》・季広重恭《すえひろしげやす》や、大隈重信を事実上の総裁と仰ぐ改進党員もこの運動に参加していた。

しかし大隈が外相に推薦されたことから、改進党は三大事件建白運動からの撤退をはかり、民権運動は衰退し、日本の開化・欧米化の認識とともに対外的国権拡張の意識が増長し、国権主義的ナショナリズムが台頭した。

政府は、十二月に保安条例を公布し、秘密の結社・集会の禁止や警察官の屋外集会禁止権、及び内乱陰謀・治安妨害の恐れがある人物の、聖域である皇居三里以内からの退去を定めた。その施行と同時に、星亨、片岡健吉、中江兆民《なかえちょうみん》、立憲改進党の中島信行《なかじまのぶゆき》・尾崎行雄《おざきゆきお》ら五百七十人が退去させられた。

二十一年四月、憲法の草案が完成すると、同月三十日に枢密院を設立、伊藤自らが議長に就任して天皇親臨のもと、憲法草案や皇室典範、付属法令を最終審議した。枢密院には議長・副議長・枢密顧問官がおかれ、二年後に枢密院官制で憲法や付属法令の疑義、威厳の宣言、緊急勅令の発布、列国との条約締結を審議した。

六月に後藤象二郎を中心に大石正巳・季広重恭が雑誌『政論』を創刊し、大同団結の目標に「相当の資産を有し、郡一郷の名望」の地方有力者を積極的にとりこむ現実主義路線をとるようになった。井上馨は欧化主義的官僚・実業家・弁護士・新聞記者を中心とした「自治党」の結成を計画し、名古屋・岐阜・京都・大阪・兵庫への遊説活動を行なった。

明治二十二年（一八八九）二月十一日、憲法発布式典に向かう文相森有礼は、官邸の玄関で、国粋的神道家の西野文太郎《にしのぶんたろう》に刺され、翌日死亡した。西欧風教育政策への反感によるもので、国粋的動きが広まっていた。

憲法発布と地方自治制

大日本帝国憲法（明治憲法）は、行政は内閣、立法は帝国議会（衆議院と貴族院）、司法は裁判所の三権分立体制で、国民は法律の範囲内などで所有権の不可侵や信教の自由などさまざまな自由が認められた。衆議院を通じて国政に参加する道が開かれ、国税十五円以上を納入する満二十五歳以上の男性による投票で選ばれた議員からなり、定数は三百人。二院の権限は対等で、貴族院は皇族、公侯爵の当主、伯子男爵からの互選、官僚経験者の勅選議員と、府県の多額納税者一名からなる。

天皇は元首《げんしゅ》として統帥権《とうすいけん》をもつほか、軍事・行政・外交などに関する天皇大権《たいけん》をにぎった。第一条で「大日本帝国は万世一系の天皇これを統治す」とあり、第四条で「天皇は国の元首にして統治権を総攬し、この憲法の条規によりてこれを行ふ」と規定、恣意的な天皇の大権行使に歯止めをかけた。第十条の官制と俸給が天皇の大権に属すとした行政大権は、議会の介入を排除したもので、六十七条で議会の予算審議権の範囲外とした。第十一条の統帥大権は「天皇は陸海軍を統帥す」というもので、憲法が内閣の権限を天皇大権という形で保障し、議会の介入を予算と一般法律に限り、内閣の権限を限ったところに特徴がある。

第十二条の「天皇は陸海軍の編制及び常備兵額を定む」という編制大権は、陸海軍の編制と常備兵額の決定の責任が陸海軍大臣にあり、統帥部ではなく内閣の責任事項ではあるが、議会には発言権がないというもので、五十五条で「国務各大臣は天皇を輔弼しその責に任ず」とする条項と抵触するので、内閣官制で、重要な国務は閣議の決定を経るという内閣の連帯制を定めた。

十三条の開戦・講和・条約の締結などの外交大権も、外務大臣が閣議なしに単独で天皇と協議して行なえるわけではなかった。五十六条には枢密院の規定があり、内閣とともに憲法上至高の輔翼と定義され、憲法や憲法関係の法令や勅令について、内閣の施策を拘束できる性格のものとされた。

発布の二月十一日、天皇は新築の皇居（赤坂仮御所から移った）の大広間で、首相の黒田清隆に手渡し、近衛砲兵隊の合図で花火があがり、百を越える山車や踊り屋台が繰り出され、神田の若者が「憲法祭」を行なうと、「日の丸」が掲げられ、「君が代」が歌われ、「天皇陛下万歳」が叫ばれた。

横浜では十一日に港内の道路に振舞酒による酔人が百三十五人倒れ、各府県からの上京者も多く、日本鉄道会社は臨時列車を運行し、十日には一万二百余名を上京させ、関西の上京者は汽船を利用した。皇室財産として官有の山林原野三百五十万町歩、政府保有の日本銀行・日本郵船会社の株券約一千万円等が移管され、日本最大の財産保有者となった。

地方制度も、明治二十一年に市制《しせい》・町村制《ちょうそんせい》、二十三年に府県制《ふけんせい》・郡制《ぐんせい》をしき、一定の地方自治を認める仕組みを固め、市町村会の選挙・被選挙権は、地租もしくは直接国税《こくぜい》（地租と所得税）年額二円以上を納入する満二十五歳以上の公民（女性に公民権はない）に与えられ、市長は市会が選ぶ市参事会員と行政にあたり、町村長と助役は町村会が選び、任期は四年であった。

郡会は、郡内の各町村会が一名ずつ選出した議員と大地主互選の議員で構成され、府県会は直接国税十円以上を納入する公民から選ばれた。郡長は府県知事が任命し、郡の行政にあたり、府県知事は天皇が任命し、府の行政にあたった。

明治の地方自治制は、強力な国家統制を受けて、地方名望家を自治の担い手とするところに特徴がある。地方議会は、府県会・郡会・町村会と、府県会・市会の二系統からなり、内務大臣・府県知事・郡長などの上級官庁の強力な監督下におかれ、重要事項は上級官庁による議決の認可が必要とされ、公益を害し、法令に背いて不適当と認めた上級官庁は、議決の執行停止や取り消し、原案執行などを命じた。

選挙対策と条約改正の頓挫

憲法発布の二月十一日に大赦が発令され、福島事件の河野広中・平島松尾《ひらしままつお》、飯田事件の村松愛蔵《むらまつあいぞう》、大阪事件の大井憲太郎・小林樟雄《こばやしくすお》・新井章吾《あらいしょうご》・石塚重平《いしづかしげひら》、保安条例違反の片岡健吉・西山志澄《にしやましずみ》、秘密出版の星亭・加藤平四郎《かとうへいしろう》など民権運動家が出獄し、公民権を回復した。

黒田清隆内閣は、三月に後藤象二郎を逓信大臣として入閣させたので、これにより外相大隈・農商務相井上馨の穏健な運動を展開してきた三グループの代表者が入閣、超然内閣を宣言した。特定の政党を特別扱いせず、政党と等距離を保ち政府を運営するこの政治スタイルのもとで、専門官僚が育つことになったが、大赦で出獄した大井憲太郎が在野の運動を引き継いで政府と対立して、自由に急進的宣伝をするべく大同協和会を設立、河野広中は政社届を出し、大同倶楽部を結成して大同団結運動の再建をめざした。

憲法発布と同時に、衆議院議員選挙法も制定され、選挙人は満二十五歳以上の男性で、直接国税十五円以上を納入する者に限られた。有権者数は全人口の約一パーセントに過ぎず、その大部分は農村の地主であった。この選挙に向け、福井県の民権家杉田定一《すぎたさだかず》は、二十二年四月に足羽・吉田・坂井・南条・今立・丹生郡の郡委員会を開催、四十五名のうち八名が県会議員で、その半数が町村長を兼ねており、杉田の坂井郡では郡内の村長・有志会が結成され、数村ごとに支部を置くこと、各支部は町村の事情を絶えず本部に連絡し、村長は区長を召集して村内で騙されないようにすることなどを確認した。

千葉県では、県下各郡に十の倶楽部が集まる千葉倶楽部が結成され、二十一名の常議員の半数は県会有力議員で、夷隅郡《いすみぐん》の倶楽部以文会の二十人は、町村長経験者・同議会議員経験者で、ここでも地方行政機構の末端の町村長クラスが政党に結集した。ただ候補者の一本化は難しく、交替で出馬協定を結んだり、他郡との交渉に失敗し無所属に敗れもした。

井上馨の条約改正交渉の失敗から、大隈外相は、法典編纂と外国人判事採用を条約本文からはずして、外務大臣の文書による確約の中に盛り込むことにより打開をはかった。条約会議方式でなく国ごとに新条約を締結するように動いて、英独露政府と新条約の調印にこぎつけた。しかし憲法が公布され憲法に抵触するので、天皇側近や枢密顧問官、宮中顧問官らが反発し、これに民間のナショナリストが呼応、谷干城《たにたてき》が主要な出資者の陸羯南《くがかつなん》主宰の『日本』は、「一君万民論」を掲げて反対を表明した。

『日本』新聞の関係者で長州出身の三浦梧楼《みうらごろう》、イギリス留学経験の旧文部官僚杉浦重剛《すぎうらじゅうごう》、旧内閣官房局長高橋健三《たかはしけんぞう》らは、熊本の佐々友房《さっさともふさ》と連絡を取って日本倶楽部を結成、改正中止の運動を組織した。大同協和会・大同倶楽部も、大隈案反対の態度をとって保守中正党を結成、志賀重昂《しがしげたか》の『日本人』社友、熊本紫溟会《しめいかい》、頭山満《とうやまみつる》らの福岡玄洋社など、大隈条約案反対の五団体連合組織をつくり、民間の反対運動が急速に高まった。黒田は閣議で決定しようとしたが、十月十八日の閣議で内相の山県有朋が改正延期を主張し、決定をみないまま散会となり、大隈は官邸に帰る途中に、元玄洋社の来島恒喜《くるしまつねき》の爆裂弾で負傷し、黒田内閣は総辞職し、条約改正は挫折した。

二十三年（一八九〇）二月からインフルエンザがアメリカから神戸・横浜に初めて上陸、二月中に横浜居留地の外国人感染者が二十人となり、全国的に流行して人々は「お染風邪」と呼んだ。お染久松の歌舞伎で、恋人の久松が不在なことを示す「久松留守」と書いた紙を玄関に貼り、お染風邪の侵入を防ごうとしたという。

教育勅語と議会

明治二十三年（一八九〇）十月三十日に教育勅語が発令された。「朕惟《ちんおも》フニ我《わ》ガ皇祖皇宗《こうそこうそう》国《くに》ヲ肇《はじ》ムルコト宏遠《こうえん》ニ、徳《とく》ヲ樹《た》ツルコト深厚《しんこう》ナリ。我ガ臣民《しんみん》克《よ》ク忠《ちゅう》ニ、克ク孝《こう》ニ億兆《おくちょう》心《こころ》ヲ一《いつ》ニシテ世々《よよ》その美《び》ヲ済《な》セルハ、此《こ》レ我ガ国体《こくたい》ノ精華《せいか》ニシテ、教育《きょういく》ノ淵源《えんげん》亦《また》実《じつ》ニ此《ここ》ニ存《そん》ス」と始まって、善の具現者としての天皇像が強調され、父母に「孝《こう》」、兄弟に「友《ゆう》」、夫婦の協力、友人間の信頼、憲法の遵守、学習して公益に尽すことなどを説いた。

二十三年二月の地方官会議に集まった岩手県の石井省一《いしいしょういち》や福島県の山田信道《やまだのぶみち》、東京府の高崎親章《たかさきちかあき》らの府県知事が、憲法発布を機に政治化する地方有力者の姿を見て、教師と生徒の徳育の重要性を痛感して勅語を求めたことから、山県首相が文部大臣に芳川顕正《よしかわあきまさ》を任命し、芳川が帝国大学教授の中村正直に依頼して原案を起草させたものだが、その内容に井上毅が反対し、井上と天皇の侍講元田永孚が最終案をつくって、学校の式日等に生徒を集め勅語を奉読するものとし、これを機に学校では修身の教育が行なわれるようになった。

十二月二十五日、教育勅語を拝受した第一高等学校は、前年七月に「御真影」を下賜されていたので、その前の卓上に天皇の署名入りの勅語を置き、校長代理が勅語を読み上げる奉読式が始まったところ、嘱託教員でクリスチャンの内村鑑三《うちむらかんぞう》が「拝礼」を拒絶、頭を少し下げただけだったので、校内や言論界から非難をあびて、依頼退職を迫られた。内村は勅語の内容にではなく、形式的な勅書への拝礼に反対したのである（内村鑑三不敬事件）。

第一回衆議院議員総選挙は、人口十二万人について議員一人の標準の小選挙区制をとって、全国で一人区が二百十四、二人区が四十三の二百五十七区が設定され、投票は単記、記名方式で七月に行なわれた。有権者は四十五万三千四百七十四人でそのほとんどが地主であった。結果、再建された立憲自由党（のち自由党）や立憲改進党などの民党《みんとう》が衆議院で百七十一の過半数議席を占めた。

第一議会は十一月に開会、民権派の流れをくむ民党と政府とが対立、最大の争点になったのが予算問題であった。山県内閣は朝鮮半島を含む利益線を防衛するためには、軍事力の整備が必要との立場から、八千三百万円の予算案を計上すると、予算委員会は地租率の二十パーセント削減の民力休養論の立場から八百八十万円を削減、本会議でも若干の修正を経て可決したが、内閣は自由党土佐派と妥協工作を行ない、天皇大権に基づく既定歳出には政府の同意なしに削減できないという規定により動議を出して可決、政府との協議で、六百三十万円削減で妥協した。

この審議の過程で、自由党左派は当初の予算削減の方針を主張したが、現実主義路線をとる右派の片岡健吉や竹内綱・林有三らが政府と妥協、原則主義を貫く中江兆民は議員辞職願を提出、右派の自由党員二十九名が自由党を離れた。議会閉会後の自由党大会は、板垣を総理に選出し、代議士中心の党組織改革を決定した。

第一議会で、政府は衆議院との妥協で六百三十万円削減となったが、地租率二十パーセント削減は貴族院の審議未了で成立しなかった。第二議会では、六百三十万円の歳入剰余を地租軽減に使うようにという要求が民党から出てくることが予想されるなか、明治二十四年四月二十七日、ロシア皇太子ニコライ・アレクサンドロビッチが長崎に到着、東京で天皇と会見する予定であったのが、琵琶湖を見物して京都に戻る途中の大津で、警護の巡査津田三蔵《つださんぞう》に斬りつけられて負傷した（大津事件）。

ロシア皇帝と国民の反応に憂慮した政府と元老は、刑法一一六条の天皇・三后・皇太子に危害を加えようとした者は死刑に処す、という条文を適用して、ロシア政府の怒りを解こうと考えたが、大審院長児島惟謙《こじまこれかた》は、同条は外国の皇族に対しては適用できないとして、普通謀殺罪の未遂事件として裁いて、無期徒刑に処した。成立直後の松方内閣は、ロシアの圧力に屈して司法部に圧力をかけたとして世論の反発をうけた。

内閣と議会

明治二十四年（一八九一）、年末に開かれた第二議会に、松方内閣は六百三十万円の歳入剰余と、従来の歳入剰余をあわせ約一千万円の財源で、陸海軍軍拡と製鋼所設立、堤防工事、北海道開拓を行なおうとした。政府が具体的政策で地方有力者をひきつけ始めたことから、自由党や立憲改進党の民党は脅威を感じつつも、これらの経費を削減し、私鉄買収法案など重要法案も否決して、藩閥政府の「富国強兵」政策に、「民力休養論」で正面対決した。

樺山資紀《かばやますけのり》海相は、海軍要求の巡洋艦など五百万円を予算委員会が削減したので激怒し、「薩長政府とか、何政府とか云っても、今日、国のこの安寧を保ち、四千万の生霊に関係せず安全を保ったことは、誰の功であるか」との「蛮勇演説」を行なったが、陸軍・海軍はこれまで軍拡してきており、議会の冷笑と反発をかい、予算案は否決され、重要法案は審議未了で内閣は衆議院を解散した。

総選挙では、品川弥二郎《しながわやじろう》内相や白根専一《しらねせんいち》次官を中心に、地方官吏・警察官を動員して、流血をともなう選挙干渉を行ない、死者二十五名、負傷者三百八十八名を出すなか、政府系の吏党議員が九十五議席を獲得して、自由党を一議席抜いて第一党となり、第三議会が開かれた。

民党側提出の内閣弾劾上奏案は否決されたが、選挙干渉に関する内閣問責決議案は可決され、吏党議員に勝利はなかった。政府内でも、伊藤らが選挙干渉を批判、農商務大臣の陸奥宗光が辞任、品川内相が責任をとって辞職、吏党議員は品川を中心に国民協会結成へとすすんだ。

議会は軍艦建造費などの追加予算を否決し、二十六年に実施予定の民法典・商法典への実施延期を求める動きが高まって、実施延期の法案が可決され、鉄道敷設法案については、吏党も、民党も、地元利益代表者の代議士の訴えをくんで、十二年間に六千万円の公債を募り、中央線・北陸線・上越線・奥羽線・山陽線など九路線を敷設することが可決された。

自由党は政務調査会を開いて民力休養から養成へと方針を転換し、党大会で国民生活や外交・国防等について積極的政策をすすめることを宣言、内閣への協賛を表明した。明治二十五年八月、第二次伊藤内閣は、陸奥外相・井上内相、伊東巳代治《いとうみよじ》内閣書記官長に、山県・黒田ら維新の元勲がそろった「明治政府末路の一戦」として発足、板垣は内閣への協賛を表明、伊藤も民党に行財政整理を約束、議会に融和策を提示した。

しかし第四議会で、対清戦争を想定した軍艦建造費が出されると、衆議院はこれを含む予算案の一割強を削減した。政府は憲法六十七条により不同意を表明、内閣弾劾上奏案が提出されて可決された。天皇は、政府と議会に「和協の道」を希望し、直接に介入して宮廷費から三十万円を支出し、官僚の俸給の十分の一を献納して建艦費に充てる詔勅を出したので、妥協がはかられて、懸案の建艦費は可決した。

自由党が伊藤に接近した一因には、地租軽減案が衆議院を通過しても、その都度、貴族院の反対で法律として成立しなかったことや、米価が上昇する傾向にあって、地主の地租軽減要求に切実さがなくなったことなどがあってのもので、民力養成に転換したのである。

政府も国粋主義者や品川などの国権論者とは、富国強兵や条約改正を進める上でも結びたくなかった。陸奥外相の進める条約改正に反対する大日本協会が成立し、吏党として政府を支えてきた国民協会が中心となり、改進党などを加えた対外硬派が形成されたことも大きい。

日清戦争への道

明治二十六年（一八九三）七月、伊藤内閣は陸奥の主張を入れて「全面対等条約」を締結するための改正交渉を再開することを決定した。対等条約ならば、自由党も改進党も反対できないと考えていたのだが、改進党が内地雑居尚早論の代わりに現行条約励行を唱え、対外硬派が衆議院の過半数を占めた。

第五議会は、条約励行論の首唱者である安部磐根《あべいわね》が副議長に当選、自由党の片岡健吉が落選し、対外硬派が現行条約励行建議案を提出するが、自由党は加わらず、政府支持に回って、十二月十九日、議会停会の詔勅が出された。再開した二十九日、陸奥外相は発言を求め、明治初年に内外交易の金高は三千万円に足らなかったのが、今は一億六千万円にのぼり、海には数百艘の商船がうかび、常備兵が十五万人、海軍も四十艘近い軍艦が出来、条約改正は「わが国の開化が、真に亜細亜中の特例なる文明強国」となったと、脱亜入欧を説いて衆議院を解散した。

対外硬派諸党は強く反発、貴族院有志も伊藤に忠告書を送り、国益のための建議案を提出した衆議院を解散したことを非難し、言論機関も条約励行派を支持、政府非難のキャンペーンを張った『日本』『二六新報』『報知新聞』『中央新聞』『読売新聞』『毎日新聞』『国民新聞』『国会』『新朝野』『国民之友』の記者らは、会合をもち、解散させられた議員に同情を表明した。

三月の総選挙で自由党と野党は同数の議席を占めると、五月の第六議会開催に先立ち、全国同志新聞記者大懇親会に全国七十六の新聞雑誌の代表者一七六人が集まって、勢力を誇示し、第六議会も解散となった。

朝鮮では崔済愚《さいせいぐ》が創始した民衆宗教の東学《とうがく》を奉ずる東学教徒が、その平等思想と反キリスト教により全道に広がったので、朝鮮政府から邪教と弾圧されたが、明治二十七年に全羅道で起きた農民蜂起とともに減税と排日を要求する甲午農民戦争《こうごのうみんせんそう》がおきて、朝鮮南部一帯に広がったため、朝鮮政府はその鎮圧に清国出兵を求めて清が出兵した。

日本政府は六月六日に清国政府から出兵の知らせを受け取るが、その四日前に、公使館と居留民保護のために出兵を閣議で決定していた。当時、十三師団のうち広島の第五師団から編制された七千人を越える旅団に出動命令を出し、先遣隊が漢城《かんじょう》に着いた六月九日には、牙山《がざん》到着の清国兵と朝鮮政府によって「東学党の乱」はほとんど鎮圧されていて、清国軍は漢城に入らなかったのに、日本兵約七千の軍隊は漢城・仁川に駐留した。

六月十四日の閣議で、日清両国共同による反乱鎮圧と朝鮮内政改革案が提出されると、これに不満の陸奥外相は、対清開戦を主張するが、そのまま政府が清国政府に申し入れたところ、清国は共同鎮定は必要なく、内政改革は朝鮮政府自身が行なうものであると回答した。

筋は清の方が通っていたのだが、政府は、七月十六日にイギリスとの条約改正交渉によって、事実上イギリスの了解を得たことから、七月二十二日に王宮に兵を乱入させ、牙山湾入口に浮かぶ豊《ほう》島《とう》沖で清国軍艦を攻撃、親日政権を樹立して清兵撤退の要求を出させた。

二十五日、清国政府に雇われたイギリス商船が、清国の砲兵と歩兵約千五百人を乗せて、牙山に向かう途中、東郷平八郎《とうごうへいはちろう》艦長の防護巡洋艦浪速《なにわ》に撃沈された。これにイギリス国論が激昂したので、条約改正を進めていた陸奥外相は、開戦状態での撃沈であることを示すため、開戦論に転じ、六月一日、清国に宣戦を布告した。その時に出された天皇の詔書は、「朝鮮は帝国がそのはじめ啓誘（教え導く）して、列国の伍伴（仲間）につかしめたる独立の一国たり」と、日本は朝鮮を教え導き、列国の仲間に入れさせたのであって、一段上にあると強調した。

日清戦争と三国干渉

日本は議会での政争をやめ、第七議会で巨額の戦費支出を承認するなど、国をあげて戦争にのぞみ、参謀本部に置かれた大本営を二十七年（一八九四）九月二十三日に主力部隊出発地の広島に移した。山県有朋率いる第一軍が元山及び仁川に送り、成歓の戦いで清国軍に勝利、九月に平壌で清国北洋陸軍を敗退させ、海軍も黄海の海戦で勝利、十月には第一軍が南満州に進撃、大山巌率いる第二軍は遼東半島《りょうとうはんとう》に上陸して、十一月、大連・旅順を占領した。

第二軍と海軍は共同作戦で山東半島に上陸して占領し、戦局の帰趨はここに定まった。清国は近代兵器を導入していたものの、国内の軍隊を統一的に指揮して訓練する体制ができていなかった。

陸海軍共同の威海衛《いかいえい》攻撃が始まると、陸海軍や民間の言論界は、戦勝後の清国領土の割譲地を論じ始めた。平民的欧化主義を唱えていた徳富蘇峰も対外膨張論に転じ、高山樗牛《たかやまちょぎゅう》も雑誌『太陽』で日本主義を唱えて、大陸進出を肯定した。翌年一月二十七日の御前会議で、講和条件が審議され、陸軍が遼東半島を、海軍が台湾全土の割譲を主張して譲らなかった。

二月十二日、山東半島の港威海衛での北洋艦隊の降伏で日清戦争は事実上の決着をみて、三月二十日に全権大使李鴻章《りこうしょう》が下関に着き、春帆楼《しゅんぱんろう》で講和会議が開かれ、日本側の全権大使の伊藤・陸奥と講和条件の交渉に入った。李は、日本の戦争の目的が朝鮮の独立にあったのに、清国の領土を割取するのには矛盾があるなどを主張したが、日本側は戦勝国であるとして要求を押しつけ、四月十日に最終案を突き付けて調印となった。

講和条約の主な内容は、朝鮮の独立、遼東半島と台湾・澎湖《ほうこ》諸島の割譲、賠償金二億両（邦貨約三億一千万円）の支払い、既存の条約が認める市港以外の杭州など四市港の開港であった（下関条約）。ただ、清国に利権を有する英仏露独の干渉が予想されたが、イギリスは、清国との通商条約で最恵国待遇条項に含まれていたので、清国の開港はそのままイギリスにも認められ、清国との通商が最も盛んだったので干渉しなかった。

ただ中国東北部（「満州《まんしゅう》」）への進出をめざしていたロシアは、他の二国を誘って、駐日公使が本国の訓令を受けて遼東半島を清国に返すよう勧告した（三国干渉）。勧告の拒絶は不可能に近く、戦争継続が財政的にも不可能で、世界最大の陸軍を擁するロシアとの戦争には軍部も反対していて、議会や言論界の屈辱的な干渉受け入れへの非難は予想されるが、五月五日、遼東半島の返還を三国に通知、八日に日清講和条約の批准書を清国政府と交換した。戦後、朝鮮政府はロシアの支援もあって、朝鮮の国号を大韓帝国《だいかんていこく》（韓国《かんこく》）と改め、自立の動きを強めた。

三国干渉は日本国民に衝撃をあたえた。政府は「臥薪嘗胆《がしんしょうたん》」を唱える世論を利用し、ロシアを目標とする軍備増強を推進した。賠償金二億両（約三億一千万円）は戦費二億四十七万円を上回り、遼東半島返還の代償金三千万両も受け取り、その利子払いと賠償金を合わせると三億六千四百五十万円で、臨時軍事費特別会計に約七千九百万円、軍備拡張費に二億二千六百万円と、総額の約九十パーセントが軍備増強に使われることになった。

日本が海外に植民地をもった台湾・澎湖諸島に、樺山資紀を初代台湾総督に任じて近衛師団に台湾接収を命じ、日本軍は二十八年五月末に北部海岸に上陸、六月七日に台北を占領し、台湾全土の制圧を目指して南下、約十万人の台湾義勇軍のゲリラが、槍や蛮刀で日本軍の兵站を遮断して頑強に抵抗したため、増援部隊が派遣されて十一月十八日に全島を制圧した。

日本軍は七個師団のうちの二個師団約五万人を投入して、四千六百四十二名の戦死、腸チフスやマラリアなどの戦病死者を出し、治安確立後、土地の官有化、産業開発、鉄道・港湾建設など同化政策を進めた。この日清戦争・台湾出兵を通じて、死者は一万三千四百八十八人で、そのうち病死者は一万千八百九十四人にのぼった。三十一年に児玉源太郎が台湾総督に就任し、民政局長後藤新平とともに台湾植民地経営を軌道にのせた。

三国干渉を日本が受諾すると、閔妃らはロシア公使ウエーバーと結んで親日派を政府から追放、親露政権を樹立、三浦梧楼公使は日本の劣勢を挽回するために大院君を擁立し、漢城守備隊や巡査などを王宮に乱入させて、閔妃を殺害、親日政権を樹立したが、列強に非難され、三浦公使らは日本で裁判にかけられ、朝鮮国内では反日運動が起きて、国王を擁した親露派が内閣を樹立、ロシアは政府顧問を入れて軍隊の訓練を行なわせた。

企業勃興

日清戦争前後から企業が勃興した。紡績業は、明治七年（一八七四）に国内需要の二十六パーセントに達した外国糸の輸入を抑えるため、二千錘規模の愛知紡績所が明治十四年に、翌年には広島紡績所が設立され、二千錘紡績機械を十台輸入して、民間に払い下げ、十四か所の紡績工場が設立された。ただ規模が小さく動力を水力としたため、立地条件に制約され、大半の工場は業績不振だった。これに対し発明家の臥雲辰敬《がうんたつむね》が「ガラ紡」と呼ばれる紡績機を考案し、一人で一日一キロの生産ができ、明治二十年頃に全盛期を迎えた。

明治十五年に渋沢栄一《しぶさわえいいち》が主になり大蔵喜八郎《おおくらきはちろう》・藤田伝三郎《ふじたでんざぶろう》が加わって、華族出資の資本金二十五万円で設立された大阪紡績会社は、十六台の英国製ミュール紡績機を備え、男工百二十八人、女工百六十人を集め、日本人技術者を養成して毎年十～二十パーセントの高配当を上げる好成績であったことから、これに刺激されて十九年に尼崎、二十年に鐘淵《かねがふち》、二十二年に摂津などの紡績会社が都市商人の手で設立された。

二十年からの四年間に生産量が四倍に増加、企業が勃興した。そうしたなか、甲府の雨宮製糸工場では、百余名の女工が劣悪な条件からストライキをおこした。急激な生産増大のもとで、原料綿花には安価な中国綿の使用が増加し、外国綿の使用が需要の四分の三を超え、二十三年以降はより効率的で扱いが簡単なリング紡績機が本格的に導入されると、これにともなって女工の割合が二年後に七十五パーセントに増加し、関税廃止やボンベイ航路補助によってインド綿花が安価に輸入できるようになった。

織物業は初め輸入糸を用い、飛《と》び杼《ひ》を採り入れた改良手織機で生産が始まり、明治十年代後半に各地に普及、ジャガードという装置もあって各地に広まって、従来の二倍の生産力となった。安価で均質な輸入糸使用が増加、明治十六年には需要の半分を輸入糸が占め、安価な農村労働力と家内副業という形態で、二十三年以降、綿布需要の八十パーセント以上を国産品が占めるまで回復した。この間、機械製綿布の生産は急速に進展、大会社がほぼ輸入力織機を用いて綿織物の生産に乗り出し、機械技術を本格的に用いた産業革命が始まった。のちに豊田佐吉《とよださきち》考案の国産の力織機《りきしょっき》も各地に広まった。

会社設立ブームは、株式への払い込みが集中、金融機関への資金が不足したところに、前年の凶作と生糸輸出の半減が加わって挫折したが、これを機に日本銀行は普通銀行を通じて産業界に資金を供給する体制を整えた。

生糸は、開港直後から欧米諸国に輸出され、その輸出額は日本の総輸出額の三十パーセント前後を占めた。富岡《とみおか》製糸場（フランス人設計者バスチャンによる建築）などに輸入された技術を参考にして、水力や蒸気力をもちいた器械製糸の小規模な工場が各地につくられ、日清戦争後には器械製糸の生産量が座繰製糸《ざぐりせいし》を上まわった。交通機関も鉄道開通に続いて一八八〇年代に鉄道馬車、九十年代に入ると、京都で路面電車が開通した。

工業の発達には、金融面の支援も欠かせず、政府は日清戦争で得た賠償金を準備金として、明治三十年に金本位制を確立し、貨幣価値をさらに安定させ、貿易の振興をはかった。特定の分野に資金を供給する日本勧業銀行や日本興業銀行・台湾銀行、各府県の農工銀行などの特殊銀行の設立が進められ、東武鉄道などの鉄道や紡績で再び企業が勃興し、繊維産業を中心に、工場や機械・原材料などの生産手段を所有する資本家が、利潤獲得を目的に賃金労働者を雇用して経済活動をする資本主義が成立した。

貿易の規模は拡大しても、綿花などの原料品や機械・鉄などの重工業製品の輸入が増えて大幅な輸入超過となり、貿易品の取り扱いには、三井物産などの商社や横浜正金銀行が積極的に関わった。明治二十九年には外貨節約と戦時の軍用船確保のために造船奨励法・航海奨励法が公布され、鉄鋼船の建造と外国航路への就航に奨励金を交付したことで、日本郵船会社などが次々に遠洋航路を開いていった。日本の産業革命は軽工業を中心に、明治三十三年頃までに達成した。

学術の進展

国家主義の影響は信教の世界に及び、神道《しんとう》を国教化する試みは失敗するが、宗教ではないとして政府に保護された神社神道が国民に根をおろし、仏教は廃仏毀釈《はいぶつきしゃく》の風潮がおさまって力を盛り返した。キリスト教は、ヘボン・フルベッキ・バラらのプロテスタント宣教師が語学教師を兼ね、人材育成に当たったので、多くの入信者が出て、明治二十三年にキリスト教徒が三万四千人、教会数は三百か所になった。内村鑑三や海老名弾正《えびなだんじょう》・新渡戸稲造《にとべいなぞう》らはキリスト教の布教や西洋近代思想の啓蒙家として活躍した。

キリスト教会は布教のかたわら人道主義の立場から教育・福祉活動や廃娼運動を展開、国家主義の風潮が高まると、さまざまな圧迫を受けるが、ミッションスクールも横浜のフェリス女学院や神戸女学院、長崎の活水《かっすい》女学院、東洋英和学院、一致神学校《いっちしんがっこう》、日本人設立の新島襄の同志社、津田梅子の女子英学塾（現津田塾大学）、明治学院、青山学院、東北学院、鎮西学院などが生まれた。

人文科学の分野では、東京文科大学教授の重野安繹《しげのやすつぐ》が国史科の創設に関わり、お雇い外国人リースの教示によって史学会を創設、『大日本史』を引き継ぐ日本史の編纂に関わった。自然科学の分野では、欧米の近代科学技術が、お雇い外国人教師によって導入された。物理学のメンデンホール、地質学のナウマン、地震学のミルン、医学のベルツ、動物学のモースらで、ナウマンはナウマンゾウを発掘、モースは帝国大学で生物学・動物学を教え、ダーウィンの進化論を紹介し、大森貝塚を発見したことでも知られる。

経済学では、自由放任の経済政策や自由貿易を主張するイギリスの経済学が導入され、やがてドイツの保護貿易論や社会政策の学説が主流になった。日本文学の分野でも、西洋の学問の研究方法が取り入れられ、従来の国学者の研究を一新、法律学でも、フランス人ボアソナードが編纂した刑法・治罪法（刑事訴訟法）、民法が定められた。

民法は、総則・物権・債券・親族・相続の五種からなり、西欧の家父長権の強い法に基づいて、戸主権の絶対、夫権・親権が強く、婚姻には父母の同意を必要とされ、妻は婚姻により夫の家に入るなど、女性の地位が低かった。だがこれに穂積八束《ほづみやつか》は「民法出でて忠孝亡《ほろ》ぶ」と、伝統的な家族道徳を破壊すると批判、司法省出身のフランス法学派と帝国大学出身のイギリス法学派が対立し、私学のフランス法系の明治法律学校と、イギリス法系の東京法学院との対立もあって、政治問題化し、明治二十九年まで施行が延期され、大幅に修正され、家《いえ》の制度を存続させる内容を含むものとなった。この批判をきっかけに、ドイツ法学が主流となった。

四　立憲政治と資本主義

日清戦後の動向

新聞ジャーナリズムは、自由民権運動期の論説中心から、報道中心へと変わっていった。明治二十六年（一八九三）の新聞年間発行部数は、一千六十万部に達し、日清戦争も報道された。東北や九州の新聞には、兵士や軍夫の書簡や談話が掲載され、なかには旅順の虐殺事件を生々しく記したものもあった。

ある兵士の手記によれば、虐殺のきっかけは、清国兵が日本兵の遺体を凌辱したことにあったといい、「これを見て怒りに耐え兼ね、気は張り支那兵とみたら粉に欲し、旅順市中に人と見ても皆殺しした」という。実は、司令官から婦女老幼を除いて皆殺しをしてもかまわないと指令がでていたのである。

この旅順虐殺が世界中に伝えられて苦境に立たされた政府は、通信社のロイターを買収して事件をもみ消そうとしたのだが、伊藤首相は、取り乱すことは危険が多く、不得策であるとして不問に付した。

戦争の凱旋兵が帰国する前のこと、臨時陸軍検疫部事務官長の後藤新平《ごとうしんぺい》は、似島《にしま》・彦島・桜島に検疫所建設を指揮し、検疫兵を訓練、検疫従事者の待遇改善、凱旋兵の教育、発病者の停留舎を設置し、四か月の検疫実施によって二十三万二千三百四十六人のうち検疫所通過者が十六万九千余人で、帰途中のコレラ発症者は三十七人に留まった。

だが、それでも軍隊でコレラが発生して全国に流行、四万百五十四人が亡くなり、赤痢と腸チフスも流行、それぞれ一万二千九百五十九人、八千四百一人が亡くなった。国内では、戦争をテーマの芝居や歌舞伎・落語・講談などが演じられ、夫を失った軍人の遺族、戦争ごっこの子どもの遊び、兵式訓練の学生、自転車の女学生などの絵が描かれた。

対外的には、ドイツが中国の膠州湾《こうしゅうわん》、ロシアが旅順・大連を清国から租借《そしゃく》し、イギリスが威海衛《いかいえい》を租借する動きがあっても、抗議できなかった。日本政府の念頭には、ロシアの満州への勢力拡大を承認し、かわりに朝鮮における日本の支配的地位をロシアに認めさせる「満韓交換論」があった。

明治三十一年（一八九八）四月に外相西徳二郎《にしとくじろう》とロシア公使ローゼンとの西・ローゼン協定で「韓国における日本の商業及び工業」の優越的地位をロシアに承認し、日本の列強間の地位を象徴するものになったことで、政府は、海軍二十万トン、陸軍十四師団、金額にして二億八千万円の大規模な軍拡計画を発表した。これに自由党総裁の板垣が「東洋の大勢上より我が国の形成よりみれば、軍備拡張は万已《や》むをえざるなり」と、二十九年三月の懇親会で演説しており、政治社会が大きく変容していたことがわかる。

軍拡の財源は、清国の賠償金や営業税の国税化と新設、酒造税の新設、葉煙草の専売化によるもので、地租が増えなかったことから、政党支持の地主も軍拡と鉄道・電話の拡張などの積極政策に反対することがなくなった。この積極主義は、日本の各界に浸透し、自由党は軍拡と産業基盤充実の積極政策を掲げ、伊藤内閣は戦後経営十年計画を全面的に支持し、第九議会終了後の四月、板垣は内務大臣に就任した。

全国商業会議所連合会は、営業税の国税化による増徴に対し、大阪商業会議所からの要求を受けて臨時総会を開き、税率低下と、個人営業には収入に課税し、会社組織には利益金に課税することなど、大蔵大臣と貴衆両院に建議することを採択したが、それとともに地租増徴論が登場した。

板垣の内相就任には、内務官僚や府県知事が自由党員の「下風に立つ」のを潔くないとして、白《しら》根専一《ねせんいち》逓信相、清浦圭吾《きようらけいご》司法次官などを中心に超然主義的指導者の山県有朋のもとに結集して「山県閥」を形成し、これに国民協会も加わった。

二十九年九月に第二次松方正義《まつかたまさよし》内閣が誕生、対外硬派が立憲改進党を中心に結成した進歩党の大隈重信が外相となり、進歩党が与党になった。松方内閣は健全財政論で、歳入不足を補うために地租増徴を打ち出すも、有権者の多くを占める地主に増税する法案に、自由党や進歩党が反対、増徴がさけられなくなると、進歩党は松方内閣との提携を断った。与党を失った松方は衆議院を解散、三十一年三月の第五回衆議院議員選挙で両党が三分の二の議席を占め、第三次伊藤内閣が成立した。

伊藤内閣も歳入不足に地租増徴問題に取り組んだ。地域によって地価が異なるので、地価を修正すれば地租率の増加に応じてもよい、という議員が現われ、内閣はこの考えに期待して、六月に地価修正案を先に決める動議を出したが、圧倒的多数で否決され、地租増徴案も否決となり、即日に衆議院を解散した。

政党内閣の誕生

六月二十二日の総選挙に備え、自由党と進歩党は各々解党し、合同して憲政党を結成した。その課題は地租増徴をいかに進めるかにあり、山県閥は憲法八条の緊急勅令で次の第十三回議会前に増徴を断行する考えであったのだが、伊藤は内閣を憲政党に渡し、その手で予算案をつくらせようと考え、天皇に拝謁し、大隈重信と板垣退助に組閣を命じられるよう上奏して辞表を提出した。

天皇は政党内閣を好まなかったが、六月三十日、衆議院に三分の二を有する憲政党の大隈と板垣に組閣の大命が下った。陸海軍大臣以外、すべての閣僚を憲政党員から採用した日本で初めての、大隈重信を首相、板垣退助を内務大臣とする政党内閣が成立した（隈板《わいはん》内閣）。

この政党内閣の問題点は、陸海軍大臣が勅命により留任したことで、以後、政党政治に禍根を残すことになり、陸海軍の軍備増強の主張から、歳入不足を補うための増税が不可避となった。閣内では旧自由・進歩両党が閣僚ポストの補充をめぐって対立、内閣成立時から存在した閣僚ポストの配分をめぐり、自由党系の不満が十月四日に辞任した尾崎行雄《おざきゆきお》文相の後任をめぐって再燃した。

尾崎は八月の帝国教育会での夏期講習で、ありえない仮定であると断った上で、仮に日本に共和政治が行なわれるとしたら、三井・三菱が大統領の候補者になるであろう、と日本の金権主義を批判した。自由民主主義が未発達なまま、急速に資本主義社会が成立した日本では、拝金主義が欧米以上に貫徹しかねない、と警鐘を鳴らしたのであるが、枢密院や貴族院、旧自由党系から批判が出て、天皇が首相に罷免を求めることになった（共和演説事件）。

尾崎の後任には進歩党系の犬養毅《いぬかいつよし》が任命された。自由党系の指導者の星亨は、駐米公使を辞任して帰国していたが、文相も外相もポストを得られないとわかると、憲政党を分裂させて旧自由党系を率いて藩閥勢力と結んだ。

十月二十九日に憲政党は、同名の憲政党と憲政本党に分裂、板垣が辞表を出し、大隈以下の閣僚も閣内不一致を理由に辞表を出し、会議も開かず、わずか四か月で退陣した。十一月八日、山県有朋が二度目の内閣を組織したが、これは山県閥と憲政党が閣外から提携したものであり、内閣は地租増徴案の議院通過を狙い、鉄道国有化に外資導入を結び付け、資本家と地主双方を満足させようとし、憲政党は、地租増徴の直接的打撃を軽減するため三十二年の府県会議員総選挙に政府の援助を得て勝利するよう運動して、地価が修正され、米価が高騰したので、三十一年十二月の第十三回議会で地租増徴案が成立した。

続いて三十二年には、内閣の交替による官僚の更迭を防ぎ、政党の影響力が官僚に及びにくくするために文官任用令《ぶんかんにんようれい》を改正、大臣・知事・公使などの親任官以外は、文官高等試験合格が必要とされた。入閣要求を出さなかった憲政党は憤ったが、星亨が、府県会議員選挙まで忍耐し、多数を得ることで、山県と官僚閥を二分する伊藤博文を総裁に迎えて、憲政党を大政党にする方針を出し、伊藤も「政府の助けで上下の信用を得るのが得策」であると星に勧めたので、憲政党は改正を甘受し、九月の府県会議員総選挙で政府の援助もあって勝利した。

翌年には政党の力が軍に及ぶのを防ぐため、陸軍・海軍大臣には現役の将官のみがなれる制度（軍部大臣現役武官制）を定め、陸海軍大臣は現役の大将・中将に限るとしたので、この制度は内閣の行動を制約することになった。治安警察法も制定して、政治・労働運動の規制を強化、労働者のストライキと農民の小作争議を禁じ、衆議院議員選挙法を改正し、市部選出の議員を増やした。

文学と演劇の新展開

文化の普及に大きな役割を果たしたのが新聞・雑誌で、文学が国民の間に広まった。その出発となったのは、坪内逍遥《つぼうちしょうよう》が『小説神髄《しょうせつしんずい》』を著し、小説は人生をありのままに写すものと論じ、写実主義をとなえたことにある。二葉亭四迷《ふたばていしめい》は、明治十四年（一八八一）に東京外国語学校の露語部に入学、十九年に退学、逍遥の勧めで『小説総論』を発表、翌年に逍遥の理論を言文一致体《げんぶんいっちたい》で『浮雲《うきぐも》』を書いて結実させた。尾崎紅葉《おざきこうよう》・山田美妙《やまだびみょう》らは硯友社《けんゆうしゃ》を設立、尾崎は『多情多恨《たじょうたこん》』、山田は『武蔵野』などを著し、写実主義を掲げながらも文芸小説の大衆化を進めた。

歌舞伎は、九代目市川団十郎が歴史劇の写実的な演出に工夫を凝らし、新歌舞伎十八番を定め、五代目尾上菊五郎が写実的演技のなかにも形式美を追求、明治の新風俗を題材とした世話物（散在物）に力を入れた。初代市川左団次も写実的表現を追求し、団・菊・左時代と呼ばれ、明治十四年十一月に河竹黙阿弥作『島鵆月白浪《しまちどりつきしらなみ》』をこの三人が演じている。明治二十年に歌舞伎俳優となった川上音二郎《かわかみおとじろう》は、オッペケペー節で大当たりをとり、書生芝居を始め、明治二十七年に日清戦争劇を上演した。

明治二十一年(一八八八)七月に発会式をあげた演劇矯風会は、新たな演芸は巧匠《こうしょう》が優美であること、濫《みだ》りに歴史や事実などに拘泥せぬことをうたい文句に、演劇改良を試み、第二回の演習会の演目は、竹琴・河東節・琴曲合奏、舞踊、歌舞伎で、歌舞伎の『仙台萩』を団・菊・左が演じた。

第十一回は三曲合奏、講談、一中節《いっちゅうぶし》、落語、義太夫、舞踊など演目も多く、落語を三遊亭円遊《さんゆうていえんゆう》が『強がりの若旦那』を咄《はな》した。その師の円朝《えんちょう》は、幕末の芝居咄から維新後に素咄《すばなし》に転向、明治十七年に『怪談牡丹燈篭』を速記本におこして刊行し、以後、口演したものが次々に活字化され、多くの家庭で読まれ、言文一致小説に影響を与えた。

美術では、文明開化の風潮のなか、伝統的な日本画や木彫は一時、かえりみられなくなったが、ヨーロッパで日本画が高い評価をうけ、国粋主義が勢いを得ると、伝統美術を復興する動きがおこった。フランスに留学し印象派の画風をもたらした黒田清輝《くろだせいき》・久米桂一郎《くめけいいちろう》らの活動で盛んになり、久米は留学中に『晩秋』『林檎拾《りんごひろい》』など風景画を描いた。

黒田は帰国後、明るい色彩感のある『舞妓』を描き、「紫派」と呼ばれて歓迎され、明治二十年に岡倉天心を幹事とする東京美術学校が設立されると、二十九年(一八九六)新設の西洋画科の教授となり、画塾天真道場を開き、和田三造《わださんぞう》・岡田三郎助《おかださぶろうすけ》らを育てた。明治三十年に描いた黒田の『湖畔』

はその代表作で、二年後には金地をバックに裸婦のプロポーションを理想化して、三尊仏に配した『智・感・情』をパリ万博に出陳して好評を得た。二十九年、久米とともに明治美術会を退いて、藤島武二《ふじしまたけじ》、和田英作《わだえいさく》、岡田三郎助らと白馬会をつくった。

社会問題

治安警察法制定にはほとんど反対の声が上がらず、全会一致で審議もせずに、衆議院を通過したのだが、労働者は、劣悪な労働条件の改善に向けて団結するようになった。明治三十年から高野房《たかのふさ》太郎《たろう》が職工義友会をおこし、「職工諸君に寄す」という一文を配布、片山潜《かたやません》らが加わり労働組合期成《ろうどうくみあいきせい》会《かい》を結成して、その指導のもとで各地で鉄工組合や日本鉄道矯正会、活版工組合などの労働組合がつくられ、待遇改善や賃金引き上げを要求する労働争議がおこった。

労働運動の展開とともに指導理論としての社会思想が芽生え、明治三十一年に社会主義研究会が生まれ、二年後に社会主義協会に改組された。この時期の労働事情を、毎日新聞記者の横山源之助《よこやまげんのすけ》『日本之下層社会』や農商務省編『職工事情』から見ていくと、横山は、今の政治家は「人民の利益幸福をはかるために政治界に働くにあらず」「私利を貪ぼらんが為に国会議員」になっていると、政治家の腐敗を追及、鉄工労働者の近況を記している。

労働者は旧来の職人と、生糸・織物・燐寸などの手工業に従事する職工、鉄工業者や紡績業の機械工業に従事する職工などでは、労働環境が相当に異なり、男工中心の鉄工業と女工中心の紡績業でも異なる。最も恵まれていたのは、造船・車両・工作機械の工場や海軍造船廠で働く「鉄工」で、二間か三間の家に住み、妻子をもち、月二回の休暇があり、労働時間は十時間から十二時間、賃金は日給で平均五十五銭、残業や年功で七十五銭もらえたが、鉄工労働者の家計は相当に貧しかった。

これに対し、桐生や足利の紡績女工は、「労働時間の如き、忙しき時は朝床を出でて、直に業に復し、夜業十二時に及ぶこと希ならず」「一か年支払ふ賃金の多きも二十円を出ざるなり」と、平均日給が二十銭、昼夜交制で十二時間働かされた。多くは寄宿舎に住み、肺結核などで健康を損なう者も少なくなかったという。

紡績工のうち女工の比率は七十八・六六パーセントで、その半分が二十歳未満の若年労働者であり、紡績女工の半数は寄宿工で、全国から二万八千人が集められ、月に五円で一昼夜二交替制という苛酷な労働を強いられたので、寄宿女工は逃亡、また「職工争奪」戦も起きた。

大企業に多くいた紡績女工に比較して、中小企業に多い製糸女工の場合、労働条件は一層悪く、十六から十七時間労働もまれではなかった。生糸をつくる綿糸工場の女工は約五万六千人、製糸工場の女工は三倍以上の十七万三千人いた。

生糸の最大の生産地の諏訪では、製糸女工のほとんどが寄宿舎住みで、寄宿女工は父母に五円前後の前貸金が渡され、遠方から連れてこられた。寄宿舎は工場内にあり、一畳につき女工一人を入れ、逃走と争奪を防ぐために厳しい外出制限があった。織物職工も虐待され、福島県川俣の機織場の労働時間は、午前五時から午後十時までの十七時間が普通で、紹介人によって父母から人身売買同然の形で連れてこられ、工場主と職工の父兄との契約書は、年季を示し年季内給料から父兄が借用金を返済することが明記され、女工逃亡の場合は、父兄が速やかに見付けだし送り届けることを誓約した。

女工虐待は三十人前後の女工を雇う自営業の機織業に多く、新聞にとりあげられ、外出禁止が刑事事件にもなった。食事のとりあげ、体罰を頻繁に行なったのは、三年から七年の年季奉公の機織女工については、解雇が懲罰にならなかったからである。以上の三女工の合計は百六万人で、有業人口二千四百三十人の約四・四パーセントを占め、悲惨な状態は決して社会の片隅で生じていた一部の問題ではなかった。

足尾鉱毒事件と北清事変

社会問題は過重な労働や貧困だけでなく、資本家が利潤を追求するために地域住民の破壊をもたらす公害問題を生じさせた。栃木県の足尾銅山では、排出する鉱毒が渡良瀬川《わたらせがわ》に流れ込み、水が青白色に変じ、魚が浮かんでくるようになり、明治二十九年（一八九六）七月・九月の洪水で沿岸の農作物に致命的な打撃を与えた。

足尾銅山は、明治十年（一八七七）に古河市兵衛所有となり、十四年に鷹之巣直利《たかのすなおり》（直利＝鉱脈）、十七年に横間歩大直利《よこまぶおおなおり》の優良な鉱脈の発見で、産銅量が急激に増加したのだが、明治十四年の流域漁業者は、二千七百七十三戸あったものが、二十五年にはなくなり、大洪水で流域一帯の農作物や家畜に大被害となって、農民は立ち上がり、「押出し」と呼ばれる大挙上京の請願運動を開始した。栃木県選出の進歩党の田中正造《たなかしょうぞう》は、この問題を取り上げて同県邑楽《おうら》郡の住民とともに、足尾銅山の「鉱毒問題の如き、三十万の人民、四万町の被害の如き、決して区々《まちまち》たるの問題に非ず」と、鉱業停止をもとめる運動の中心に立った。

しかし議会は、明治三十二年（一八九九）三月に議員歳費を八百円から二千円に引き上げる議員改正法案に賛成するに至るまで、鉱毒反対運動にはまったく関心がなく、別物であると考えていた。三十三年二月、被害地住民の大挙上京は、群馬県川俣の利根川渡船場で警官に実力で阻止され、多数の負傷者を出した上に凶徒嘯聚罪に問われた（川俣事件）。これ以降、田中は行政府のみならず立法部、司法部にも失望し、ついに議員を辞職した。議員がお手盛りに近い形で歳費の五倍増を可決した時、田中は、歳費増額に反対演説を行なって、衆議院と議会の活動に見切りをつけた。最後の手段として明治三十四年十二月、天皇に直訴を試みて拘束されたが、田中は狂人扱いされて釈放されると、これで被害民救済運動が盛り上がり、一千名前後の学生が参加して鉱毒地の視察が行なわれ、被害民救済活動を行ない、翌年二月には女性による「押出し」が行なわれた。

政府も鉱毒調査会を設け、古河鉱業に鉱毒予防工事を命じ、民間でも幸徳秋水《こうとくしゅうすい》・石川三四郎《さんしろう》・堺利彦《さかいとしひこ》・福田英子《ふくだひでこ》・木下尚江《きのしたなおえ》・安部磯雄《あべいそお》・島田三郎《しまださぶろう》・内村鑑三《うちむらかんぞう》ら社会運動家やキリスト者の支援運動がひろがった。

三十四年六月十五日、政府は義和団《ぎわだん》制圧のために派兵を決定した。義和団は二年前に山東省で、列強の中国侵略に反抗し、反キリスト教闘争を発端とする義和拳の修得と白蓮教系の信仰集団であって、北方諸省や満州にも運動が波及し、三十三年には天津の外国人居留地を攻撃、さらに北京の各国公使館を包囲した。清朝政府も義和団に同意するなか、義和団がドイツ公使、日本の公使館員を殺害するに至って、列国は連合軍を組織、救援することになり、日本は軍一個師団を派遣した（北清事変《ほくしんじへん》、義和団戦争）。

連合軍はドイツを中心に組織され、イギリスからの出兵要請に日本は二万二千人の兵を派遣、連合軍が三万六千となって、日本兵を主力に北京を回復、反乱を鎮圧した。翌年九月に北京議定書を交わし、宣戦を布告した清に、巨額の賠償金支払いと外国軍隊の駐留を認めさせた。会議には日本から全権大使小村壽太郎《こむらじゅたろう》が出席、獲得した賠償額は四千九百万円で全体の七・七パーセントに過ぎないが、西欧列強と同じテーブルに着いて「初めて列国と対等の立場を獲得し、世界の舞台に登場するに至り、愈々極東の憲兵としての実力をかわれた」（外務省編『小村外交史』）。

戦後、ロシアは満州を事実上占領、韓国における日本の権利や利益をおびやかすようになり、韓国をめぐる日本とロシアの対立が厳しくなった。国内では、社会主義協会を母体に、幸徳秋水・片山潜・安倍磯雄・西川光二郎《にしかわこうじろう》・木下尚江・河上清《かわかみきよし》らが軍備の全廃、階級の廃止、土地と資本の公有化などを掲げ、貴族院廃止・軍備縮小・普通選挙法実施・八時間労働実施などをすすめるべく、日本で最初の社会主義政党である社会民主党を結成したが、治安警察法によって直ちに禁止された。

政友会内閣

山県内閣が義和団事件への対応に専念している間に、元老伊藤と憲政党の星の間で立憲政友会結成の準備が進められ、憲政党が山県に党員の入閣を求めて拒絶されると、提携断絶を宣言、山県は明治三十三年（一九〇〇）五月に辞意を表明した。六月、星・松田正久らが伊藤を訪ねて憲政党の党首になることを求めると、伊藤は新党結成を暗に求め、山県の了承をとりつけた。政党を改良し国家的見地に立たせるため、新党は総裁専制体制をとるもの、と説いた。

七月八日、伊藤は憲政党の総務委員と会見、翌日に憲政党は代議士会を開いて解党し、新政党に合流することを決定、党名でもめたが、立憲政友会と決まり、八月に創立委員会が開かれた。創立委員には伊藤側近で憲法調査に随行した西園寺公望《さいおんじきんもち》、憲法草案に関わった金子堅太郎《かねこけんたろう》、財務官僚の渡辺国武《わたなべくにたけ》ら、憲政党からは末松兼澄《すえまつかねすみ》・星亨・林有三《はやしゆうぞう》・松田正久《まつだまさひさ》ら、旧国民協会から大岡育造《おおおかいくぞう》・渡辺《わたなべ》洪基《こうき》が任命された。

入党勧誘状は、無所属の代議士、全国の市長や助役、参事会委員・市会議員、各地の商工会議所の正副会頭、資本金が十万円以上の銀行の頭取、五万円以上の会社の社長、多額納税者、府県会議員・弁護士などに宛てられ、選挙法改正にともなう都市部の実業家への勢力浸透をはかった。立憲政友会の結成式は九月十五日に帝国ホテルで開かれた。

憲政本党は、侯爵近衛篤麿《このえあつまろ》を中心に結成された対露強硬論者の国民同盟会に、帝国党の佐々友房らとともに結集して政友会に対抗、朝鮮を軍事占領せよと主張、貴族院に勢力拡大を求めた。同党指導者の犬養毅は、伊藤以外の元老・官僚勢力と結んで政権につき、与党の利をいかして代議士を増やし総選挙に勝利すると主張、ここに以後の政党政治の構図がつくられた。

政友会結成とともに、山県は、元老で過半数政党の総裁の伊藤が衆議院を握り、宮中や官僚層に発言権を持っていては、内閣を担当してはいけないと考え、また、国民同盟会などの主張する朝鮮占有論に賛同する青木周蔵外相などの閣僚も多くなったので、辞意を固め、九月二十六日に内閣を総辞職し、第四次伊藤内閣が成立した。閣僚のうち政友会員でないのは、外相の加藤高明《かとうたかあき》、陸相桂《かつら》太郎《たろう》、海相山本権兵衛《やまもとごんべえ》で、まさに政党内閣であった。

発足した伊藤内閣であったが、逓信大臣になった星亨が、東京市参事会員の時に金銭を調達して散布するなどの収賄容疑から、貴族院や言論界の攻撃により六月に辞任、憤った剣術師範により暗殺されてしまう。続いて貴族院が、多くの会派と結んで衆議院を通過した酒税や砂糖消費税・海関税を否決した。憲政本党と貴族院の近衛や谷干城らが増税を否決して対露強硬外交の政権樹立を考えていたのである。

さらに積極政策の実現を期待していた旧憲政党にあっても、日清戦後の二度目の恐慌が始まっていたため、渡辺国武《くにたけ》蔵相が予算で公債財源による事業を一切中止するとしたが、蔵相を支持する首相と、内務・逓信・農商務の閣僚が対立し、三十四年五月二日、閣内不一致で伊藤内閣は総辞職となった。

日英同盟

二十世紀を迎えるころ、欧米列強は植民地の獲得につとめる一方で、独占的な鉄道《てつどう》敷設《ふせつ》・鉱山開発など、貿易以外の分野にも勢力範囲を形成するようになった。日清戦争に敗れて巨額の賠償《ばいしょう》金《きん》を負った清は、その借入金の担保を契機に欧米列強の進出をまねくことになる。シベリアの開発と極東政策を推進させるため、シベリア鉄道の建設を進めていたロシアは、遼東《りょうとう》半島の旅順《りょじゅん》・大連《だいれん》を租借し、ドイツは山東半島の膠州湾を、イギリスは九竜《きゅうりゅう》半島などを租借した。日本は、台湾対岸の福建省《ふっけんしょう》の利権の優先権を認めさせ、フランスは広州湾《こうしゅうわん》を租借して勢力をのばした。この動きに、アメリカの国務長官ジョン＝ヘイは、中国における通商の自由を求めた門戸開放宣言を発し、列強に対抗した。

明治二十九年（一八九六）、日露両国の駐兵権を認める小村壽太郎・ウエーバー覚書が交わされ、モスクワで朝鮮の財政援助、軍隊・警察の創設、日本保有の電話線の維持、ロシアの電信線の架設権の保有を骨子とした山県・ロバノフ協定が結ばれた。

朝鮮が混乱した時には、日露両国が出兵の際、衝突の緩衝地帯を置いて、朝鮮軍設立まで両国が朝鮮に駐留する秘密協定を定め、朝鮮で同等な地位を獲得していた。そのロシアが、北清事変で満州占領後の明治三十四年（一九〇一）二月、清に対し満州撤退の条件として満州・蒙古・中央アジアでの権益独占を要求し、清は拒否したのだが、ロシアの極東への攻勢は日本に脅威に映った。

明治三十四年六月、桂太郎内閣が発足、桂は各省長官の地位についたことがなく、外相小村、内相内海忠勝《うつみただかつ》・文相菊池大麓《きくちだいろく》・農商務相平田東助《ひらたとうすけ》らも初めての大臣就任であり、新世代大臣の登場となった。小村は前外相の青木・加藤と同じく対露強硬論者で、就任直後、財源の不足は積極的な外債募集で補い、陸海軍、特に海軍の拡張に力を入れる計画を立て、桂首相と駐英公使林董《はやしただす》と密接に協力、満韓問題については、ロシアに対する日本の立場を強化するために日英同盟の締結へと向かうが、「光栄ある孤立」を誇るイギリスが「極東の番犬」に過ぎない日本と同盟を結ぶのにはいささか不安があった。

一方、元老の伊藤はロシアとの妥協の可能性を探るため、九月にペテルブルグに向かいロシアと直接交渉し、満州でのロシアの権益を認めるかわりに、韓国での日本の政治上・軍事上の指導的立場をロシアに認めさせようとしたが、ロシアは承服しなかった。

そうしたなか、イギリスとの交渉が意外に順調に進んだ。イギリスはロシアの南下に脅威を感じ、伊藤の訪露が日露接近を思わせ警戒したのである。明治三十五年正月二十五日に、青森歩兵第五連隊第二大隊が八甲田山で遭難し、百九十九人が凍死したその七日後、ロンドンで日英同盟協約六か条が調印された。

その内容は、①日英両国が清にもつ利権を相互に確認、あわせて日本が韓国に有する特殊権益を確認する、②両国の一方が他国と開戦した場合、他の一方の国は中立を守ること、③開戦国の敵対国に第三国が参加した場合、開戦国との協同戦闘にあたることなどを確約したもので、もしフランスがロシアを支持して日本に開戦した場合、イギリスも日本側に立って参戦することになる。

同盟を結んだ年の十二月、桂内閣は第十七議会で政友会に海軍の第三期拡張のための地租増徴の継続案を否決されたため解散した。日英同盟締結で日露開戦が遠のいたと考えられたのであろう。三十六年三月の第八回総選挙で、政友会は三百七十六議席のうち百九十三議席を占めた。

日露戦争と反戦論

民間の対露主戦論が動いたのは、四月にロシアが第二期撤兵をなかなか実行せずに、清国に満州権益に関する条約を迫った時からである。陸羯南の『日本』は、「日本帝国すなわち傍観の態度を取る」と批判し、戦争は生命財産を破壊する点で有害であるが、「社会の沈滞を攪し、国民の精神を振作」するものと論じ、「恐露病」から目覚めよ、と警告した。

多くの新聞が開戦を主張し、政府の弱腰を攻撃、知識人《ちしきじん》にも強硬な開戦論を説く人々が多くいた。東京帝大法科大学教授戸水寛人《とみずひろんど》は、寺尾亨《てらおとおる》・金井延《かないのぶる》・富井政章《とみいまさあき》・高橋作衛《たかはしさくえ》・小野塚喜平次《おのづかきへいじ》や学習院教授中村進午《なかむらしんご》を誘い、貴族院議員や文学・法学士らと対露問題を協議し、西欧諸国の動きを分析して、桂首相を訪問、満州問題は力で解決せよという七博士建議書を提出、八月には近衛篤麿・神鞭《こうむち》知常《ともつね》らを中心に対露同志会が結成され、強硬論を主張した。

これに対し、黒岩涙香《くろいわるいこう》の経営する『萬朝報《よろずちょうほう》』は、内村鑑三・幸徳秋水・堺利彦・石川三四郎ら記者が非戦論・帝国主義反対論を掲載した。幸徳は社会主義の立場から反戦論を説き「帝国主義か社会主義か、進路か平和か、二者その一をとれ」と激しく論じ、内村は、キリスト教的人道主義の立場から、日清戦争を「義戦」とたたえたが、のちにそれが「掠奪戦」であった現実に気付かされた反省から、「余は日露非開戦論者」「戦争絶対的廃止論者」であって「絶対非戦」を主張し、戦争を否認した。

戦争の発端は明治三十六年（一九〇三）四月、ロシア政府が清国に満州から撤兵後も権益は守ると通告したことにあった。六月二十三日の伊藤ら五元老と桂首相・寺内正毅《てらうちまさたけ》陸相・山本権兵衛海相・小村外相四閣僚が集っての御前会議では、ロシアに満州の権益を認めるかわりに、韓国における日本の同様の権利をロシアに認めさせる「満韓交換」の日露協商を締結する対応策をとることとした。

韓国の事実上の併合をロシアに認めさせるべくロシアと交渉したが、ロシアは、日本が韓国領土の一部でも軍略の目的にはせず、中立地帯を設けることを提案、日本の韓国支配に幾つかの制限をつけたが、自らの満州支配にはまったく条件を付さなかった。これに日本側は十月三十日に両国対等の修正案を確定案として示し、ロシア政府が承認しなければ交渉を断念するとした。

十二月三十日の閣議は「万一平和破滅の場合に於いて、帝国の採るべき方針」を対露開戦であると決定、ロシアの満州占領に反対するイギリス・アメリカの支持を取りつけて巨額の外債《がいさい》を募集し、翌年一月、日露両国主に最終的な日露協商案を交換した上で、二月四日の御前会議で対露交渉の打ち切りを決定して開戦と決め、二月八日に陸軍が仁川に上陸、海軍が旅順を急襲し、十日にロシアに宣戦を布告した。

二月十四日に『平民新聞』は「戦争来る」を掲げ、戦争の責任は両国政府にあり、平民にはなく、しかも人的・物的被害は平民にかかると論じた。黒岩の『萬朝報』が主戦論に転換したため、幸徳と堺が退社し、十一月十五日に平民社を結成して創刊したものであって、社会主義の立場から戦争反対を唱え、三月には、日露両国人民の真の敵は両国の軍国主義・愛国主義であり、人民同士は同志・兄弟であると叫んだ。

五月には、安部磯雄が『地上の理想国 瑞西《スイス》』を刊行、スイスが「直接立法権と建議権」の民主主義国で、教育や社会保障が充実し、永世中立を宣言した理想国であると紹介した。

日本軍は、第一軍から第四軍を韓国から遼東半島にかけて派遣、第一・二・四軍は同年九月、遼陽の戦いで勝利をおさめた。海軍は、ロシア極東艦隊基地の旅順封鎖作戦を盛んに試みるが成果なく、乃木希典《のぎまれすけ》指揮の第三軍が八月から三次にわたる肉弾作戦を敢行、死傷者六万人（死者一万五千人）の犠牲者を出し、三十八年一月に旅順を攻略した。三月の奉天会戦は、日露双方とも陸軍の総力を結集、日本軍二十五万、ロシア軍三十二万が激突、ロシア軍は九万人の損害をだして退却、日本軍は死傷者七万人の犠牲をはらって奉天を占領した。

歌人の与謝野晶子《よさのあきこ》は藤島武二表紙の『明星』九月号で、「旅順口包囲軍の中に在る弟を嘆きて」と題し「君死にたまふこと勿れ」の長詩を発表、「旅順の城は滅ぶとも、ほろびずとても何事か、君しるべきやあきびとの、家のおきてに無かりけり」と詠んだ。国民あげての関心事だっただけに世人の非難は強く、新体詩創始者の一人大町桂月《おおまちけいげつ》さえもあまりにも大胆と批判した。晶子は厭戦派婦人の代表だが、主戦論派代表は愛国婦人会を組織した奥村五百子《おくむらいおこ》で、戦争中に二十万人近い会員を擁し、軍人遺族、傷病兵の救援を行なった。

日露講和条約と日比谷焼打ち事件

ロシア海軍は前年十月に三十八艦で乗員一万のバルチック艦隊を派遣しており、日本が中立国に援助せぬよう工作したこともあって、南アフリカ経由でインド洋に出て、四月中旬に仏領インドシナに到着、五月二十七、二十八日に、東郷平八郎率いる日本の連合艦隊と対戦したが、そのT字戦法(縦列の艦隊の先頭を、T字型をつくるように横切って全艦から先頭の二隻を攻撃する)の前に二十隻が撃沈され、勝敗は決した。

日露戦争での犠牲者は死者八万四千人、戦傷者十四万三千人、捕虜二千人、艦船九十一隻を失った。戦争とともに脚気患者が増え、白米四合と麦二合の混合食に変更したが、陸軍は白米信仰が根強く、軍医部長の森鷗外《もりおうがい》は、脚気栄養因説に立って白米食を奨励、混合食への切り替えが遅れて脚気患者が続出した。捕虜となったロシア兵は、松山俘虜収容所で病気になると、日本赤十字社の看護婦に手厚く看護された(赤十字社は明治二十年に創設された)。

日本の国力ではこれ以上戦うことには無理があったので、アメリカ大統領ルーズベルトの仲介でロシア皇帝ニコライ二世も講和に同意し、アメリカのポーツマスでロシアとの講和会議が明治三十八年(一九〇五)八月に開かれた。日本全権小村壽太郎と駐米大使、ロシア全権ウィッテと駐米大使が出席し、講和条約(ポーツマス条約)に調印した。

ロシアが①韓国に対する日本の指導権を認め、②旅順・大連の租借権、長春《ちょうしゅん》以南の鉄道《てつどう》と付属の利権を日本に譲り、③北緯五十度以南の樺太《からふと》（サハリン）を日本に譲り、④沿海州《えんかいしゅう》とカムチャツカの漁業権を日本に認めた。日本への賠償金の支払いは認められなかったが、念願の旅順・大連とその付近の租借権、及び東清鉄道《とうしんてつどう》南部を譲り受け、韓国を実質的な保護国とすることを、ロシアに認めさせ、韓国と中国東北部に排他的特権を持つ一大帝国主義国になった。

だが、日本の国民は、戦争の経過について連戦連勝の勝利のみが伝えられており、条約の交渉の結果は新聞の号外で伝えられており、新聞各紙は一斉に政府の姿勢を批判、『萬朝報』は、全権団の帰国に「我が国民は断じて彼の帰朝を迎うるなかれ、これを迎うるには弔旗を以てせよ」と書き立てた。条約調印の九月五日、二年前にできた日比谷公園で、河野広中を会長とする講和問題講師連合会主催の講和反対国民集会が開かれた。

警視庁は開催を許可しなかったが、強行して集まった民衆は三万人に膨れ上がり、警備の警官隊と衝突した。大会終了後、内務大臣官邸や、講和支持の論陣を張った徳富蘇峰の国民新聞社を襲撃、夜には警察署や交番を焼き打ち、翌朝にかけ麴町・本郷・下谷・日本橋・京橋・小石川・深川・本所・浅草などで焼打ちにあった交番の数は百二十を越えた。政府は東京市下に戒厳令を布告、軍隊の出動で事態は沈静化するが、死者は十七人、負傷者五百人あまり、約二千人が逮捕された。その後も各地で講和反対の大会が開かれ、横浜でも焼打ち事件が起きた。

とはいえ、アジアの新興国日本が大国ロシアに勝ったことは、アジアの民族独立運動にも大きな影響をおよぼした。孫文《そんぶん》は清朝打倒をめざす中国同盟会を東京で発足させ、インドの独立運動なども活発になった。

国内では、生活文化にも西洋風と日本風とが入りまじるようになり、都市では官庁・会社・学校などで西洋風の衣食住が採用された。水力発電の本格的な開始によって電力事業が勃興し、電灯が大都市の中心部で実用化され、鉄道馬車に続いて京都で路面電車が開通した。

ただ都市でも洋服はほとんど男性に限られ、食べ物や住居などは伝統的な様式のままのものが多かった。農村部では、人や馬が引く荷車や石油をもちいるランプは普及したが、日常の生活様式にはあまり変化はなかった。

大阪市は政府の港湾拡大の方針に応じ、安治川・木津川河口から直線的に防波堤を築き、堤防内を約八・五メートルの水深まで掘り下げ、その土砂で港区築港、海岸通り、大正区鶴町・船町等を埋め立て造成し、大阪港を市営のプロジェクトで造り、築港大桟橋を架橋し、公営鉄道として初めて築港線が開通した。

第Ⅲ部　経済の時代

一　近代の産業と文化

桂園時代

明治三十四年（一九〇一）に成立した第一次桂《かつら》太郎《たろう》内閣は、日露戦争での十七億円の軍事費のうち十三億円が内外の公債だったので、その償還で財政を圧迫することが予想され、戦時特別税の継続や租税の新設の増加に基づく戦後経営案を作成した。この増税には、鉄道や港湾の拡充をはかって地方の有力者の支持を得て勢力を伸ばした立憲政友会の支持が必要とされ、軍備拡張・鉄道国有、製鉄所拡張、満韓樺太経営などを承認することを条件に、明治三十九年に立憲政友会の西園寺公望に政権を委譲した。

西園寺公望内閣は、前内閣の方針を継承して鉄道国有法を成立させ、南満州の経営を実施し、党勢拡張をめざして、陸軍の主張する鉄道の広軌化を排し、地方路線の建設や港湾新築を目指し、原《はら》敬《たかし》内相が郡制廃止を提案して、貴族院の山県閥の切り崩しをはかった。山県閥は社会主義の取締り強化を要求したが、社会主義の日本社会党の結党を黙認したため、山県閥の不評を買った。四十年（一九〇七）に社会党は、党内で議会政策派の片山潜と、幸徳秋水らの直接行動派とが激しく対立、党大会で激突、内閣が結社禁止を命じた。

アメリカで恐慌がおこり、内閣が進めてきた積極財政がゆきづまって、翌年に総選挙を行ない圧勝したにもかかわらず、桂太郎に政権を譲った。第二次桂内閣は、国際社会の風当たりの強さと国内経済の沈滞に直面、緊縮財政を行なって経済効率を重視した。これに立憲政友会は、鉄道建設や港湾新築、地租軽減を求め、海軍は旧型になった軍艦の一新を要求した。

桂が予算通過をめざし、自力更生を掲げたのは、地方的利益を無視して効率的公共事業の経営を行おうとすれば、地方社会の自力に頼る以外になかったからで、四十一年、戊申詔書《ぼしんしょうしょ》が出され、勤勉と倹約《けんやく》など国民道徳の強化につとめ、一生懸命に働き節約するよう発した。これをうけて内務省を中心に地方改良運動が始まった。

郡市町村に対し、部落共有林野の統合による基本財産の造成、由緒不明な神社の整理、部落祭礼と休日慣行の整理、町村農会による農事改良、町村計画としての町村是などを奨励し、地方社会の役割を強め、青年会を町村単位に再編して町村長・小学校長の指導下で活動させ、産業組合には勤倹貯蓄に役立つことを期待、国内の安定をはかった。町村ごとの在郷軍人会も四十三年の帝国在郷軍人会の設立によりその分会となった。

野党の立憲政友会は、鉄道や港湾の拡充をはかって地方の有力者の支持を得て勢力を伸ばした。この頃から富山県出身の実業家の浅野総一郎《あさのそういちろう》は、横浜市鶴見区から川崎市までの海岸の埋め立て工事を十五年の歳月をかけて行ない、工場を建設、物流のために防波堤を築いて運河を造り、後の京浜工業地帯の基礎を築いた。

第二次桂内閣は、四十四年（一九一一）についに条約改正を達成した。陸奥宗光外相の時に、領事裁判権の撤廃と関税自主権の一部回復については、最恵国待遇を内容とする日英通商航海条約で達成していたのだが、小村壽太郎外相が残されていた関税自主権の回復に成功したのである。

国内では大逆《たいぎゃく》事件が起きた。天皇暗殺を計画し、爆弾を製造した社会運動家を捕えたのを契機に、数百名の社会主義者・無政府主義者を検挙し、幸徳ら二十六名を大逆罪で起訴、全員が有罪判決を受け、十二名の死刑が執行されたが、多くは暗殺計画に関与していなかった。この時に警視庁内に特別高等課（特高）が新設された。

再び桂が西園寺に政権をゆずったので、山県系の桂太郎と立憲政友会の西園寺公望とが、交代で政権を担当する時代が続き、この時期を桂園《けいえん》時代とよんでいる。

韓国・満州をめぐる国際関係

日本は、日露戦争後、戦勝で得た大陸進出拠点の確保につとめ、明治三十八年（一九〇五）にアメリカと非公式に桂・タフト協定を結び、イギリスとは日英同盟協約を改定し、両国に対し日本の韓国保護国化を承認させた。

韓国には、明治三十四年に日本が推薦する財政・外交顧問を韓国政府に置き、重要な外交案件は事前に日本政府に協議するものとしていたが、この年に第二次日韓協約を結んで韓国の外交権を奪い、統監府《とうかんふ》をおいて伊藤博文が初代の統監となり、保護国とした。これに韓国皇帝高宗は、四十年にオランダのハーグで開かれた第二回万国平和会議に密使を送って抗議し、列国から無視されたハーグ密使事件がおきると、この事件をきっかけに日本は皇帝高宗を退位させ、第三次日韓協約を結んで、韓国の内政権も手に入れ、軍隊を解散させた。

このため韓国では日本に抵抗する義兵《ぎへい》運動が、解散させられた韓国軍の元兵士の参加を得て本格化した。明治四十二年（一九〇九）、日本政府は軍隊を増派して義兵運動を鎮圧するが、その最中に伊藤博文がハルビン駅頭で独立運動家安重根《あんじゅうこん》によって暗殺された。日本政府は、憲兵隊などを常駐させ、翌年に韓国併合条約を強要して韓国に調印させ、韓国を植民地化した（韓国併合）。

漢城《かんじょう》を京城《けいじょう》と改め、朝鮮総督府を設置して、陸相兼統監の寺内正毅《てらうちまさたけ》を初代総督に任命、朝鮮総督は現役軍人がなり、警察の要職は日本の憲兵が兼任した。朝鮮総督府は、土地調査事業で地税賦課の基礎となる土地測量をすすめ、所有者の確認を全土で行ない、不明とされた土地を接収したので、朝鮮農民は土地を奪われて困窮、一部は職を求めて日本に移住するようになり、接収した農地や山林は、日本人地主や東洋拓殖会社などに払い下げられた。

日本は満州《まんしゅう》にも進出し、三十九年、遼東半島南端の租借地の関東州を統治する関東都督府を旅順におき、政府と民間が半分ずつ出資する南満州鉄道株式会社（満鉄《まんてつ》）を設立し、その総裁には後藤新平がなった。満鉄はロシアから譲りうけた長春・旅順間の旧東清鉄道《とうしんてつどう》に加え、鉄道沿線の炭鉱などをも経営、満州市場に関心を持つアメリカの鉄道企業家が満鉄の共同経営を提案すると、日本側は拒否し、満州南部への経済進出を独占的にすすめた。

この日本の満州進出はアメリカを刺激し、アメリカは満鉄を列国で共同経営することを提唱するが、日本が拒否したことから日米関係は急速に悪化、それもあってサンフランシスコでは日本人学童の入学拒否がおき、カリフォルニア州を中心に合衆国内で日本人移民排斥運動が激化した。アメリカへの移民は明治十七年（一八八四）に政府が国民の海外渡航を許可してから広がり、農園や農場、缶詰工場、鉄道建設労働に従事していた。

清国内でも権益返還を求める声が強くなり、日本は第二次日英同盟協約、及び四次にわたる日露協約で満州および内蒙古における両国の勢力圏を確認し、日英・日露協調を背景に満州権益を国際社会に承認させると、明治四十二年（一九〇九）にアメリカ政府は満鉄の中立化を列国に提唱した。四十四年に清国では専制と異民族支配に反対する辛亥《しんがい》革命がおこり、翌年には三民主義を唱える革命指導者孫文《そんぶん》を臨時大総統とする中華民国が成立して清朝が倒れた。

しかし孫文は軍閥の首領袁世凱《えんせいがい》の圧力により、臨時大統領の地位を譲らざるを得なくなり、以後、列国の支援を受けた軍閥政権が互いに抗争するようになった。陸軍などは南満州権益を強化するために中国に軍事干渉するように主張したが、政府は列国の意向と国内の財政を考慮し、不干渉の立場をとった。

近代産業の発展

日本の産業革命は、軽工業を中心として達成されたが、立ち遅れていた重工業部門は、一九〇〇年代に入ると、ようやく生産体制がととのい始めた。日清戦争後、軍備と近代的産業の拡張を急ぐ政府は、官営軍需工場の拡充を進め重工業の基礎となる鉄鋼を国内生産するため、官営の八幡製鉄所《やはたせいてつしょ》を建設し、明治三十四年（一九〇一）にドイツの技術を導入し鉄鋼生産が始まり、日露《にちろ》戦争のころには生産が軌道にのった。

それでも国内の鉄鋼の需要を満たすにはいたらなかったが、政府は外債募集を拡大し、増税を行なって軍備拡張をする戦後経営を進め、政府の保護のもと民間重工業も発達し始め、鉄鋼業の拡張計画が実施され、中国の大製鉄会社に日本政府が借款を与えた見返りとして、八幡製鉄は鉄鉱石を安価に入手した。動力となる石炭は、排水用蒸気ポンプの導入により炭鉱開発が筑豊一帯で進んだ。日本製鋼所など民間の製鋼所の設立が相次いだ。

鉄鋼をもちいた造船の技術は、日露戦争後には世界的な水準に達し、輸入に頼っていた大型の軍艦や商船の国産化がすすんだ。機械をつくる工作機械の分野では、池貝《いけがい》鉄工所が先進国なみの精度の旋盤の国産化に成功した。鉄道は東武鉄道が根津嘉一郎が社長になって経営再建をするなど、民営会社を中心にめざましく発達した。政府は軍事上の必要もあって、明治三十九年（一九〇六）、鉄道国有法を公布し、主要幹線をすべて国有とし、鉄道全長の三十パーセントを国有鉄道が占めた。

軽工業では輸出もいちだんとのびたが、製糸業《せいしぎょう》では明治四十二年に、アメリカ向けを中心に生糸《きいと》輸出量が清をぬいて世界第一位に達した。紡績業は大会社が合併しつつ力をつけ、綿織物業にも進出、清国・韓国へ綿布《めんぷ》をさかんに輸出した。対満州の綿布輸出・大豆粕輸入、対韓国の綿布輸出・

米輸入、台湾からの米・原料糖の移入が増え、日本経済に占める植民地の役割が大きくなり、生糸や綿布などの輸出が増加したが、原料綿花や軍需品・重工業資材の輸入が増加したため貿易収支は殆ど毎年赤字になった。日露戦争時に借入れた外債《がいさい》の利払いは大きな負担になり、戦後の景気は長続きせず、明治四十年には恐慌がおこり、その後も不況が続いた。

二十世紀の初めに、日本は産業革命を達成したが、このころから財閥がめだってきた。明治時代前期に発展した三井・三菱のような政商《せいしょう》や、住友・古河《ふるかわ》のように鉱山業で富を得た企業家は、一族で鉱工業をふくむ多くの企業を支配する財閥に成長、明治末期から多部門にわたって株式を所有することで会社を支配する持株会社《もちかぶがいしゃ》をつくり、コンツェルンの形を整えていった。

格差社会

労働者は明治十九年（一八八六）から三十三年（一九〇〇）にかけて、民間労働者が五・二倍に増加したが、なかでも繊維労働者は倍加し、その割合は四十六・九パーセントから六十一・一パーセントへと増加し、紡績業では労働者数が三千人から六万三千人へと二十倍以上も増え、割合も十六・二パーセントに跳ねあがった。このうち大半の六万一千人が、百人以上の工場労働者であり、百人以上の大規模工場に働く民間労働者の四十パーセントを占めていた。これに対し一八八六年に大きな割合をもっていた化学産業の半数は、原動力をもたない零細な町工場であり、機械・器具の伸長の中心は、この間に約十倍の伸びを見せた船舶の一万一千人であった。

工業に比べて農業の発展はゆるやかで、米作《べいさく》を主とする小規模な経営が依然として中心だった。大豆粕や金肥などの肥料や品種改良で単位面積当たりの収量が増加して生産性が高まったが、都市人口の増加には対応できなかった。農家も商品経済に巻き込まれ、商品作物では生糸輸出の増加を反映して、桑の栽培や養蚕《ようさん》が好調でも、安価な輸入品におされて綿花《めんか》の栽培は衰えた。

農村では、自作農《じさくのう》が不況や不作で土地を手放すなど、小作農《こさくのう》に没落する一方、土地を集めその小作料を得て生活し、耕作から離れる地主《じぬし》がふえた。地主は小作料を地方企業への投資や株式など有価証券の購入に振り向けた。明治三十八年の岡山県の四百歩地主の大原家の収入は、小作料収入から地租や所得税を差し引くと五万一千円で、これに対して株などの有価証券の配当や利子は約五万円で、両者はほぼ同じであった。

明治末年の小作地率は、四十五パーセントを超え、小作料は小作人の収穫の平均五十八パーセントに及び、貧しい農民は子女《しじょ》を都市へ出稼《でかせ》ぎに出したので、人々は都市に流入した。

地方の農漁村では石油を用いるランプが普及、洋装の駐在巡査や人力車が見られるようになり、輸入の糸や化学染料の利用で着物の選択の幅が広がり、資産家に至っては郵便を利用した通信販売でデパートから商品を買うことも行なうようになったが、日常生活に大きな変化はなく、暦法も農漁業の関係から、太陽暦と並んで旧暦が用いられた。

横山源之助の『日本之下層社会』は、この苦しい小作人の生活を具体的に記し、新天地をめざして北海道に移住した農民の苦しさも描いているが、筆は大都会の都市下層民の在り方から始まる。

その居住する「貧民窟」として東京の四谷鮫河橋《さめがはし》、下谷万年橋、柴新網町《しばしんあみちょう》、大阪の日本橋《にっぽんばし》通り名護《なご》町《まち》をあげ、そこでは日雇人足のほか車夫、土方、屑拾い、人相見、下駄の歯入れなどの職業の人々が生計をたて、住居は九尺二間家の四～六畳に夫婦・子どもと同居人などを加え、五～六人が生活し、井戸と便所は共有、子どもは未就学で教育を受けておらず、日常の食事は飯と塩だけのことも多かった。

附録の『日本の社会運動』では、日清戦争の時の工業会社の資本金高が五千六百万円に過ぎなかったのが、二年後には七千四百万円、翌年には一億五千百万円の巨額になり、それとともに同盟罷工（ストライキ）が起きている、と指摘する。このことは、会社の経営者や投資する華士族や地主などの資産家が豊かになったことを物語るもので、都会や農村では格差が広がっていた。

労働者の生活条件は悪化して生産能率が低下、資本家と労働者の階級対立が激化、これをさけるために工場法の制定がはかられ、工場法が明治四十四年（一九一一）に制定されたが、内容は不徹底で施行は五年後からであった。

鉱毒ガスや汚染水などの有害物質が周辺環境に著しい影響をもたらした足尾銅山の開発を問題提起した代議士田中正造の行動も認められず、足尾鉱毒事件は、最終的処置として渡良瀬川と利根川の合流点に近い谷中村を買収し遊水地をつくることになり、戸数四百五十戸ばかりの谷中村は廃村となった。仮小屋を建てるなど最後まで抵抗したが、十九戸が明治四十年七月に土地収用法によって強制破壊された。

近代の学術

私学の設立がひろがり、東京音楽学校が設立され、滝廉太郎《たきれんたろう》はピアノ授業の嘱託になって中学唱歌に「春高楼の花の宴」の「荒城の月」、「箱根の山は天下の険」の「箱根八里」を作曲、「春のうららの隅田川」の「花」を含む「四季」を発表した。

学校教育では、唱歌《しょうか》が小学校教育に取り入れられ、日露戦争が始まると授業では先生が熱心に戦争の話をし、唱歌の時間では「敵は幾万ありとても」や「撃てやこらせや清国を、清は御国の仇なるや」「あな嬉し喜ばし、この勝いくさ」のような軍歌を歌わされた。教科書作成者の喜田貞吉《きださだきち》は、明治四十四年（一九一一）の南北朝正閏《せいじゅん》問題にあい、国定教科書『尋常小学日本歴史』の記述が南北朝並立説であると批判されて、辞任に追い込まれた。

近代産業を支える職業人を育成する実業学校の設立が急務となり、明治三十二年（一八九九）に実業学校令と工業学校規定や農業学校規定などが定められ、神奈川県では、四十五年に神奈川県立工業学校が開校した。

大学での学問にも変化が現れ、四十一年に東京帝国大学法科大学の政治学科を政治学科と経済学科の二学科に分離、その創設に尽力し、初代経済学部長になった金井延《かないのぶる》は、ドイツに留学して歴史学派の理論を学び、ドイツ社会政策学に基づいて、労資協調、国家による労働者保護を主張、社会政策学会を結成、日露開戦論を主張、工場法の必要を説き、社会主義を批判した。

人文科学では、東京帝国大学教授の重野安繹《しげのやすつぐ》が考証史学を発展させ、『大日本史』の学風を批判し、児島高徳《こじまたかのり》の実在や楠木正成《くすのきまさしげ》・正行《まさつら》父子の桜井の別れなどの史話を否定したので、『太平記は史学に益なし』を著した久米邦武《くめくにたけ》とともに「抹殺博士」と称された。久米邦武は『史学雑誌』に、神道は宗教ではなく、天を祭って攘災招福《じょうさいしょうふく》の払いをするだけの『神道は祭天の古俗』の論文を発表、神道家らの攻撃を受け、東京帝国大学を追われた。

自然科学の分野では、殖産興業《しょくさんこうぎょう》を推進するため、欧米の近代科学技術が導入され、明治時代の終わり頃には、北里柴三郎《きたさとしばさぶろう》が破傷風菌の培養に成功、その血清療法を発見し、伝染病研究所を設置、細菌学の研究をはじめ、志賀潔《しがきよし》が赤痢菌を発見した。薬学・化学では、高峰譲吉《たかみねじょうきち》が胃腸の消化酵素のジアスターゼを創製、アドレナリンを抽出、鈴木梅太郎《すずきうめたろう》がオリザニン（ビタミンB_1）を抽出、秦佐八郎《はたさはちろう》はサルバルサンを創製した。

地震学では大森房吉《おおもりふさきち》が地震計を考案、天文学では木村栄《きむらさかえ》が緯度の変化の公式におけるZ項を発見した。物理学では長岡半太郎《ながおかはんたろう》が原子模型を発表、田中館愛橘《たなかだてあいきつ》が地磁気の測定に業績をあげ、植物学では、牧野富太郎《まきのとみたろう》が近代的分類学に基づく科学的な図譜・図説の作成に貢献するなど、世界的水準の研究が生まれた。

近代の美術

絵画は、歴史絵画の歌川豊宣《うたがわとよのぶ》が明治二十一年（一八八八）一月の芝公園への天皇行幸を『浜離宮延遼館横綱土俵入之図』に、横綱梅《うめ》ケ《が》谷《たに》、行司木村《きむら》庄三郎《しょうざぶろう》で描き、その後、相撲は相撲常設館が建設され、明治四十二年に国技館と改めた。明治三十四年に吉田《よしだ》博《ひろし》や中川《なかがわ》八郎《はちろう》は太平洋画会を結成、水彩画法を得意とし、中川の『雪林《せつりん》帰牧《きぼく》』は、水墨画の伝統を代水彩画として再生、白馬会の和田《わだ》英作《えいさく》の『渡頭《ととう》の夕暮《ゆうぐれ》』、赤松麟作《あかまつりんさく》の『夜汽車』の風俗画は、明治の貧しさを感じさせる暗い画面にロマン主義の文学性・感傷性がうかがえる。

藤島武二は黒田清輝の推薦で東京美術学校の助教授となり、渡欧して明るくのびやかな装飾性ある『糸杉』を描き、帰国後は油彩画法を日本絵画伝統の装飾性に即して『大王岬に打ち寄せる怒濤』を描いた。青木《あおき》繁《しげる》は美術学校在学中に千葉県布良《めら》の漁師が裸で獲物の鮫を担いで行進して発するオーラ際立つ『海の幸』を描いている。

岡倉天心は明治三十一年に美術学校の校長を追われ、野に下って日本美術院を創立、院展を立ち上げ、第一回院展には横山大観《よこやまたいかん》が生々しくも悲壮感に満ちた大作『屈原』を出展、横山や菱田《ひしだ》春草《しゅんそう》は線描なしに彩色画を工夫するが、「朦朧体《もうろうたい》」と酷評されて活気を失い、初期院展の幕は閉じるが、天心は茨城県五浦《いづら》に横山・菱田・下村観山《しもむらかんざん》らを住まわせ制作させた。

四十年に文部省美術展覧会（文展）が発足、その第一回文展に下村は『木の間の秋』で琳派の装飾手法に西洋画の光の手法を取り入れて描き、第三回文展に菱田は、樹肌や樹葉の細密な写生や空気遠近法的な空間の微妙な捉え方で描いた『落葉』を出品した。

文人画は、京都画壇のなかにあった文人画家の富岡《とみおか》雪斎《せっさい》が、古代中国の神仙世界に心をあそばせ、南画家の名声を獲得、猿田彦とアメノウズメ神のセクシーな踊りを『二神会舞図』に描き、竹内栖《たけうちせい》鳳《ほう》は渡欧して写実が劣るものと思っていたのが、「写意」があることを知って、ローマの水道の廃墟をロマンチックな情感で『羅馬之図《ろーまのず》』に描いた。

彫刻の分野では、高村光雲が東京美術学校の教授となり、上野の西郷隆盛像、楠木正成像を木彫の原型から銅像に完成し、シカゴ万博出品の『老猿』が評判になった。欧米で学んだ荻原守衛《おぎわらもりえ》らの西洋流の彫塑は、高村の木彫と対立・競合しながら展開した。荻原の作品には第二回文展に出品した『文覚《もんがく》』がある。工芸も西洋の技術を加味し、新しい陶器・七宝・ガラス・漆器などの創作を始め、海外にも輸出された。

建築でも本格的な西洋建築が建てられ、明治時代の終わり頃には、鉄筋コンクリートを使用した建物もつくられ始め、大都市の大手呉服店がアメリカのデパートメントストアに倣い、ショウウインドウや陳列台を用いて幅広い顧客を対象とするデパート型の小売りを開始した。人々の生活洋式は、建築でも和風と洋風が入り交じり、女性の髪形に束髪が考案され、便利さから広くゆきわたった。

演劇では、川上音二郎《かわかみおとじろう》が欧米で公演して帰国後、正劇（セリフを主とした劇）と銘打って翻案劇「オセロ」「ハムレット」などを上演、貞奴《さだやっこ》も舞台をふんで、興行師として興行改革を行ない、お伽芝居を創始、帝国女優養成所を開設、大阪に洋風劇場帝国座を建設した。歌舞伎《かぶき》は明治二十二年（一八八九）に歌舞伎座が建設され、河竹黙阿弥《かわたけもくあみ》の作品が上演されたが、経営不振から株式会社になるなか、坪内逍遥《つぼうちしょうよう》が、旧来の荒唐無稽な作劇法や活歴物の平板さに飽き足りず『桐一葉』を発表、森鷗外《もりおうがい》・岡本綺堂《おかもときどう》ら座付狂言作者以外も続々新作を発表したが、多くは西洋的戯曲を歌舞伎の手法で行なおうとした（新歌舞伎）。

小山内薫《おさないかおる》が二世市川左団次《いちかわさだんじ》と西欧近代劇運動の全面的移植を試み、自由劇場を創立、坪内逍遥の文芸協会とともに新劇界の草創期を形成した。その文芸協会で松井須磨子《まついすまこ》は『ハムレット』『人形の家』を演じ、島村抱月《しまむらほうげつ》との恋愛事件から協会を脱退して芸術座をおこし、『復活』の劇中歌『カチューシャの唄』は一世を風靡《ふうび》した。

政府が欧化政策をとると、言論界には日本の民族文化を再認識すべしとする声が上がった。三宅《みやけ》雪嶺《せつれい》は『真善美日本人』を著して民族文化を尊重せよとよびかけ、国粋保存《こくすいほぞん》主義を主張した。これに対し徳富蘇峰は平民的欧化主義をとなえ、一部の特権階級のためではなく、国民生活の西欧化が必要だと主張し、議論が活発化した。

近代の文学

樋口一葉《ひぐちいちよう》は明治十九年（一八八六）に中島歌子《なかじまうたこ》の「萩の舎塾」に入門、二十六年発表の『うもれ木』が『文学界』同人の目にとまり、『にごりえ』『たけくらべ』など叙情味あふれる小説を発表、『五重塔』の幸田露伴《こうだろはん》や森鷗外に注目された。

鷗外は清新な雅文体の『舞姫』などのロマン的作品で文壇に登場、『スバル』創刊に刺激されて、

『青年』『雁』など反自然主義的作品を書き、『阿部一族』等の歴史小説も書いた。明治二十六年に北《きた》村透谷《むらとうこく》は島崎藤村《しまざきとうそん》と雑誌『文学界』を創刊、人間の感情面を重んじるロマン主義運動の指導者になり、「厭世詩家と女性」などの評論を載せ、史論・評論の山路愛山《やまじあいざん》と「人生相渉る」論争をした。

泉 鏡花《いずみきょうか》は北陸英和学校を中退、尾崎紅葉《おざきこうよう》に入門、ロマン主義的作風で幻想性と花柳情緒の『高野聖《こうやひじり》』『歌行燈《うたあんどん》』を著し、同じく尾崎に入門した徳田 秋声《とくだしゅうせい》は自然主義文学が隆盛するなか、自らの文学を確立し、『新世帯』『黴《かび》』『あらくれ』等を著した。

与謝野晶子《よさのあきこ》は明 星《みょうじょう》派《は》の歌人で、与謝野鉄幹《てっかん》の新詩社に参加、鉄幹と結婚し、その経緯を中心とする情熱的短歌を詠み、藤島武二《ふじしまたけじ》表紙画の『みだれ髪』を上梓、恋に燃える自我を情熱的に歌って青年を魅了した。正岡子規《まさおかしき》は日本新聞社に入社して結核と闘いながら根岸短歌会を設立、『歌よみに与ふる書』で俳句《はいく》の革新《かくしん》と万葉調《まんようちょう》の和歌の復興につとめ、松山で創刊の「ホトトギス」を継承、伝統詩革新の先頭に立ち、「柿くへば鐘が鳴るなり法隆寺」「いくたびも雪の深さを尋ねけり」等の句をつくった。

日露《にちろ》戦争前後になると、フランスやロシアの自然主義文学の影響により、社会の暗い現実をえぐり出そうとする自然主義が流行、国木田独歩《くにきだどっぽ》が民友社系の文学者と交流、三十一年に『今の武蔵野』(のちに『武蔵野』に改題)で新しい自然描写を試み、ロマン主義的で自然主義の先駆的作品『独歩吟』『牛肉と馬鈴薯』を著し、島崎藤村は『若菜集』などの詩集でロマン詩人としての地位を確立した後、自然主義文学の記念碑的作品『破戒』を著し、田山花袋《たやまかたい》は「露骨なる描写」などで自然主義を主張、『蒲団』により自然主義文学運動の先頭に立ち、『一兵卒』『田舎教師』を著した。このような自然主義の作品は、大正《たいしょう》時代にかけてさまざまな形で現われたが、反自然主義ともいえる夏目《なつめ》漱石《そうせき》は『三四郎』『それから』『門』『こころ』『道草』『明暗』などを著した。

明治末期には、自然主義とは異《こと》なって、知識人の内面生活を国家・社会との関係で見つめた石川《いしかわ》啄木《たくぼく》が、地方紙の記者として北海道を転々として上京、「東海の小島の磯の白砂に　われ泣きぬれて蟹とたわむる」を『一握の砂』に収め、大逆事件の影響を受け社会主義思想を盛り込んだ生活詩「新しき明日の来るを信ずといふ　自分の言葉に嘘はなけれど」などを『悲しき玩具』に収めた。明治四十三年（一九一〇）八月発表の評論『時代閉塞の現状』では、明治末期の知識人層の閉塞状況を次のように語った。

日本では「遊民」という階級が数を増し、どんな僻村でも三人か五人かの中学卒業者がいるが、彼らの事業は父兄の財産を食いつぶす事と、無駄話をする事だけである、「強権の勢力は普く国内にゆきわたっている。現代社会組織はその隅々まで発達している」と、強権が権力としてではなく、社会組織となって青年層をとりかこんでおり、老人は「過度の努力をした従来の日本の為の人達であった」と、老人時代閉塞の状況にあった、という。

二　政党政治と経済

大正政変

第二次西園寺公望内閣は、国家財政が悪化するなかで組閣された。与党の立憲政友会は積極的な財政政策を、商工業者は減税を、陸海軍は建艦計画や師団増設の軍備増強を求めたため、内閣は困難な立場に立たされた。

その最中の明治四十五年（一九一二）七月、明治天皇が亡くなり大正天皇が即位して、大正に改元された。天皇大権に依拠して勢力を広げてきた元老の山県有朋は、天皇の死により失った庇護を、大正天皇の内大臣兼侍従長に、長州閥の陸軍長老の桂太郎を選び、補強しようとした。

夏目漱石の『こころ』は、天皇の死と乃木希典夫妻の殉死について触れ、「私は明治の精神が天皇に始まって天皇に終わった」気がした、と語り、日本社会の繁栄と停滞、都市と農村、旧世代と新世代の確執にも触れ、主人公の「先生」に、「自由と独立と己とに充ちた現代に生まれた我々は、その犠牲としてみんなこの淋しさを味わわなくてはならないでしょう」と、未来に目をむけるべし、と語らせた。

東京帝国大学教授美濃部達吉《みのべたつきち》は『憲法講話』を刊行、天皇を国家の一機関とみなし、統治権《とうちけん》が天皇個人に属する無制限で絶対的権利とする考え方を否定する見解を唱えて、新時代への国民の政治的関心を高めた。

内閣は中国の辛亥《しんがい》革命と清朝滅亡の事態に明確な態度をとらず、海軍拡張を優先しようとしたことから、山県と陸軍は二個師団を朝鮮半島に置くことを計画したが、この要求を財政上の理由から拒絶されると、陸相の上原勇作《うえはらゆうさく》が単独で天皇に辞表を提出、陸軍も後任の大臣を推薦しなかったために内閣は総辞職に追いこまれた。

元老会議が桂太郎を推し、後継首相として組閣にとりかかるも、桂園体制を打破して政治の変革をはかろうとした立憲政友会の尾崎行雄《おざきゆきお》が、立憲国民党の犬養毅と結んで、内大臣兼侍従長《じじゅうちょう》の桂が首相となるのは宮中《きゅうちゅう》と府中《ふちゅう》（政府）の境界を乱すものと批判し、野党勢力や言論界なども、「閥族打《ばつぞくだ》破《は》・憲政擁護《けんせいようご》」を掲げて内閣打倒の国民運動をおこした（第一次護憲運動）。

桂は立憲政友会に対抗する新しい政党（立憲同志会）の結成をめざしたが、立憲政友会と立憲国民党が内閣不信任案を議会に提出、それを支持する民衆が議会を包囲したので、世論の批判に屈し、大正二年（一九一三）、在職わずか五十日余りで退陣した（大正政変）。

桂のあとは、薩摩出身の海軍大将山本権兵衛《やまもとごんべえ》が、立憲政友会を与党に内閣を組織し、行政整理をおこなうとともに、文官任用令《ぶんかんにんようれい》を改正して、政党員にも高級官僚になれる道を開き、軍部大臣現役《げんえき》武官制《ぶかんせい》を改め、大将・中将ならば現役でなくても大臣に就任できるようにするなど、官僚・軍部に対する政党の影響力拡大につとめるなか、大正三年に外国からの軍艦や兵器の購入をめぐる海軍高官の汚職事件（シーメンス事件）がおきた。

ドイツのシーメンス社が艦船購入をめぐり発注者の海軍将校にリベートを贈ったことが明らかになったことから、衆議院予算委員会で立憲同志会の島田三郎が追及、世論が海軍・内閣への批判で沸騰し、議事堂が群衆に包囲され、貴族院が海軍予算の削減を可決し、予算案が成立せず、山本内閣は総辞職した。

大隈内閣と第一次世界大戦

山県・井上馨らの元老《げんろう》は、この事態に、言論界や民衆に人気のある大隈重信《おおくましげのぶ》を首相に推薦して、第二次大隈内閣が成立した。大隈は、立憲国民党の党首を辞した後、早稲田大学の経営に専念、新聞記者をよんでは、月一で演説会を私邸で開くと、記者が新聞をその演説記事で賑わしたので「民衆政治家」のイメージが与えられていた。

大隈内閣では、与党の立憲同志会《どうしかい》が少数で、翌年の総選挙で青年層を巻き込んで圧勝するが、政策は元老の意に沿うものであった。新たに勅任の参政官を置き、主要閣僚と参謀総長、軍令部長からなる防務会議を設置、陸軍の二個師団の増設と海軍八・四艦計画を定めて議会に提案、立憲政友会・立憲国民党の反対にあうと、議会を解散した。

総選挙で立憲同志会などの与党が勝利し、陸軍の二個師団の増設と海軍の拡張計画を通過させ、護憲運動の成果を捨て去った。ただ、明治以来の諸懸案は解決した。国家を主導していた藩閥のまとまりが、政党・官僚・軍へと多元化し、解体していったのである。

国際情勢を見ると、バルカン半島は多くの民族が対立し、大国の利害が絡み紛争の絶えない地域で、「ヨーロッパの火薬庫」とよばれていた。この地にスラヴ民族の国家建設をめざすセルビアが、同じスラヴ民族のロシアの勢力を背景にゲルマン民族のオーストリアと対立し、一九一四年六月、オーストリアの帝位継承者がセルビア人に暗殺されると、翌七月、オーストリアはセルビアに宣戦を布告し、ヨーロッパの大部分の国が、三国協商の連合国側と、ドイツを中心とする同盟国側にわかれ、周辺諸国をも巻き込んで、かつてない規模の戦争（第一次世界大戦）が始まった。

戦況は、はじめは同盟国側が優勢であったが、イギリスがドイツの海上輸送路をさえぎると、ドイツは一七年、潜水艦による無差別攻撃を始め、これをきっかけにアメリカが連合国側に加わり、戦局は連合国側に有利となるが、戦争は長期化し、連合国の一員であるロシアでは一九一七年に革命がおこり（ロシア革命）、二二年、世界最初の社会主義国家が誕生した（ソヴィエト社会主義共和国連邦＝ソ連）。革命政府は一八年、ドイツ・オーストリアと単独で講和を結んだ。

一九一八年、ドイツが西部戦線で敗れると、同盟国側の諸国が次々に降伏した。ドイツもアメリカ大統領ウィルソンの示した平和原則十四か条に期待して休戦交渉に入るなか、革命がおこり、革命後の政府により連合国側と休戦協定が結ばれた。四年余りにわたった大戦は、双方の動員兵力が六千五百万人以上に達する総力戦であった。

日本はイギリスが参戦したので、第二次大隈内閣は、日英同盟協約を理由に参戦した。外務大臣の加藤高明《かとうたかあき》は、ヨーロッパでの大戦を好機と見て、中国との諸懸案を解決しようとした。イギリス外務省は日本参戦に消極的だったが、日本はイギリスとの合意なしに参戦、ドイツが東アジアで根拠地としていた青島《チンタオ》と山東省《さんとうしょう》の権益を接収し、赤道以北のドイツ領南洋諸島の一部を占領した。

日本の中国進出

大正四年（一九一五）、加藤外相は北京《ペキン》の袁世凱《えんせいがい》政府に対し、いわゆる二十一か条の要求をつきつけ、山東省と南満州および東部内蒙古における日本の権益強化、日中合弁事業の承認などを求めて、要求をのませるために海軍に艦隊を出動させ、陸軍に満州駐屯兵の交替を利用して圧力をかけ、最後通牒を発してその大部分を認めさせた。

条約では、日本に、ロシアから継承した旅順・大連・南満州鉄道の租借期限の九十九年間を認めた。この時に撤回された中国政府の顧問として日本人の雇用を求める件については、五月五日の条約で成立した。

加藤のこの外交には、元老の山県さえも、野党政友会の総裁原敬《はらたかし》に「訳のわからぬ無用の箇条まで羅列して請求したる大失態」と述べて批判したが、その背景には、大隈の国家膨張が「開国進取」の現れであると捉える発想があった。

だが、これには、アメリカに日本の動きを警戒させ、中国民衆の怒りを呼び、袁世凱政府の要求を受け入れた五月九日を国恥記念日《こくちきねんび》として抗日運動が高揚するが、内閣は北京の袁世凱政府をおさえ、南方の革命勢力支持を鮮明にしてゆく。ロシアとは第四次日露協約を締結して両国の特殊権益を相互に再確認した。

こうした中国への進出を『東洋経済新聞』の三浦鉄太郎《みうらてつたろう》は、日本帝国主義の害毒として全面的に批判、満州放棄の道を進むべきと小日本主義を主張し、旅順は日本にまったく無用の地、大連・満鉄は日本に利益なく、「一日でも早く支那に還した方」が、利益が増進し、日本の負担が減る、中国が富強になれば日本も富強を増すと論じたが、少数意見であった。

アメリカは第一次世界大戦に参戦するにあたり、太平洋方面の安定を確保する必要から、特派大使石井菊次郎《いしいきくじろう》と国務長官ランシングとの間で、大正六年（一九一七）に中国の領土保全・門戸開放と、地理的な近接性ゆえに日本が中国に特殊権益を持つものと認める公文を交換した（石井・ランシング協定）。政府は二十一か条要求をアメリカが承認したものと理解したが、アメリカは経済的特権のみを認め、政治的特権は認めていないと理解していた。

大隈内閣に続いて軍部や官僚勢力を後ろ盾にする陸軍軍人出身の寺内正毅《てらうちまさたけ》が首相になると、袁世凱のあとを継いだ北方軍閥の段祺瑞《だんきずい》政権に一億四千五百万円の経済借款をあたえた（首相側近の西原《にしはら》亀三《かめぞう》仲介の西原借款《にしはらしゃっかん》）。多くは中国での特殊権益につながる政治的借款で、国内外で大きな政治問題となった。戦後の講和会議では、山東省と赤道以北の南洋諸島のドイツの権益を求める日本の要求を、英仏など列強が支持する密約がかわされた。

ドイツ人の捕虜収容所が大正三年（一九一四）七月に設けられ、六年に徳島県坂東に、丸亀・松山・徳島・久留米等からドイツ人の捕虜が移されて約一千名となり、所長の松江《まつえ》豊寿《とよひさ》中佐はドイツ人の自主活動を奨励し、自由な生活が行なわれ、日本で初めてベートーヴェンの第九交響曲が演奏された。

連合国側のうち、アメリカ・イギリス・フランス・日本の四か国は、社会主義国家の誕生をおそれ、内戦中のソヴィエト政権に共同で干渉するための戦争を始めた。寺内内閣はアメリカがシベリアのチェコスロヴァキア軍救援を名目とする共同出兵を提唱したのを受け、大正七年（一九一八）シベリア・北満州に出兵した（シベリア出兵）。

日本軍の兵力は日米協定の七千人を超え、七万三千人に達し、十一月にオムスクで帝政派のコムチャックが権力を掌握すると、日本はこれを仮承認したが、同政権は間もなくボルシェヴィキ軍とパルチザンに倒された。英米仏軍は兵を引き揚げるも、日本は、この機会にシベリア東部へ勢力を伸ばすべく、大正十一年まで撤兵しなかった。出兵に擁した戦費は十億円に達し、三千人の死者と二万人以上の負傷者をだした。

戦後景気と米騒動

日本経済は、明治末期から不況に陥っていたが、第一次世界大戦は不況と政府の財政難とを一挙に吹き飛ばし、日本経済はかつてない好況になり、大戦景気でわいた。ヨーロッパ列強が戦争のため、アジア市場から後退している間に、綿織物などを戦争景気のアメリカ市場に輸出し、日本の輸出が大幅にのび、貿易額も大戦中に約三倍に拡大、毎年大幅な輸出超過となった。明治四十四年（一九一一）に二十一億円の債務があったのが、大正九年（一九二〇）には二十七億円以上の債権国になった。

世界的な船舶不足のため造船・海運業も好景気になり、いわゆる船成金《ふなないきん》がうまれた。なかでも神戸を本拠とする鈴木商店は、資本金五十万円の貿易会社だったのが、大戦がはじまると物資や船舶を大量に買い付け、大正六年には年商十億四千万円に達し、三井物産をしのぎ、関連企業の資本金総額は五億六千万円にのぼった。三井物産の社員だった内田信也《うちだのぶや》は、大戦勃発の年に資本金二万円で汽船会社を開業、翌年には持ち船が一隻から十六隻となり、配当は六十割、大戦が終わった翌年には、資産は七千万円にのぼり、神戸の高級保養地の須磨に「須磨御殿」を構えて大宴会を開いた。日本は英米につぐ世界第三位の海運国になった。

鉄鋼業では八幡製鉄所の拡張や満鉄の鞍山製鉄所の設立、民間会社の設立が相次いだ。薬品・染料・肥料などの化学工業はドイツからの輸入が途絶えたこともあって大きく成長した。電力業では、大規模な水力発電事業がおこされ、猪苗代《いなわしろ》・東京間の長距離送電も可能となり、農村部に電灯が普及し、工業動力も蒸気力から電力への転換がすすみ、電気機械の国産化が進んだ。

この結果、重化学工業が工業生産額の三十パーセントの比重を占め、輸出拡大に押されて、中国で工場経営を行なう紡績業（在華紡《ざいかぼう》）や、上海を中心に三井物産や内外綿など綿関係商社が進出していたところ、戦後には青島・天津にも上海紡織・日華紡織など多くが進出した。

工業の躍進で工場生産額が農業生産額をこえ、工場労働者は大戦前の一・五倍に増えて百五十万人を超え、男性労働者は重化学工業の発展により倍増して女性労働者の数に迫った。それでも、工業人口は、農業人口の半数以下にすぎなかった。ただこのような、大戦景気の底は浅く、多数の民衆は物価の高騰に苦しんだ。

大正五年（一九一六）第二次大隈内閣が辞職すると、陸軍大将で初代朝鮮総督の寺内正毅が「挙国一致」を掲げて内閣を組織、これに対抗して立憲同志会など前内閣の与党各派が合同して憲政会を結成したので、寺内首相は衆議院を解散、総選挙を実施した。その結果、憲政会に代わって立憲政友会が第一党になった。内閣は、立憲政友会の原敬、立憲国民党の犬養毅らの政党の代表をとりこみ、外交政策の統一をはかるため、臨時外交調査委員会を設置した。

大戦による急激な経済発展は、工業労働者の増加と人口の都市集中を通じて米の消費量を増大させたが、地主制のもとでの農業生産の停滞もあり、米価などが上昇し、政府がシベリア出兵を宣言すると、軍隊で米が必要になるのを見込んだ商人が米の買占《かいし》めに走った。

大正五年に一石あたり約十三円が、七年に約二十円になるこの米価高に、富山県の漁村では主婦らによる米の安売りを求める運動がおき、魚津町の漁民の女性が海岸に集まって安売りを求めると、「越中女一揆」と新聞でやや大げさに全国に報道された。

すると、都市民衆や貧農・被差別民が米の安売りを求めて、買占め反対を叫び、米商人、富商、地主、精米会社を襲い、警官隊と衝突するなど、東京・大阪を始め全国三十八市、百五十三町、百七十七村、約七十万人を巻き込む大騒擾となった（米騒動）。

スペイン風邪と平民宰相の政治

政府は軍隊を出動させて鎮圧にあたったが、責任を追及する世論の前に、寺内内閣は総辞職した。国民の政治参加の拡大を求める民衆運動の力を目の当たりにした元老の山県も、ついに政党内閣を認め、大正七年（一九一八）九月、立憲政友会総裁の原敬を首相に推薦した。

盛岡藩の家老の家に生まれた原は、華族でも藩閥でもなく衆議院に議席をもつ首相であったため国民からは「平民宰相」と呼ばれて歓迎され、陸・海軍大臣と外務大臣を除く閣僚をすべて立憲政友会の党員から選び、本格的な政党内閣を組織した。

その日本を襲ったのがスペイン風邪であった。この年五月上旬、南洋方面から横須賀に帰港した軍艦で二百五十名に患者が出、同年九月に横浜に帰港した船舶に多数の患者があり、陸上に伝播、十一月に与謝野晶子は、『横浜貿易新聞』に「感冒の床から」を発表、「政府は、なぜ逸早くこの危険を防止する為に、呉服店、学校、興行物、大工場、大展覧会など、多くの人間の密集する場所の一時的休業を命じなかったのか」、と政府の対応を批判した。

政府が緩慢な対応になったのは、時の首相の寺内正毅が九月に辞任、原敬が大戦後の軍備増強に取り組むなか、感冒にかかってしまうなど、政府の動きが鈍く、内務省は、米騒動が起きたことから暴動が起きるのを警戒していたことによるのだが、最も大きな要因は、大戦景気が到来、運送業・

造船業が空前の好況であって、経済を優先したことにある。

新劇指導者の島村抱月《しまむらほうげつ》は、芸術座の松井須磨子《まついすまこ》が同病で伏せた時に手厚い看護をしたが、それによって感染したのか、飛沫が移って亡くなり、このため須磨子は自死した。宮澤賢治は、書簡で妹トシの病が腸チフスではなく「割合に頑固なるインフルエンザ、及び肺尖の浸潤によるものにて」という専門医の診断を受け、トシが治って退院、故郷の花巻に帰った後、大正十一年に亡くなると、賢治は深く悲しみ、『永訣の朝』『無声慟哭』を書き、その後童話集『注文の多い料理店』を書いた。

志賀直哉《しがなおや》の『流行感冒と石』は、「流行性感冒が我孫子の町にもはやってきた。私はそれをどうにかして自家に入れないやうにしたいと考えた」、小学校の校庭での芝居興行に女中の「石」に行かぬよう示すと、石は行かぬといったが、夜の芝居に行ったことがわかり、解雇しようとしたが、その石が、「四十度近い熱は初めて」の直哉を看病、直哉がうつした妻も看病してくれたと記す。

スペイン風邪は三波で侵入し、総計二千三百八十万人余の罹患者、人口の約四十三パーセントが罹り、死者は三十八万八千余人で、約〇・七パーセントが死亡した。

原内閣の対外関係

原は臨時外交調査委員会を舞台に欧米と協調した対外政策を主導、日本の満州権益拡大方針については英米仏との間に妥協点を見出し、軍備充実による山県閥との連携強化をはかり、産業基盤の整備と地方利益の誘導による地方的基盤拡充の政策を掲げ、大正七年（一九一八）公布の大学令・高等学校令の内実を整備、高等学校・高等専門学校を二倍にする計画をたてた。

日本の植民地となっていた朝鮮では、民族自決の国際世論に励まされて独立を求める運動が高揚していた。八年三月一日、京城《けいじょう》で独立宣言朗読会に始まった運動は、朝鮮全土に独立を求める大衆運動へと展開した(三《さん》・一《いち》独立運動)。これに朝鮮総督府は憲兵・軍隊・警察を動員し弾圧した。

中国東北地方の間島に移住し独立運動をしていた朝鮮人を、朝鮮軍が鎮圧するために琿春《こんしゅん》の領事館襲撃事件を演出、邦人の死傷を理由に政府は二個師団の軍隊を動員して残虐な弾圧を加え、犠牲者は三千人以上に及んだ(間島事件《かんとうじけん》)。

この三・一運動を契機に朝鮮総督と台湾総督については、文官の総督就任を認める官制改正を実施、朝鮮の憲兵警察を廃止するなど、植民地統治方針は若干改善した。

原は西原借款停止を閣議決定し、対中国援助を停止させ、中国内政不干渉を内外に示し、中国の南方派と結ぶアメリカとの関係を作り直そうとし、鉄道建設改良費を大幅に増資し、鉄道百四十九線の新線建設を計画したが、社会政策や普通選挙制には慎重で、選挙権の納税資格を三円以上に引き下げ、小選挙区制を導入するにとどまった。

ただ普通選挙を要求する運動は高まり、大正九年に数万人規模の大示威行動があり、憲政会などの野党は、衆議院に男性普通選挙法を提出するが、政府は時期尚早として拒否、衆議院を解散した。立憲政友会は、年来の政策である鉄道の拡充や高等学校の増設などの積極政策を公約として掲げ、小選挙区制の効果もあって五月の総選挙で圧勝した。

六月に尼港事件《にこうじけん》が明るみに出て、原は陸軍の反対を退け、シベリア撤兵を指示した。この三月にアムール川河口のニコラエフスク（尼港）の日本軍守備隊が、パルチザンの包囲攻撃で降服したが、在留邦人約七百名が義勇隊として加わり奇襲反撃に転じ、死闘のすえに大半が戦死、生存の百四十名余も投獄され、五月末、日本軍の来援を知ったパルチザンが市街に放火し、日本人捕虜を惨殺したのである。

大戦中に輸出超過で好調だった日本の貿易が輸入超過になり、とりわけ重化学製品の輸入が増加して国内の生産を圧迫、大正九年には株価の暴落をきっかけに戦後恐慌が発生して、綿糸・生糸の相場が半値以下に暴落、紡績業や製糸業では操業短縮せざるをえなくなった。

この反動恐慌によって積極政策を行なわせる条件は喪失し、財政的に行き詰まり、党員の関係する汚職事件が続発した。大正十年、政党政治の腐敗に憤激した青年が、原を東京駅で暗殺し、総裁を引きついだ高橋是清《たかはしこれきよ》が内閣を組織した。

パリ講和会議

一九一九年（大正八）、第一次世界大戦の戦後処理をするためのパリ講和会議が開かれ、ヴェルサイユ宮殿で、ドイツと連合国との講和条約が六月に調印された（ヴェルサイユ条約）。時の原敬内閣は西園寺公望《さいおんじきんもち》・牧野伸顕《まきののぶあき》らを全権として会議に派遣した。

この条約でドイツは、すべての植民地を失い、本国の一部も割譲させられ、軍備も制限されたうえ、巨額の賠償金を課せられた。東ヨーロッパでは、民族《みんぞく》自決《じけつ》の新しい理念から新国家が数多く生まれ、ヨーロッパを中心にヴェルサイユ体制とよばれる国際秩序ができあがった。

中国は二十一か条要求で結ばれた取り決めの撤回を求めて、旧ドイツ権益の中国への返還をもとめる学生・商人・労働者の反日運動が五月四日におき（五《ご》・四《し》運動）、ヴェルサイユ条約の調印を拒んだ。

日本はパリ講和会議で、山東省の旧ドイツ権益の継承を要求、中国の反対を推し切って認めさせ、赤道以北の旧ドイツ領南洋諸島の委任統治権を得たのだが、アメリカの日本人移民排斥への対応から、連盟の白色人種に有利な組織にしないことを狙い、人種差別撤廃案を主張するも、列国の反対で条約案に入らなかった。

講和会議で、山東還付問題でアメリカに非難されたことに、会議に参加した外交官や新聞各紙は衝撃をうけ、この時代の風潮から、北一輝《きたいっき》は『日本改造法案大綱』を書いて、クーデタによる天皇を奉じた国家改造や特権階級廃絶を主張、大川周明《おおかわしゅうめい》・満川亀太郎《みつかわかめたろう》は、北や安岡正篤《やすおかまさあつ》らを迎えて、革命日本をうたう国家主義団体（猶存社《ゆうぞんしゃ》）を結成した。

アメリカ大統領ウィルソンの提唱で、翌二〇年（大正九）、初の国際平和維持機関として国際連盟が設立され、日本は英仏伊三国とともに常任理事国となったが、提唱国であったアメリカは上院の反対で国際連盟に参加できなかった。国際連盟は戦争に訴えることなく、各国間の協調を促進しようとした組織である。

講和会議で主導権を握ったアメリカは、十分議論をつくせなかった海軍軍備制限と太平洋および極東問題などを審議するため、二一年（大正十）、各国代表を招いてワシントン会議を開いた。原内閣は海軍大臣加藤友三郎《かとうともさぶろう》・幣原喜重郎《しではらきじゅうろう》を全権として派遣、三つの条約が新たに結ばれた。一つは、二一年（大正十）の米英日仏による四カ国《しこく》条約で、これにより太平洋の諸島に関する各国勢力の現状維持が確認され、日英同盟協約の終了が同意された。第二は、翌二二年の九か国条約で、中国に利害関係をもつ国々が参加し、中国の領土と主権の尊重、中国における各国の経済上の門戸開放・機会均等などが約束された。これにより日米間の石井・ランシング協定は破棄され、この会議の場を借りて、日中間で交渉がもたれ、日本は山東半島の権益を中国に返還することになった。

第三は、米英日仏伊の五か国の海軍軍備制限条約（二二年）で、その要点は主力艦保有量比率を米・英各五、日本三、仏・伊各一・六七とし、今後十年間の建造を禁止するものであり、日本国内では海軍軍令部が対米七割を強く主張したが、全権の加藤はこれをおさえて調印に踏み切った。

これら三つの条約は、戦争再発の防止と列強間の協調を目指すもので、日本が大戦中から太平洋・東アジア地域において勢力を拡大する行動に歯止めがかけられ、アジア・太平洋地域における新しい国際秩序ができあがった。これをワシントン体制と呼ぶ。国際協調の気運が高まり、日本は国際社会で一定の責任を担うようになり、アメリカはウィルソンの理想主義的外交から現実的経済外交に方針を転換、一九二〇年代の日米経済関係は極めて良好だった。

二〇年十月に東京市会の要請で東京市長になった後藤新平は、翌年四月に「東京市政要綱」を発表した。

関東大震災と幣原外交

原暗殺の跡を受けた高橋是清は、国内に向けて財政計画を変更し、緊縮予算への方向転換を模索、立憲政友会の新路線を構想して、軍縮により原の財政拡大を修正、産業基盤を整備し、民衆の租税負担増大を抑制、社会的権利を認め、大衆的基盤の上に立つ政権を担う政党へと脱皮すること、対外的にはワシントン体制を受け入れて協調外交の基礎をつくり、中国全土を統一する民族的基盤を持つ政権の出現を期待することなど、政友会の方向性を定めた。

高橋内閣の総辞職で海軍大将加藤友三郎が組閣したが、その加藤が大正十二年（一九二三）八月に急死した直後、九月一日にM七・九の関東大震災が襲い、その翌日に山本権兵衛内閣が組閣した。唯一残った『東京日日新聞』は「東京全市火の海に化す」「日本橋・京橋・下谷・浅草・本所・神田殆ど全滅、死傷十三万」、三日付で「横浜市は全滅死傷数万」と報道、関東地方南部、茨城・静岡・山梨県に甚大な被害を与えた。

東京・横浜は壊滅状態、罹災者は三百四十万、死者・行方不明者は十万五千三百人、うち横浜は二万三千人で東京より多く、多数の企業が倒産した。この混乱で流言蜚語が乱れ飛び、政府は戒厳《かいげん》令《れい》を出すが、社会不安は高まり、朝鮮人が暴動をおこしたとの流言が広まり、恐怖心から民間の自警団や警察官らが朝鮮人と思われる人を殺害、王希天《おうきてん》をはじめ中国人も虐殺され、無政府主義者の大杉栄《おおすぎさかえ》や伊藤野枝《いとうのえ》らも憲兵の甘粕正彦《あまかすまさひこ》に殺される甘粕事件、労働運動家の平沢計七《ひらさわけいしち》ら十人が軍隊に虐殺される亀戸事件が起きた。

十二日に帝都復興の詔書がだされ、九月二十七日に帝都復興院を設置して、総裁の内相後藤新平《ごとうしんぺい》のもとで復興が進められた。後藤は「東京市制要綱」を作成した経験があり、大幅に予算は削られたが、道路・橋梁の新設、公園の新設、公共建築の不燃化、区画整理を強力に推し進めた。東京の小学校は下町地域を中心に全百九十六校中の百十七校が焼失し、罹災小学校は耐震・耐火のRC構造で建築するようになった。

復興が遅れていた横浜では、神奈川県知事の時に「有吉堤」の名の残る多摩川改修を指示した有吉忠一《ありよしちゅういち》の手腕を見込んで財界が横浜市長に迎えたことから、復興資金をアメリカでの市債獲得に成功、ようやく復興が進んで道路・鉄道、山下公園などが整備された。

大正十二年（一九二三）十二月、無政府主義の一青年難波大助《なんばだいすけ》が、摂政の裕仁《ひろひと》親王（後の昭和天皇）を虎の門付近で狙撃した。摂政の宮は無事だったが、内閣は責任をとって総辞職し、難波は翌年に大逆罪で死刑となった。

大正十三年、護憲三派（憲政会、立憲政友会、尾崎行雄らの革新俱楽部）による加藤高明《かとうたかあき》内閣が成立した。憲政会は政友会の外相が展開してきた協調外交には反対だったが、加藤の対中政策の穏健化に沿い、外務大臣の幣原喜重郎が、アメリカとの協調関係を維持し、中国に対しては武力ではなく、外交交渉により日本の経済的権益を護る幣原外交をすすめた。

翌年、元老の松方正義と西園寺公望が、政党と距離をおく人物として枢密院議長だった清浦奎吾《きようらけいご》を首相におし、清浦が海陸相を除く全閣僚を貴族院から選出すると、護憲三派は超然内閣の出現であるとして、憲政擁護運動をおこした（第二次護憲運動）。そこで清浦内閣は立憲政友会の高橋是清総裁を批判する勢力によって組織された政友本党を味方につけ、議会を解散して総選挙にのぞんだが、護憲三派が圧勝し、第一党の憲政会総裁加藤高明が護憲三派による連立内閣を組織した。

加藤は、明治憲法下での選挙結果によって首相になった唯一の例であって、この内閣から昭和七年（一九三二）に犬養毅内閣が倒れるまでの約八年間は、憲政会（のち立憲民政党）と立憲政友会との二大政党が交代で政権を担当し、衆議院に基盤をもつ政党が交代で内閣を組織することが「憲政の常道《じょうどう》」とされた。

加藤内閣は幣原外務大臣による協調外交と軍縮を推進したが、幣原は経済的な懸案になると非妥協的であって、反日運動もおこった。大正十四年（一九二五）に上海の在華紡で起きた中国人労働者の待遇改善要求のストライキを契機に、労働者・学生に大規模な反帝国主義運動も広がった。ソ連とは日ソ基本条約を結んで国交を樹立し、海軍の軍備制限に続き陸軍でも軍縮と軍装備の近代化がすすんだ。

普選から恐慌へ

内閣は最大の懸案であった男性普通選挙の実現に取り組んだ。欧米先進諸国では、男性の普通選挙が行なわれていたが、日本では原敬内閣の頃から普選運動が労働運動や社会運動と結びついて急速に盛り上がっていたので、加藤内閣はこれをうけ、大正十四年、普通選挙法を成立させ、納税額にかかわりなく満二十五歳以上の男性は衆議院議員の選挙権をもつことになり、有権者は一挙にそれまでの四倍にふえた。

その一方で、普通選挙法と同じ時期に治安維持法を制定した。「国体」の変革や私有財産制度の否認を目的とする運動を取り締まる法律で、二五年の日ソ国交樹立にともなう共産主義思想の波及を防ぐことや、普通選挙法の成立による労働者の政治的影響力の増大に備えることなども狙いとしていた。

大正十四年、立憲政友会が長州閥の長老田中義一《たなかぎいち》を総裁に迎え、革新倶楽部を吸収したため護憲三派の提携が解消され、加藤内閣は憲政会を単独与党とするが、加藤が病死し、翌年（昭和元年）、憲政会を継いだ若槻礼次郎《わかつきれいじろう》が組閣、同年末に宮内省から天皇の「御不例《ごふれい》」が発表されると、平癒祈願が全国に広がるなか、十二月二十五日に死去、摂政が即位した。

関東大震災で日本経済は大きな打撃をうけ慢性的不況が続き、銀行から融資をうけても返済できない企業が多かったため、多くの銀行は大量の不良債権をかかえ、経営が悪化していた。昭和二年（一九二七）、議会での片岡直温《かたおかなおはる》大蔵大臣の失言をきっかけに、一部の銀行の危機的な経営状況が明らかになると、信用を失った銀行に預金者が殺到する取付《とりつ》け騒ぎがおき、対応に苦慮した銀行は相次いで休業に追いこまれる事態となった（金融恐慌）。

憲政会の若槻内閣は、経営が破綻した鈴木商店に対する巨額の不良債権を抱えた台湾銀行を緊急勅令によって救済しようとしたが、枢密院の了承が得られず総辞職した。そのあとをついだ立憲政友会の田中義一内閣は、選挙直後に治安維持法によって共産党員の大検挙を行なうとともに（三《さん》・一《いち》五《ご》事件）、治安維持法を改正し、最高刑を死刑・無期懲役とした。

さらに高橋大蔵大臣のもとで三週間の期限つきでモラトリアム（支払猶予令《しはらいゆうよれい》）を発した。銀行が預金者からの多額の預金引出しに応じなくてもよい期間を設け、その間に日本銀行からの非常貸出《かしだし》を決め、急いで大量の紙幣を準備して各銀行に届けた。この結果、預金者は平静さをとりもどし、全国的に広がった金融恐慌はしずまるが、金融恐慌で多くの中小銀行の整理・合併が進み、三井・三菱・住友・安田・第一の五大銀行が支配的な地位を占め、大銀行中心の大財閥が経済界を支配、政治への発言権を増した。

一九二〇年代の日本経済は、電気機械・電気化学など電力関連の重化学工業の発展がみられたが、慢性不況・再三の恐慌に、政府はその都度、日本銀行券を増発して救済してきた。ただそれは経済の破綻を一時的に回避してきただけで、大戦中に過大に膨張した経済界の再編は進まなかった。工業の国際競争力不足による輸入超過と一九一七年以来の金輸出禁止が続くなか、外国為替相場は動揺と下落を繰りかえした。

多くの産業分野で企業集中、カルテル結成、資本輸出の動きが強まると、財閥はこの時期に主として金融・経済面から産業支配を進め、政党との結びつきを強めた。三菱は憲政会（立憲民政党）、三井は立憲政友会とつながり、それとともに政党への反感が強まった。こうして独占資本・金融資本が支配的地位を占めるいっぽう、大企業や農村からはじき出された過剰労働力を基盤に中小企業が増加する傾向が見られた。

三　大正デモクラシー

社会運動

民衆運動の高揚は、政治思想にも大きな影響をあたえ、民衆の政治への関心が高まり、政党の力が一段と強まった。米騒動や景気の変動などを契機に社会運動がおこり、産業の急速な発展で労働者の数が大幅に増加、物価高が進むなかで、賃上げを求める労働運動が活発になって労働争議の件数が急激にふえた。

大正五年（一九一六）、東京帝国大学教授の吉野作造《よしのさくぞう》は、天皇主権の日本では、民主主義が主権在民を意味する危険思想になるので、明治憲法の枠内で民主主義の長所を採用する民本主義を唱えた。普通選挙制度にもとづく政党政治を実現して下層階級の経済的不平等を改めることを求め、七年に黎明会を組織して啓蒙運動を行ない、知識人層や学生に大きな影響を与えた。東大新人会などの思想団体が結成され、労働・農民運動との関係を深めていった。

労働者の地位向上をめざし、大正元年（一九一二）に労働組合の育成を目的に鈴木文治《すずきぶんじ》が結成した友愛会《ゆうあいかい》は、修養団体から労働組合の全国組織へと発展、大正十年（一九二一）に日本労働総同盟と名を改め、経営者側との対決姿勢を強めて労働争議を指導、大正九年（一九二〇）に第一回メーデーを主催した。この前後から、小作料の引下げを求める小作争議が頻発、十一年に杉山元治郎《すぎやまもとじろう》・賀川豊彦《かがわとよひこ》らにより日本農民組合が結成された。

普通選挙を要求する運動は高まり、大正九年に数万人規模の大示威行動が行なわれるような革新的雰囲気のなか、大逆事件以来の冬の時代を経験した社会主義者が活動を再開し、労働運動家・学生運動家・諸派の社会主義同盟が結成されたが、翌年に禁止された。社会主義の学問にも制限が加えられ、東京帝国大学助教授森戸辰男《もりとたつお》はロシアの無政府主義者クロポトキンの研究をとがめられ、森戸と経済学研究会機関誌『経済学研究』編集人の同助教授大内兵衛《おおうちひょうえ》が休職処分になる（森戸事件）。

ロシア革命の影響や労働運動の高まりにともなって息を吹き返した大杉栄らの無政府主義者は、堺利彦らのマルクス・レーニン主義の共産主義者と対立していたが、大正十一年（一九二二）に堺や山川均《やまかわひとし》らにより、日本共産党が非合法のうちに結成された。普通選挙制度が実現すると、労働組合と農民組合を基盤とする社会主義勢力は議会を通じて社会改造を目指すようになり、合法的な社会主義政党である労働農民党が組織されたが、労働党内での共産党系の勢力が強まって、議会主義・国民政党路線をとる社会民衆党、労働党と社民党との中間の立場の日本労農党が分離・離脱した。

昭和三年（一九二八）の普通選挙で、無産政党は八名の当選者をだし、非合法活動を余儀なくされていた日本共産党が公然と活動を開始したので、衝撃を受けた田中義一内閣は、選挙直後の三月十五日に共産党員を一斉検挙し、日本労働組合評議会など関係団体を解散させた（三・一五事件）。道府県にも特高を設置し、翌年四月十六日にも三百名を一斉検挙し、共産党は大打撃を受けた。

被差別部落への社会的差別を撤廃しようとする部落解放運動も、政府の融和政策に頼ることなく、自主的に撤廃運動が、西光万吉《さいこうまんきち》らを中心に本格的に始められ、大正十一年（一九二二）には全国水平《すいへい》社《しゃ》を結成し、運動を軌道に乗せた。社会改造ないし解放への期待と構想は、社会運動とは異質な形で現れた。

明治二十五年（一八九二）に出口《でぐち》なおにより開かれた大本教《おおもときょう》は、娘婿の出口王仁三郎《おにさぶろう》の指導により発展、大正五年（一九一六）に皇道大本と称し、大正期には世界の「立て替え立て直し」を訴えると、予言や霊術、宣伝活動により爆発的に拡大、王仁三郎はユートピアを到来させる救世主のイメージを民衆に抱かせたが、警戒を強める当局によって大正十年に不敬罪・新聞紙法違反容疑、昭和十年にも不敬罪・治安維持法違反容疑で、検挙・起訴されるなど弾圧を受けた。

婦人運動

女性の自覚と自立、社会的地位の向上と解放への動きは、友愛会に婦人部が大正五年に新設され、出版・講演・人事相談・表彰・内職奨励の各部を設け、機関紙『友愛婦人』を発刊、六年四月の友愛会五周年大会で男女とも正会員とし、活動を繰り広げた。

社会的に差別されていた女性の解放をめざす運動は、明治末期に平塚《ひらつか》らいてう《いちょう》（明《はる》）らによって結成された文学者団体の青鞜社《せいとうしゃ》に始まる。平塚は、婦人文芸誌『青鞜』の創刊の辞で「元始、女性は実に太陽であった」と記し、女性の解放を宣言し「新しい女」を提唱した。

平塚は、市川房枝《いちかわふさえ》らの参加を得て大正九年（一九二〇）に新婦人協会を設立したが、その綱領は男女の機会均等・婦人の権利擁護で、最大の活動目標は、婦人の政治結社加入・政談集会発起・参加を禁じた治安警察法の改正に置かれた。請願活動をねばり強く続け、婦人参政権を要求する請願も行ない、婦選運動を展開、二四年にその統一組織として婦人参政権獲得期成同盟を結成した。

山川菊栄《やまかわきくえ》・伊藤野枝・堺真柄《さかいまがら》・九津見房子《くつみふさこ》らは、婦人解放を社会主義社会の実現に求め、日本最初の社会主義婦人団体の赤瀾会《せきらんかい》（レッド・ウェーブすなわち赤いさざなみ）を、十年に結成し、同年の第二回メーデーに参加して多数の検束者をだし、十月の陸軍大演習に際しては反戦ビラをまき、堺らが禁錮刑に処せられるなど、果敢な行動を展開した。

この婦人運動への参加者とは違って、圧倒的多数の女性は家制度の重圧をうけていた。大正六年創刊の『主婦之友』は、全国の主婦の投稿のほとんどが「親の弾圧」「夫の放蕩」「姑の嫁いびり」の暗い体験を記しているのを踏まえ、女性史研究家の村上信彦『大正期の職業婦人』は、「当時の女がいちばん苦しんだのは家の制約」で、婦人参政権や政治権利はその先であり、「現在の桎梏《しっこく》から逃れたいという血を吐くような思いがすべて」と、自己解放が先決である、と記した。

ただ、経済の発展で都市人口が急増、職業婦人が増加したことから「女の職業は、いかなる社会運動や政治活動より、女を縛っていた古い社会制度の変革に大きな力をもつ」と、職業婦人が家制度の根を掘り崩している、と指摘する。その指摘した二年後の大正九年の農商務省の調査によれば、十人以上の商店会社につとめる職業婦人の数は、東京・横浜・名古屋・京都・大阪・神戸の六大都市で約十七万四千人、全国で約四十万人に及んでいた。女性の職業には百八十種あり、女性が就職することは婦道に反し、いかがわしいとみなす風潮はなくなった。職業婦人の花形の職業は、タイピストや電話交換手、バス・市電の車掌などだったが、女工は前年施行の工場法による例外規定で相変わらず待遇が劣悪だった。

十五歳未満の就業時間制限（最長十二時間）と夜業禁止は、従業員の十五人以下の小工場では工場法の適用を免除され、法施行後、十五年間は年少者・婦人の昼夜二交替制、十四時間労働が認められていた。大正十四年に労働運動家の細井和喜蔵《ほそいわきぞう》の『女工哀史《じょこうあいし》』は、農民の貧困と無知につけこみ、僅かな前借で雇用契約をなされ、虐待に等しい苛酷な労働、非人道的な寄宿舎生活を記し、懸命に働く少女の心の側面を描いて大きな反響を呼んだ。

都市化の進展

大正から昭和初期にかけ都市化と大衆化が急速に進み、工業の発展は人口の都市集中を招き、東京・大阪を中心に市民の生活様式が大きくかわって、都心では丸の内ビルディング（丸ビル）など鉄筋コンクリート造《づくり》のオフィスビルがあらわれた。

関東大震災後の大正十三年（一九二四）に設立された同潤会《どうじゅんかい》は、東京・横浜に木造住宅のほか、四〜五階建てのアパートを建設した。電灯は農村部をふくめて広く普及し、都市では水道やガスの供給事業が本格化した。市電やバス、円タク等の交通機関が発達し、サラリーマンが洋服姿で郊外電車に乗り、乗合自動車や市電に乗りかえ、鉄筋コンクリート造の官庁や会社に出勤する風景が日常的になった。銀座などを山高帽《やまたかぼう》にステッキ、断髪《だんぱつ》にスカートといった装《よそお》いで歩く若者は、モボ・モガとよばれた。食生活では、とんかつやカレーライスなどの洋食が普及した。

三越の大食堂（1925年 (株)三越伊勢丹ホールディングス蔵）

新聞・雑誌の発行部数は飛躍的にのび、大正末期には、『大阪朝日新聞』と『東京朝日新聞』、『大阪毎日新聞』と『東京日日新聞』の系列のように、発行部数百万部をこえる新聞があらわれ、昭和に入ると大衆娯楽雑誌『キング』の発行部数も百万部をこえた。『サンデー毎日』などの週刊誌の刊行も始まった。さらに一冊一円の「円本《えんぽん》」とよばれた『現代日本文学全集』や安価な岩波文庫《いわなみぶんこ》など、低価格の出版物もあらわれた。

ラジオや新聞・雑誌・映画などのマス＝メディアも急速に発達、労働者やサラリーマンなどの一般勤労者（大衆）を担い手とする大衆文化が誕生した。ラジオ放送は大正十四年に開始され、翌年には日本放送協会（ＮＨＫ）が設立された。ラジオ劇やスポーツの実況放送は人気をよび、放送網《もう》は全国へ拡大した。映画は活動写真とよばれ、当初は無声《むせい》映画であったが、一九三〇年代に入るとトーキーとよばれた有声《ゆうせい》映画が始まった。

東京や大阪では地下鉄も開業し、都心部から郊外へのびる鉄道沿線には和洋折衷の文化住宅が建てられ、サラリーマンに人気があった。様々な商品を陳列して販売する百貨店が発達、三越など呉服店に起源をもつものが主流であったが、私鉄は、鉄道利用客をふやすためにターミナルデパートを開業し、生鮮食料品など日用品の販売に力を入れた。

明治四十年（一九〇七）設立の箕面有馬電気軌道は、小林一三が大正七年（一九一八）に阪神急行電鉄と改称、そのアイデアで、乗客の増加をはかるため、沿線で宅地開発を進め、遊園地や温泉、宝塚少女歌劇団（後の宝塚歌劇団）などの娯楽施設を経営し、大阪の梅田ではデパートを経営した。明治三十年（一八九七）設立の東武鉄道は、根津嘉一郎が伊勢崎・桐生・足利の機業地帯と浅草を結び、浅草駅にターミナルデパートを建設し、物資を運んだ。

このような社会の変化のなかで、都市と農村、大企業と中小企業の格差が問題となって、二重構造と呼ばれ、個人消費支出が増加し、大衆消費社会的状況が現れたが、一般農家や中小企業の労働者の生活水準は低く、大企業で働く労働者との間の格差は増大した。

学校と学問

明治末期に小学校の就学率が九十八パーセントを超え、国民の大部分が文字を読めるようになった。また、一九二〇年代に中学校（旧制）の生徒数が増え、高等教育機関も拡充され、大正八年（一九一九）に東京帝国大学が経済学科と商業学科を独立させ、日本最初の経済学部が設置され、京都帝国大学も経済学部設置になった。同九年には慶應義塾大学部が慶應義塾大学に昇格、私立大学で最初の経済学部を設置、法政大学と中央大学も大学に昇格して経済学部を設置するなど経済学部の設置が続き、大学令で大学に昇格した専修大学も二年後に経済学部を設置、翌年に関西大学が商学部を経済学部に改称し、経済系の大学・学部新設のラッシュとなった。

学問も大学を基盤に独自に発展、歴史学の分野では、早稲田大学の津田左右吉《つだそうきち》が日本古代史の実証的研究を行ない、『日本書紀』『古事記』の記述は史実そのままではない、と説き、国民思想の歴史的展開を叙述して新風を吹き込んだ。東京帝国大学の黒板勝美《くろいたかつみ》は古文書学、辻善之助《つじぜんのすけ》は日本仏教史で実証的研究の業績をあげ、白鳥庫吉《しらとりくらきち》は東西交渉史の視角からアジア史研究を進めて東洋文庫を創設した。ジャーナリスト出身で京都帝国大学に就任した内藤湖南《ないとうこなん》は、中国史・日本文化史に業績を残した。

哲学では京都帝国大学の西田幾多郎《にしだきたろう》が『善の研究』などの一連の研究で独創的な業績を発表して知識人に大きな影響を与え、阿部次郎《あべじろう》は哲学的告白文学の『三太郎の日記』を著し、青春の書として歓迎され、人格主義哲学を体系化し東北大学教授に就任した。和辻哲郎《わつじてつろう》は東京帝国大学教授などを歴任、人間の学としての倫理学を体系化、地域の風土的特性と文化的特性の関係を『風土』で明らかにした。柳田国男は民間伝承や風俗習慣等の研究で『遠野物語《とおのものがたり》』などを著して「常民《じょうみん》」（庶民）

の生活を明らかにし民俗学の確立に寄与した。

マルクスの『資本論』を高畠素之が翻訳してから、マルクス主義の影響はひろがり、『貧乏物語』の著者河上肇《かわかみはじめ》は、自由主義経済学者からマルクス主義経済学者に転じた。民本主義理論家の大山郁夫《おおやまいくお》は無産主義政党活動で活躍、昭和七年（一九三二）から山田盛太郎《やまだもりたろう》・平野義太郎《ひらのよしたろう》・野呂栄太郎《のろえいたろう》・羽仁五郎《はにごろう》・服部之総《はっとりしそう》らマルクス主義経済学者・歴史学者は、『日本資本主義発達史講座』（岩波書店刊）を出版、講座派と呼ばれ、串田民蔵《くしだたみぞう》・猪俣津南雄《いのまたつなお》ら労農派の学者と日本資本主義の性格をめぐって活発な論争を展開した。戸坂潤《とさかじゅん》は唯物論研究会を結成し、理論的にファシズム批判を展開、機関紙『唯物論研究』を世に送ったが、昭和十二年に執筆禁止、翌年に治安維持法違反で検挙された。

自然科学では、本多光太郎《ほんだこうたろう》がＫＳ磁石鋼を発明、石原純《いしはらじゅん》は相対性理論を研究、野口英世《のぐちひでよ》は黄熱病の研究、高木貞治《たかぎていじ》は数学における類体論の確立、八木秀次《やぎひでつぐ》は電波指向方式の超短波用アンテナ（八木アンテナ）の発明、仁科芳雄《にしなよしお》は原子核研究などが代表的なもので、これらの研究の多くは東京大学の航空研究所・地震研究所や、民間の北里研究所、理化学研究所などで進められた。航空機は大戦で軍がその有用性に注目、国内の中島飛行機や三菱造船に機体やエンジン生産を依頼し、昭和初期には十社以上の航空機メーカーが登場した。

文学・芸術

文学では、耽美的作風で知られる『腕くらべ』の永井荷風《ながいかふう》や『痴人の愛』の谷崎潤一郎《たにざきじゅんいちろう》が出て、新思潮《しんしちょう》派とよばれる『父帰る』の菊池寛《きくちかん》は、『マスク』にスペイン風邪流行時の暮らしを描き、芥《あくた》川龍之介《がわりゅうのすけ》は『羅生門』を著し、スペイン風邪を「胸中の凩《こがらし》咳となりにけり」「凩や大葬いの町を練る」の句に詠んだ。同じくスペイン風邪について「はやりかぜ一年《ひととせ》おそれ過ぎ来しが　吾は臥せりて現《うつつ》ともなし」と詠んだ歌人の斎藤茂吉は、代表作には「みちのくの母のいのちを一目みん　一目みんとてただいそぎける」などがあり、若山牧水の短歌には「幾山河越えさりゆかば寂しさのはてなむ国ぞ今日も旅ゆく」がある。

人道《じんどう》主義・理想主義を掲げる雑誌『白樺《しらかば》』を中心に都会的感覚と西欧的教養を身に付けた白樺派の作家には、『或る女』の有島武郎、『暗夜行路』の志賀直哉、『人間万歳』の武者小路実篤がおり、新感覚《しんかんかく》派とよばれるのが『伊豆の踊子』の川端康成《かわばたやすなり》、『上海』の横光利一らで、多くの読者を獲得した。新聞・雑誌には中里介山《なかざとかいざん》の『大菩薩峠』、吉川英治の『宮本武蔵』、大佛次郎《おさらぎじろう》の『鞍馬天狗』などの時代小説や江戸川乱歩《えどがわらんぽ》の『屋根裏の散歩者』等の探偵小説が連載され人気を博した。

大正の末から昭和のはじめにかけ社会主義運動・労働運動の高揚とともに、プロレタリア文学運動がおこり、『種蒔く人』や『戦旗』等の機関誌が創刊され、小林多喜二《こばやしたきじ》の『蟹工船』や徳永直《とくながすなお》の『太陽のない街』など労働者の生活に即した作品が掲載された。

絵画では、文展の川端玉章《かわばたぎょくしょう》の指導下で平福百穂《ひらふくひゃくすい》が南画の手法を用いて『小松山』を清新に描き、鏑木清方《かぶらぎきよかた》の東京下町風情を描く『築地明石町』は、近代美人画を代表して評価が高く、美人画の上村《うえむら》松園《しょうえん》『序の舞』は四条派に近代的感覚を加えている。アカデミズムに対抗する洋画では、在野の二科会や春陽会が創立され、安井曾太郎《やすいそうたろう》が『金蓉《きんよう》』、梅原龍三郎《うめはらりゅうざぶろう》が『紫禁城』、岸田劉生《きしだりゅうせい》が『麗子微笑』を描いて活躍、日本画では横山大観《よこやまたいかん》が『生々流転』を描き、下村観山《しもむらかんざん》らと日本美術院を再興した。建築ではアメリカ人建築家のライトが旧帝国ホテルを設計、彫刻では高村光太郎《たかむらこうたろう》がロダンの影響で『手』を制作した。

　演劇では、歌舞伎・新派劇が大衆化し世に受け入れられ、新劇の新しい演劇の舞台になったのは、東京丸の内に建設された帝国劇場であった。大正四年（一九一五）に幸田露伴《こうだろはん》作『名和長年《なわながとし》』が帝国劇場で上演され、七世松本幸四郎《まつもとこうしろう》が長年を、四世尾上松助《おのえまつすけ》が成田尭心《なりたぎょうしん》を演じた。十二年に新派の若手俳優の花柳章太郎《はなやぎしょうたろう》・小堀誠《こぼりまこと》・水谷八重子《みずたにやえこ》らが関東大震災復興の第一声として『大尉の娘』『ども又の死』ほかを神楽坂牛込会館で上演した。一四年に中村吉蔵《なかむらきちぞう》作『剃刀』を芸術座が帝国劇場で上演、松井須磨子《まついすまこ》がお鹿、田辺若男《たなべわかお》が為吉を演じる。

　大正十年には小山内薫《おさないかおる》・土方与志《ひじかたよし》らが創設した築地《つきじ》小劇場が新劇運動の中心となって大きな反響をよんだ。十五年に武者小路実篤作・土方与志演出の『愛欲』、小山内薫作・演出『奈落』を築地小劇場で上演、友田恭助《ともだきょうすけ》か野中栄次《のなかえいじ》を演じた。澤田正二郎《さわだしょうじろう》によって始められた新国劇も大衆演劇として次第に広まっていった。一九年に新国劇、行友李風作『月形半平太』を京都明治座で上演、澤田の半平太で大当たりをとった。

　明治二十九年（一八九六）に神戸港倶楽部で活動弁士上田布袋軒《うえだほていけん》で始められた映画は、大正期に新しい娯楽として発展、日活・松竹キネマ・東宝などの映画会社が次々につくられ、多くの作品を制作して、大衆から歓迎された。無声で弁士が画面を解説していたが、一九三〇年代に入ると、音声つきのトーキーが現れた。その第一回は、昭和六年（一九三一）の『マダムと女房』で松竹キネマ、五所平之助《ごしょへいのすけ》監督、田中絹代《たなかきぬよ》主演であった。

音楽では、童謡が人気を集め、山田耕筰《やまだこうさく》が本格的な交響曲の作曲・演奏に取り組み、中尾都山《なかおとざん》と米川琴翁《よねかわきんおう》が古沢検校《ふるさわけんぎょう》の『春の曲』を二十余人の箏《しょう》と十八人の尺八で演奏し、宮城道雄《みやぎみちお》は十七弦箏を発明して『春の海』に新境地を開き、オペラの三浦環《みうらたまき》が『マダムバタフライ』などで主役を演じ、国際的名声を博した。明治期に蓄音機が外国から輸入されたが、末期には円盤式蓄音機が国産化され、大正後期にはレコードが大量に売れるようになり、音楽の普及、流行歌の大衆的な広まりに大きな役割を果たした。

積極外交と世界恐慌

田中義一内閣では、首相が外務大臣を兼任、協調外交の方針を受け継ぎ、一九二八年にパリで不戦条約に調印した。国際紛争解決のための戦争を非とし、国家政策の手段としての戦争を放棄することを宣言するものであったが、日本政府はそのうち「その各自の人民の名において」宣言するという箇所については、天皇主権をもって批准しなかった。

中国に対しては、それまでの憲政会内閣における幣原外交にかわり、積極外交を展開したが、中国では一九一九年に結成された中国国民党《こくみんとう》が広東を中心に中国南方に支配を広げており、一九二一年に結成された中国共産党《きょうさんとう》と提携（第一次国共合作）、二六年年七月、孫文のあとをついだ蔣介石《しょうかいせき》が広東から中国全土の統一をめざし、国民革命軍を率いて、北方軍閥を倒す軍事行動（北伐《ほくばつ》）を開始、北伐は順調に進み、二七年に南京《ナンキン》を占領して、国民政府を樹立した。

これに対して田中内閣は、中国関係の外交官や軍人を集めて東方会議を開いて、満州における日本の権益を実力で守る方針を決め、満州軍閥の張作霖《ちょうさくりん》を支援して国民革命軍に対抗するため、日本人居留民保護を名目に、三次にわたる山東《さんとう》出兵を行なった。その第二次出兵の際には武力衝突を起こし、一時、済南《さいなん》城を占領した（済南事件）。

関東軍《かんとうぐん》の一部は、張が国民革命軍に敗北すると、満州を直接支配しようとして、張が乗った列車を奉天《ほうてん》郊外で爆破した（張作霖爆殺事件）。関東軍は、大正八年（一九一九）に関東都督府が関東庁に改組された際に陸軍部が独立した部隊で、遼東半島租借地と満鉄沿線の守備を任務とするものだったが、大陸進出の急先鋒になっていた。事件の真相は国民には知らされず、満州某《ぼう》重大事件とよばれた。田中首相は、真相の公表と厳重処分を決意するも、閣僚や陸軍から反対されたので、首謀者の河本《こうもと》大佐の停職で一件落着としたところ、この問題の処理をめぐって昭和天皇の不興をかって退陣するにいたった。

関東軍の目論見とは違って、張作霖の子張学良《ちょうがくりょう》が一九二八年に勢力下にあった満州を国民政府支配下の土地と認めて国民政府に合流、国民党の北伐が完了し、満州全土で国民党の青天白日旗が掲げられた（易幟《えきし》事件）。中国全土統一が達成されたことで、不平等条約撤廃、国権回収を要求する民意が高まり、一九三一年に国民政府も不平等条約無効宣言の外交方針をとった。

田中義一内閣にかわり、昭和四年（一九二九）に浜口雄幸《はまぐちおさち》内閣が、憲政会・政友本党の合同した立憲民政党を与党に成立、経済再建を課題とした。大戦中に各国は自国経済をまもろうと正貨《せいか》の金輸出を禁止していたが、大戦後は貿易促進が相次いでおり、財界からも金解禁を実施して為替相場を安定させ、貿易振興の声が高まっていたので、金の輸出禁止を解除した（金解禁）。

浜口内閣は、大蔵大臣に前日本銀行総裁井上準之助《いのうえじゅんのすけ》を起用、緊縮財政によって物価を引き下げ、産業を合理化して企業の国際競争力を高めようとした。その上で、昭和五年（一九三〇）一月、金解禁を断行し、金兌換を再開し、金本位制に復帰した。ところが前年十月、アメリカのニューヨークウォール街で始まった株価大暴落が世界恐慌へと拡大したため、日本経済は金解禁の不況とあわせて二重の打撃を受け、深刻な恐慌状態に陥った。

輸出は大きく減り、輸入が増え、予想以上に正貨が国外に流出し、株価・物価が下がって企業の倒産が相次ぎ、失業者がふえて深刻な恐慌となった（昭和恐慌）。この事態に対し、政府は昭和六年、重要産業統制法を制定して、指定産業でのカルテルの助成をはかって、統制経済の始まりとなった。

農村はさらに深刻で、農産物の価格が暴落、とくにアメリカ向け生糸《きいと》輸出の不振から繭《まゆ》の価格が大きく下がり、養蚕農家は壊滅的な打撃をうけた。しかも昭和五年の米作は空前の豊作で米価が下落、豊作飢饉がおこった。翌年には、一転して東北地方を深刻な冷害がおそい、農村部では貧しさから学校に弁当を持参できない欠食児童《けっしょくじどう》がふえ、子女の身売りも続出した（農業恐慌）。

農村にもどる都市の失業者も増加したが、兼業する仕事もなく、農家の生活はいっそう困窮し、この情勢のなかで、労働争議・小作争議が増加、同時に、金輸出再禁止を予期して円売り・ドル買いを進めた財閥を攻撃する声が高まった。

四　十五年戦争

満州事変

浜口内閣は外相に幣原喜重郎を起用、協調外交を方針として、対中国関係の改善のために昭和五年（一九三〇）に中国と日中関税協定を結び、条件付きにせよ中国に関税自主権を認め、軍縮については、ロンドン海軍軍備制限会議に参加した。会議では主力艦建造禁止を五年間延長、ワシントン海軍軍備制限条約で除外された補助艦（巡洋艦・駆逐艦・潜水艦）の保有量を取り決め、当初の要求のうち、補助艦の総トン数の対英米の約七割を認められるが、大型巡洋艦の対米七割は受け入れられないまま、条約調印に踏み切った（ロンドン海軍軍備制限条約）。

これには、野党の立憲政友会・海軍軍令部・右翼などが、海軍軍令部長の反対を押し切って政府が兵力量を決定したのは統帥権の干犯である、と激しく攻撃した。政府は枢密院の同意を取り付け、条約の批准に成功するが、同年十一月に浜口首相は、右翼青年に狙撃されて重傷を負い、翌年四月に退陣、立憲民政党の若槻礼次郎が組閣（第二次）、浜口は間もなく死亡した。

日中両国の関係が悪化するなか、国内では、軍・右翼が幣原外交を軟弱と非難、「満蒙の危機」と叫び、急進的な国家改造運動が急速に活発になった。陸・海軍の青年将校や右翼運動家が、日本の行き詰まりの原因は、財閥・政党などの支配層の無能と腐敗にあると考え、これらを打倒し軍中心の強力な内閣をつくり、内外政策の大転換をはかるべしと、昭和六年三月、橋本欣五郎《はしもときんごろう》率いる陸軍青年将校の秘密結社の桜会が、右翼指導者の大川周明の協力と一部陸軍首脳の賛同を得て、軍部政権樹立のクーデタを計画したが、未発に終わった（三月事件）。

関東軍《かんとうぐん》は、中国の国権回収運動が満州に及ぶのを武力で阻止し、満州を長城以南の中国主権から切り離し、日本の勢力下におこうと、関東軍参謀の板垣征四郎大佐、石原莞爾《いしはらかんじ》中佐らが計画、その命令を受けた河本末守《こうもとすえもり》中尉一行が、同年九月十八日、奉天郊外の柳条湖で、南満州鉄道の線路を爆破し（柳条湖事件）、これを中国軍の策略として軍事行動を開始、満州事変が始まった。

その最中に桜会が、大川ら右翼と提携し政党内閣を倒し、国内改造を断行するクーデタを企てるが、未然に発覚して失敗に終わる（十月事件）。

満州での戦闘は、奉天付近で九月十九日に終わったが、林銑十郎《はやしせんじゅうろう》率いる朝鮮軍が独断越境して満州に入ると、張学良の東北軍十万が積極的に抗日戦を行なわなかったので、「匪賊」が関東軍と各地で戦った。

第二次若槻礼次郎内閣は、立憲民政党を与党に不拡大方針の声明を出すが、マスコミが軍の虚偽の発表を鵜呑みして一方的なニュースを氾濫させたので、反中国・反国際連盟活動が展開し、国民は、満蒙への執着心を強め、排外熱と軍国熱に煽られた。右派の社会民衆党は「社会主義」の名で満州事変を正当化し、全国労農大衆党（昭和六年結成）は出兵反対の演説会を数か所で開くにとどまった。

石原莞爾が満蒙領有論を提唱したのに対し、小日本主義を主張してきた『東洋経済新報』の石橋《いしばし》湛山《たんざん》は、中国国民の覚醒と統一国家建設の要求はもはや止みがたく、それを力で屈服させるのは不可能であり、その主権回復の要求は日本の不平等条約改正の要求と同様に当然かつ正当なものであって、満蒙問題を解決する要件は、いさぎよく中国の要求を受け入れるべし、という満蒙権益放棄論を主張したのだが、後に満蒙領有論に転じた。

関東軍が、全満州を軍事制圧下に置くべく戦線を拡大したため、事態の収拾に自信を失った若槻内閣は総辞職し、代わって昭和六年十二月に立憲政友会総裁の犬養毅が組閣、中国との直接交渉をめざすも、翌昭和七年に関東軍が満州の主要地域を占領し、三月に清朝最後の皇帝の溥儀を執政とする満州国を、黒竜江・吉林・奉天三省と熱河・内蒙古の一部を興安省として加えて樹立した。

中国では国民政府軍と共産党軍とが内戦を続けており、関東軍は満州国を安定させるため、勢力をさらに華北に拡大しようとした。アメリカは、日本の一連の行動に対し不承認宣言を発し、中国からの訴えと日本の提案で、国際連盟理事会が事実調査のために、イギリスのリットンを団長とする調査団を、現地と日中両国に派遣することとなった。

恐慌からの脱出、テロの嵐

犬養内閣の高橋是清蔵相は、昭和六年（一九三一）に金輸出再禁止を断行し、ついで円の金兌換を停止し、これをもって最終的に金本位制を離れ、管理通貨制度に移行した。恐慌下で産業合理化を進めていた諸産業は、外国為替相場が金解禁時代の半分になった円安を利用し、飛躍的に輸出をのばした。特に綿織物の輸出拡大はめざましく、イギリスに代わって世界第一位の規模に達した。

この頃、世界の情勢は大きく揺れ動き、列強は世界恐慌からの脱出に苦しんでいた。イギリスでは本国と植民地で排他的なブロック経済圏をつくり、輸入の割当や高率の関税による保護政策をとった。フランスもブロック経済を成立させた。イギリスをはじめ列強は、自国の植民地に日本が円安を利用して輸出拡大をしたことを、国ぐるみの投げ売り（ソーシャル・ダンピング）と非難して対抗、日本は輸入面で綿花・石油・くず鉄・機械などでアメリカへの依存度を高めていった。

天皇は、昭和七年一月八日、関東軍の「果断神速《かだんしんそく》」の軍事行動を全面的に称賛、「朕《ちん》深くその忠烈を嘉《よみ》す」とする勅語を発したが、この神聖不可侵の勅語により関東軍の独走は止められなくなった。その朝、代々木練兵場での陸軍始観兵式から宮城に帰る天皇の行列が、桜田門にかかったところで、爆弾が投げつけられる桜田門事件がおきた。

十八日に上海の日本人僧侶襲撃事件を契機に、駐在武官の田中隆吉《たなかりゅうきち》少佐が、世界の目を満州からそらすため、日本軍四個師団を派遣、中国十九路軍や中国軍民と戦って、中国軍民に三万人以上の死傷者・行方不明者を出し（上海事変）、五月五日に停戦協定が成立した。

国家主義者井上日召《いのうえにっしょう》率いる茨城県の小沼正《こぬまただし》・菱沼五郎《ひしぬまごろう》らが、東大・京大の学生らと結成した右翼の血盟団員が、政財界の要人二十数名の暗殺を計画し、二月九日に小沼正が井上準之助蔵相を、三月五日に菱沼五郎が団琢磨《だんたくま》三井合名会社理事長を暗殺した（血盟団事件）。この背景には農村の荒廃、失業増大、労働争議の激化、政党腐敗などがあった。

五月十五日、海軍の古賀清志《こがきよし》中尉・三上卓《みかみたく》中尉ら愛郷塾《あいきょうじゅく》の農民決死隊が加わり、首相官邸を襲って、三上らは犬養首相を射殺したが、牧野伸顕《まきののぶあき》内大臣の襲撃には失敗、変電所を破壊し、首都を暗黒化して戒厳令を導きだそうとする農民決死隊の攻撃も失敗した。この五・一五事件は、支配層を脅かし、元老西園寺公望が穏健派の海軍大将斎藤実《さいとうまこと》を後継首相に推薦したことで、ここに大正末以来八年にわたる政党内閣は崩壊し、太平洋戦争後まで復活しなかった。

昭和七年（一九三二）七月二十四日、四分五裂を続けた無産政党は、国家の社会政策で資本主義の弊害を除こうとする国家社会主義に転じ、同年に赤松克麿《あかまつかつまろ》を中心に日本国家社会党が結成され、残った人々は合同して最大の無産政党の社会大衆党を結成したが、国家社会主義化した。

九月に斎藤内閣は、日満議定書で、満州国が日本の権益を確認し、日本軍の無条件駐屯を認め、付属の秘密文書で交通機関の管理を日本に委託、関東軍司令官の推薦・同意に基づいて政府の要職に日本人官吏を採用することなどを規定、満州国を承認した。

日本政府は既成事実を積み重ね、国際連盟に対抗しようとしたが、連盟側は一九三三年二月の臨時総会でリットン調査団の、日本の軍事行動は合法的な自衛措置ではなく、満州国は自発的な民族独立運動によって建国されたものではないとする報告を示した。ただ、日本の経済的権益には中国が配慮すべきである、という妥協的な内容ではあったが、総会は満州国が傀儡国家であると認定し、日本に満州国の承認の撤回を求める勧告案を採択すると、これに松岡洋右らの日本全権団は総会会場から退場、三月に正式に連盟から脱退した。

三〇年代に入って戦争の気配が高まって、各地で空襲に備える防空演習が行なわれ、八月には「関東防空演習」が行なわれると、桐生悠々《ゆうゆう》が『信濃毎日新聞』の反軍的な社説「関東防空大演習を嗤《わら》ふ」を書き、防空演習の無意味さを指摘して、軍部の圧力で退社を余儀なくされた。

農業恐慌のなかで農村救済請願運動が高まると、政府は昭和七年度から時局匡救事業と称して公共土木事業をおこし、農民を日雇い労働に雇用して現金収入の途を与え、農山漁村経済更生運動を始め、産業組合の拡充を通じ農民を結束させて「自力更生」をはかった。

輸出の躍進と、赤字国債発行による軍事費・農村救済費を中心とする財政の膨張で、産業界は活気づき、日本は他の資本主義国に先駆け、昭和八年頃には世界恐慌以前の生産水準を回復した。特に軍需と保護政策とに支えられ、重化学工業はめざましく発達し、金属・機械・化学工業をあわせた総生産額は、同年に繊維工業を上回った。

鉄鋼業では、八幡製鉄所と財閥系製鉄会社の大合同が行なわれて国策会社の日本製鉄会社が生まれ、鋼材の自給が達成された。自動車工業では、鮎川義介《あゆかわよしすけ》が日産自動車・日立製作所などからなる日産コンツェルンを結成して満州に進出、満鉄に代わって満州の重化学工業を独占支配し、野口遵《のぐちしたごう》は日本窒素肥料会社を母体に朝鮮北部で大水力発電所と化学コンビナートを結成し日窒《にっちつ》コンツェルンを形成した。既成財閥も重化学部門を増強した。

二・二六事件

昭和八年（一九三三）には獄中にあった日本共産党指導者の佐野学《さのまなぶ》・鍋山貞親《なべやまさだちか》が連名で転向声明書をだし、コミンテルンが日本共産党に天皇制打倒や侵略戦争反対を指示した方針を批判して、一国社会主義の実現を提唱、この声明書を契機に獄中の大半の党員が転向した。

思想・言論の取締りも強化され、自由主義・民主主義的な学問への弾圧が行なわれ、同年には自由主義的な刑法学説を唱える京大教授の滝川幸辰《たきがわゆきとき》が鳩山一郎《はとやまいちろう》文相の圧力で休職処分となり、法学部教授会は全員辞表を提出して抵抗するが、結局、敗北した。ジャーナリズムでも、軍部の国家社会主義的な国内改革への期待が、しだいに支配的論調となった。

一九三三年にアメリカ大統領になったフランクリン・ルーズベルトは、農業や工業の生産を調整し、積極的に公共事業を起こして失業者を助け、労働組合を保護する景気刺激策（ニューディール）をとって、危機をのりこえたことから、新政策をアメリカ国民が強く支持し民主主義の政治が維持され、自国の産業を優先して保護貿易の姿勢を強めたため輸出入が大幅に減った。この措置はアメリカへの輸出が重要だった国々に大きな打撃となった。

国内政治に対する政党の影響力は、五・一五事件以後、次第に小さくなり、軍部や反既成政党・革新・現状打破をめぐる勢力が、天皇中心の国民統合、経済の計画化、内閣制度・議会制度の改革、ワシントン体制の打破を主張して政治的発言力を増大させ、これに一部の官僚や政党人が同調、斎藤実《まこと》・岡田啓介《けいすけ》二代の海軍穏健派内閣が続いたことに、彼らの不満はつのり、昭和九年（一九三四）の陸軍省発行の『国防の本義と其強化の提唱』は、陸軍が政治・経済の運営に関与する意欲を示したものとして論議をまきおこした。

昭和十年、貴族院で陸軍出身議員の菊池武夫《きくちたけお》が、美濃部達吉の天皇機関説を反国体的と非難したのを契機に政治問題化、現状打破をのぞむ陸軍、立憲政友会の一部、右翼、在郷軍人会などが、全国的に激しい排撃運動を展開したので、岡田内閣は屈服して国体明徴《めいちょう》声明をだし、天皇機関説を否認、政党政治や政党内閣制は民本主義と並ぶ理論的支柱を失った。

政治的発言力を増した陸軍の内部では、隊付の青年将校を中心に、直接行動で既成支配層を打倒して天皇親政を目指す荒木貞夫《あらきさだお》・真崎甚三郎《まさきじんざぶろう》らの皇道派と、陸軍省や参謀本部の中堅将校を中心に、革新官僚や財閥と結んだ軍部の強力な統制のもとで総力戦体制の樹立を目指す永田鉄山《ながたてつざん》や東条英《とうじょうひで》機《き》らの統制派との対立が、皇道派の相沢三郎《あいざわさぶろう》中佐が永田鉄山を斬殺した事件で明るみにでた。

昭和十一年二月二十六日、北一輝の思想的影響を受けた皇道派の一部青年将校が約一千四百人の兵を率いて首相官邸・警視庁などを襲った。斎藤実内大臣・高橋是清蔵相・渡辺錠太郎《わたなべじょうたろう》教育総監らを殺害し、国会を含む国政の中枢を四日間にわたり占拠、首都に戒厳令が出された（二・二六事件）。

このクーデタは国家改造や軍部政権樹立を目指したが、天皇が厳罰を指示したこともあいまって、反乱軍として鎮圧された。事件後、立憲民政党の斎藤隆雄《さいとうたかお》は軍の政治介入を批判する粛軍演説を行なったが、軍部では統制派が主導権を確立し、岡田内閣に代わった広田弘毅《こうき》内閣は、閣僚の人選や軍備拡張・財政改革に軍の要求を入れて、かろうじて成立する。以後の内閣に対する軍介入の先例となり、陸軍の要求に従って軍部大臣現役武官制が復活した。

国際秩序の崩壊へ

ヴェルサイユ・ワシントン体制の世界大戦後の国際秩序《ちつじょ》の維持《いじ》には、二つの条件が必要だった。世界経済が好調で規模も拡大すること、平和維持の価値が広く認められていることにあるが、世界恐慌で第一の条件が失われ、一九三〇年代半ばには世界秩序の崩壊《ほうかい》が見え始めた。

日本の満州事変でワシントン体制が動揺する頃、ドイツは、三三年にナチ党のヒトラーが全体主義体制（ナチズム）を樹立し、ヴェルサイユ体制の打破《だは》をとなえて国際連盟《れんめい》から脱退、三五年には禁じられていた再武装に踏み切った。イタリアではファシスト党のムッソリーニの一党独裁が確立（ファシズム）、三五年のエチオピア侵攻《しんこう》をきっかけに国際連盟とも対立、翌年、スペイン内戦がおきると、ドイツ・イタリア両国は連帯を強めて枢軸《すうじく》を形成した。

ソ連は、第一次五カ年計画（二八〜三二年）によって重工業化と農業集団化を推進し、急速に国力を高めていた。アメリカのソ連承認（三三年）、ソ連の国際連盟加入（三四年）は国際社会におけるソ連の役割の増大を示した。

一九三五年以降、中国では関東軍が華北（チャハル省、綏遠省、河北省、山西省、山東省）を国民政府の統治から切り離し支配する華北分離工作を公然と進めた。同年、イギリスの支援のもとに国民政府が、地域的な通貨の混在状態の解消をはかる幣制改革を実施し、中国国内の経済的統一を進めるのを見た関東軍は、華北に傀儡政権（冀東防共自治委員会）を樹立して分離工作を進めた。内閣は昭和十一年（一九三六）に満州への農業移民を推進、満州の日本人増加を主目的として、治安の不安定な辺地に移民を配置した。国内的には農村恐慌の緩和を図るための人口調整政策の一環であり、各府県、各市町村が計画的に送り出し、第十四次まで二十七万人が入植した。

同年五月、内閣はワシントン・ロンドン両海軍軍備制限条約が失効するため、陸・海軍による帝国国防方針の改定に基づいて、大陸における日本の地歩を確保する一方、南方《なんぽう》へ漸進的に進出する方針を決定、ドイツと連携を強めてソ連に対抗、国内では大規模な軍備拡張計画を推進し、ソ連を中心とする国際共産《きょうさん》主義運動に対抗するため、日独防共《ぼうきょう》協定を結んだ。

華北分離を国策として決定したことから、中国国民の間では抗日救国運動が高まり、同年十二月に張学良の東北軍と楊虎城《ようこじょう》の西北軍が共産軍討伐を監督するため、西安に飛来した蒋介石《しょうかいせき》を逮捕・監禁して内戦停止と一致抗日を要求する西安事件を契機に、国民政府は共産党攻撃を中止し、内戦を終結させ、日本への本格的な抗戦を決意した。

日中戦争のはじまり

広田内閣は、国内改革の不徹底に不満な軍と、大軍拡に反対する政党双方の反発で、昭和十二年（一九三七）一月に総辞職、組閣の大命は陸軍穏健派の宇垣一成《うがきかずしげ》に下る。朝鮮総督を辞めて、日本の産業が興り貿易で世界を圧倒する勢いから「名実ともに世界一等国になれる時に戦争をやって頓挫させてはまことに惜しいと」考えていた宇垣一成が、首相を引き受けたのは、「憲政とファシズム流の分岐点に立ち憲政最後の防波堤として孤軍奮闘」することを考えていてのことであったが、反発する陸軍が陸相を推挙しなかったので、宇垣は組閣を断念、陸軍大将の林銑十郎が組閣した。

内閣は大蔵大臣結城豊太郎が軍部と財界との調整をはかり（軍財抱合）、中国との緩和を図るなどしたが、反政党的態度が顕著で、既成政党の崩壊をねらって、抜き打ち的に議会を解散、第二十回総選挙を行なったが、政友会・民政党が圧勝し、社会大衆党が「広義国防か教義国防か」「政民連合か社会大衆党か」の選択を国民にせまり、社会的不平等を求めて躍進、既成政党の倒閣運動もあって五月に総辞職した。

同年六月に貴族院議長をつとめていた近衛文麿《このえふみまろ》が、元老・軍部、一般民衆の国民各層の期待を集めて、「相克摩擦の緩和」を掲げて内閣を組織するが、その直後の七月、北京《ペキン》郊外の盧溝橋《ろこうきょう》で日中両国軍が衝突した（盧溝橋事件）。文部省は「国体の本義」を発行し、全国の学校・官庁に配布して国民思想の強化をはかった。

植民地経済政策の研究者で、東大教授の矢内原忠雄《やないはらただお》が政府の大陸政策を批判して大学を追われ、著書が発禁となる（矢内原忠雄事件）。近衛文麿内閣は不拡大方針をとったが、陸軍内部に方針をめぐる対立などもあって戦線は拡大、中国軍は蔣介石の指揮のもとで、上海《シャンハイ》地域で激しい応戦にでて正式な宣戦布告のないまま日中戦争が始まった（「北支事変」「支那事変」）。

日中両国ともに、アメリカの戦争状態にある国への武器・弾薬の禁輸条項を含む中立法を定めていたので、宣戦布告をしなかったが、全面戦争であった。八月には上海でも戦闘が始まり（第二次上海事変）、戦火は南に広がり、九月には国民党《こくみんとう》と共産党《きょうさんとう》が提携して（第二次国共合作）、抗日民族統一戦線が結成された。

日本軍は大軍を投入し、昭和十二年（一九三七）の年末には首都南京を占領したが、その際、日本軍は市内外で掠奪・暴行を繰り返し、非戦闘員《ひせんとういん》を含む十数万〜二十万人ともいわれる中国人及び捕虜を殺害したという（南京虐殺）。この南京の状況は外務省ルートを通じて早くから陸軍中央部にも伝わった。

満州事変下で発足した大日本国防婦人会の会員数は六百八十五万人と一挙に増大し、「銃後の女たちの」戦争協力にからめとられ、婦選運動に取り組んできた市川房枝らも日本婦人団体連盟をつくって国民精神総動員運動の一端を担った。社会民主主義者による人民戦線グループは戦争協力体制に転換をはかるが、十二月に組織は解散させられ、翌年二月に大内兵衛ら労農派教授十一人に、佐々木《ささき》更三《こうぞう》らの二十四人が検挙された（人民戦線事件）。

戦時統制

国民政府は南京から漢口、さらに奥地の重慶《じゅうけい》にしりぞき、あくまでも抗戦を続けたので、日本側は大規模な攻撃を中断して、各地に傀儡政権を樹立する方式に切り替えた。近衛内閣は昭和十三年

（一九三八）一月、今後は「国民政府を対手《あいて》とせず」との声明（近衛声明）を発表したことで、和平の可能性は失われた。同年末には東亜新秩序《とうあしんちつじょ》を声明、善隣外交・共同防共・経済提携をうたう近衛三原則を示し、日本・満州・中国三か国の協力による「東亜新秩序」の建設をめざした。

イギリスがヨーロッパの危機的状況から対アジア政策を軟化させたため、中国内部の親日勢力を引きだし、中国支配を確立させる好機ととらえ、ひそかに国民政府の重要人物である汪兆銘《おうちょうめい》を重慶から脱出させ、昭和十五年（一九四〇）に親日的な新国民政府を南京に樹立した。

汪政権を占領地統治にあたらせて戦争終結をめざしたのだが、政権は弱体で、戦争終結の政略は失敗し、中国民衆の支持も得られず、国民政府は米英などから物資搬入路の「援蔣《えんしょう》ルート」を通じて援助を受けて、その後も抗戦を続けた。

戦争の長期化を覚悟《かくご》した近衛内閣は、前内閣の大軍備拡張予算で軍事支出を中心に財政が急速に膨張し、軍需物資の輸入増大により国際収支の危機を招いたが、日中戦争が始まったので巨額の軍事予算を編成することになり、直接的な経済統制に踏み切った。臨時資金調整法・輸出入品等臨時措置法などを制定し、軍需産業に資金や輸入資材を集中的に割り当てた。

経済統制が進んだことで経済官僚の進出が著しくなり、軍部と結んで強力な国防国家を建設しようという動きが活発になった。戦争の拡大に連れて軍事費は年々急増し、財政膨張の相次ぐ増税をもたらしたが、それでも膨大な支出をまかなえずに多額の公債を発行、紙幣増発によるインフレが進行した。

近衛内閣は、挙国一致《きょこくいっち》の体制づくり、国民精神総動員運動《こくみんせいしんそうどういん》をおこして国民に戦争協力をうながし、昭和十三年には国家総動員法を制定し、政府は議会の承認なしに、必要に応じて物資の統制を行ない、労働者を一定の業務に強制的に従事《じゅうじ》させることができるようになり、国民生活を全面的に統制下においた。同時に制定された電力国家管理法は、民間の電力会社を単一の国策会社に一挙に統合するもので、政府が私企業への介入を強める契機になった。

中小企業の強制的整理を進め、各職場では労資が協調して国策に協力するため、産業報国会《ほうこくかい》が結成され、従来の労働組合の解散が急速にすすみ、昭和十五年には、新体制運動が高まるなかで全国組織として大日本産業報国会がつくられた。

政府は、軍需品《ぐんじゅ》を優先的に確保することに重点をおき、軍需産業には輸入資材や資金を優先的に割り当て、国民を軍需産業に動員するため、昭和十四年に国家総動員法による国民徴用令《ちょうようれい》を制定した。昭和十三年度からは、戦時動員の計画・立案・調整を任務とする内閣直属の企画院によって物資動員計画が策定され、軍需品を優先的に生産した。このため重化学工業中心の新興財閥・既成財閥の大企業も積極的に軍需品生産に乗り出し、「国策」への強力で莫大な利益をあげた。

総力戦を想定した生産力拡充計画も立てられたが、当面の軍需計画に追われ、実現は程遠かったが、機械・非鉄金属の生産は、四四年までは軍需を中心に上昇を続け、兵器の生産高は、昭和十一年（一九三六）から十六年（一九四一）にかけて六・四倍、さらに十九年にかけて三倍となった。ただ原材料の品質低下や高性能な工作機械の輸入は途絶し、大量生産の経験不足から所定の品質を達成できないことが多かった。

戦時下の生活と文化

軍需関連以外の物資の輸入や生産は制限され、国民生活の面でも日用品の統制が強まり、生活必需品が品不足になり、政府は国家総動員法により、昭和十四年(一九三九)十月に価格等統制令を出して経済統制をさらに強化、国民には消費の切り詰めを強要し、翌年には、ぜいたく品の製造・販売を禁止した(七・七禁令)。

配給制を大都市でも始め、砂糖・マッチは政府から配られた切符がなければ、商品を買えなくなった(切符制)。通帳を用いた米の配給が開始され、十七年には衣料切符制も始まる。

政府は農村で昭和十五年から米を強制的に買上げる供出《きょうしゅつ》制《せい》を実施し、生産奨励のために小作料の制限や生産者米価の優遇などの措置をとり、地主の取り分を縮小させたが、労働力や生産資材が不足したため、食料生産は十四年を境に低下し始め、食糧難は深刻になった。

戦時体制の形成にともない、国体論に基づく思想統制や、社会主義・自由主義思想に対する弾圧が一段と厳しくなり、十五年に内閣情報局を設置し、出版物・演劇などのほか、ラジオ・映画を含むマスメディアの総合的統制により、戦争遂行に利用する方針をとった。伝統的文化・思想の回帰へと向かい、亀井勝一郎《かめいかついちろう》・保田与重郎《やすだよじゅうろう》らが雑誌『日本浪曼派《にっぽんろうまんは》』で、反近代と民族主義を掲げる文芸評論を発表し、日中戦争期には、国体論やナチズムの影響を受けた全体主義的な思想が主流となり、東亜新秩序論・大東亜共栄論・統制経済論など「革新」的な国内改革論が展開された。

迫りくる戦争の足音の中で力強い創作の世界を維持したのが、谷崎潤一郎《たにざきじゅんいちろう》の『細雪《ささめゆき》』であり、日中戦争期には火野葦平《ひのあしへい》が自らの従軍体験を記録した『麦と兵隊』に代表される戦争文学が人気を博し、「ロッパと兵隊」が十五年に菊田一夫《きくたかずお》脚色で有楽座で上演されたが、日本軍兵士の生態を写実的に描いた石川達三《いしかわたつぞう》の『生きている兵隊』が発売禁止となり、十七年には日本文学報国会が結成された。

十二年九月に国民歌として「愛国行進曲」が発表され、レコードが百万枚売れ、十四年に映画法が実施され、脚本の事前検閲、製作本数制限、外国映画上映制限、文化映画・ニュース映画の強制上演となった。十五年に李香蘭《りこうらん》出演の「支那の夜」が、十七年九月設立の東宝映画株式会社で封切られて人気が高まった。十六年九月に情報局の統制により、松竹・東宝・大映の三社に映画製作会社が統合された。

第二次世界大戦の勃発

ヴェルサイユ体制の打破に乗り出すナチス＝ドイツは、一九三八年にオーストリアを併合し、チェコスロヴァキアにも侵略の手を伸ばすなどヨーロッパの情勢が大きく変化していた。こうした状況で、ドイツはヨーロッパの大戦にそなえ、日独伊三国防共協定《にちどくいさんごくぼうきょうきょうてい》を、ソ連に加えて英仏を仮想敵国とする軍事同盟にすることを日本に提案してきた。

近衛内閣はこの問題に決着をつけないまま退陣、昭和十四年（一九三九）初めに平沼騏一郎《ひらぬまきいちろう》枢密院議長が組閣、平沼内閣では軍事同盟をめぐり閣内に対立が生じた。五月に陸軍が、満州国西部とモンゴル人民共和国の国境地帯でソ連・モンゴル連合軍と戦い、ソ連の大戦車隊の前に大打撃を受けたノモンハン事件で、ソ連との対立を深め、その最中の八月、突然ドイツがソ連との間に不可侵条約を結んだ。平沼内閣は「複雑怪奇」なヨーロッパの新情勢に対応できないとして総辞職した。

同年九月、ドイツがポーランドに侵攻すると、英仏はただちにドイツに宣戦を布告、ついに第二次世界大戦が始まった。平沼内閣に続く陸軍大将阿部信行《あべのぶゆき》・海軍大将米内光政《よないみつまさ》の両内閣は、ドイツとの軍事同盟には消極的で、ヨーロッパの戦争には不介入の方針を取り続けたが、植民地をふくむ日本の領土や、満州および中国における占領地からなる経済圏の円ブロックの中だけでは軍需産業用資材はとうてい足りず、欧米とその勢力圏からの輸入に頼らざるをえなかった。

しかも、日本の「東亜新秩序」建設にむけての動きを挑戦とみなしたアメリカが、同年に日米通商航海条約の廃棄を通告してきた。そのため、石油・くず鉄などの重要軍需物資の輸入がきわめて困難になった。日本政府は、事態の推移を見守る方針をとった。

ドイツ軍は迅速にポーランドを制圧し、ソ連軍も独ソ不可侵条約の秘密協約により西へ進軍し、ポーランドを独ソ両国で分割した。翌一九四〇年の四月から五月にかけて、ドイツはオランダ・ベルギー・ルクセンブルクを攻めて勢力範囲におさめ、イギリス軍を大陸から追い出し、六月にはフランスを降伏させた。一方、ソ連はバルト三国を併合した。

このドイツ軍のめざましい勝利に、日本は陸軍を中心に、日中戦争打開のためには、対米英戦を覚悟してでも、ドイツと結んで南方に進出して「大東亜共栄圏」の建設をはかり、ゴム・石油・錫《すず》などを手に入れ、「援蔣ルート」の断ち切りをねらった。

議会内や政界上層部には反対の空気もあったが、立憲民政党の斎藤隆雄が議会で反軍演説を行なって軍部の圧力で除名され、親米派の政界上層部も軍部から様々な攻撃を受けた。昭和十五年六月、近衛文麿は枢密院議長を退き、新体制運動の先頭に立った。

ナチ党やファシスト党にならい強力な大衆組織を基盤とした一大指導政党を樹立し、既成の政党を打破し、一元的な指導の下で全国民の戦争協力への動員を目指す「革新」運動であって、立憲政友会・立憲民政党・社会大衆党などの諸政党や団体は、積極的に、あるいは止むを得ず解散して参加を表明、軍部も近衛に期待し、米内内閣を退陣に追い込んだ。

同年七月、第二次近衛内閣が成立するが、これに先立ち、近衛と陸・海相、外相予定者との会談で、欧州不介入方針からの転換、独伊ソ連との連携強化、積極的な南方への進出を方針として定め、九月、日本軍は南方進出の足がかりとして北部仏印《ほくぶふついん》への進駐を開始、日独伊三国同盟を結んだ。アジアにおける日本と、ヨーロッパにおけるドイツ・イタリアの、それぞれの指導的地位を認めあい、第三国に攻撃されれば、三か国は互いに援助しあう内容で、アメリカに圧力をかけ、大戦へのアメリカ参戦を防ぐことも狙いとしていた。

太平洋戦争開始

新体制運動は昭和十五年（一九四〇）十月に近衛首相を総裁とする大政翼賛会《たいせいよくさんかい》を結成した。政党組織ではなく総裁が総理大臣、支部長が道府県知事で、政府の方針を部落会・町内会・隣組下部組織に伝え、国民生活の統制を官製上意下達《じょういかたつ》する上で大きな役割を果たした。

総力戦体制をめざす動きは教育面にもおよび、翌年には小学校を国民学校《こくみんがっこう》と改め、戦時に対応できる日本人を育て、鍛錬するための国家主義教育が推進された。朝鮮や台湾《たいわん》でも、日本語教育を徹底、神社参拝《さんぱい》を強要するなど、「皇民化《こうみんか》」政策をすすめ、朝鮮では姓名を日本風に改める創氏改名が強制された。

三国同盟が成立し、アメリカが対日姿勢を硬化させると、第二次近衛内閣は、日米の衝突を回避するため、年末に駐米大使の野村吉三郎《のむらきちさぶろう》とハル国務長官との間の交渉がはかられ、昭和十六年（一九四一）四月から日米交渉を開始したが、日本軍の中国からの撤兵問題をめぐって双方の意見が対立、交渉の前途は暗かった。その上、松岡洋右《まつおかようすけ》外務大臣が日ソ中立条約を結び、南進政策を進めるために北方の平和を確保して、これを背景にアメリカに圧力をかけようとしたため、アメリカの態度が硬化した。

同年六月、ドイツ軍が突然、ソ連領内に侵攻、独ソ戦争が始まると、これに対応するために開かれた九月六日の御前会議は、軍部の強い主張で、対英米戦覚悟で南方に進出し、情勢有利の場合、ソ連との戦争を決定した。陸軍はソ連に圧力をかけるために、大規模な兵力を満州に集めて、これを関東軍特種演習《かんとうぐんとくしゅえんしゅう》（関特演《かんとくえん》）と呼んだ。

近衛首相は、対米強硬論者の松岡外務大臣を除くためにいったん総辞職し、その後、外務大臣をかえ第三次近衛内閣を組閣し、南部仏印進駐《なんぶふついんしんちゅう》に踏み切ると、アメリカは日本への石油輸出を禁止し、日本資産を凍結して対日経済封鎖を強めた。アメリカは日本の南進と東亜新秩序を阻止する意思を明確にして、イギリス・中国・オランダ四カ国と連合して封鎖したので、日本側はこれを「ＡＢＣＤ包囲陣」とよび、日本を不当に圧迫《あっぱく》しているとして国民に敵対意識を煽った。

危機感をつのらせた軍部は、アメリカやイギリスが戦争準備を整える前の早期開戦論をとなえ、政府は、野村大使とハル国務長官との交渉がまとまらない時には、アメリカ（およびイギリス・オランダ）と開戦に踏み切る帝国国策遂行要領を決定した。十月になっても日米交渉は進展せず、交渉の妥結を強く要望する近衛首相と、交渉の打ち切りと開戦を主張する東条英機陸相が対立、第三次近衛内閣が総辞職した。木戸幸一《こういち》内大臣は、御前会議決定の白紙還元を条件に、東条を後継に推挙し、東条英機が陸軍大臣・内務大臣を兼任する形で内閣を組織した。

これをみたアメリカは、交渉がまとまらないと判断し、十一月末、ハルは、満州をふくむ中国大陸・フランス領インドシナからの日本軍の全面的無条件撤退など、満州事変以前の状態への復帰を求める最後通告にひとしい強硬な要求（ハル＝ノート）を提示してきた。十二月一日の御前会議は対米交渉は不成功と判断し、日米交渉は絶望的となった。

昭和十六年十二月八日、日本軍は英領マレー半島に上陸し、シンガポールを占領するとともに、ハワイの真珠湾を奇襲攻撃し、アメリカ・イギリスに宣戦を布告、ここに太平洋戦争が始まった。開戦後、日本政府は日中戦争もふくめたこの戦争の名称を「大東亜《だいとうあ》戦争」と称し、続いてドイツ・イタリアもアメリカに宣戦布告し、第二次世界大戦は文字通り全世界へと拡大した。

戦局と占領地支配

日本の対米宣戦とともに、三国同盟によるドイツ・イタリアのアメリカ宣戦で、アメリカはヨーロッパとアジア・太平洋の二正面戦争に突入し、戦争は全世界に拡大、英・米・ソ連などが連合国、日・独・伊が枢軸国《すうじくこく》とよばれた。

緒戦の日本軍はハワイでアメリカ太平洋艦隊、マレー沖でイギリス東洋艦隊に打撃をあたえ、開戦から半年ばかりの間に、イギリス領マレー半島・香港《ホンコン》・マニラ・シンガポールを占領し、ついで東南アジアから南太平洋にかけての広い地域をおさえて軍政をしいた。

日本国民の多くは日本軍の勝利に熱狂し、日本は戦争を英・米の脅威に対する自衛の措置と規定していたが、次第に欧米による植民地支配からアジアの解放、大東亜共栄圏の建設をスローガンとして戦域は限りなく拡大していった。

東条内閣の人気が高まるなかで、昭和十七年（一九四二）四月、「翼賛《よくさん》選挙」が実施された。政策に協力する候補者が予め政府から推薦をうけた上で行なわれたため、政府の推薦候補者が八十パーセント以上となる絶対多数を獲得した。選挙後、彼らのほとんどは翼賛政治会に組織され、議会は政府提案に承認をあたえるだけの機関になったが、形式的には憲法や議会の活動が停止されることはなかった。

連合国はドイツ打倒を第一としたので、当初は太平洋方面への軍事力投入を抑制していたが、アメリカは、早くに立ち直って軍事的な優位を確保するようになり、同年六月の中部太平洋沖のミッドウェー海戦で、日本側が主力空母四隻とその艦載機を失う大敗北を喫し、海上・航空戦力で劣勢となり、海と空の支配権を失い、まもなくアメリカ軍の本格的な反撃をうけることになった。

日本側も戦略の再検討を迫られ、昭和十八年（一九四三）九月三十日の御前会議では、千島・小笠原・マリアナ・カロリン・西ニューギニア・ビルマを含む圏域（絶対国防圏）まで防衛ラインを後退させることに決めたが、その年二月、日本軍は南太平洋のガダルカナル島で敗北し、同じ頃にヨーロッパでは、ドイツ軍がスターリングラードでソ連軍に降伏、これより枢軸国軍は連合国軍に対し防戦に立つようになった。

東条内閣は、同年十一月、占領地域で戦争協力を確保するため、満州国・汪兆銘政権・タイ・ビルマ（現在のミャンマー）などの代表者を東京に集めて大東亜会議《だいとうあ》を開き、植民地支配からアジアを解放し、大東亜共栄圏をつくるために協力するという共同宣言を発表したが、これらの地域では、日本軍の強引な物資調達や強制的な勤労動員のほか、日本化政策の実施、反日運動の弾圧などに対する抵抗運動が活発になっていた。

東南アジアの占領地では、現地の文化や生活様式を無視し、日本語学習や天皇崇拝、神社参詣を強要し、タイとビルマを結ぶ泰緬鉄道の建設、土木作業などの鉱山労働への強制動員も行なわれ、シンガポールやマレーシアでは多数の中国系住民（華僑）を反日活動の容疑で殺害する事件も発生した。そのため日本軍は仏印・フィリピンを始め各地で組織的な抗日運動に直面するようになった。

朝鮮では一九四三年、台湾では四四年に徴兵制を実施、志願兵制度や植民地からも兵士を募集し、戦地には日本軍向け「慰安施設」が設けられ、日本・朝鮮・中国・フィリピンなどから女性が集められ、慰安婦として働かされた。中国戦線では、毒ガスも使用され、満州の日本軍施設では毒ガスや細菌兵器の研究が行なわれ、七三一部隊という特殊部隊（石井部隊）が中国人やソ連人の捕虜を使い、生体実験を行なった。

中国の飛行場が米軍に利用されるのを防ぐ作戦や、華中と華南を連絡させる作戦が行なわれ、中国共産党が華北の農村地帯に抗日根拠地（解放区）を組織してゲリラ戦を展開すると、日本軍は抗日ゲリラの大掃討作戦を実施し、一般の住民にも多大の被害を与えた。

昭和十九年（一九四四）七月、南洋諸島の重要拠点のサイパン島がアメリカ軍に占領され、絶対国防圏の一角が崩壊すると、その責任を負う形で、東条内閣は総辞職し、陸軍大将の小磯国昭《こいそくにあき》を首相とし、海軍大将の米内光政が協力する陸海軍の連立内閣が成立した。

戦時下の国民生活

開戦後、政府は民需生産の工場を軍需工場へ転用するなど軍需生産を最優先する政策をとり、国民の生活を極度にきりつめさせ、兵力・労働力として根こそぎ動員した。昭和十八年には大学・高等学校及び専門学校在学中の徴兵適齢の文科系学生を軍に「徴集」（学徒出陣）、学校に残る中等学校以上の学生、さらに女学生（女子挺身隊《ていしんたい》）も軍需《ぐんじゅ》工場で働かせた。朝鮮人や占領下の中国人も、日本の鉱山や工場などで労働を強制された（徴用工）。

生活必需品が欠乏し、衣料では総合切符制がしかれたが、切符があっても物がない状況となり、食糧不足も深刻で、成人一日三合の米の配給も、米にかわってイモや豆粕《まめかす》などが配給されるようになった。開戦一年後の世帯調査では、購入回数のうち闇取引によるものが、穀類が三分の一以上、生魚介・乾物・蔬菜類が半分近くを占め、国民一人一日あたりのエネルギー摂取量は昭和十七年（一九四二）に二千キロカロリーを割り、二十年（一九四五）には千七百九十三カロリーまで低下した。

軍隊に動員された青壮年男性は、四百万人から五百万人に達し、国内で生産に必要な労働力が絶対的に不足、制海・制空権の喪失によって、南方からの海上輸送が困難となり、軍需生産に不可欠な鉄鉱石・石炭・石油などの物資も欠乏した。こうして、国民の戦意はしだいに衰えていった。

昭和十九年（一九四四）の年末からは、アメリカ軍の太平洋のサイパン島マリアナ基地を発進したB29が日本本土を空襲、当初は軍需工場の破壊を目標としていたが、国民の戦意喪失を狙い、都市を焼夷弾で無差別爆撃するようになり、多くの都市を焼け野原にした。都市では建造物の取り壊しや防空壕の掘削が行なわれ、軍需工場の地方移転、住民の縁故疎開や国民学校生の集団疎開（学童疎開）が始まった。

昭和二十年三月十日未明の東京大空襲は、約三百機のＢ２９が下町の人口密集地を中心に約一千七百トンの焼夷弾を投下、一夜にして約十万人が焼死し、首都東京は壊滅的な打撃をうけた。空襲は五月二十九日朝に横浜の京浜工業地帯を中心に、全国の中小都市にも及んだ。内務省防空総本部の発表によれば、被害は家屋の全焼が約二百二十一万戸、死者約二十六万人、負傷者は四十二万人に達し、主要な施設が破壊された。

アメリカ軍がフィリピン奪回をめざして昭和十九年十月にレイテ島に上陸して激戦の末に占領、翌二十年三月に硫黄島も占領し、四月に沖縄本島中部に上陸、付近の飛行場を制圧し、島を南北に分断したのに対し、日本軍は特攻機を投入して攻撃を行なったが、アメリカ艦隊を撃退できず、アメリカ軍を内陸に引き込み、反撃する持久戦をとったため、激しい地上戦になって、島民が巻き込まれ、「集団自決」に追い込まれ、おびただしい数の犠牲者を出した。沖縄県の史料では死者は軍民あわせて十八万人余という。

敗戦とその後の占領

四月に小磯内閣が倒れ、侍従長を長く務め、天皇の信頼の厚かった鈴木貫太郎《すずきかんたろう》が首相になった。ヨーロッパでは、一九四三年にイタリアが連合国に降伏し、連合国の首脳は戦争終結にむけ、会談を行なっていた。四五年二月には、米・英・ソ連の三か国首脳がクリミア半島のヤルタで会談し、ドイツの戦後処理問題について協定を結び（ヤルタ協定）、四五年五月についにドイツも降伏した。

一九四五年七月、米英ソ連の三か国首脳がベルリン郊外のポツダムで会談し、ヨーロッパの戦後処理問題を協議、アメリカが対日戦後処理方針をイギリスに提案、中国も加え、米・英・中三か国の共同宣言の形で、日本軍への無条件降伏勧告と日本の戦後処理方針からなるポツダム宣言を発表した。これを「黙殺する」とした日本政府の対応をアメリカは拒絶と解釈し、八月六日広島に、九日に長崎に原子爆弾を投下した。

この情勢をみたソ連は、八月八日、日ソ中立条約を破棄して日本に宣戦布告、戦後の東アジアで発言力を保つため、満州・樺太・千島などに侵入を開始、侵攻するソ連軍の前に関東軍はあえなく壊滅し、満蒙開拓移民をはじめ多くの日本人が悲惨な最期を遂げた。生き残った人々も引き揚げに際してきびしい苦難にあい、多くの中国残留孤児を生んだ。

陸軍は本土決戦も主張したが、昭和天皇の「聖断《せいだん》」によってポツダム宣言の受諾を決定し、八月十四日、日本政府は連合国側に通告した。十五日正午、天皇が詔書《しょうしょ》を読み上げた録音をラジオで放送し、戦争終結を全国民に発表した。

九月二日、東京湾内のアメリカ戦艦ミズーリ号の甲板上で、日本政府および日本軍の代表が降伏《こうふく》文書に署名して四年にわたる太平洋戦争は終了した。日本の被害は軍人・軍属の死亡、行方不明者約百八十六万人、一般国民は死亡・行方不明を含めて約六十六万人、罹災者は約六百三十五万人に達し、日本はポツダム宣言にもとづいて連合国に占領された。

昭和二十年（一九四五）八月、ポツダム宣言の受諾とともに鈴木貫太郎内閣が総辞職し、皇族の東《ひがし》久邇宮稔彦王《くにのみやなるひこ》が首相となった。八月末に進駐した連合国軍最高司令官マッカーサーは、東京に総司令部（GHQ）をおき、占領政策の目標を日本の非軍事化と民主化におき、アメリカへの脅威を防ぐこととした。東久邇宮内閣は、連合国軍の進駐を受け入れ、旧日本軍のすみやかな武装解除、降伏文書への調印を円滑に行なった。

占領政策は事実上、日本の敗戦に大きな役割を果たしたアメリカ主導のもとで行なわれ、連合国の直接軍政下におかれたドイツの場合とは異なり、日本政府が最高司令官の指令・勧告にもとづいて政治を行なう間接統治の形をとった。

五　戦後の経済と文化

占領下の改革と主権の回復

第二次世界大戦後の国際秩序について、大戦中から米・英・ソ連の三国の協議が重ねられ、昭和二十年（一九四五）十月、国際連盟にかわる国際組織として国際連合（国連）が発足した。国連は、米・英・仏・ソ連・中国の五大国を常任理事国とする安全保障理事会を設けて、平和の破壊に対して、軍事行動の実施をふくむ強制措置などを発動できる強大な権限を付与した。

連合国は、巨額の賠償金を敗戦国に課したヴェルサイユ条約の失敗から、敗戦国が二度と戦争に訴えることのないよう、長期の占領を通じて、その国家と社会を平和的な仕組みに改革する道を選んだ。二度の世界大戦によって国力を消耗した西欧諸国にかわり、戦後世界に大きな力をふるうことになったのがアメリカとソ連であり、両国は大戦末期以降、しだいに利害対立と相互不信を深め、戦後世界は米・ソの対立を軸に展開する。

西欧諸国の支配下にあった植民地では、戦後、民族独立運動が活発となった。朝鮮では、日本の降伏とともに、北緯三十八度線を境として、北はソ連軍、南はアメリカ軍によって分割占領されて、軍政がしかれたため、統一的な独立を果たせなかった。

十月、東久邇宮内閣は「一億総懺悔」「国体護持」を唱えるが、GHQが治安維持法や特高の廃止、共産党員を始め政治犯の即時釈放を指令し、思想・言論の自由など市民的自由の保障を認めた。占領軍への批判には新聞発行綱領で禁止し、新聞等の出版物は事前検閲を受けた。天皇に関する自由な議論などを奨励したのを機に、これに反発した内閣が総辞職し、かつて協調外交を展開した幣原《しではら》が首相に就任する。

この時にGHQは内閣に五大改革の指令を出した。女性参政権の付与、労働組合の結成奨励、教育制度の自由主義的改革、秘密警察の廃止、経済機構の民主化などである。次いで政府による神社・神道への支援・監督を禁じ、戦時期の軍国主義、天皇崇拝の思想的基盤であった国家神道を解体した。陸・海軍将兵七百八十九万人の武装解除・復員がすすみ、日本の軍隊は解体・消滅した。

連合国のなかには、天皇の戦争責任を追及する動きもあったが、GHQは天皇制廃止による混乱を避け、天皇を占領支配に利用して占領政策を円滑に進めるため、戦犯容疑者に指定しなかった。昭和二十一年(一九四六)元日、昭和天皇が「人間宣言」を行ない、「現御神《あきつみかみ》」としての天皇の神格性をみずから否定した。

続いて公職追放の指令が出され、政・財・官界から言論界に至る各界指導者約二十一万人が戦時中の責任を問われて公職から追放された。非軍事化の観点から軍需産業の禁止や船舶保有の制限が行なわれ、日本国内の産業設備を解体・搬出し中国・東南アジアの戦争被害国に供与する現物賠償を行なうことになった。

戦争終結とともに解散させられていた地域の諸団体が再結成された。神奈川県茅ヶ崎町の松尾青年団は七月に結成され、祭礼や道路普請など地域の仕事、町内運動会など娯楽活動を行なった。東京雑司ヶ谷町内会も二丁目町会の文化部としてスタート、七月に方針活動が議論され、音楽部など六部制をとり、児童部・青年部もつくられた。

八月から復員が始まり、広東からの引揚船でコレラが発生、二か月も海上隔離され、他の引揚者による天然痘・ジフテリア・発疹チフスが流行しＤＤＴが強制散布された。発疹チフスでは三万二千三百六十六人が罹患、三千三百五十一人が亡くなった。復員者は陸・海軍で合わせて三百四十八万人、昭和二十三年（一九四八）に復員が完了した。復員しても就職がかなわぬ傷痍軍人が巷に溢れた。

東京裁判と民主化政策

連合国は戦争中からファシズムの再侵略を防ぐため戦争犯罪を処罰する方針を明らかにし、一九四五年八月のロンドン協定で、通常の戦争犯罪のほかに「平和に対する罪」と「人道に対する罪」も国際法上の犯罪とするときめており、戦犯のうち、侵略戦争を行なった「主要犯罪人」をＡ級戦犯、通例の戦争犯罪人をＢ級戦犯、殺害・虐待などの非人道的行為の犯罪人をＣ級戦犯とした。

マッカーサーは昭和二十一年（一九四六）一月十九日に極東軍事裁判所設置を命じ、キーナンを首席検察官に任命、被告の選定にあたらせた。四月にＡ級戦犯二十八人の容疑者が極東国際軍事裁判所に起訴され、五月三十日に裁判を開廷、アメリカ人と日本人からなる弁護団は、事後法に基づく裁判が罪刑法定主義に反すると主張したが、認められず、審理の結果、東条英機以下七人の死刑を始め、病死三人を含む全員に有罪判決が下り、翌月に七人が絞首刑とされた。

国家の指導者個人が裁判で裁かれた例はなく、十一人の裁判官の間には意見対立があり、判決のほかにインドのパル、オランダのレーリンクらは反対意見を書いた。B・C級戦犯は、関係諸国が設置した裁判所で五千七百人が起訴され、九百八十四人が死刑、四百七十五人が終身刑の判決を受けた。

GHQは、日本経済の後進性を象徴する財閥・地主制が軍国主義の温床となったと見て、それらの解体を経済民主化の中心課題とし、昭和二十年（一九四五）十一月、三井・三菱・住友・安田等十五財閥の資産凍結と解体を命じ、翌年には持株《もちかぶ》会社整理委員会を発足させ、指定された持株会社・財閥家族の所有する株式などの譲渡を受けて一般に売り出し、株式所有による財閥の傘下企業支配を一掃した（財閥解体）。四七年には独占禁止法によって持株会社やカルテルを禁止、過度経済力集中排除法により巨大企業を分割し、日本製鉄や三菱重工など十一社が分割となった。

地主制の解体は農地改革を通して行なわれた。戦時期から占領地には行政救済資金（ガリオア資金）による緊急食糧輸入が実施されていたが、同年十二月に決定された第一次農地改革案は、GHQから地主制解体の面で不徹底と指摘され、GHQの勧告《かんこく》案に基づく改正農地調整法と自作農創設《じさくのうそうせつ》特別措置《そち》法によって、第二次農地改革が実施された。

各市町村で地主三・自作農二・小作農五の割合で農地委員会が設けられ、一切の不在地主を認め ず、在村《ざいそん》地主の一定面積（都府県は平均一町歩《ちょうぶ》、北海道は四町歩）以上の土地を国が強制的に買い上げ、小作人《こさくにん》に優先的に安く売り渡し、自作農をつくった。

この農地改革の実施によって農業生産は急速に向上し、米の生産は史上空前の豊作を繰り返すようになり、小作地が大幅に減少して公定の定額金納になり、農家の大半が一町歩未満の零細な自作農となった一方、大地主は従来の大きな経済力と社会的な威信を失った。

昭和二十一年（一九四六）に再結成された日本農民組合を中心とする農民運動は、農地改革を進める力となって、改革は二十五年までにほぼ完了し、日本農民組合は二十二年十二月以降、農業経営を支援する農業協同組合（農協）を各地に設立した。

労働政策の民主化も重要な課題で、GHQは労働組合の結成に力を入れ、昭和二十年に労働組合法を公布して、労働者の団結権・団体交渉権・団体行動（ストライキ）権を保障し、これを契機に官公庁や民間企業で労働組合の結成が相次いだ。二十一年に右派の日本労働組合総同盟、左派の全日本産業別労働組合会議（産別会議）が結成された。続いて労働関係調整法、翌年には八時間労働制などを規定する労働基準法を公布し、労働三法ができあがり、政府は労働行政を管轄する労働省を新設した。

教育制度の民主化もすすめられ、GHQは教科書の不適切な記述の削除と軍国主義的教員の追放（教職追放）を指示し、来日したアメリカ教育使節団《しせつだん》の勧告により、昭和二十二年（一九四七）三月、教育の機会均等、男女共学の原則をうたう教育基本法、義務教育が六年から九年に延長された学校教育法が制定され、四月から六・三・三・四制の新しい学制による教育が始まった。教育行政の地方分権をめざし、翌年に都道府県・市区町村に教育委員会が設けられた。

女性議員の誕生　1946年4月10日の衆議院選挙で39名の女性が当選した。（読売新聞社蔵）

政党政治の復活

政党も復活・誕生し、昭和二十年十月に出獄した徳田球一《とくだきゅういち》らを中心に日本共産党が合法政党として活動を始め、十一月に日本社会党が旧無産政党を統合して結成され、保守政党では旧立憲政友会系の日本自由党と旧立憲民政党系の日本進歩党が発足、十二月に労使協調を掲げる日本協同党が誕生した。

衆議院議員選挙法を大幅に改正し、女性参政権をはじめて認めた新選挙法を制定、満二十歳以上の成年男女に選挙権をあたえた。

GHQは総選挙でかつての戦争協力者が立候補するのを嫌い、翌年一月に公職選挙令によって、翼賛選挙の推薦議員をすべて失格としたため、政界は大混乱となったが、有権者数はこれまでの三倍近くなり、四月、戦後初の総選挙が行なわれて、三十九人の女性議員が誕生し、日本自由党が第一党となった。この直後に公職追放になった鳩山一郎に代わって、駐米大使をつとめ幣原内閣の外相だった吉田茂《よしだしげる》が、日本進歩党の協力を得て党首となって内閣を組織したが、日本自由党の議席は衆議院の三分の一に満たず、政局は不安定だった。

GHQは、早くから憲法改正の必要を認め、幣原内閣にも指示し、松本烝治を委員長とする憲法問題委員会が政府内に設置されたが、同委員会作成の改正試案が天皇の統治権を認める保守的なものであったため、GHQは極東委員会の活動が始まるのを前に、英文の改正草案(マッカーサー草案)を作成した。高野岩三郎《たかのいわさぶろう》ら民間の憲法研究会は、昭和二十年十二月に主権在民を原則とする立憲君主制の「憲法草案要綱」を発表し、GHQや日本政府に提案しており、GHQはマッカーサー草案執筆の際に参考にした。

GHQが改正案を政府に示すと、草案では国会は衆議院のみの一院制であったが、政府の強い要望で参議院を加えて二院制となるなど一部修正した政府原案が帝国議会の審議にかけられ、衆議院での修正段階で芦田均《あしだひとし》の発案により、戦力不保持に関する第九条第二項に「前項の目的を達成するために」の字句を加え、自衛のための軍隊保持の含みを残し、衆議院と貴族院で修正可決した後、昭和二十一年十一月三日に日本国憲法として公布、翌昭和二十二年五月三日に施行した。

新憲法は主権在民・平和主義・基本的人権の尊重の三原則を掲げ、衆議院・参議院の二院からなる国会を国権《こっけん》の最高機関とし、天皇は、天皇大権《たいけん》の強い大日本帝国憲法とは大きく異なり、日本および日本国民統合の象徴とされた（象徴天皇制）。第九条の戦争放棄条項は国際紛争を解決する手段として戦争を放棄し、戦力を保持せず交戦権も認めないとしたことは世界に類例がない。

新憲法の制定に基づいて、多くの法律の制定や大幅な改正が行なわれ、憲法第二十五条の生存権保障の理念に基づいて、二十五年に生活保護法が制定され、二十七年改正の新民法は、家中心の戸主制度を廃し、男女同権の家族制度を定め、戸主の家族への支配権を否定、男性優位の規定は廃され、財産は男女均分となった。

刑事訴訟法は人権尊重を主眼に全面改正され、刑法の一部改正で大逆罪や不敬罪・姦通罪などが廃止され、地方自治法が成立して都道府県知事や市区町村長は公選となり、内務省はＧＨＱの指示で廃止された。国家地方警察とともに自治体警察をつくることを定めた警察法も、年末に公布され、翌年に施行された。

戦後の生活と経済

戦争によって国民の生活は破壊され、空襲で焼け出された人びとは、防空壕や焼け跡に建てたバラック小屋で雨露をしのいだ。鉄工業生産額は戦前の三分の一にまで落ち込み、将兵の復員や引き揚げが始まって人口は膨れ上がり、軍需工場の閉鎖もあって失業者が急増した。

昭和二十年は記録的な凶作で、食料不足が深刻となり、米の配給も不足してサツマイモ・トウモロコシなどを代用食《だいようしょく》とした。食料は遅配・欠配が続き、都市部の人々は農村への買出しや闇市《やみいち》での闇買い、家庭での自給生産で飢えをしのいだ。米の総収量は戦前五年の平均が九百十一万トン、二十年に五百八十七万トンへと三割以上も落ち込んだ。

極度の物不足の上、終戦処理のため臨時軍事費が大量に支払われ、日本銀行の対民間貸出の増加により通貨が増発されて猛烈なインフレーションが発生した。昭和二十一年二月、幣原内閣は預金を封鎖し、それまで使用されていた旧円の流通を禁止、新円の引き出しを制限することによって貨幣流通量を減らそうとした（金融緊急措置令）が、効果は一時的だった。吉田茂内閣は経済安定本部を設置して対応、十二月に資財と資金を石炭・鉄鋼などの重要産業部門に集中することを決定し、翌年一月に復興金融金庫を創設して電力・海運などを含む基幹産業への資金を調達した。

国民生活の危機から労働運動も激しくなった。敗戦直後に労働者が自主的に生産業務を組織する生産管理闘争が活発になり、ストライキが頻発し、吉田内閣打倒をめざし、昭和二十二年二月一日に官公庁労働者を中心に基幹産業を巻き込むゼネラル・ストライキを決行することが計画されたが、ストライキ前日にＧＨＱの指令で中止となった。

四月に新憲法下での新しい政府をつくるために総選挙が実施され、日本社会党がわずかの差で第一党になり、保守系の民主党・国民協同党と連立して片山哲《かたやまてつ》内閣が成立した。連立ゆえに政策の調整に苦しんで一年と続かず、炭鉱国家管理問題で党内左派から攻撃されて翌年二月に総辞職し、民主党総裁の芦田均が同じく三党連立で内閣を組織するが、昭和二十三年十月、昭和電工社長が二十三億円の巨額の復興金融金庫融資の一部を不正に使用したとして国会で追及を受け、そのもみ消しのために贈賄工作を行なった昭和電工事件がおきて退陣、芦田も逮捕された。

冷戦体制下の経済復興

第二次世界大戦後、アメリカは圧倒的な国力を背景に世界を主導し、ソ連は東ヨーロッパ諸国を社会主義陣営に取り込み、異なる世界観をもつ米・ソの二つの超大国が戦後の国際秩序をめぐって対立を深めた。一九四七年、アメリカのトルーマン大統領は、東ヨーロッパに勢力圏を広げていたソ連の「封じ込め」をはかり、マーシャル＝プランに基づいて西欧諸国の復興と軍備増強を打ち出し、共産主義勢力との対決姿勢を強めた。

一九四九年には西側諸国の共同防衛組織として北大西洋条約機構（ＮＡＴＯ）を結成すると、これに対抗してソ連は原爆開発に成功して東ヨーロッパ諸国との結束を固め、五五年にはソ連と東ヨーロッパ七か国によるワルシャワ条約機構を結成、こうして核武装した東西両陣営が互いに対立する「冷《つめ》たい戦争（冷戦）」とよばれる緊張状態が始まった。

アジアでは、長くイギリス・フランス・オランダなどの支配下におかれた諸民族が独立して建国、中国では国民党との内戦に勝利した共産党が、一九四八年に中華人民共和国《ちゅうかじんみんきょうわこく》の建国を宣言し（主席毛沢東《もうたくとう》）、翌年には中ソ友好同盟相互援助条約が成立してソ連との連携を強め、東側陣営に加わった。一方、国民党政権は台湾へ逃れ、中華民国政府（総統蔣介石《しょうかいせき》）として存続した。朝鮮半島では、四八年、北緯三十八度線以南のアメリカ軍占領地域に大韓民国（韓国、大統領李承晩《りしょうばん》）、以北のソ連軍占領地域に朝鮮民主主義人民共和国（北朝鮮、首相金日成《きんにっせい》）が建国され、南北分断の状態が固定化した。

冷戦が激しくなると、アメリカは対日占領政策を転換、日本経済を自立させて政治の安定を促す陸軍長官ロイヤルの声明をだし、日本を政治的に安定した工業国として復興させ、東アジアにおける主要友好国とする政策を採用した。冷戦政策の提唱者の一人外交官ケナンの提言により、行政責任の日本政府への大幅委譲、公職追放の緩和、民間企業の育成、均衡予算の達成など経済復興が推進され、GHQは日本経済の復興を強く求めた。

日本の諸外国への賠償が軽減され、過度経済力集中排除法に基づく企業分割は大幅に緩和された。四八年にはGHQの命令で、国家公務員法が改正され、労働運動の中核だった官公庁労働者が争議権を失い、翌年以降、公職追放の解除が進められた。昭和二十三年（一九四八）十二月、GHQは、インフレの進行を抑えるため、第二次吉田茂内閣に予算の均衡、徴税の強化、賃金の安定などを含む経済安定九原則の実行を指令、経済を自立させる前提としてデフレ政策をとらせた。

翌年、民主自由党（日本自由党を改称）が総選挙に圧勝して過半数をこえる議席を得ると、総予算の均衡、徴税の強化、金融機関の融資を復興に制限、物価の統制等を実施させるため、銀行家のドッジが特別公使として派遣され、一連の施策を指示（ドッジ・ライン）した。

第三次吉田内閣はその要求に従って、赤字を許さぬ予算を編成し、財政支出を大幅に削減する緊縮財政《きんしゅくざいせい》をとり、一ドル＝三百六十円の単一為替レートを設定、日本経済を国際経済に直結させ、国際競争のなかで輸出振興をはかろうとした。

昭和二十四年には財政学者のシャウプを団長とする租税専門家チームが来日、その勧告による税制改革で直接税中心主義や累進所得税制が採用された。この一連の「逆コース」の施策で、進行し続けてきたインフレはようやくおさまるが、緊縮財政は深刻な不況をもたらし、中小企業の倒産が相次ぎ、失業者が急増した。

官公庁・公共企業体・民間産業では大量の人員整理が行なわれたので、労働者は激しく抵抗し、同年夏には国鉄をめぐって事件が続発した。人員整理を進めていた下山定則《しもやまさだのり》国鉄総裁の怪死事件、中央線三鷹駅構内での無人電車の暴走事件、東北本線松川駅構内での列車脱線・転覆事故が発生（松川事件）、政府は国鉄労働組合・共産党の関与によるものと発表し、事件で嫌疑をかけられた労働者側が打撃を受けたが、事件の真相は今なお不明である。

朝鮮戦争から講和条約へ

南北分断状態の朝鮮半島は、中国での共産党勝利に刺激された北朝鮮が、武力統一をめざし、昭和二十五年（一九五〇）六月、北緯三十八度線を突破して韓国内に侵攻、朝鮮戦争が始まった。韓国はアメリカを中心とする国連軍、北朝鮮はソ連や中国の援助をうけて戦い、北緯三十八度線付近で戦線が膠着した。

国際連合の安全保障理事会は、ソ連代表が欠席するなか、北朝鮮を侵略者として武力制裁をすることに決した。マッカーサーは、中国東北地方の爆撃を主張したが、戦争の拡大を恐れるトルーマン米大統領に解任され、朝鮮戦争は三年後の一九五三年、板門店《はんもんてん》で休戦協定が調印された。

朝鮮戦争の開始とともに、不況に苦しむ日本経済は活気を取り戻し、武器や弾薬の製造、自動車や機械の修理など米軍の膨大な特需が発生、世界的景気回復の中で対米輸出が増え、繊維や金属を中心に生産が拡大、一九五一年に工業生産・実質国民総生産・実質個人消費などが戦前の水準に回復した。

GHQの指令で日本共産党幹部の公職追放を指令し、戦争勃発に続いて共産主義者の追放（レッド・パージ）が始まり、それはマスコミから民間企業・官公庁へと広がった。また、米軍が朝鮮半島に出動したあとの軍事的空白をうめるために、GHQの指令で警察予備隊が新設され、旧軍人の公職追放の解除が進められた。

労働運動は左派の産別会議の勢力が弱まるなか、昭和二十五年、反産別派の組合がGHQの後押しで日本労働組合総評議会（総評）を結成して運動の主導権を握ったが、講和問題を契機に大きく路線を転換、日本社会党と連携しつつ対米協調の保守政治に反対する戦闘的姿勢を強めていった。

朝鮮戦争で日本の戦略的価値を認識したアメリカは、占領を終わらせて日本を西側陣営に早期に編入する動きを加速させ、ダレス外交顧問らが対日講和からソ連などを除外する単独講和にむけて、講和後も米軍を日本に駐留させることなどを条件に準備を進めた。国内では、ソ連・中国を含めた全交戦国との全面講和を南原繁・大内兵衛らの知識人や日本社会党・日本共産党が主張したが、吉田内閣は、独立・講和を巡る問題は、米軍基地にある、と考え、再軍備の負担を避けて経済復興に全力を注ぐためにも、西側諸国との講和によって独立を回復し、施設提供の見返りに独立後の安全保障をアメリカに依存する道を選択した。

昭和二十六年(一九五一)九月、アメリカを中心に四十八か国でサンフランシスコ講和会議が開かれ、平和条約を調印、ソ連は会議に出席したが調印せず、会議に招かれない中国(中華人民共和国と中華民国)とは一九五二年に中華民国と日華平和条約を締結、インドやビルマは条約への不満から出席しなかったが、同年にインド、一九五四年にビルマと平和条約を結んだ。条約の批准を巡り、日本社会党は党内の対立が激化し左右両派に分裂するなか、翌年四月に条約が発効、日本は独立国として主権を回復した。

条約は、交戦国に対する賠償責任を著しく軽減、領土に関しては厳しい制限を加え、朝鮮の独立、台湾・南樺太・千島列島などの放棄が定められ、沖縄を含む南西諸島と小笠原諸島は依然としてアメリカの支配下におかれ、北方四島《ほっぽうよんとう》の領土問題を残した。

日本軍の占領を受けたフィリピン・インドネシア・ビルマ・南ベトナムの東南アジア四か国とは、賠償協定を結び、政府は一九七六年までに総額十億ドルの賠償を建設工事などのサービス、生産物の提供の形で支払ったので日本企業進出の足掛かりになった。タイや韓国にも賠償に準ずる支払いを行なった。

平和条約の調印と同時に日米安全保障条約が結ばれ、独立後も日本国内にアメリカ軍が極東の平和と安全のために駐留を続け、日本の防衛に「寄与」するとされたが、条約上、アメリカが必要とすれば、日本のどの地域でも基地として要求することができ、在日米軍の行動範囲とされた「極東」の不定義ともあいまって、平和憲法のもとで軍備をもたない日本が安全を確保するためにアメリカ軍の駐留を認めたことは、国民のあいだに賛否両論を巻きおこした。昭和二十七年（一九五二）二月には日米行政協定も結ばれ、日本は駐留軍に基地（施設・区域）を提供し、駐留費用を分担することになった。

新たな思想と文化

一連の占領改革によって、思想や言論に対する国家の抑圧が取り除かれ、戦前の価値観や権威は否定された。かわって個人の解放・民主化という新たな理念が占領軍の手で広められ、アメリカ的な生活様式や大衆《たいしゅう》文化が急速に浸透していった。天皇制に関するタブーも解かれ、言論が自由になり、マルクス主義が急速に復活を遂げた。

大内兵衛や滝川幸辰が復職し、日本の大陸政策を批判した矢内原忠雄も復職し、戦時中に休刊を余儀なくされていた雑誌『中央公論』『改造』が復刊、『世界』が岩波茂雄《いわなみしげお》・安倍能成《あべよしなり》・志賀直哉・山本有三等によって創刊され、編集者の吉野源三郎《よしのげんざぶろう》が統一戦線の構想から、清水幾太郎《しみずいくたろう》、丸山眞男《まるやままさお》らを誘って、平和問題談話会を組織、四九年三月号の「戦争と平和に関する日本の科学者の声明」で、日本の科学者が戦争を防げなかったことを自己批判し、「言論の自由」は戦争防止、平和擁護に不可欠であると主張した。

人文・社会科学で新しい分野が開かれ、登呂《とろ》遺跡や岩宿《いわじゅく》遺跡の発掘など科学的な考古学研究もさかんになった。西欧近代との比較により、日本社会の後進性を指摘する丸山眞男の政治学、大塚久雄《おおつかひさお》の経済史学、川島武宜《かわしまたけよし》の法社会学などが学生・知識人に大きな影響を及ぼした。

自然科学では、四九年に湯川秀樹《ゆかわひでき》が日本人としてはじめてノーベル賞を受賞し、同年にあらゆる分野の科学者を代表する機関として日本学術会議が設立された。昭和二十四年（一九四九）に法隆寺金堂壁画が焼損《しょうそん》したのを契機に、翌年、伝統ある日本文化を保護し振興するために文化財保護法が制定された。

文学では、「肉体の解放こそ人間の解放」と語って自由な性表現をした田村泰次郎の『肉体の門』、社会の常識や既成のリアリズムに挑戦する太宰治《だざいおさむ》の『斜陽』、坂口安吾《さかぐちあんご》の『白痴』などの作品が敗戦で虚脱した人々に衝撃を与え、大岡昇平《おおおかしょうへい》の『俘虜記《ふりょき》』・野間宏の『真空地帯』は、苛烈体験を西欧現代文学に学んだ斬新な手法で表現して、戦後文学の頂点を築いた。ほかに女流文学の林芙美子『浮雲』、劇作家の木下順二『夕鶴』、小説家の三島由紀夫の『仮面の告白』、大江健三郎の『飼育』などがある。

戦争の悪夢から解放され日本国民の間には、日々の生活の苦しさにもかかわらず明るくのびやかな大衆文化が広がった。歌謡曲では笠置《かさぎ》シヅ子が「ブギウギの女王」として『東京ブギウギ』が大ヒット、美空《みそら》ひばりの大流行した『リンゴの唄』や、藤山一郎の『青い山脈』は映画の主題歌で、復員船を待つ思いを歌う二葉百合子の『岸壁の母』も流行した。

映画は黄金時代を迎え、溝口健二《みぞぐちけんじ》が『西鶴一代女』などで女性の受難の社会を描き、黒澤明《くろさわあきら》は『羅生門』でベネチア国際映画祭のグランプリを受賞、衣笠貞之助《きぬがさていのすけ》は『地獄門』でカンヌ映画祭のグランプリ、小津安二郎《おづやすじろう》は『麦秋』などホームドラマを撮って国際的に高い評価を得た。再出発の日本放送協会（ＮＨＫ）のラジオ放送は、ドラマ『君の名は』や高校野球・プロ野球、オリンピックなどのスポーツ中継、『のど自慢』で高い人気を獲得した。

六　高度成長の時代

冷戦の世界、国内の再編

朝鮮戦争の休戦後も米ソは原爆から水爆へ、さらに核兵器を遠方に打ち込む大陸間弾道弾ミサイルへと、とめどない軍備拡大競争にのめり込み、核兵器の開発競争が激化、核開発の手詰まりのなか、一九五〇年代半ばから東西対立を緩和する動きが生まれ（雪解け）、米ソ両国ともに平和共存の動きをすすめたが、緊張緩和の具体的方策は見出せなかった。それでも核戦争の危機を防ぐため、六三年に米・英・ソ三か国間で地下実験を除く部分的核実験禁止条約、六八年に核兵器拡散防止条約が結ばれた。

五〇年代には、米ソのいずれの陣営にも属せず、対立の外に立つ第三勢力が結集をよびかけるようになり、一九五五年に中国・インドを中心にアジア＝アフリカ会議（バンドン会議）を開き、反植民地主義と平和共存を宣言した。六〇年代から米・ソの圧倒的な地位が動揺し始めると、西側陣営ではヨーロッパの統合がすすんで、一九六七年にヨーロッパ共同体（ＥＣ）に発展した。ＮＡＴＯ内ではフランスが独自に核兵器を所有するなどの動きを示した。東側陣営では中国の台頭がめだち、六二年頃からソ連と対立し、六四年には核実験を成功させ、六六年からは文化大革命を開始した。

二大陣営の対立は、アジアの諸地域にも影響を及ぼし、フランスの植民地だったベトナムでは、五四年のインドシナ休戦協定によりフランス軍が撤退したが、南北分断のもとで六五年から南ベトナムを助けるアメリカ軍が北ベトナムへの爆撃（北爆）を含む大規模な軍事介入を始め、北ベトナムと南ベトナム解放民族戦線は、中ソから援助を得て抗戦し、ベトナム戦争を展開、戦争は泥沼化した。

平和条約の発効で、GHQ指令により制定された多くの法令が失効し、吉田内閣は労働運動や社会運動を押さえるため法整備を進め、昭和二十七年（一九五二）五月一日、中央集会のデモ隊が、使用不許可とされた皇居前広場に入り、警官隊と衝突して多数の死傷者を出した「血のメーデー事件」を契機に、七月、暴力主義的破壊活動の規制を目指す破壊活動防止法（破防法）を成立させ、その調査機関として公安調査庁を設置した。海上警備隊が新設され、警察予備隊が保安隊に改組されるなか、アメリカの再軍備要求は強まった。

吉田内閣は防衛協力の実施に踏み切り、昭和二十九年（一九五四）に日米相互防衛援助協定（MSA協定）が締結され、日本はアメリカから兵器や農産物の援助を受けるかわりに自衛力の増強を義務付けられ、同年七月、新設された防衛庁の統轄のもとに、保安隊・警備隊を統合し、陸海空三隊からなる自衛隊を発足させた。

自衛隊は直接・間接の侵略からの自衛を主任務とし、災害救助・治安維持を目的に出動、最高指揮権は首相に属し、内閣の一員で文民の防衛大臣が首相の指揮・監督の下で隊務を統轄した。同年に自治体警察を廃し、警察庁指揮下の都道府県警察からなる国家警察に一本化して警察組織の中央集権化をはかった。

教育の分野では、昭和二十九年（一九五四）公布の教育二法で、公立学校教員の政治活動と政治教育を禁じ、昭和三十一年には新教育委員会法により教育委員の選出方法を公選制から地方自治体の首長による任命制に切り替えた。

平和条約発効を待たずに進められた公職追放の解除によって、鳩山一郎・石橋湛山《いしばしたんざん》・岸信介《きしのぶすけ》ら有力政治家が政界に復帰して自由党内で吉田首相に反発する勢力が増大した。左右の社会党・共産党・総評等の革新勢力は、吉田内閣の動きを占領期の改革の成果を否定する「逆コース」ととらえ、積極的な反対運動を組織した。石川県の内灘や東京都の砂川ではアメリカ軍基地反対闘争が高まり、五四年にアメリカが中部太平洋のビキニ環礁で行なった水爆実験により日本の漁船第五福竜丸《ふくりゅうまる》が被爆すると、原水爆禁止運動が全国的に大きく高まった。

五五年体制と安保条約

昭和二十九年、戦後の海運業発展のために新船建造資金の一部を政府が肩代わりする計画造船の割当をめぐって、海運・造船企業間の競争が熾烈になり、融資割当と利子補給の法案にともなう収賄事件（造船疑獄）がおき、内閣批判が強まるなか、鳩山一郎ら自由党反吉田派が離党、鳩山を総裁とする日本民主党を結成した。

造船疑獄では自由党の佐藤栄作《さとうえいさく》幹事長が、犬養健《いぬかいたける》法相の指揮権発動で逮捕を免れたが、吉田内閣は退陣し、鳩山内閣が成立した。鳩山首相は、憲法改正・再軍備をあらためてとなえ、自衛力の増強をすすめ、これに対抗する革新勢力は、講和問題をめぐって左派と右派に分裂していた日本社会党が昭和三十年に再統一を実現、鳩山内閣のねらう憲法改正と再軍備阻止をめざし、左派社会党は総評の支援を受けて議席を増やしていった。

ここに保守と革新の対立構造が形成され、保守勢力は憲法改正とアメリカ依存の安全保障を、革新勢力は憲法擁護と非武装中立を主張するところとなった。昭和三十年（一九五五）二月の総選挙で、社会党は左右両派あわせて改憲阻止に必要な三分の一の議席を確保、十月には両派の統一を実現した。これに対し保守政党側も、財界の強い要望を背景に、十一月、自由党と日本民主党とが合流して自由民主党を結成（保守合同）、以後、自由民主党政権が四十年近く続くことになる。この保革対立のもとで保守一党優位の「五五年体制」が成立した。

第三次鳩山内閣は、防衛力を推進するための会議を発足させ、憲法改正のために憲法調査会を設置、外交面では「自主外交」をうたい、ソ連との国交回復につとめたが、日・ソの交渉は北方領土問題で難航し、平和条約の締結にはいたらず、昭和三十一年（一九五六）十月、日ソ共同宣言に調印し、この宣言によって日ソ間の戦争状態は終結し、国交は正常化された。

北方領土について、日本は固有の領土として四島の返還を要求、ソ連は国後・択捉島の帰属は解決済みの立場をとったので、平和条約の締結はもちこされ、歯舞・色丹島の日本への引き渡しは平和条約締結後とされ、この結果、ソ連が日本の国際連合加盟の支持にまわり、同年十二月、日本の国連加盟が実現した。

日本は、主権回復後、アメリカ外交に同調しつつ日米安全保障条約を改定しようとした。条約では、アメリカ軍の日本駐留を定めていたが、アメリカにとって日本の防衛義務を負担することは、日米双方の利益を調整したものではなかったのだが、鳩山内閣のあとをついだ石橋湛山内閣が、首相の病気で短命に終わると、昭和三十二年（一九五七）成立の岸信介内閣は、安保改定をめざし、革新勢力と対決した。

昭和三十三年から教員の勤務評定が全国一斉に実施され、日本教職員組合（日教組）は全国でこれに激しく抵抗、安保改定にともなう混乱を予想した政府は、警察官の権限強化をはかる警察官職務執行法（警職法）改正案を提出したが、革新勢力の反対運動が高まり、改正を断念した。

安保改定に消極的だったアメリカとの交渉の結果、昭和三十五年（一九六〇）一月、日米相互協力及び安全保障条約（新安保条約）を締結、アメリカの日本防衛義務を明文化し、在日アメリカ軍の日本などでの軍事行動については事前協議が必要と定め、条約の有効期限も十年と明記された。新安保条約ではアメリカ側より日本の自衛力増強も義務づけられ、互いに経済協力を促進することも規定した。

保守安定政権と革新勢力

革新勢力は、条約によって日本がアメリカの対アジア戦略に巻き込まれる危険性が強まるとして、新安保条約反対運動を展開。これに対し、岸内閣が衆議院に警官隊を導入して条約批准《ひじゅん》の採決を強行すると、反対運動は「民主主義擁護」を叫んで一挙に高揚、安保改定阻止国民会議を指導部とする社共両党、総評等の革新勢力や全学連（全日本学生自治会連合）の学生、一般市民からなる巨大なデモが連日、国会周辺を取り巻いた（六〇年安保闘争）。予定されていたアメリカ大統領の訪日は中止されたが、条約批准案は、参議院での議決を経ないまま六月に自然成立し、条約の発効を見届けて岸内閣は総辞職した。

岸内閣のあとをうけた池田勇人《いけだはやと》内閣は、革新勢力との対決を避けながら経済成長をめざし、「所得倍増」という国民にわかりやすいスローガンを掲げ、十年後までに国民総生産（GNP）及び一人当たり国民所得を二倍にする国民所得倍増計画をたて、高度経済成長政策を推進し、現実の経済成長は計画をはるかに上回るペースで進み、昭和四十二年（一九六七）に目標の倍増を達成した。

国交のない中国とは、「政経分離」の方針で、高碕達之助《たかさきたつのすけ》が廖 承志《りょうしょうし》と交渉して準政府間貿易（LT貿易）の取り決めを結んだ。高度成長のもとに自由民主党政権は長期安定化していった。昭和三十九年（一九六四）に池田内閣のあとをうけた佐藤栄作内閣は、順調な経済発展を背景に、アジアの自由主義陣営との結束を強めながら、懸案の外交問題の解決に乗り出し、日韓交渉につとめ、昭和四十年（一九六五）、日韓基本条約を結んで韓国併合以前に締結されていた条約及び協定の無効を確認し、韓国政府を「朝鮮にある唯一の合法的な政府」と認め、朴正熙《パクチョンヒ》政権との間で韓国との国交を樹立した。

一九六五年以降、アメリカがベトナムへの介入を本格化させると、沖縄や日本本土は米軍の前線基地になり、戦争にともなうドル支払いが日本の経済成長を促進させ、「基地の島」沖縄では祖国復帰運動がおき、ベトナム戦争の激化でアメリカ軍基地拡張のため土地が収用され、人権侵害事件も後を絶たず、アメリカ施政権下で祖国復帰運動がもり上がった。

佐藤内閣は「(核兵器を)もたず、つくらず、もちこませず」の非核三原則を掲げ、昭和四十三年(一九六八)に小笠原諸島返還を実現し、翌一九六九年の日米首脳の佐藤・ニクソン会談は「核抜き」の沖縄返還で合意、七一年に沖縄返還協定が調印され、翌年の協定発効をもって、沖縄の日本復帰は実現したが、広大なアメリカ軍事基地(沖縄総面積の約八パーセント)は存続した。

この間、自由民主党は国会の安定多数を占め続ける中、与党内では総裁の地位を巡る派閥間抗争が繰り返され、野党側では、社会党から民主社会党(民社党)が一九六〇年に分立し、六四年に新しく創価学会を基盤とする公明党が結成され、日本共産党が議席を増やし、多党化現象が進んだ。既成の革新政党を批判する学生を中心に組織された新左翼が、ベトナム戦争や大学の在り方などに異議を唱える運動を繰り広げた。

経済復興から高度成長へ

朝鮮特需景気を経て、政府は積極的な産業政策を実施、昭和二十五年(一九五〇)には輸出振興を目的とする日本輸出入銀行、翌年には産業資金の供給を行なう日本開発銀行が設立された。二十七年（一九五二）には企業合理化促進法が制定され、企業の設備投資に対して税制上の優遇措置がとられた。

電力業は一九五一年に発電から配電までの一環経営を行なう民有・民営形態の地域別九電力体制に再編成され、五二年に設立された電源開発株式会社が、電力不足を補うため佐久間や奥只見で大規模な水力発電所を建設した。造船業では四七年から政府主導の計画造船が進められ、日本の造船量は五六年度にイギリスを抜いて世界第一位になった。鉄鋼業では、五一年度から第一次合理化が実施されたが、川崎製鉄は通商産業省の方針に反して銑鉄一貫工場を建設した。

農業生産は一九五五年には前年比三割増の豊作となり、米の自給が可能になった、個人所得の増加に伴って消費水準も上昇し、五五年における総理府の世論調査によると、国民の七割が「食べる心配がなくなった」と答えており、食糧不足はほぼ解消された。

五五年代後半から七〇年まで、神武天皇の治世以来ということで「神武景気」「岩戸景気」「いざなぎ景気」の好景気が続いた。経済企画庁が一九五六年度（昭和三十一）の「経済白書」で「もはや戦後ではない」と記したように、日本経済は復興から技術革新による経済成長へと舵を切り、一九六八年には資本主義国の中でアメリカにつぐ世界第二位の国民総生産（GNP）を実現、五五年から七三年にかけては年平均十パーセント前後の経済成長を遂げた。

経済成長率を牽引したのは、大企業による膨大な設備投資で、「投資が投資をよぶ」といわれ、鉄鋼・造船・自動車・電気機械などの部門では、アメリカの技術を取り入れて設備が更新され、石油・

化学・合成繊維などの新たな産業も発展した。技術革新は中小企業にも波及、大企業の単なる下請けにとどまらぬ部品メーカーに成長するものも現れた。一九五五年（昭和三十）には財界諸団体が、政府の援助で日本生産性本部を設立、労使協調、失業防止、成果の公正配分の生産性向上運動を展開した。

先進技術の導入は、直接的な生産過程に関わるものばかりでなく、品質管理者や労務管理、さらには流通・販売の分野にまで及び、しかも導入後は日本の条件に合わせて独自の改良が施され、終身雇用・年功序列型賃金・労使協調を特徴とする日本的経営が確立し、低コスト・高品質の大量生産体制が整備され、日本製品の海外輸出も増加し、産業構造は高度化して第一次産業の比率は下がり、第二次・第三次産業の比重が高まった。

工業生産額の三分の二を重化学工業が占め、石炭から石油へのエネルギーの転換が進んだ（エネルギー革命）。石炭産業は安価な石油におされて衰退し「斜陽産業」とよばれ、一九六〇年に三井鉱山の三池炭鉱での大量解雇に反対する激しい争議（三池争議）が展開したが、労働者側の敗北に終わり、以後、九州や北海道で炭鉱の閉山が続いた。

原油の安定供給は高度経済成長を支える重要な条件となり、工業部門では技術革新による労働生産性の向上、若年層を中心とする労働者、各産業の労働組合が一斉に賃上げを要求する「春闘」を導入した労働運動の展開などによって賃金は大幅に上昇した。

農業部門でも化学肥料や農薬・農業機械の普及で農業生産力が上昇、食料管理制度と農協の圧力による米価の政策的引上げ、農外所得の増加などもあって農業所得が上昇した。労働者や農民の所得が増加し、戦前の低賃金労働者と貧しい農村の特徴は大幅に解消されて国内市場は拡大したが、米などの例外を除き食料輸入依存が進み、食料自給率は低下した。

貿易拡大と大衆消費社会

輸出も、自由貿易体制下での固定相場制による安定した国際通貨体制、安価な資源の輸入に支えられて急速に拡大し、一九五二年にOECD（経済協力開発機構）に加盟、六〇年に「貿易為替自由化大綱」を決定、五五年にはGATT（関税及び貿易に関する一般協定）に加盟し、為替と資本の自由化を実施した。六〇年代後半以降は大幅な貿易黒字が続き、輸出の中心は鉄鋼・船舶・自動車などの重化学工業製品で、自動車産業は国際競争力が弱いとされていたが、六〇年代後半には対米輸出を開始した。

国際経済体制の下での国際競争の激化に備え、一九六四年に財閥解体で三社に分割された三菱重工が大合併、七〇年には八幡製鉄と富士製鉄が合併して新日本製鉄を創立するなど大型合併が進められ、三井・三菱・住友・三和・第一勧銀等の都市銀行は系列企業を通じて企業集団を形成した。

高度経済成長期には、国土や社会の在り方が大きく変容した。太平洋側に製鉄所や石油化学コンビナートなどが建設され、京葉・京浜・中京・阪神・瀬戸内・北九州と続く重化学工業地帯（太平洋ベルト地帯）が出現し、産業と人口の著しい集中を見た、政府は六二年に新産業都市建設促進法を公布するとともに、全国総合開発計画を閣議決定し、産業と人口の大都市への集中を緩和し、地域間格差を是正しようとした。

農村では大都市への人口流出が激しくなり、農業人口が七〇年には二割を割り込む減少となり、兼業農家が増加し、農業外収入を主とする第二種兼業農家の割合が農家総数の五十パーセントに達し、米の供給過剰と食料管理特別会計の赤字が問題となり、七〇年から減反政策が始まった。大量の人口が流入した都市部では、住宅問題が深刻となり、地価の安い郊外に向けて無秩序な宅地開発が行なわれ（スプロール化）、二DKの公団住宅など核家族が住む鉄筋コンクリート造の集合住宅群がひしめき、ニュータウンが形成され、個人所得の増大や都市化の進展により生活様式に著しい変化が生じ、大衆消費社会が形成された。

都市には超高層ビルが出現、高層マンションやアパートに住む人びとも増加した。電気冷蔵庫・電気洗濯機・白黒テレビの「三種《さんしゅ》の神器《じんぎ》」を中心に、家電《かでん》が爆発的に普及し、都市のみならず農村をも巻き込んで消費革命が進行、「消費は美徳」と考えられるようになった。

五一年に日本テレビから始まったテレビ放送も普及し、六三年には宇宙中継が行なわれるようになり、その初回には、アメリカからケネディー大統領暗殺の報が流れ、翌年には東京オリンピックの世界に向けての放映もあって、六五年には白黒テレビの普及率は九十パーセントに達し、六〇年代後半からはカー・クーラー・カラーテレビの３Ｃの売上げが上昇、電気洗濯機や電気冷蔵庫の普及率も七〇年に九十パーセントに達した。

耐久消費財の普及は、メーカーと系列販売網による大量生産・大量販売体制の確立や割賦販売制度によって促進された。松下幸之助《こうのすけ》の松下電器は系列販売店組織を整備し、トヨタ自動車や日産自動車はディーラーシステムをつくりあげた。小売業界では廉価販売と品ぞろえの良さを武器にスーパーマーケットが成長、中内㓛《なかうちいさお》設立のダイエーは七二年に老舗百貨店の三越を抜いて売上高で第一位となった（流通革命）。食生活では洋風化が進み、肉類や乳製品の消費が増え、インスタント食品や冷凍食品が普及し、外食産業も発達した。

高度成長の功罪

自家用車（マイカー）の普及により、自動車が交通手段の主力になって（モータリゼーション）、一九六五年に東名高速道路が全通、東京では首都高速道路やモノレールもつくられ、都市の景観は大きく変化、自動車の生産台数は五五年の約七万台から、七〇年には約五百二十九万台となって性能も向上、アメリカなど先進諸国への輸出も拡大した。鉄道は電化が全国的に進み、六四年の東京オリンピックにあわせて東海道新幹線が開業し、高速輸送時代を迎え、国鉄財政は赤字となって航空輸送も一挙に拡大した。

生活にゆとりが生まれ、家族旅行・行楽に余暇が費やされ、町や村の盆踊りでは「炭坑節」「東京音頭」が流れた。レジャー産業が発達、文化の大衆化・多様化が急速にすすみ、新聞・雑誌・書籍の出版部数が激増、司馬遼太郎《しばりょうたろう》は歴史小説『峠』、人間の内なる悪を追求する高橋和巳《たかはしかずみ》『悲の器』、他に石原慎太郎の『太陽の季節』、松本清張の『点と線』がよく読まれ、週刊誌の発行部数が著しく拡大、漫画週刊誌は青年をもとらえた。

手塚治虫《てづかおさむ》の『鉄腕アトム』『リボンの騎士』はその後の少年・少女漫画の先駆けとなり、少女には池田理代子《いけだりよこ》『ベルサイユのばら』が、大学生や知識人には白土三平《しらとさんぺい》『カムイ伝』が愛読され、都会の電車に乗ると、漫画雑誌を読む人ばかりとなり、映画は勝新太郎《かつしんたろう》の座頭市《ざとういち》、渥美清の寅さんシリーズがヒットした。

高校・大学への進学率も高まり、高等教育の大衆化が進み、マスメディアの発達と教育の広がりによって、大量の情報がすみやかに、広く伝達されるようになって、人々の考え方や知識が多様化する一方で、画一化《かくいつか》を生み出し、国民の八〜九割が社会の中層に位置していると考えるようになった（一億総中流）。受験競争が激化し、無気力・無関心・無責任の「三無主義」が広がった。音楽・演劇・美術展などもさかんになり、国際交流も活発化し、一九六八年には文化庁が設置された。

科学技術の発達もめざましく、六五年（昭和四十）に朝永振一郎《ともながしんいちろう》がノーベル物理学賞を受賞し、政府は原子力政策・宇宙開発などの分野で積極的な科学技術政策を推進した。五六年（昭和三十一）には、茨城県東海村に日本原子力研究所が設立され、六六年には日本原子力発電東海発電所が運転を開始した。七〇年に大阪で開催された日本万国博覧会（大阪万博）は東京オリンピックとともに、日本の発展を世界に示した。

高度経済成長のひずみも、さまざまな面であらわれてきた。都市部に人口が集中して過密化する反面、農山漁村地方では過疎化が進み、地域社会の生産活動や社会生活が崩壊し、大都市圏では交通渋滞や騒音・大気汚染が発生し、住宅や病院の不足も目立つようになり、交通事故が急増し、毎年一万人前後の死者を数えるようになった（交通戦争）。

部落差別等も見られ、人権問題も深刻になり、全国水平社を継承して一九四六年（昭和二十一）に部落解放全国委員会が結成され、五五年には部落解放同盟と改称した。しかし部落差別の解消は立ち遅れ、六五年に生活環境の改善・社会福祉の充実を内容とする同和対策審議会の答申がだされ、六九年に同和対策事業特別措置法が実行された。

高度経済成長のひずみが広がるなかで、東京都では一九六七年（昭和四十二）に日本社会党・日本共産党の推薦する美濃部《みのべ》亮吉《りょうきち》が知事に当選、そのほか京都府・大阪府・神奈川県などにも革新系知事が誕生、大阪市や横浜市などの市長も革新系によって占められ、革新自治体が出現した。革新自治体は、公害の規制や老人医療の無料化など福祉政策で成果を上げた。

第Ⅳ部　環境の世紀

環境の時代の始まり

高度経済成長期になって太平洋岸に製鉄所や石油化学コンビナートが生まれ、重化学工業地帯が出現して産業と人口が著しく集中、農村部から大都市圏に大規模な人口移動が生じ、農村は大きく変貌した。三重県四日市市の石油コンビナート周辺では四日市ぜんそくの公害問題がおき、一九六五年（昭和四十）五月、四日市市は、国に先駆けて独自の公害認定制度を発足させ、公的機関では初めて「公害病」の言葉を使った。同制度は、ぜんそく患者の医療費を市費、県費補助、企業補助で捻出するもので、翌年三月から施行された。

六五年に第二水俣病（新潟水俣病）と称された阿賀野川流域での水銀汚染による公害病、七〇年には光化学スモッグが東京で初めて確認され、静岡の田子の浦港でのヘドロ公害がおき、さらに富山県ではカドミウム汚染によるイタイイタイ病がはっきりするなど次々に公害問題がおきた。

工場が排出する有害物質による大気汚染や水質汚濁、騒音・地盤沈下など、さまざまな公害が発生し、公害を批判する世論の高まりに、六七年（昭和四十二）に公害対策基本法が成立し、大気汚染・水質汚濁など七種の公害が規制され、事業者・国・地方公共団体の責任が明らかにされ、七〇年に同法改正を経て、翌年には環境庁が発足し、ばらばらに行なわれていた公害行政と環境保全施策の一体化が図られた。七三年（昭和四十八）、四大公害訴訟はいずれも被害者側の勝訴になった。

環境の語は、四方の境、周囲の境界というほどの意味であったが二十世紀に入ってから今に繋がる意味で使われはじめ、ひろく問題になってくるのが一九六〇年代で、自然環境、国際環境、経済環境など、諸々の環境に関わる問題が生まれてきた。

時代は文明、そして経済の時代を経て環境の時代に入った。そのことを象徴するのが、一九六八年におきた「大学紛争」である。かつて一九六〇年におきた安保闘争では「民主主義の擁護」をスローガンに高揚したが、今回は質を異にしていた。当初は大学の民主化を求めていたが、やがて大学をめぐる環境、学問の環境が争点になり、高校生にも広がった。教育の環境が争点になったことがわかる。

環境から社会へ

六七年以後、中東戦争を引き金に石油が高騰しての石油危機、アメリカ自動車の輸出規制と農産物の輸入自由化を求めての日米貿易摩擦、地価や株価の投機的高騰によるバブル経済とその崩壊、東西世界の冷戦の終結、そして地球規模の温暖化などが、次々にいずれも環境と関わって起きてきている。

学校をめぐっても、環境に優しい建築が求められるいっぽうで、七〇年代後半から八〇年代前半にかけて「校内暴力」が、九〇年代後半から「学級崩壊」の問題がおきたが、これらも環境が大きく関わっていた。七八年七月のインフルエンザは「香港風邪」と称されたように、流行が中国から香港に広がると、香港の研究者がウイルスを分離、世界各地の研究所に検体を送付し、新型インフルエンザＨ３Ｎ２であることが判明した。世界的に大流行し、日本でのインフルエンザの患者数が二百九十六万九千人に達し、諸外国との関わりから疫病の流入が多くなった。八四年にはインフルエンザB型が流行、幼稚園から高校まで六万五千二十三人が罹患し、延べ六千七百八十五クラスが学級閉鎖した。

そうしたなか二〇一一年に東日本大震災が起きて地域社会の再建が課題となり「絆」が求められ、人口減少による農村の過疎化が急速に進行、都市にあっても中心部の空洞化が始まり、学校の統廃合が続き、社会現象の「いじめ」が広がり、地域社会のまとまりが大きく変容をきたして社会問題化した。

ここに今の新型コロナの流行があって、中国の武漢にあるウイルス研究所の研究者が発症したという情報が二〇二〇年正月に届くなか、間もなく新型コロナの流行が世界的に拡大した。正月に患者が現れ、横浜港碇泊のクルーズ船の患者を救出したのはこの頃で、二月に拡大し始め、三月になって安倍首相が突然に全国の学校の閉鎖を指示、オリンピック開催を来年に延期し、四月に「アベノマスク」を配布、五月に緊急事態宣言を発出した。

ソーシャル・ディスタンスの確保、「三密」「会食」の回避などが求められ、会社業務のテレワークや、諸会議や学校の授業がオンラインで行なわれ、会社や学校の仲間、家族の在り方が大きな問題となった。今まで気にも止めなかった人々の会合の在り方や、人の流れが浮かび上がってきた。かつて一億総中流と称されていたのが、富裕層と貧困層とに分化する格差社会が顕著になった。

これら一連の動きを一言で表現すれば「社会」である。時代のキーワードは環境のその先の「社会」と捉えるべきであろう。この「社会」の語は、明治期後半に英語の「ソサエティー」が訳語されたもので、仲間や集まりを意味していたそれまでの語が訳語にあてられたので、そのため英語のソサエティーとコミュニティーの二つを意味するようになった。

かつて文明の時代からその先に経済の時代が歩んできたように、今後は環境の時代のその先の「社会」の時代となり、社会に関わる問題が次々に生まれてくるに違いない。社会システムは大きく変わらざるを得なくなり、政治には様々な社会政策が求められ、経済や文化も社会との関わりが大問題になってこよう。

おわりに

　五十年あるいは百年ごとの時代の動きをみてきて、本巻では、改革、文明開化、経済、環境とき て、そして社会の時代になったと指摘したが、今、世界的にみても、社会の時代に入っていること を痛感する。

　ロシアではロシア社会の拡大をめざし、中国は中華社会の拡大をめざしている。かつて帝国主義 が経済の拡大を目指していたのとは大きな違いである。その影響は日本にも及ぶであろうが、果た して日本はこれからどう動くのであろうか。すでに指摘したように、拡大をもとめるのではなく、 社会政策を推進してゆくことが肝要であろう。

　なお、『明日への日本歴史』全四巻がなるにあたっては、『文学で読む日本の歴史』全五巻で参考 にした研究者、及び今回参考にした研究者、なかでも白石太一郎・石川日出志・坂野潤治の諸氏に 深く感謝したい。

【参考文献】

玉田芳英編『列島文化のはじまり』（史跡で読む日本の歴史1）吉川弘文館　二〇〇九年
白石太一郎編『倭国誕生』（日本の時代史1）吉川弘文館　二〇〇二年
石川日出志『農耕社会の成立』（シリーズ日本古代史1）岩波新書　二〇一〇年
五味文彦『伝統文化』（日本の伝統文化1）山川出版社　二〇一九年
『文学で読む日本の歴史』（全五巻）山川出版社　二〇一五～二〇二〇年
『武士論――古代中世史から見直す』講談社選書メチエ　二〇二一年
『絵巻で歩む宮廷世界の歴史』山川出版社　二〇二一年
『学校史に見る日本――足利学校・寺子屋・私塾から現代まで』みすず書房　二〇二一年
河竹繁俊『日本演劇全史』岩波書店　一九五九年
石井進・大三輪龍彦編『よみがえる中世3　武士の都 鎌倉』平凡社　一九八九年
佐藤信・吉田伸之編『都市社会史』（新 体系日本史6）山川出版社　二〇〇一年
角田文衞監修／古代学協会・古代学研究所編集『平安京提要』角川学芸出版　二〇一一年
吉田伸之・高橋康夫ほか編『図集日本都市史』東京大学出版会　一九九三年
東京大学史料編纂所データベース
石井寛治『開国と維新』（大系日本の歴史12）小学館　一九八九年

坂野潤治『近代日本の出発』（大系日本の歴史13）小学館　一九八九年
鈴木　淳『維新の構想と展開』（日本の歴史20）講談社　二〇〇二年
辻　惟雄『日本美術の歴史』東京大学出版会　二〇〇五年
徳丸吉彦『ものがたり日本音楽史』岩波ジュニア新書　二〇一九年
牧原憲夫『文明国をめざして』（全集 日本の歴史13）小学館　二〇〇九年
江口圭一『二つの大戦』（大系日本の歴史14）小学館　一九八九年
吉田裕編『戦後改革と逆コース』（日本の時代史26）吉川弘文館　二〇〇四年
佐藤信・五味文彦・高埜利彦・鳥海靖編『詳説日本史研究』山川出版社　二〇一七年
『日本史広辞典』山川出版社　一九九七年
『岩波日本史辞典』岩波書店　一九九七年

五味文彦（ごみ・ふみひこ）

一九四六年生まれ。東京大学文学部教授を経て、現在は東京大学名誉教授。放送大学名誉教授。『中世のことばと絵』（中公新書）でサントリー学芸賞を、『書物の中世史』（みすず書房）で角川源義賞を受賞するなど、常に日本中世史研究をリードしてきた。近年の著作に『絵巻で歩む宮廷世界の歴史』（山川出版社）、『文学で読む日本の歴史』五部作（古典文学篇、中世社会篇、戦国社会篇、近世社会篇、近代的世界篇。山川出版社）、四部作となる『後白河院—王の歌』（山川出版社）、『西行と清盛—時代を拓いた二人』（新潮社）、『後鳥羽上皇—新古今集はなにを語るか』（角川書店）、『鴨長明伝』（山川出版社）のほか、『日本の中世を歩く—遺跡を訪ね、史料を読む』（岩波書店）、『躍動する中世』（小学館）、『『枕草子』の歴史学』（朝日新聞出版）、『伝統文化』（山川出版社）、『『一遍聖絵』の世界』（吉川弘文館）、『武士論』（講談社）、『学校史に見る日本』（みすず書房）、『疫病の社会史』（ＫＡＤＯＫＡＷＡ）など多数。共編に毎日出版文化賞を受賞した『現代語訳 吾妻鏡』（吉川弘文館）など。

明日《あした》への日本歴史《にほんれきし》4　近代社会《きんだいしゃかい》と近現代国家《きんげんだいこっか》

二〇二三年八月　十日　第一版第一刷印刷
二〇二三年八月二十日　第一版第一刷発行

著　者　五味文彦
発行者　野澤武史
発行所　株式会社　山川出版社
東京都千代田区内神田一―一三―一三
〒一〇一―〇〇四七
https://www.yamakawa.co.jp/
電　話　〇三（三二九三）八一三一（営業）
〇三（三二九三）一八〇二（編集）
印刷所　半七写真印刷工業株式会社
製本所　株式会社ブロケード

造本には十分注意しておりますが、万一、乱丁・落丁本などがございましたら、小社営業部宛にお送りください。送料小社負担にてお取替えいたします。
定価はカバーに表示してあります。

ISBN 978-4-634-15224-3

明日への日本歴史【全巻目次】

1 古代国家と中世社会

2　戦国の社会と天下人の国家

3　近世の政治と文化の世界

4 近代社会と近現代国家